Eisteddfod
Genedlaethol
Cymru

Eisteddfod Genedlaethol Cymru

SIR CONWY 2019

CYFANSODDIADAU

a

BEIRNIADAETHAU

Golygydd:
W. GWYN LEWIS

Cyhoeddir gan Lys yr Eisteddfod

ISBN 978-1-913257-00-2

Argraffwyd gan Wasg Gomer,
Llandysul, Ceredigion SA44 4JL

CYNGOR YR EISTEDDFOD GENEDLAETHOL 2019

Cymrodyr
Aled Lloyd Davies
R. Alun Evans
Geraint R. Jones
John Gwilym Jones
D. Hugh Thomas

SWYDDOGION Y LLYS
Llywydd
Eifion Lloyd Jones

Is-Lywyddion
Y Prifardd Myrddin ap Dafydd (Archdderwydd)
Trystan Lewis (Cadeirydd Pwyllgor Gwaith 2019)
Elin Jones (Cadeirydd Pwyllgor Gwaith 2020)

Cadeirydd y Cyngor
Richard Morris Jones

Is-Gadeirydd y Cyngor
Gethin Thomas

Cyfreithwyr Mygedol
Philip George
Emyr Lewis

Trysorydd
Eric Davies

Cofiadur yr Orsedd
Y Cyn-Archdderwydd Christine

Ysgrifennydd
Llŷr Roberts

Prif Weithredwr
Betsan Moses

Trefnydd a Phennaeth Artistig
Elen Huws Elis

RHAGAIR

Gyda phleser o'r mwyaf y cyflwynaf i'ch sylw gyfrol *Cyfansoddiadau a Beirniadaethau Eisteddfod Genedlaethol Sir Conwy 2019*, gan hyderu y byddwch yn cael mwynhad a boddhad wrth bori drwy gynnyrch buddugol yr ŵyl lwyddiannus a gynhaliwyd yn Llanrwst eleni.

O safbwynt cyfrol y *Cyfansoddiadau a Beirniadaethau* dros y blynyddoedd, bu'r ddwy Eisteddfod Genedlaethol ddiwethaf i'w cynnal yn nalgylch Sir Conwy yn rhai nodedig ac arwyddocaol.

- Yn 1989 – pan oedd yr Eisteddfod yn Llanrwst ddiwethaf – cyfeiriodd Golygydd y gyfrol ar y pryd, J. Elwyn Hughes, at y ffaith mai *Cyfansoddiadau a Beirniadaethau* y flwyddyn honno oedd yr un fwyaf swmpus ers blynyddoedd oherwydd bod mwy o waith buddugol yr ysgrifenwyr rhyddiaith a'r dysgwyr (yn gwbl haeddiannol) wedi'u cynnwys ynddi nag erioed o'r blaen. Byth ers hynny, mae mwy a mwy o gyfansoddiadau mewn amrywiaeth cynyddol o ddisgyblaethau a chyfryngau wedi gweld golau dydd yn gyson rhwng ei chloriau ac mae hynny'n cael ei adlewyrchu yn y gyfrol hon (er mai 55 o gystadlaethau a osodwyd eleni o gymharu â 95 yn 1989). Llwyddodd y 55 cystadleuaeth eleni i ddenu 555 o gystadleuwyr ar draws y meysydd a ganlyn: Barddoniaeth (233), Rhyddiaith (109), Drama (42), Dysgwyr (97), Cerddoriaeth (70), a Gwyddoniaeth a Thechnoleg (4). Pum cystadleuaeth yn unig a fethodd ddenu'r un ymgeisydd y tro hwn a dim ond ar bedwar achlysur yr ataliwyd y wobr (gan gynnwys, ysywaeth, y brif gystadleuaeth gerddorol, sef Tlws y Cerddor). Llongyfarchiadau calonnog iawn, felly, i garedigion Sir Conwy am lwyddo i ennyn y fath ymateb ac ymfalchïwn yn llwyddiant y cystadleuwyr hynny a ddaeth i'r brig yn eu gwahanol feysydd.
- Ac yna, pan ymwelodd yr Eisteddfod ag Abergele ym Mro Colwyn yn 1995, roedd yr un Golygydd yn tynnu sylw at y ffaith fod 'y dechnoleg newydd' (ar y pryd) wedi chwarae rhan flaenllaw am y tro cyntaf erioed yn hanes cyhoeddi'r gyfrol. Dros y chwarter canrif diwethaf gwelwyd nifer o ddatblygiadau technolegol pellgyrhaeddol pellach, gyda'r Gymraeg yn cymryd ei lle yn gwbl naturiol o fewn y cyfryngau electronig hyn; yn ogystal, gwelwyd yr Eisteddfod yn gosod testunau sy'n hyrwyddo defnyddio amryfal gyfryngau cyfathrebu cyfoes – fel a adlewyrchir yn rhai o'r 31 cyfansoddiad buddugol sydd yn y gyfrol hon eleni. Wrth i chi droi'r tudalennau, fe amlygir rhai o nodweddion diweddaraf y cyfryngau technolegol hyn yn britho'r cynnyrch

buddugol – ac am y tro cyntaf erioed yn hanes y gyfrol fe welir llun (atgynhyrchiad o beintiad olew ar gynfas) ar gychwyn y gerdd a enillodd y Gadair eleni!

Yn yr un modd ag yr oedd Golygydd cyfrol 1995 yn cydnabod cydweithrediad mwyafrif helaeth beirniaid y flwyddyn honno am gadw'n ffyddlon i'r dyddiad cau a bennwyd ar gyfer derbyn eu beirniadaethau, rhaid i minnau hefyd fynegi fy ngwerthfawrogiad o'r ffaith fod pob un o'r 57 beirniadaeth sydd yn y gyfrol hon wedi fy nghyrraedd erbyn 24 Mai eleni (naw diwrnod yn unig ar ôl y dyddiad cau) – gyda'r gyntaf wedi cyrraedd mor gynnar ag 8 Ebrill! Tybed a yw hyn yn torri pob record? Beth bynnag am hynny, diolchaf i'r holl feirniaid am eu cydweithrediad parod yn hwyluso gwaith y Golygydd ac i staff sefydlog yr Eisteddfod am eu cefnogaeth broffesiynol a hynaws i sicrhau fod popeth yn barod ar gyfer y wasg mewn da bryd: Elen Huws Elis (Trefnydd a Phennaeth Artistig yr Eisteddfod), Lois Wynne Jones (Swyddog Gweinyddol: Cystadlaethau) a Gwenllian Carr (Pennaeth Cyfathrebu yr Eisteddfod). Yn ogystal, gwerthfawrogaf gymorth parod Dylan Jones (Cyhoeddiadau Nereus, Y Bala) yn cysodi'r emyn-dôn fuddugol yn ôl ei arfer, ynghyd ag arbenigedd Sion Ilar, Pennaeth Adran Ddylunio y Cyngor Llyfrau, yn dylunio'r clawr eto eleni. Yn yr un modd, bu'n bleser unwaith eto gael cydweithio â Gari Lloyd, y cysodydd yng Ngwasg Gomer, wrth i'r gyfrol wneud ei thaith drwy'r wasg.

Yn ei gyflwyniad i gyfrol *Rhestr Testunau* yr Eisteddfod hon, gobaith Trystan Lewis, Cadeirydd y Pwyllgor Gwaith, oedd y byddai'r testunau gosod yn llwyddo i ddenu ffyddloniaid yn ogystal â dysgwyr a phobl ddi-Gymraeg i gystadlu oherwydd eu bod yn destunau cyffrous a difyr. Hyderaf fod y cynnyrch celfyddydol sydd yn y gyfrol hon eleni yn tystio i hynny gael ei wireddu a bod yr arlwy sy'n eich aros rhwng ei chloriau yn brawf fod yr amrywiol destunau a osodwyd wedi llwyddo i gyffroi ac ysbrydoli cymysgedd iach o enillwyr profiadol a newydd. Felly, fe'ch anogaf yn frwd i fynd ati i fwynhau a chnoi cil ar yr hyn a baratowyd ar eich cyfer!

W. Gwyn Lewis

CYNNWYS

(Nodir rhif y gystadleuaeth yn ôl y *Rhestr Testunau* ar ochr chwith y dudalen)

* * *

ADRAN LLENYDDIAETH

BARDDONIAETH

RHYDDIAITH

ADRAN DRAMA

ADRAN DYSGWYR

Cyfansoddi i Ddysgwyr

ADRAN CERDDORIAETH

ADRAN CERDD DANT

27. **Gosodiad o dan 25 oed.**
    Gosodiad deulais, ond gellir cynnwys unsain neu drillais ar adegau
    yn ôl eich gweledigaeth o'r geiriau 'Eloïse', Geraint Lloyd Owen,
    Cerddi a Cheinciau'r Cwm ar y gainc 'Rhian', Mair Carrington
    Roberts, *Cerddi a Cheinciau'r Cwm.*
    Gwobr: £200 (£100 Merched y Wawr Carmel; £100 Teulu Fedw,
    Carmel, Llanrwst).
    Beirniad: Gwennant Pyrs.
    Ni fu cystadlu.

ADRAN DAWNS

103. **Cyfansoddi dawns.**
     Cyfansoddi set o bedair dawns twmpath hwyliog ac amrywiol.
     Anfonir y dawnsiau sy'n cael eu cymeradwyo gan y beirniad at
     Gymdeithas Genedlaethol Dawns Werin Cymru gyda'r bwriad o'u
     cyhoeddi.
     Beirniad: Catrin Lewis Defis.
     Gwobr: £200 (Maer Tref Llanrwst).
     Ni fu cystadlu.

ADRAN GWYDDONIAETH A THECHNOLEG

141. **Erthygl Gymraeg** yn ymwneud â phwnc gwyddonol ac yn addas i gynulleidfa eang, heb fod yn hwy na 1,000 o eiriau. Croesewir y defnydd o dablau, diagramau a lluniau amrywiol. Sylwer y dylid cydnabod gwaith awduron eraill lle bo'n briodol. Croesewir gwaith unigolyn neu waith grŵp o unrhyw oedran. Ystyrir cyhoeddi'r erthygl fuddugol mewn cydweithrediad â'r cyfnodolyn *Gwerddon*.
Beirniad: Geraint Jones.
Gwobr: £400 (£150 Gwobr Goffa Bryneilen Griffiths a Rosentyl Griffiths; £150 Cronfa Goffa Eirwen Gwynn; £100 Er cof am Tecwyn Evans, Plas Matw, Llangernyw).
Buddugol: *Newidyn* (Ffraid Gwenllian, Rhostryfan, Caernarfon, Gwynedd).   311

143. **Gwobr Dyfeisio Arloesedd.**
Cystadleuaeth i wobrwyo syniad arloesol a chreadigol sydd er budd y gymdeithas. Gall fod yn syniad neu ddyfais hollol newydd neu yn ateb i broblem bresennol mewn unrhyw faes (e.e. amgylchedd, amaethyddiaeth, meddygaeth, technoleg, peirianneg). Gofynnir am geisiadau heb fod yn hwy na 1,000 o eiriau sy'n amlinellu'r syniad. Gall fod yn waith sydd wedi ei gyflawni yn barod neu yn gysyniad newydd.
Beirniad: Iestyn Pierce.
Gwobr: £1,000 (Di-enw) i'w rannu yn ôl dymuniad y beirniad, gyda lleiafswm o £500 i'r enillydd.
Ni fu cystadlu.

Adran Llenyddiaeth

BARDDONIAETH

Awdl neu gasgliad o gerddi mewn cynghanedd,

heb fod dros 250 o linellau: Gorwelion

....

GORWELION

'Mae hanes yn adrodd yr hyn a ddigwyddodd,
  barddoniaeth, beth allai fod wedi digwydd.'
                                                    (Paul Ricoeur, *La métaphore vive*)

The Bard, Thomas Jones (1742-1803)
© Amgueddfa Genedlaethol Cymru

Yn oriel yr hen elyn
y saif yn syn.

Yma, mae'n dawel, fel Llanilltud Fawr
ynghwsg cyn sang y wawr, neu cyn i wawl
ei fflam oleuo, yn Nhrefflemin,
fwthyn sang-di-fang o argyfyngau
mam a phlantos, beunos-beunydd.

3

Yn y gosteg astud, ni wêl y rhelyw sidêt
ystad aflonydd y bardd o flaen *The Bard*.
Er y distawrwydd, rhed storom
ddyrys, boenus trwy'i ben;
gwach fain y dwyreinwynt yn ddi-wahárdd o wyllt
o lwynau gelyniaeth, o grombil hiliaeth.
Y gwynt diysgog ei wae ...
Blingwr, cwympwr coed, andwywr hen doeau,
ymyrrwr â mortar muriau,
a'i hyrddau o gleddau llymach
na glaw taranau'n trywanu
beirdd diymadferth heb arf,
heb waedd yn erbyn y byd.

Ac eithrio un, Y Bardd unig, yr unig un ar ôl.
A geir ganddo gerdd? Un gair o'i geg? Un waedd? Na.
Yn gryndod o resyndod y saif, dynned, daweled â'i delyn.
Ni ddaw, o'i drueni, ddim ond ebwch uwch y dibyn.

Drwy stŵr y storm, ofer i neb ofyn
yn ddwys heddiw, 'A oes heddwch?'
a'r adar angau bolgar wedi dringo
i hofran uwch y difrod.
Crefant am ddantaith llygaid y beirdd
a fu'n llygadu'u byd o dlodi, o oludoedd,
yn oganus, foliannus am wledd, am lys, am werin a'i meirw;
beirdd gaeaf a haf hefyd, a'u geiriau ar dân neu dan gri'r don;
hil ieithgoeth athrylithgar,
ddoe'n ddeallus, heddiw'n ddeillion.

Ond a dynnwyd un adeiniog o afael y gyflafan,
yn obaith uwch y dibyn?
Gwennol neu golomen yn gennad
i wlad, rywdro, ailhawlio'i hedd?

A welir dan yr olew lun rhyw olau yn rhywle,
nes darganfod, drwy'r stori ganfas,
artist yn diawlio'i thristwch?

Na. Dim ond y nos sy'n moyn aros yn awr,
yn wachlyd yng ngwaedu'i machludo;

heth hir, heb wawr i'w thorri ar dir didaro;
yn lle'r sêr, nid oes dim ond swch uwch düwch daear.

Ie, yr un, bob tro, yw'r hanes –
digyfnewid yw digalondid y glyn.

Drwy adladd y frwydr waedlyd, mae'r sgwad yn ymadael
o loddest yr hil-laddiad, am wâl Edward,
yr arch ymlidiwr, a thad llywodraeth dwyllodrus
yr aer o Sais na fedrai air o Saesneg.
I'r topyn sy'n y palas heno eir ag ail stori
at un y crwt yn y crud –
un y beirdd yn eu bedd.

Yn oriel yr hen elyn y saif yn syn o flaen diflaniad
clwc ei wlad
a aeth ar daith i'w thre-din,
druaned, dristed â'i Chatraeth,
hen alaeth, wylo a thaw ei Heledd,
diddymder ei mwrdro yng Nghilmeri,
a'i nâd o hyd o hyd am ei Glyndŵr.
Ai hyn oll fu ei siwrne hi, 'mond storom o hunandosturi?

Â gefel ei gof fe wêl gyrff
ych-a-fi fel lluwchfeydd eira'n hen aros ar Eryri,
neu gerrig y Cewri ar eu gorwedd.

Ai fe'i hunan yw'r cof unig ym mynwent sarn y meini,
yn gryndod di-rym ar y garn drist?

Tyr delwedd drwy'i feddwl, arwed â llun yr oriel:
yn rhwyd undeb Prydeindod y daliwyd dwywlad
yn un paith uniaith, a'i lysenwi'n
Englandandwales,
a hi'r *wales* ar ddiflannu, bron,
yn silcyn dinod i'r gwaelodion.

Ai dyma'r eiliad i ymwroli?
Ai'r saer maen hwn yw'r gŵr a groesa rimyn aur y gorwel,
yn weledydd y disgwyliadau?
Erys y cwestiwn dyrys heb i un enaid arall
yn yr oriel brydeingar synhwyro'i feiddgarwch.

Ond wedyn, mor sydyn â saeth yn frath i fron,
â thagfa'i fogfa'n ei ddal fel feis,
tyn ei lodnwm o'i glogyn yn grynedig ei law,
ei gyfaill ym mhob argyfwng.
Un llwnc, ac fe deimla'r lles drwy'i waed ar redeg
mor rhydd a chwimwth â chamre'i ddychymyg,
i'w ddenu o'i ofnau duon, a'i hedfan i uchelfannau
entrychion gleision y gweld yn glir.

Fel Jacques Rousseau yn gweld ieuo dyn dan gadwyni –
yn rhydd o'r groth,
yn rhwym, y rhawg –
gliried y credai'r gwerthwr siwgwr yn ei siop,
nes iddo wrthod i'w frodyr anwar daflu arian
y gwaed i'w gawg.

Nawr, yma'n yr oriel, nid arogl olew newydd a glyw,
ond gwaed glân ei werin, newydd oeri.

A'r Bardd sy'n y llun fel maen coffa llonydd?
Ni wêl ef awyr las, â'i lygaid, fel llygaid y lleill,
wedi'u dallu gan dywyllwch hiliaeth ddiorwelion.
Ni wêl ef o'i flaen, ond torri'i galon nes taro'r gwaelod.

'Paid! Paid â neidio! Dal dy dir!'
Llais fel trwmped yn pledio, yn diystyru'r distawrwydd.
'Cofia di'r brad yn Aberedw! Lladd Llywelyn
gan yr adyn Edward! Heria'r dihiryn a'i dwyll!'
Gan bwyll bach, mae'r orielwyr yn ymwroli
i erfyn ar i'r dyn dwl ymdawelu.
'Now, listen here!' mynte rhyw lais yn heriol.
'Na! Dal di dy dir! Eilia gân ar dy delyn!
Rho dor ar y felltith o'r dwyrain!
Ac islif iaith fain y Saislifiad! Ti yw ein tôn a'n tant!
Ein bardd yn erbyn y byd! Ein llef uwch adlef! Ein chwedl!'
'Quiet! Be quiet, you cad!'
Afraid yw'r galw i gyfri.
'Diawl! Chaiff neb 'y nistewi i!
Am ry hir bu Cymru ar hast i roi'i thaw ar ei hiaith ei hun!
Un ddi-ddweud, wan, ddihyder yn sleifio i'w chilfach mor

slafaidd, yn werin ar ddeulin ei Sais-addoliaeth! Dewch i'r
angladd wedi'r hunanladdiad! Y llyffant Wil Pwll Uffern!
A holl blant Alis y Biswel a'u *noblesse oblige*! Yr iolyn Siôr
a'i delynor di-lun! Hyd yn oed y Deud-neudwyr! A'r Saeson-
esgobion sgi-wiff a nam eu pla ymhob plwy ... !'

Yn ddisymwth, mae e'n Ned gwrthodedig
ar ei ddeulin ar bafin hen bont afon Tafwys.
Cwyd arogldarth ei charthion fel ffrwyn am ei wefl a'i ffroenau;
ni all cyffur ei gysuro, na'i sadio rhag ei leng arswydion.
Wanned â brwynen, a byr ei anadl
tyn ei draed tano a rhoi'i bwys ar y bont,
y bont biwr a'i hudodd i adael
ei dylwyth a'i wlad, i'w hailadeiladu.

O'i afon atgofion, fe gyfyd i'r wyneb ei ran yn yr hanes.
Saer maen yn consurio meini i gryfhau bwâu rhagoraf y byd!
Crwt o Drefflemin ddinod yn ddewin pont decaf y ddaear,
yr eicon i'r Saeson yn oes oesoedd!
Ac fe'i trewir gan don anghynnil o gywilydd,
yn diarhebu ei ran yn stori Westminster Bridge.

Ond daw un don arall i'w herio: y cof iddo'n llanc feddwi
ar rin ei eiriau ei hunan nes i'w fyw droi'n ffars fyfïol.
Llethid ei annedd, bob llathaid ohoni
gan ddidoreithrwydd gwarthusaf, enbytaf y byd.

O'r llofft i'r llawr, o'r to gwellt i'r gràt gwag,
anhrefn driphlith draphlith fel llwyni drain;
hofel hyd y fyl â diofalwch
hen felin neu efail wrthi'n dadfeilio.

Ac yno, i'w plith, geni plant,
a'u codi drwy'r cawdel
gan fam wedi dwlu ar ei thyaid –
a'i gŵr, fel arfer, 'gered.

Ei thlodi'n ei gorfodi i loffa am fwyd,
i hela mor anifeilaidd â chadnöes ar starfo'n y Fro fras,
ac i godi briwfrig, i gadw un llygedyn unig o wres yn y gràt.

Bu ond y dim i annibendod damwain
esgor ar storom lidiog waeth na thlodi.
Dan bwysau llyfrau, syrthiodd y llofft yn glwriwns i'r llawr
a'r trwch o lwch yn troi'r plant
o'dano'n wyllt yn eu hofn.
Daeth cariad i'r adwy: y fam adlamog
yn eu halio o waelod y rwbel, fel eu codi o fedd.

Ond bu gwaeth: alaeth colli Lila; marw eu merch;
artaith yr hirdaith sha thre; a'r cur wedi'r cyrraedd.

Bu'r angladd; roedd Lila wedi'i chladdu.

Rhaid cloddio, beiddio ailagor bedd,
er y dolur i'w dylwyth,
a galar arwyl echdoe'n boen byw o hyd,
rhaid twrio, rheibio pridd y briwdod
â'i gaib a rhaw ar redeg ar wyllt, lawr at yr arch.
Rhwygo'i chlawr ar agor; rhyfygu codi cwr y lliain ...
ni wêl ei Lila; nid hon mohoni; un ddi-wên, hon, un ddienaid,
ddilygaid, ddi-liw; wyneb mynor, mud fel o law saer maen.

Gyr y bardd, wrth gau'r bedd, ddelwedd frawychus o'i feddwl:
hud y gorwel, ar amrantiad ei gyrraedd, o raid a baid â bod.
Bu colli'i Lila fel gorwel ar gered, neu'r aur dan fwa'r arch
yn driblo fel us drwy balf ei law.

A'r afon wedi'i harafu gan gusan ton-lanw,
cofia'r troeon i'r Iorddonen anniwair ei ddenu,
i fynd o'i ofid i'w chafn dwfwn.

Ond er ei dario, nawr, yng nghwlwm ei gwman,
fel un am ddiflannu, ragor, i'w gragen,
a'i hala lle mynno'r môr marwol,
heria'i hunan-dwyll gan bwyll bach
â phŵer balchder hunan-barch;
ac â hyder tebyg i Wydion,
rhed ei fwriadau chwimed â phen draw dychymyg:

Copïo, ysgrifio llawysgrifau a fu 'ar goll' dan lwch llyfrgelloedd,
a'i archwaeth am gasgliad cenedlaethol fel ysfa'n ei fwyta'n fyw.
Rhodio caeau i archwilio mathau amaethu; galw am goleg â'i
anadl ethos yn rhyng-genedlaethol; selio hanes ei hil ei hunan ar fap
puraf ei fyd rhag i goch y Sais ei drochi; dodi ei wirionedd mewn
trioedd a'i arabedd mewn diarhebion; ymroi i roi, i'r Gymraeg,
ragor o anrhegion iaith-garwr â'i fathu geiriau, a'u nawsu â'i hoff
Wenhwyseg; mynnu lle ar y maen llog i'r Eisteddfod; datod dwrn
Y Drindod â'i Undodiaeth ac â dirnadaeth nod cyfrin saer cyfrwys
ei gymesuredd; brolio tlysni ei driban Morgannwg; procio Rhys
Goch ap Rhicert i ôl-leisio o bellter y Canol Oesoedd urddas ei
rieingerddi; a dewino ei Ddafydd i adennill hen fri llys Ifor Hael.

Af o lif afon hyn o'i hanes,
o ddibendrawdod gwybodaeth,
yn bererin i Drefflemin, at ei fflam,
ac at orwelion rhithiol chwedloniaeth.

At yr anwel y tu hwnt i'r rheiny
yr af, i'r tir nas rheolir gan realaeth,
meysydd yr amhosib:
o'r arlwy yng nghaer Harlech
a'r saith mlynedd o wledda
unnos, gwelaf ar Ynys Gwales,
seithwyr galar na fedrant alaru
gan nad oes na doe nac echdoe ar gof;
ymlonnant am bedwar ugain mlynedd,
eu dyddiau a'u horiau hyfryted o araf â heddi-a-fory;
ond wedyn, ar ôl derbyn unwaith arlwyad Arberth,
ac ar yr Orsedd, eistedd wedi'r gloddesta,
ar dwrw cryfach, chwimach na chwap,
deifiwyd Dyfed;
milltir ar filltir o frastir yn falltod
o dir wast wedi'i drin
â chamwri dihirwch mawr didaro.

Fe ŵyr y bardd gyfarwydd
sut i ddatruso sagâu'r amhosib,
nes dweud ei wir yng ngwres ei stori,
a chreu'r rhaid wedyn i'w chredu.

Ar ben hynny, anadlu o'r chwedlau
neges Culhwch i'w galonogi:
'Y mae hyn yn rhwydd i mi, sách y tebygi di nad yw.'

Y bardd yn erbyn y byd,
medrai ei fflam o Drefflemin
gario'i feiddgarwch i oleuo'r fagddu dduaf:
mentro'i ganeuon i'w Euron, ar antur ei charu;
beiddio arwain barddas i luddias caethwasaeth,
ac ymddiried tegwch ei heddwch i dderwyddon.

Meysydd amhosib y rhain, ym mron, hyd yn oed i Wydion:
ennill calon Euron â'i nwyd, er oes o'i cham-drin;
denu adynod byd busnes i anwesu caethweision;
a'm dihuno innau i weinio awch
fy nghledd yn yr heddwch
a gywira fy rhyfelgarwch.

Y gŵr a welai drwy rith gorwelion
a hôl i'w Fro loyw firi'i halawon,
arch gafflwr, naddwr y cynganeddion,
a phrif ramantydd mythau'r derwyddon;
ond, dan ormes traed estron y gwelai'i
wlad, ac wylai o waelod ei galon.

Mor ddiarbed, pallai'r Cymro dderbyn
gwae llaw hiliol am dagell Llywelyn
na swch diobaith uwch düwch dibyn –
Edward gastellog na'r bardd daeogyn;
drwy'i hyder, rhoiai wedyn, addewid
y Bardd Rhyddid i'w herlid o'r darlun.

Ac i'w harwain i greu ei hunigrywiaeth
drachefn, drwy'r gorwel i'r anwel yr aeth
at wlad a alltudiwyd o'i threftadaeth,
heb ei henw iawn, heb ei hunaniaeth.
A ddeffra'i chwedl y genedl gaeth honno
a'i herio i hawlio ymreolaeth?

Wil Tabwr

Gan mai dim ond saith ymgais a oedd ynddi, ofnwn yr amlen denau a ddaeth i'm llaw. Nid yw'r diffyg cystadleuwyr yn adlewyrchiad o safon na nifer y beirdd sy'n ymhél â'r canu caeth yn ein dyddiau ni, wrth gwrs. Does dim angen anobeithio na chreu panig. Mae'r Gadair genedlaethol yno fel copa clamp o ddringfa sy'n galw am awen, crefft a champ. Ond nid ar chwarae bach y mae cyrraedd yno.

Dail y Goedwig: Mae'n anarferol cael yr un dyfyniad (heb enwi'r ffynhonnell wreiddiol) ar ddechrau ac ar ddiwedd cerdd. Mae awdl fer *Dail y Goedwig* yn darlunio llanast ac oferedd rhyfel, ond cynganeddu geiriau heb greu darluniau nac adwaith emosiynol sydd ynddi. Darllen ac astudio – ie, a cheisio dynwared, hyd yn oed – gwaith y meistri yw'r cam nesaf i'r cynganeddwr hwn.

Gelynos: Awdl fer iawn arall sy'n cynnig tro ar hyd llwybr y pererinion yn Galisia lle cawn gip hefyd ar berthynas dau gariad. Gellid hepgor y pennill athronyddol cyntaf heb golli dim. Cawn ddarlun o rwyg yn agor rhwng cariadon a hithau'n Noswyl Ifan. Mae yma gefndir diddorol ac ymdrech i blethu sawl llinyn ynghyd yn y llinellau, ond mae'r cynganeddion weithiau'n gloff – ac yn wallus. Mae'n gorfod cywasgu'n rhy aml i ateb gofynion y mesur ('Ni fydd *fiesta* ha' 'to' a m'rwydos'). Pan yw'n fodlon ar ganu'n syml, mi all fod yn effeithiol dros ben ('Er eu bod nhw'n eiriau bach,/ Ni allaf eu dweud bellach.') Cefndir gwahanol a diddorol. Un ar ei ffordd i fyny'r mynydd, yn sicr. Dalied ati.

Orion: Bu'n rhaid Gwglo i ddeall mwy am gyd-destun y cerddi hyn. Mae yma feddwi ar naws ac elfennau mytholegol, ond perygl hynny yw bod y farddoniaeth yn troi mor niwlog â'r gyfeiriadaeth. Mae yma ymboeni am gynhesu byd-eang a diriaethol wych yw 'a hiraeth am ddynion eira/ yn pylu i hwyl hen lyfrau plant'. Byddai llai o chwyrlïo rhwng y sêr a nofio drwy lifogydd a mwy o ganu traed ar y ddaear yn ei alluogi i ddringo'n uwch yn y gystadleuaeth hon.

Torfaen: Os yw cystadleuydd yn medru dechrau'i ganiadau gyda'r geiriau 'ac felly John' – a gwneud hynny'n llwyddiannus – mae wedi canfod llais arbennig. Mae'n hawdd gwrando arno yn y cerddi cyntaf, wrth iddo gyflwyno oriel o bortreadau o gymeriadau cyfoes cymoedd y de-ddwyrain. Drwy gyfrwng amrywiaeth o fesurau, cawn gerdd i bob un. Nodir enw ac oedran, a'i dref neu bentref. Mae yma rychwant eang o gefndiroedd a chenedlaethau:

- Hen löwr ar ocsigen. Mae'r darlun yn real ac amrwd wrth i ni weld y dafnau yn ei hances ar ôl iddo besychu yn 'flerwch oll o waed a phoer a llwch'.
- Canol oed ar fudd-daliadau. Surni a rhagfarnau a'i 'hiraeth am wawr arall' yn ei wneud yn agored i dderbyn gwleidyddiaeth wahanol i'r hen sosialaeth gymunedol y cafodd ei fagu ynddi.
- Merch yn ei harddegau. Hwdi, di-DGAU, un o'r criw rhegi yn mhorth siop Spar … Wedi dechrau'n addawol, mae'r portreadau'n dechrau ymddangos yn fwy ystrydebol a disgwyliedig.

Ceir rhai llinellau cignoeth, cyfoes effeithiol yn y cerddi, ond anwastad yw'r gweddill. Nid yw'r casgliad o gerddi yn ein symud ymlaen at haenau uwch neu ddyfnach o gerdd i gerdd. Nid yw'n datblygu na mynd â ni i unlle, yn anffodus. Mae yma feistrolaeth ar y gynghanedd ac ar y mesurau, ond mae angen iddo edrych drwy sbectol fwy gwreiddiol ar ei destun a chynllunio adeiladwaith ei gasgliad yn well.

Beli Mawr: Pan edrychais yn gyntaf ar y gwaith hwn, yr hyn a aeth drwy fy meddwl i oedd: 'Druan ohono fo, mae o wedi cawlio dwy ffeil. Mae o wedi anfon ei awdl at ryw gyhoeddwr llyfrau ryseitiau yn rhywle ac wedi copïo testun ei lyfr i gystadleuaeth Cadair y Steddfod!'

Yna, sylwais ar y cynganeddion. Dyma wibio drwy'r ryseitiau, gwenu uwch dawn wreiddiol i gynganeddu ambell enw dieithr a hoffi sawl ymadrodd gogleisiol. Awdl ysgafn, meddyliais, ac mae'r rheiny mor brin â phitsas sgwâr … nes cyrraedd y broliant ar y diwedd. Yno mae'r ysgafndra diddan yn sobri a gwelwn fod arwyddocâd dyfnach i'r amrywiaeth ethnig sydd wedi'i gasglu yng nghegin yr awdl hon. Mae maeth rhyngwladol yn y bwyd; seigiau mewnfudwyr sydd yma; mae'r coginio yn ein galluogi i ehangu'n gorwelion at fyd sy'n dileu ffiniau imperialaidd, gwleidyddol a rhagfarnllyd.

Dydy mynegiant ysgafn ddim yn golygu bod y thema yn ysgafn. Wrth drafod cennin ar gyfer Gŵyl Ddewi, mae'n ein hatgoffa o'r chwedl am y nawddsant yn rhoi'r llysieuyn hwnnw yng nghapiau'r Cymry rhag ofn iddyn nhw fethu adnabod y gelynion go iawn (pwy ydy'r rheiny 'ta?). Mae rhyddid yr wylan fôr yn cael ei foli ar ddechrau rysáit Tships Llongwr – 'ni roir hualau ar wylan' (yn wahanol i deithwyr eraill?).

Wrth ein hannog i asio 'i greu un daear gron' yn y diweddglo, cawn y cymal 'mewn cegin nid oes ffiniau'. Mae yma newydd-deb yn lle confensiynau treuliedig yng ngherdd *Beli Mawr*. Cyflwynodd syrpréis inni. Cawsom chwa o awyr iach ganddo yng nghanol yr holl sothach sy'n cael ei bwmpio atom o Lundain ar hyn o bryd. Mae'n amrywio'i fesurau: defnyddia bump o fesurau gwahanol cyn cyrraedd diwedd ei ragair. Ond er bod haenau dyfnach na llyfr ryseitiau mewn ambell gymal, go denau yw'r arlwy honno mewn gwirionedd. Rwy'n canmol ei weledigaeth, ond mae angen iddo fod yn fwy cyson gyda'i ergydion.

Che: Dechreuwn drwy weld dau yn mynd ar eu gwyliau i Giwba. Mae ganddo linellau deniadol. Yna mae'n anesmwyth wrth gael y profiad o gael ei holi gan swyddogion arfog am ddiben yr ymweliad, cyn llwyddo i gamu drwy'r ddôr i fod yn dwrist breintiedig yng ngwlad yr ynyswyr. Mae'n clywed adleisiau o drais America yn erbyn y weriniaeth ifanc mewn cyfres o englynion penfyr effeithiol.

Mae'r profiad o fod yn ymwelydd yn anghysurus yng nghanol tlodi a diffyg rhyddid y werin ac mae'n feirniadol o ddiffyg ymyrraeth gan y byd gwleidyddol rhyngwladol ar eu rhan. Ond mae'n taflu'i dermau a'i labeli yn rhy rwydd a rhad ac mae'i golbio yn troi'n bropaganda noeth ar adegau. Rhaid dangos cydwybod wleidyddol mewn ffordd lai haniaethol na hyn: 'Heneiddiodd Comiwnyddiaeth – cawn ninnau,/ gau ein dyrnau a mynnu moderniaeth'. Mae ymgais i wneud hynny wrth gyflwyno cymeriad 'y feinwen ar y cei yn Havanna', ond er mor delynegol oedd ei hargraff hi ar y bardd, nid yw'r ailadrodd yn taro deuddeg i glust y darllenydd hwn.

Mae'n dychwelyd i Fanceinion a chael croeso milwrol digon tebyg yn y fan honno. Mae hyn yn ein harwain at ffieiddio'r wasg dabloid a'r grymoedd eraill sy'n casáu pob lleiafrif, gan gynnwys ein hawliau ninnau fel Cymry. Efallai mai'r llinellau allweddol yw'r rhain: 'Didostur a sur ydyw'n amserau,/ byd o ymyrryd a chodi muriau'. Cyffes ffydd wleidyddol yw'r diweddglo. Does dim dwywaith nad oes yma angerdd didwyll. Mewn cerdd i gystadleuaeth fel hon, mae'n rhaid hogi'r angerdd ar engan lluniau dyfnach a llinellau cynilach. Ond unwaith eto, da gweld gorwelion y gystadleuaeth yn cael eu hymestyn fel hyn.

Wil Tabwr: Y ddrama allweddol yn y gerdd hon yw Iolo Morganwg mewn arddangosfa yn Llundain yn 1774 yn rhyfeddu at lun Thomas Jones o Bencerrig, Maesyfed o'r bardd olaf yng Nghymru wedi cyflafan y beirdd dan law byddin Edward I. Mae'n darlunio yr hyn a ddisgrifir yng ngherdd Thomas Gray, *The Bard*, sy'n cael ei hystyried fel dechrau'r mudiad rhamantaidd a'r Dadeni Celtaidd pan gyfansoddwyd hi yn 1757. Yn y llun mae'r 'bardd olaf' yn gwasgu'i delyn at ei fynwes, yn sefyll yn droednoeth uwch clogwyn yn Eryri. Y tu cefn iddo mae copaon y mynyddoedd yn dywyll ac mae byddin y gelyn yn gorymdeithio'n fuddugoliaethus drwy'r bwlch. Ar ddeheulaw'r bardd, dan gysgod coed derw cnotiog, mae cylch o feini hynafol tebyg i gylch mewnol Côr y Cewri, a chyrff y beirdd meirw wedi'r gyflafan. Yn ôl Geraint H. Jenkins yn ei fywgraffiad, *Y Digymar Iolo Morganwg*, fe 'swynwyd' Iolo gan y ddelwedd hon yng ngherdd Gray a llun Thomas Jones, ac un o'i gaseion pennaf oedd Edward I, y brenin 'ffiaidd'. Roedd Iolo Morganwg yn saer maen yn gweithio ar bont Westminster adeg yr arddangosfa yn Llundain. Mae cerdd *Wil Tabwr* yn agor gyda'r syndod sy'n ei daro wrth edrych ar y llun am y tro cyntaf. Dilynwn ei lygaid wrth iddo graffu ar y bardd uwch y dibyn, y beirdd llys yn gelain, yr adar ysglyfaethus yn crynhoi, a'r fyddin ddialgar yn gadael 'am wâl Edward'. Dyma ddarlun o ddiwedd y Gymru annibynnol.

Cawn ddisgrifiad o'r storm sy'n codi'n ferw ym meddwl Iolo Morganwg. Yr un storm yw hon â'r un am ddiflaniad Cymru ym marwnad Gruffudd ab yr Ynad Coch ac am y freuddwyd oesol am ryw Fab Darogan i ddod i'n gwaredu. Llinell sy'n crynhoi'r cyffro mewnol hwnnw yw 'Ai dyma'r eiliad i ymwroli?'

Roedd Iolo Morganwg eisoes wedi'i ysbrydoli gan fudiadau rhyddid ei oes ei hun. Gan yr athronydd Jacques Rousseau y cafodd y dyfyniad, 'Ganwyd dyn yn rhydd, ond mae dan gadwyni ym mhobman'. Gweithredodd egwyddorion masnach deg yn ei siop yn y Bont-faen a phan aeth i drafferthion ariannol, gwrthododd dderbyn cymorth ei frodyr a oedd wedi ymgyfoethogi ar draul y fasnach gaethweision yn ynysoedd India'r Gorllewin. Caiff hyn i gyd ei ddatgelu i ni yng ngolygfeydd y gerdd.

Yna, mae'r dyfyniad ar ddechrau'r gerdd yn ysbrydoli'r olygfa nesaf, o bosib – sef bod barddoniaeth yn gweld y posibiliadau tra bod hanes, fel pwnc, yn cadw at y ffeithiau. Mae *Wil Tabwr* yn disgrifio Iolo yn yr 'oriel brydeingar' yn gweiddi (ar ôl pinsiad o lodnwm) ar y bardd olaf yn y llun, 'Paid! Paid â neidio! Dal dy dir!' Mae'r orielwyr yn ceisio'i dawelu ... ond mae Iolo yn dal i felltithio Edward ac yn annog y bardd i sefyll a chanu'i gân a'i gerdd. Mae'r swyddogion yn gweiddi'n llymach ... ond does dim taw ar Iolo bellach. Mae'n diosg mantell taeogrwydd y genedl, yn gwawdio pob Sais-addoliaeth, yn galw'r prif weinidog yn 'llyffant', yr esgobion yn 'sgi-wiff' a'r brenin yn 'iolyn'. Edward Jones, Bardd y Brenin – mae hwnnw'n 'delynor di-lun'; y gogleddwyr Cymreig yn Llundain – mae'r rheiny yn yr un cwch ... Ymhen fawr o dro, mae'r saer maen yn cael ei daflu o'r oriel allan i bafin y stryd.

Ond mae'r weledigaeth y mae newydd ei chael yn aros gydag ef wrth iddo gerdded i lawr at afon Tafwys. Mae'n cywilyddio ei fod yn gweithio yn Llundain, yn arfer ei grefft i ychwanegu at rwysg prifddinas yr ymerodraeth fwyaf gwarthus yn y byd. Mae cyflwr ei deulu mewn bwthyn toredig ym Mro Morgannwg yn ei boenydio. Yno y bu farw Lila, un o'u plant ac yno y mae ei wraig yn brwydro'n ddyddiol yn wyneb tlodi a newyn. Wrth bwyso ar bont Westminster, 'cofia'r troeon i'r Iorddonen anniwair ei ddenu,/ i fynd o'i ofid i'w chafn dwfwn'. Bu yntau uwch y dibyn, fel y bardd olaf yn y darlun. Camu'n ôl a mynnu byw dros ei ddiwylliant a wna Iolo. Cawn baragraff yn rhestru'i weithgarwch dyfal mewn amryw o feysydd ar ôl hynny – gweithgarwch y gellir ei grynhoi, efallai, gyda'r cymal 'ymroi i roi, i'r Gymraeg, ragor o anrhegion'.

Aiff *Wil Tabwr* ar bererindod i Drefflemin, lle roedd bwthyn Iolo Morganwg a'i deulu a lle cafodd ei gladdu. Mae'n chwilio'r ffiniau hynny sydd ar derfyn hanes, ar orwelion chwedloniaeth ar gyfer ein hoes ninnau. Mae'n ail-fyw rhai o olygfeydd y Mabinogi yng nghyd-destun yr hyn sydd wedi digwydd i Gymru. Daw i'r casgliad fod yn rhaid i fardd fod yn saernïwr chwedlau hefyd, a gwybod 'sut i ddatruso sagâu'r amhosib,/ nes dweud ei wir yng ngwres ei stori,/ a chreu'r rhaid wedyn i'w chredu'. Ar erchwyn chwalfa ddiwylliannol, rhaid cael dychymyg creadigol i weld y posibiliadau. Dyna sail yr Orsedd a sefydlodd Iolo Morganwg – dychmygodd barhad i draddodiad barddol maith y Gymraeg. Mentrodd alw am heddwch mewn byd o ryfel. Mentrodd godi llef yn erbyn caethwasiaeth a Phrydeindod. Mentrodd ddychmygu Cymru gyda'i llyfrgell genedlaethol, ei chanolfannau astudio llên gwerin, ei phrifysgol a'i rhyddid i bobl ddilyn eu crefydd eu hunain ac i fod yn werin oleuedig, heb deyrn yn sathru arni.

Gwrthododd dderbyn ein bod uwch y dibyn olaf. Yma, mae *Wil Tabwr* yn canu â ni heddiw. Rydym eto yn sefyll uwch y rhwyg daearegol. Mae Cymru yn *wales* o hyd, ac ar fin dychwelyd i fod yn *Englandandwales* efallai. Mae'n 'wlad a alltudiwyd o'i threftadaeth,/ heb ei henw iawn, heb ei hunaniaeth'. Mae'r gerdd yn ein gadael gyda'r un cwestiwn amwys ag a welir yn llun Thomas Jones: 'A ddeffra'i chwedl y genedl gaeth honno/ a'i herio i hawlio ymreolaeth?"

Drwy'r gerdd, mae geiriau ac ymadroddion tafodieithol yn rhoi lliw llafar i'r dweud: 'gwach', 'sang-di-fang', 'tre-din', 'glwriwns', 'cawdel', 'clwc', 'ar gered', 'sách', 'cafflwr', 'pallai' ac ati. Mae'r rheiny wedyn yn cael eu plethu i ystwytho ymadroddi llenyddol nes creu darn o waith sy'n galw am gael ei lefaru. Mae'n sionc ac urddasol yr un pryd. Mi all weithio'n dda ar lwyfan neu ar radio. Mae lle ynddo i ddrama ac i fyfyrdod. Gwers rydd gynganeddol yw corff y gân gyda thri hir-a-thoddaid yn glo. Mae gan *Wil Tabwr* glust sy'n ei alluogi i greu mydryddiaeth sy'n canu ac mae'i gynganeddu'n gyffrous – mae ambell 'linell' yn cynnwys tair cynghanedd wahanol, amrywiol iawn o ran nifer eu sillafau. Byddai wedi medru cwtogi ar ei linellau yma ac acw, yn arbennig wrth drafod y chwedlau tua'r diwedd.

Eleni, mae'n ddaucanmlwyddiant uno ein sefydliad cenedlaethol hynaf – yr Orsedd – gyda'r sefydliad sydd, erbyn hyn, wedi cyflawni mwy na'r un arall at oroesiad ein diwylliant – sef yr Eisteddfod. Mae cerdd *Wil Tabwr* yn uno yr angen am ddychymyg Iolo Morganwg yn y ddeunawfed ganrif gyda'r angen am ddychymyg tebyg yn ein hoes ni i ganfod ein llwybr at ryddid. Canodd gerdd ddramatig a dyfeisgar gyda sawl ymadrodd a llun cofiadwy. Mae'n deilwng iawn o'r Gadair eleni.

Chafodd postmon Penrhosgarnedd ddim gormod o waith yn cludo cynnyrch y gystadleuaeth hon i ben y daith. Saith ymgais yn unig oedd yn y pecyn a laniodd acw ddechrau Ebrill. Mae gofyn mynd yn ôl ddegawd cyfan i Eisteddfod Genedlaethol Meirion a'r Cyffiniau 2009 er pan gafwyd cnwd mor denau. Ond peryglus ar y naw ydy mesur tymheredd byd y gynghanedd a hinsawdd y canu caeth ar sail un flwyddyn o gystadlu yn unig. Mae'r patrwm o lanw a thrai yn rhan o wead y gystadleuaeth hon ers tro byd, ac ar ôl y cystadlu brwd a'r teilyngdod lluosog a gafwyd dros y blynyddoedd diwethaf, roedd rhywun yn synhwyro rywsut y deuai blwyddyn wannach ynghynt yn hytrach nag yn hwyrach. Mae llunio awdl neu gasgliad o gerddi caeth ar gyfer cystadleuaeth fel hon gyfystyr â rhedeg marathon ym myd y campau, ac mae angen yr un mesur o aberth, ymroddiad ac ymarfer er mwyn cyflawni'r naill gamp a'r llall. Dydy hi ddim yn syndod, felly, fod rhai beirdd, yn enwedig y rhai hynny sydd wedi dod yn agos at gipio'r Gadair yn y gorffennol, yn nogio ambell flwyddyn, ac yn penderfynu ei gadael hi am flwyddyn arall. Wedi'r cyfan, mae 'na ffyrdd eraill o fyrhau'r gaeaf.

Go brin fod a wnelo'r diffyg cystadlu eleni â'r testun gosodedig ychwaith. Er ei fod yn destun a osodwyd ar gyfer y gystadleuaeth hon mor ddiweddar ag Eisteddfod Genedlaethol Eryri a'r Cyffiniau 2005, mae deongliadau amrywiol y saith bardd a fentrodd i'r maes eleni yn cadarnhau ei fod yn destun sy'n cynnig lleng o bosibiliadau. Mae yma orwelion pell ac agos, gorwelion yn cau amdanom ac yn agor pob math o gyfleoedd. Yng nghwmni'r beirdd cawsom deithio o gymoedd y de i Lundain, o Galisia i Giwba ac ar long ofod i blanedau ymhell y tu hwnt i bob gorwel.

Dail y Goedwig: Dewisodd yr ymgeisydd hwn fframio ei awdl trwy ddyfynnu cwpled agoriadol awdl fuddugol Gwynn ap Gwilym yn 1986: 'Ni bu un awr heb ei nef/ Ni bu ddydd heb ei ddioddef'. Yn anffodus, dyna'r union fath o ymadroddi tyn a diwastraff sy'n amlwg yn ei absenoldeb yng ngwaith *Dail y Goedwig*. Er bod ganddo afael ar reolau'r gynghanedd a gofynion y mesurau traddodiadol, rhyferthwy o eiriau a gafwyd yn amlach na pheidio. Er na ellir amau diffuantrwydd ei rethreg yn erbyn rhyfel o bob math, mae ei fethiant i ddarlunio gwastraff rhyfel mewn modd mwy diriaethol yn ein gadael heb ein cyffwrdd. Mae yma hefyd beth diofalwch hwnt ac yma, gydag un cwpled yn cael ei ailadrodd (yn anfwriadol) ar yr un dudalen. Byddai rhoi cynnig ar ambell ornest dros bellter llai yn gyngor doeth i'r ymgeisydd hwn.

Orion: Mewn awdl sy'n croesi pob math o orwelion mewn chwe chaniad, mae *Orion* yn ein hebrwng drwy'r gofod ar drywydd ffordd gynaliadwy o fyw, a hynny wrth i'r byd y gwyddom ni amdano ddod i derfyn apocalyptaidd o ganlyniad i gynhesu byd-eang. ('Eu nos roes waddol i ni/ i linach weld aileni.') Mae hi'n thema enbydus o amserol, ac mae penderfyniad y bardd i wreiddio'i awdl yng nghysyniad y Seithfed Genhedlaeth yn gosod baich cyfrifoldeb arnom ninnau fel darllenwyr i ystyried effaith ein penderfyniadau ar y cenedlaethau i ddod. Eto i gyd, dydy'r gwaith ddim yn llwyddo i'n cynhyrfu fel y dylai. Mae'r cyfuniad o ymadroddi braidd yn llac a llinellog a'r gymhariaeth estynedig â dilyw'r Hen Destament a hanes Arch Noa rywsut neu'i gilydd yn dod rhyngom a gwir ergyd y gwaith. Dyma ymgeisydd sydd angen arfer mwy ar ddisgyblaeth y rhedwr marathon.

Gelynos: Stori garu a gafwyd gan *Gelynos*, ond trwy ei lleoli yng Ngalisia ar Noswyl San Xoán 2016, dyddiad Refferendwm yr Undeb Ewropeaidd, mae hanes carwriaeth dau yn magu arwyddocâd cryn dipyn yn ehangach. Wrth i ganlyniad y bleidlais gyrraedd drwy'r radio, mae miri'r ŵyl yn tewi ('Daw i ben ddathliad y bae,/ A gwres tân ger ras tonnau') ac yn sgil hynny, mae perthynas y ddau gariad yn gwegian wrth i'r bardd 'yfed er mwyn anghofio' 'a chyrraedd breichiau arall'. 'Byw esgus yw pob cusan,' meddai ac mae'r weithred o ddileu cusanau yng nghynffon nodyn testun at ei gariad yn dwyn cymhariaeth â phleidleisiau a fwriwyd yn ddifeddwl. Ar adegau o'r fath, mae'r bardd yn llwyddo i gynnal stori ar ddau wastad, ond mewn awdl fer iawn (87 o linellau), dangosodd nad oes ganddo eto afael ddigonol ar gystrawen a chynghanedd i gynnal ei gân. Stamina piau hi.

Che: Mewn awdl ddarluniadol ag iddi gyfalaw wleidyddol gref, dewisodd *Che* ehangu gorwelion y gystadleuaeth hyd at ynysoedd Ciwba. Ar ei wyliau mewn man sy'n amlwg yn ysbrydoli ei anian ddelfrytgar, mae'r bardd yn cyfleu ei anghysur fel ymwelydd trwy gyfosod hanes arwriaeth chwyldroadol Ciwba gyda realiti caled bywyd ei thrigolion ('Dan lwch ei harddwch mae hi'n/ dal i waedu dan dlodi'). Ar ôl agoriad braidd yn simsan, mae *Che* yn croniclo ei argraffiadau o'r wlad trwy gyfres o olygfeydd ac ôl-fflachiau digon effeithiol. 'Glanio heno mewn hanes –/ ac o'r aer daw mur y gwres,' meddai wrth ddod oddi ar yr awyren, cyn mynd ati i ddarlunio ymddygiad bygythiol y swyddogion milwrol mewn dull stacato pwrpasol ('Sbio'n gas, pwnio pasport,/ cwestiynau a synau siort./ Gwaith, diben taith, pwy wyt ti?/ A syn yw'r croeso inni'). Mae'r llinellau hyn yn cael eu hailadrodd tua diwedd yr awdl i ddisgrifio ymddygiad y swyddogion diogelwch ym maes awyr Manceinion ar ddychweliad y bardd o Giwba. Trwy hynny, yn ogystal â'i ddisgrifiad o benawdau gwenwynig papur tabloid ger y carwsél, mae *Che* yn ein dwyn at graidd ei neges, sef bod crafangau'r wladwriaeth yn dynn amdanom ninnau hefyd. Dyhead y bardd yw gweld 'fy Ngwalia/ yn gyforiog o Che Guevara' ac yn ymryddhau o'i chaethiwed trwy ddulliau chwyldro. Darlunio – nid areithio – yw cryfder *Che* ac er nad yw'n argyhoeddi'n llwyr o ran ei afael ar y gynghanedd a gramadeg y Gymraeg, mae ganddo lygaid i weld yn sicr a dawn hefyd i gonsurio awyrgylch. Ar ôl cwblhau un marathon yn llwyddiannus, fe ddylai fagu nerth.

Beli Mawr: Tad Arianrhod oedd Beli Mawr yn ein chwedloniaeth, ond mae ystyr llythrennol yr enw yn cario tipyn mwy o bwysau yn achos yr awdl ryfeddol hon. Go brin y gwelwyd awdl debyg iddi yn holl hanes yr awdl eisteddfodol. Llyfr o ryseitiau a gafwyd gan *Beli Mawr* (prif gogydd Bwyty 5* 'Gormod o Bwdin') gyda phob un dim – o'r dudalen gynnwys, y rhagair, y diolchiadau, y broliant ar y clawr hyd at y ryseitiau eu hunain – ar gynghanedd, ond wedi'u gosod ar batrwm testun rhydd. Yn wir, dim ond y cynhwysion sy'n aros yn ddigynghanedd, er bod yr olew olewydd yn protestio'n groch yn erbyn hynny! Mae'r ryseitiau yn ein tywys ar daith ledled y byd, o *haute cuisine* y Cymry – Wyau Môn a Phice ar y Maen – i seigiau o bedwar ban, yn cynnwys *crepes*, cyri a nwdls. Ar brydiau, mae'r bardd yn llwyddo i wneud hynny mewn modd llithrig iawn. Dyna i chi ei gyfarwyddiadau ar sut i baratoi *crepes*, er enghraifft:

- Ar radell bron-ferwedig nawr rhed fenyn toddedig yn hael i bob cornelig.
- Tywallt y cytew tewaidd.
- Aros ... fe dry yn euraidd a'i felys wynt nefolaidd!
- Y tric yw cofio rhoi tro ar unwaith pan fo'n brownio.
- Â lwc cei nawr ei lowcio.

Dro arall, mae anghenion y rysáit yn drech na gafael y bardd ar y gynghanedd a gramadeg y Gymraeg. Cawn linellau decsill yn hollti ar ôl dwy sillaf ('Nonsens yw talu am offer ffansi'), nifer o linellau cloff eu rhythm a phendilio anghyson rhwng yr ail a'r trydydd person wrth annerch y darllenydd. Pan ddown at y rysáit ar gyfer paratoi *moussaka*, does ryfedd fod y bardd yn ymollwng fel hyn: 'Mae'n her anferth, paid trafferthu â'r gwaith, ar unwaith cer i Lidl i'w brynu'. Mae'r awdl yn cloi gyda dau gwpled cywydd sy'n gosod ei gorchest mewn cyd-destun thematig ag iddo arwyddocâd ehangach ac amserol: 'Mewn cegin nid oes ffiniau na wal a fyn ein gwanhau. Cawn asio ein cynhwysion i greu mewn un daear [*sic*] gron'. Er mor amheuthun ydy cael awdl ysgafnach fel hon ar fwydlen y gystadleuaeth, dydy ei blas ddim yn para'n ddigon hir i hawlio un o sêr Michelin y Brifwyl, ond mae *Beli Mawr* i'w ganmol am gwblhau'r gamp ac am ddyfalbarhau i neidio dros y clwydi a osododd iddo'i hun.

Torfaen: Os ydy *Beli Mawr* yn mynd â ni ar draws y byd, mae *Torfaen* wedi lleoli ei gasgliad o gerddi yn bendant iawn yng nghymoedd a threfi'r deddwyrain. Mewn wyth o gerddi unigol cawn ein cyflwyno i wyth cymeriad sy'n cynrychioli pedair cenhedlaeth, a phob un ohonynt, mewn gwahanol ffyrdd, yn wynebu byd y mae ei orwelion yn cau amdanynt. Dydy Gary, y gŵr canol oed di-waith rhagfarnllyd o Ferthyr, ddim yn gallu 'edrych heibio'i wydryn'; mae Jade, y fam ifanc o Gwmbrân, wedi'i chaethiwo mewn 'tŵr rhad o gartre'; a Kyle, y ferch ysgol o Bontypridd, fel pe bai wedi'i thynghedu i fywyd 'wrth y sbot ar drothwy Spar'. Mae rhai o'r cymeriadau yn ceisio dihangfa: Alicia trwy gyffur sy'n rhoi iddi 'eiliad sy'n estyn gorwelion' a Tynoro sy'n cael ei ddarlunio yn 'dianc dan flanced/ emynau dy gymuned', ond ofer hynny hefyd ag 'olion ffics yng nghorlan ffydd,/ a baw cŵn lle bu cynnydd'. Elliw, yr athrawes Gymraeg yn Ysgol Gartholwg, ydy'r unig un sydd fel pe bai'n llwyddo i geisio ehangu gorwelion, a hynny yn rhinwedd ei chenhadaeth i roi i'w disgyblion 'waddol fel ffwrnes/ â geiriau oes lond ei gwres/ yn hunaniaeth, yn hanes'. 'Libraries gave us power,' chwedl un o leisiau mwyaf huawdl y de-ddwyrain, ond mae hanes Jade, Alicia a Denise yn rhyw ledawgrymu mai ofer fydd trwch ymdrechion Elliw hithau yn y pen draw. Yng nghysgod y pwyslais hwn ar seithuctod bywydau'r unigolion, mae'r cyfeiriad yng nghynffon y casgliad at 'y fro hon,/ nas chwelir gwres ei chalon' yn taro ryw fymryn yn anghydnaws. Rhaid cydnabod hefyd fod yna beryg bod ambell un o'r portreadau yn cydymffurfio'n rhy rwydd gyda safbwyntiau ystrydebol y wasg felen.

Yn gam neu'n gymwys, mae rhywun yn synhwyro mai bardd ar ei brifiant ydy *Torfaen* ac mewn rhai cerddi unigol (er enghraifft, 'Elliw') gwelir bod gofynion y gynghanedd a'r mesurau a thechnegau fel cadwyno a goferu yn herio ei afael ar gystrawen y Gymraeg. Yn ei benderfyniad doeth i fabwysiadu cynllun a fframwaith mor bendant ar gyfer y casgliad, fodd bynnag, rhoddodd *Torfaen* ganllawiau cadarn iddo'i hun sy'n ei atal rhag colli'i ffordd yn y ras.

Wil Tabwr: Bu'n gyfnod da i Iolo Morganwg, y saer maen o Drefflemin a thad Gorsedd y Beirdd. Ychydig fisoedd wedi cyhoeddi cofiant meistrolgar yr hanesydd Geraint H. Jenkins i 'un o'r Cymry mwyaf deallus a chreadigol a welwyd erioed yn ein gwlad', dyma bortread llachar ohono trwy lygaid bardd. Drama fydryddol ar gynghanedd yw 'Gorwelion' *Wil Tabwr* mewn gwirionedd; drama, sydd yn y pen draw, yn clodfori'r ysbryd creadigol a oedd yn rhan o anian Iolo ac sydd, yn ôl y bardd ac Iolo fel ei gilydd, yn anhepgor i oroesiad cenedl. Mae hi'n ddrama, felly, sydd hefyd yn codi cwestiynau am swyddogaeth bardd a barddoniaeth.

Mae *Wil Tabwr* (ffugenw sy'n dwyn i gof un o'r beirdd hynny a ffugiwyd gan Iolo) yn gosod llwyfan y ddrama gyda'i gwpled agoriadol, 'Yn oriel yr hen elyn/ y saif yn syn'. Yn raddol, down i sylweddoli mai Iolo Morganwg ei hun sy'n sefyll mewn arddangosfa yn Llundain tua'r flwyddyn 1774 a'i sylw wedi'i hoelio'n llwyr ar ddarlun yr artist o Gymro, Thomas Jones, Pencerrig, *The Bard*. Mae'r darlun hwnnw, sydd bellach i'w weld yn yr Amgueddfa Genedlaethol yng Nghaerdydd, wedi magu grym eiconaidd dros y blynyddoedd yn sgil ei bortread o'r bardd Cymraeg olaf un yn cydio'n dynn yn ei delyn wedi'i erlid at ymyl dibyn serth gan filwyr Edward y cyntaf. Wrth syllu arno ar furiau'r oriel, 'rhed storom/ ddyrys, boenus' trwy ben Iolo ac ni wêl ddim yn y llun ond 'diflaniad/ clwc ei wlad/ a aeth ar daith i'w thredin'. Mae'n bwrw trem yn ôl ar draws canrifoedd o draddodiad barddol o Gatraeth i Gilmeri ac ni chlyw ond marwnadau beirdd, gan beri iddo holi'r cwestiwn 'Ai hyn oll fu ei siwrne hi, 'mond storom o hunandosturi?' Mae'r cwestiwn hwnnw yn ei dro yn arwain at gwestiwn rhethregol pellach, 'Ai dyma'r eiliad i ymwroli?' Mae Iolo yn ateb ei gwestiwn ei hun trwy dynnu'r lodnwm o'i glogyn ('ei gyfaill ym mhob argyfwng') a gweiddi'n daer ar y bardd olaf yn y llun i ddal ei dir, cyn bwrw iddi i leisio'i lid yn erbyn pawb a phopeth a chael ei daflu'n ddiseremoni o'r oriel.

Dan ddylanwad y cyffur a chyda darlun y Bardd Olaf yn dal yn fyw yn ei ben, mae'n suddo i bwll o iselder ac yn gwaredu fel y bu iddo esgeuluso'i gyfrifoldebau at ei deulu a'i genedl er mwyn ymroi i fywyd Llundain a'i waith fel 'saer maen yn consurio meini i gryfhau bwâu rhagoraf y byd!' Yn nyfnder ei anobaith, mae'n penderfynu troi rhag difancoll y dibyn 'ac â hyder tebyg i Wydion' yn 'ymroi i roi, i'r Gymraeg, ragor o anrhegion', a hynny 'chwimed â phen draw dychymyg'. Yn y cyfraniad rhyfeddol hwnnw, sy'n cael ei amlinellu yma fel un rhibidirês o weithgarwch, gŵel *Wil Tabwr* gyfrifoldeb 'bardd yn erbyn y byd' 'i oleuo'r fagddu dduaf'.

Mae cerdd *Wil Tabwr* gryn dipyn ar y blaen yn y ras am y Gadair eleni, o safbwynt ei huchelgais, ei chyfeiriadaeth, ei meddylwaith a'i mydryddiaeth. Mae lliwiau a haenau ei 'stori ganfas' yn amlygu ei feistrolaeth ar holl gyweiriau a rhythmau'r Gymraeg. Ond dydy *Wil Tabwr* ddim wedi'i gwneud hi'n hawdd i feirniaid cystadleuaeth ychwaith. Mae'r gwaith mewn cynghanedd gyflawn yn sicr, ac yn cynnwys nifer o gynganeddion dolennog cywrain, ond mae'r cwestiwn a ydy hi'n awdl neu gasgliad o gerddi yn destun seiat. Oni bai iddo ddewis gosod rhestr cyflawniadau Iolo fel talp o ryddiaith, fe fyddai *Wil Tabwr* hefyd wedi herio un arall o amodau'r gystadleuaeth trwy fynd dros drothwy'r 250 o linellau. Ond does dim dwywaith mai gan *Wil Tabwr* y mae'r weledigaeth eleni. Ganddo ef hefyd y mae'r ddawn a'r adnoddau i roi mynegiant i'r weledigaeth honno. Er iddo ddod yn agos at daro'r wal wrth nesáu at ddiwedd y gerdd, mae'r tri ohonom yn gytûn ynghylch ei deilyngdod ac yn tybio y byddai Iolo ei hun yn ei elfen wrth feddwl bod ei Orsedd yn anrhydeddu bardd sy'n dal i ganu 'uwch düwch dibyn' gan ddangos bod rhyw olau yn rhywle dan yr olew o hyd.

Er mai dim ond saith cerdd a ddaeth i law, mae yma amrywiaeth yn y modd y mae'r ymgeiswyr wedi dehongli'r testun a datblygu eu themâu. Mewn cystadleuaeth fel hon, bydd beirniad yn disgwyl derbyn cynhyrchion sydd o leiaf yn dweud rhywbeth perthnasol wrthym a hynny mewn ffordd grefftus a chymwys, yn lân a graenus o ran iaith a chynghanedd. Yng ngweithiau'r goreuon, bydd yn gobeithio canfod hefyd wreiddioldeb a dychymyg, meddylwaith ac angerdd, a mynegiant celfydd ar ffurf canu trosiadol, symbolaidd neu alegorïol, a rhythmau effeithiol.

Gelynos: Awdl fer (dim ond 87 llinell) yn rhoi i ni stori garwriaethol yn ystod taith yng Ngalisia. Hen dro i'r ymgeisydd fod mor ddiofal o'i ramadeg. Mewn sawl man mae'n peidio â chynnwys rhagenw personol, ac yn aml yn methu'n aml gyda'r treiglo. Gall hefyd fod yn esgeulus o'i gynghanedd, fel gyda'r bai Trwm ac Ysgafn yn y llinell 'Yn ein gwâl rwy'n dal yn dynn'. Serch hynny, digon taclus yw'r adeiladwaith, gyda'r amrywiaeth mesurau'n gwneud datblygiad y gerdd yn ddiddorol. Mae yma hefyd ddweud digon effeithiol ar dro: 'Y dweud gwael mewn du a gwyn/ Yn bwerus heb eiryn./ Er eu bod nhw'n eiriau bach,/ Ni allaf eu dweud bellach'. Creu mwy o ganu fel hyn yw'r ffordd ymlaen i'r cystadleuydd hwn.

Dail y Goedwig: Awdl fer eto (106 o linellau), yn datgan beirniadaeth o ryfel. Mae'n agor a chloi gyda chwpled – 'Ni bu un awr heb ei nef/ Ni bu ddydd heb ei ddioddef' – ond ni welaf fod hynny'n ychwanegu dim o ran gwerthfawrogi'r cyd-destun. Fel gyda'r ymgeisydd blaenorol, collwyd cyfle i gyfansoddi cerdd hwy gan fanteisio ar faint y cynfas i ddarlunio'n helaethach. Braidd yn llac ac amhendant yw'r mynegiant at ei gilydd, gyda'r gair cyntaf a ddaw i'r meddwl yn cael ei ddefnyddio'n llawer rhy aml. Ceir hefyd dueddiad i ddweud yr hyn sy'n amlwg, fel yn 'Bydd hil ddynol yn olion/ Yn y llaid na all fyw'n llon' a 'Daw'r tanio o ddwrn ffwrnais/ O ynnau trwm ym myd trais'. Nid oedd angen dweud 'na all fyw'n llon' yn y llinell gyntaf, ac nid oedd dweud 'ym myd trais' yn yr ail yn ychwanegu dim. Buaswn wedi hoffi cael mwy o linellau fel 'Yn chwydfaoedd o floeddio/ Uwchlaw traed gwaed byd o'i go'.

Orion: Mewn dilyniant o chwe cherdd – 'Teithio', 'Y Chwalfa', 'Dianc', 'Yr Arch', 'Y Cyrraedd', 'Ymgartrefu' – ei thema yw argyfwng eithaf dynolryw a'n planed o ganlyniad i newidiadau yn yr hinsawdd. Cyfeirir at Egwyddor y Seithfed Genhedlaeth sy'n rhan o athroniaeth hynafol cenedl yr Iroquois, a'i neges yw y dylai penderfyniadau pob cenhedlaeth yn ei thro sicrhau y bydd yr amgylchedd yn gynaliadwy am saith cenhedlaeth. Dyma neges y gerdd: mai dinistr ein byd sy'n aros os na fyddwn ni – yn unigolion, corfforaethau a llywodraethau – yn gweithredu ar frys ac o ddifrif. Yn y cywydd agoriadol, mae cyfnod y Seithfed Genhedlaeth wedi cyrraedd ac mae nifer mewn llong ofod yn chwilio am blaned arall i ymsefydlu arni:

> Cenhedlaeth Saith y teithwyr
> a'u tras yn y ddinas ddur,
> trigolion caethion y cwch
> yn hwylio drwy dawelwch
> nos eithaf y nosweithiau
> ar hynt i fynnu parhau.

Defnyddir stori'r Dilyw, Noa a'r Arch o'r Hen Destament yn gymhariaeth i'r hyn sy'n digwydd, ac mae hynny'n gweithio'n ddigon effeithiol. Ceir yma beth gwreiddioldeb wrth gyfleu neges bwysig, a gellid cryfhau'r gerdd drwy dynhau'r gwead ac arfer cynildeb yn y mynegiant.

Che: Y profiad o ymweld â Chiwba yw ei thema, ac mae'r llinell 'Glanio heno mewn hanes' yn awgrym o'r hyn sydd i ddod. Cawn gip ar ddeuoliaeth sefyllfa gyfoes y wlad wrth i'r hen drefn gomiwnyddol newid gyda mabwysiadu'n gynyddol hanfodion cyfalafiaeth. Ymdrinnir â rhyddid a chaethiwed trwy ddelweddau o orffennol chwyldroadol y wlad ac o wahanol agweddau o'i bywyd heddiw. Amlygir gafael y wladwriaeth yn y ddelwedd o'r milwyr a'r swyddogion yn derbyn yr ymwelwyr yn y maes awyr, ac wrth ystyried sefyllfa'r werin bobl cawn ddisgrifiad o brofiad pysgotwr môr: 'Hwn aeth i'r môr a thrymhau/ ei fraich o dan faich ei fyd'. Ond bellach daw i'r lan heb helfa: 'Ar awel mae'n dychwelyd/ o bysgota *baia*'r byd/ yn y *sgiff* sy' wag o hyd'. Wrth ddarlunio'r profiad o gyrraedd maes awyr Manceinion wedi'r daith, cyfleir yr eironi o weld yno filwyr a swyddogion y llywodraeth drwy ailadrodd y rhan am faes awyr Havanna. Mae'n cloi drwy ystyried natur ein diffyg rhyddid ni'r Cymry heddiw pan fo'r ysbryd ymerodraethol Eingl-ganolog yn dal yn fyw: 'rwyf finnau/ am gau dyrnau a mynnu moderniaeth'. Gwendid yn y mynegiant yw defnyddio 'yno' dair ar ddeg o weithiau, a hynny'n ddiangen bob tro, a cheir ambell lithriad yn y gynghanedd ar dro. Ni chredaf fod adleisio cerdd T. H. Parry-Williams, 'Y Ferch ar y Cei yn Rio', yn gweithio yma oherwydd mai pedair llinell sydd ym mhob un o'r pedwar pennill ac mae'r llinell adleisiol – 'y feinwen ar y cei yn Havanna' – yn cael ei hadrodd ym mhob un. Fodd bynnag, mae gan yr ymgeisydd farn a chenadwri i'w mynegi. Anghysondeb yn safon y grefft yw diffyg pennaf y gerdd, ond cefais ynddi rannau digon effeithiol.

Beli Mawr: Llyfryn ryseitiau wedi'i gynganeddu a gafwyd, ac mae'n ymgais hynod am sawl rheswm. Fel hyn y mae'n egluro'i ddehongliad o'r testun 'Gorwelion': 'Mae dalennau'r gyfrol hon yn dwyn taith a danteithion i'th dir o gyfandiroedd a rhoi gwers i bawb ar goedd'. Mae yma ymgeisydd medrus a fu'n gosod enwau gwahanol brydau bwyd, eu cynhwysion a'r dulliau o'u coginio – a hyd yn oed y Diolchiadau, y Cynnwys, y Rhagair, a mwy – i gyd ar gerdd dafod! Fel hyn y mae'n cyhoeddi ei genhadaeth: 'I gogydd, bwydydd y byd ry y wefr a'r her hyfryd o greu celf o sawl elfen, coginio fel llunio llên'. Fodd bynnag, cyfyd ambell anhawster o ran y mynegiant. Er enghraifft, er bod y cynganeddu'n dechnegol gywir gydol y gwaith, mae'r rhythmau'n dioddef ar dro am fod y ffurfiau brawddegol a'r atalnodi, a'r cymalau pwyntiau bwled, yn tarfu ar y goferu. Yr anhawster pennaf i mi mewn perthynas â'r sylwedd yw na chefais fy symud gan y gwaith. Er yr ambell honiad diniwed y gallai coginio prydau o wahanol ddiwylliannau ddwyn pobloedd y byd i werthfawrogi a pharchu ei gilydd, ymddengys nad yw wedi amcanu at ddim mwy na chael boddhad o greu llyfryn ryseitiau mewn cynghanedd. Mae dyn yn rhyfeddu at greadigrwydd y cystadleuydd ac yn dotio at y modd y mae wedi defnyddio cerdd dafod i ddiben mor drawiadol o annisgwyl, ond byddai'n dda calon gennyf pe bai un mor ddawnus wedi cyfansoddi cerdd i'n difrifoli.

Torfaen: Dyma gasgliad o wyth cerdd yn rhoi i ni gipddarluniau o wyth unigolyn gwahanol yn rhai o ardaloedd y de, pob un yn ei amgylchiadau penodol ei hun. Mae eu gorwelion neu eu diffyg gorwelion o ran eu gallu i symud ymlaen yn eu bywydau yn dibynnu ar eu natur a'u hamgylchiadau. Cawn ein cyflwyno i'r wyth yn eu tro. Dyma gyfeirio at ambell un: 'John, 79, Cwm, Blaenau Gwent' – y lofa oedd ei fyd a'i fywyd, ond caewyd y pwll ers tro ac mae ef bellach yn anabl. Mae'n mynd i weld hen safle'r gwaith glo, a hynny am y tro olaf – 'a'i hen olwyn a weli yn dawel/ ddistawach na gweddi'n/ hawlio darn o'th orwel di'. Yna, 'Gary, 54, Merthyr Tudful' – ni wêl orwel gobaith a dyhead ystyrlon – 'Tyfu, beint wrth beint di-ball,/ wna'r hiraeth am wawr arall ... Yn ddi-waith, wyt ryw hen ddyn/ heb edrych heibio'i wydryn'. Wedyn, 'Kyle, 16, Pontypridd' – cicio'i sodlau efo rhai eraill o'r un meddylfryd y mae hi:

heb ddim byd ond stryd a strach ...
myn gyrraedd rhimyn gorwel,
ond mae'n rhy bell, ac felly
eto'n ôl rhaid actio'n hy
wrth y sbot ar drothwy Spar
heb edifar. Heb dyfu.

Mae'r disgrifio'n bur effeithiol a'r mynegiant cynganeddol yn lân heb dynnu sylw ato'i hun, ond braidd yn dreuliedig yw llawer o'r delweddau. Uniongyrchol yw'r arddull, a lle dylai fod yn gynnil ac awgrymiadol mae'n tueddu i ddweud ar ei ben, fel yn y llinell 'Realaeth cadair olwyn sy'n brifo'. Buaswn wedi croesawu mwy o fynegiant trosiadol pan oedd cyfle er mwyn cyfoethogi'r delweddau a dyfnhau eu harwyddocâd. Roedd dau gwestiwn yn fy mlino. A yw defnyddio'r patrwm o drosiadu 'gorwelion' y gwahanol unigolion – chwech allan o'r wyth – yn ddyfais sy'n cael ei gorweithio, ac yn troi'n fformiwla sy'n peri i ni ragweld eu tynged yn eu tro? Hefyd, ynghlwm wrth hynny, a oes yma stereoteipio er yn anfwriadol? Fodd bynnag, dyma ymdrech gymeradwy.

Wil Tabwr: Hanfod y gerdd yw ymateb Iolo Morganwg i orwelion rhagolygon Cymru a'r diwylliant Cymraeg – y dyheadau a'r gobeithion, y bygythiadau a'r cyfleoedd. Dyma weledigaeth *Wil Tabwr*, ac mae'r gerdd yn agor â Iolo mewn oriel yn Llundain yn canfod *The Bard*, paentiad Thomas Jones, ac yn syllu'n syn a myfyriol arno. Yn y llun, mae'r beirdd i gyd ond un wedi eu lladd gan fyddin Edward I ac mae'r olaf hwn yn cydio yn ei delyn ac yn sefyll uwch y dibyn. Cyfyd y llun ddau gwestiwn: Beth fydd tynged cenedl y Cymry heb annibyniaeth, a beth fydd gweledigaeth ei beirdd? Wrth edrych arno, cyffroir teimladau a meddyliau radical a chreadigol yn Iolo: 'Yn y gosteg astud, ni wêl y rhelyw sidêt/ ystad aflonydd y bardd o flaen *The Bard*./ Er y distawrwydd, rhed storom/ ddyrys, boenus trwy'i ben'. Deffroir dychymyg Iolo i ddwyn i gof orffennol ei genedl, a thry hynny'n fyfyrdod ar ei phresennol a'i dyfodol – gorwelion ei phosibiliadau a'i hewyllys i oroesi. Daw'n ymwybodol o'r angen i herio anghyfiawnderau, ond yr hyn a wêl o'i gwmpas yw 'beirdd diymadferth heb arf,/ heb waedd yn erbyn y byd'. Mae'n myfyrio ynghylch swyddogaeth – yn wir, dyletswydd – bardd yn wyneb anghyfiawnder a her parhad cenedl, a'r hyn sy'n ei daro yw mudandod y beirdd, a'i fudandod ef ei hun yn bennaf.

Wrth ystyried digwyddiadau arwyddocaol yn hanes dioddefus ein gwlad – Catraeth, y Dref Wen, Cilmeri a gorchfygu Cymru, ac ymdrech

Glyndŵr – gwêl Iolo y beirdd yn dwysáu ein digalondid drwy ganu am y methiannau heb gynnig ysbrydoliaeth: 'Ai hyn oll fu ei siwrne hi, 'mond storom o hunandosturi?' Mae'n ceisio cymorth drwy'r opiwm – 'tyn ei lodnwm o'i glogyn yn grynedig ei law,/ ei gyfaill ym mhob argyfwng' – yn y gobaith y byddai'n fodd iddo ymwroli, ond mynd ag ef yn ddyfnach i'r tywyllwch y mae'r cyffur. Sylweddola mai dihangdod yw'r cyffur, ac nad oes ymwared gwirioneddol mewn cysuron ffug, a bod rhaid iddo wynebu'r her gan ddefnyddio'i adnoddau i ysbrydoli ei gyd-Gymry. Gwelir hyn yn neges i feirdd pob oes – rhaid wynebu realiti cyn y gellir defnyddio'r dychymyg i greu er mwyn ei newid. Cyfeiria *Wil Tabwr* at gyflawniadau creadigol Iolo a'i ofynion i sicrhau cynhaliaeth sefydliadol i'r diwylliant Cymraeg, ac mae'n cloi drwy amlygu pa mor berthnasol yw ei ddyheadau a'i ymdrechion i ni heddiw yn y frwydr i amddiffyn Cymreictod ac ennill rhyddid cenedlaethol.

Hon yw cerdd orau'r gystadleuaeth, a'r unig un sydd wedi cyrraedd safon teilyngdod eleni yn ôl ein barn gytûn fel beirniaid. Mae'n dda cael dehongliad bardd o feddwl Iolo Morganwg, fel a gafwyd yn gymharol ddiweddar gan Gerallt Lloyd Owen yng nghywydd arobryn Bro Morgannwg yn 2012. Mae cerdd *Wil Tabwr* yn gyfraniad diddorol i'r ymdrech gan wŷr llên a haneswyr i ddeall yn well yr hyn a symbylai Iolo, gyda golwg ar ei wladgarwch yn benodol. O ran arddull y gerdd, mae'r elfennau sy'n draethiadol ac sy'n rhethregol-bregethwrol yn fwriadol felly – y naill i ddweud y stori a chyfleu troadau meddyliau a theimladau Iolo, a'r llall i gyfleu tanbeidrwydd ei farnau a'i ragfarnau – ac maent yn llwyddo yn eu pwrpas. Ceir rhannau mwy awenyddol na'i gilydd yn y gerdd; nid yw'r olygfa ddramatig lle mae Iolo'n cael ei hel o'r oriel, na'r rhan sy'n gwneud defnydd o'r Mabinogi, yn gweithio cystal. Ond cawsom gyfanwaith sy'n gyforiog o ddelweddau trosiadol, cymariaethau, cyferbyniadau a chyfeiriadaeth, gyda'r rhuglder cynganeddol yn amrywiol ei rythmau – yn byrlymu, yn arafu, ac yn ergydio'n effeithiol. Gyda'r moddau i wneud cyfiawnder â'i weledigaeth ar y testun, llwyddodd *Wil Tabwr* i gyfansoddi cerdd sy'n dangos dychymyg a meddylwaith ac un sy'n mynnu ymateb emosiynol a deallol.

Dilyniant o gerddi heb fod mewn cynghanedd,
heb fod dros 250 o linellau: Cilfachau

CILFACHAU

Llwybr Arfordir Llŷn

Ar bnawn pan nad oes dim i'w wneud,
pan mae rhai'n honni – er mwyn yr heip –
nad oes gen ti a dy deip
ddim byd i'w ddweud,

mewn bro sy'n bell allan o ffasiwn,
a gwynt o bob cyfeiriad yn brathu,
pan mae cymathu'n
anochel, ac yn dipyn o demtasiwn,

pan mae'r boncyrs a'r byddar yn bigitan â'r dall
a neb yn y wlad yn siarad sens,
mae'n bryd camu dros ffens
a rhoi un droed o flaen y llall.

Ar bnawn oer, od, pan mae'r lleuad
yn wyn yn yr awyr olau, laith
mae dechrau'r daith
ar ben draw lôn ben-gaead.

Ynys Gachu, Trefor

Mae'r garreg hon
yn edrych yn wyn o bell,
fel petai'n eithriad balch o farmor,
yn sgleinio gyferbyn â'r clogwyn llwyd.

Heidia'r adar yn ôl ati o'r môr,
i fwydo'u cywion, i grawcian,
ac i stompian yn warchodol

o gwmpas eu cartref gloyw
heb sylweddoli

mai'r cwbl sy'n gwneud y garreg yn wyn
yw eu baw eu hunain.

Carreg Llam

Cyn i'r deyrnas syrthio,
cyn y neidio,
cyn i'r ysfa i beidio â byw
ddechrau cydio,
beth oedd y graig?

Cyn i'r goron lithro,
cyn i ddyn fynd yno
am nad oedd nunlle arall ar ôl,
cyn i'r siâp apelio
at ŵr a oedd eisiau tranc
cyflym, terfynol,
gwefreiddiol,
oedd ganddi enw arall?

Cyn i'r cwymp serth, syth edrych
fel petai'n datrys pob dim,
cyn i'r sgrechian atsain yn y nant,
cyn i'r benglog ffrwydro,
cyn i'r perfedd rwygo,
wnaeth rhywun feddwl ei bod hi'n hardd?

Eglwys Beuno, Pistyll

Am mai'n anaml y bydd pererinion
yn dewis dilyn y llwybr union,

am fod troedio'r tywyrch rhwng y garn a'r genlli'n
bwysicach o lawer na chyrraedd Enlli,

am fod ywen a llawryf a gwenith a grug
mor sanctaidd ag adnod ac emyn cryg,

am y bydd rhywbeth yn para wedi i'r tir erydu
ac ar ôl i'r giatiau orffen rhydu,

am nad oes gwahaniaeth rhwng ffydd a hunan-dwyll
wrth frysio 'mlaen er mwyn ennill pwyll,

am fod Twix a Fanta yn y gangell gul
yn gwella'r enaid fel cymun y Sul,

er bod pawb yn gwybod nad yw Duw'n bodoli
mae hyn yn teimlo fel addoli.

Porthor

Mae symud yn llonydd: gadael tŷ a theulu a thasgau,
mynd o'r gegin lle mae sgrechian
yn sgramblo pob synnwyr, a ffeirio'r swyddfa
am unigrwydd llwybr.

Ond dydy llonydd ddim yn bod: wrth gamu i lawr
dyma glywed Nain yn sôn, ers talwm,
am y traeth yr oedd ei dywod,
drwy hudoliaeth, yn canu.

Mae'n job trio gwneud y chwedl yn wir:
pwyso ar sawdl; arafu; cyflymu; llusgo traed –
trio bob sut, a'r tywod naill ai'n fud
neu'r gwichian (honedig) ar goll yn y gwynt.

Wedyn, ar ôl anghofio am y sôn am sŵn,
ac ailddechrau cerdded yn gyffredin,
dyma fo: griddfan y gronynnau'n
troi'n chwiban sydd mor glir
ag addewid Nain.

Gyda'r gwichian, dyma hiraeth
am dwrw tŷ a theulu:
y mwydro sy'n troi'n draddodiadau,
y celwydd sy'n troi'n chwedlau yn y cof.

Uwchmynydd

Annwyl haneswyr fory,
                  Nid yn sgil
dyletswydd i gofnodi diwedd hil
dwi'n sgwennu hyn i gyd;
dydy o'n ddim ond sbîl
un sy'n sbio'n chwil
i lawr clogwyn
ym mhen
draw'r
byd.

Porth Meudwy

Roedd, unwaith, ddyn
a oedd am blannu gwinllan yn Llŷn.
Nid da ganddo fewnforio.
Roedd ganddo lethr a wynebai'r de,
ac awydd yn ei galon
i wneud pethau drosto'i hun.
Doedd blas poteli tramor ddim yn plesio:
llyncu balchder oedd llowcio
gwydreidiau o wledydd pell. Onid gwell
plannu'n annibynnol,
meithrin ein grawnwin ni ein hunain,
eu gwasgu gartref, ac eplesu'r sudd
yn win cynhenid?

Gosododd ei ddôl â gofal gŵr
a ddarllenodd lyfrau am y pwnc –
rhoi ffensys a gwifrau i gynnal canghennau
cyn plannu'r prennau
mewn pridd nad oedd isio gwybod,
i dderbyn haul gwan, anfynych,
a hyrddiadau hallt awel y môr.

Gwnaeth hyn oll – treulio pnawniau hir
yn tocio â bysedd cochion, cyn gweld
y gwinwydd yn cynhyrchu siomiau sur –
er bod Albariño a Tokaji a Sauvignon
a Liebfraumilch a Chateauneuf du Pape
i gyd dan ddecpunt yn Lidl.

Tŷ yn Rhiw

Mae bron yn braf,
jest iawn yn rhyddhad,
gweld tŷ rhywun sy'n goncwerwr,
heb g'wilydd nac amheuaeth.

Plannodd faner San Siôr
yng ngolwg y môr – dyn sarrug
â locsyn crîp, a bathodyn pabi ar ei het;
yn ffenest ei jîp mae sticer
fflag y Confederate.

Dyn yw hwn y mae'n rhwydd
gludo arno label
yn dweud 'GELYN'.

Dydy hi ddim mor hawdd â hyn, bob amser:
ti'n gwybod yn iawn fod 'na oresgyniad
ond sgen ti'm syniad, wastad,
lle'n union mae o.
Mae'r mewnlifiad yn cuddiad
mewn pobl neis sy'n bywiogi bwytai
ac yn ailgodi toeau.

Weithiau, mae'r darfod mor llechwraidd
â Custard Creams, Malted Milk a Nice
yn meddalu mewn tuniau bisgets
yn nhai neiniau achos nad oes neb
yn galw ryw lawer, bellach.

Cytiau rhyfel, Porth Neigwl

Mae'n od eu gweld nhw yma,
mewn gwyrddni sydd heb newid
ers milenia: waliau a tho a godwyd
at bwrpas militaraidd nad oes neb, y dyddiau hyn,
yn siŵr ohono. Go brin fod pobl ffordd hyn
yn gwybod ar y pryd i be roedden nhw'n da.
Rŵan, a'u diben ar ben,
maen nhw'n gwrthod pydru.

Mae'n od eu gweld nhw yma,
mor bell o ganol pethau: ni yw'r hem
sy'n raflo ar lawes iwnifform y wlad.
Bro yw hon yr oedd hanes yn digwydd iddi,
a hithau'n brysur â'i harferion a'i chwedlau.

Ond dyma goncrid cyfnod
pan na wnaeth hanes ein hesgusodi:
rasiwns, faciwîs, a phawb yn gorfod
cau eu llenni rhag denu boms.
Hyd yn oed wedyn, go brin i bobl ffordd hyn
newid rhyw lawer ar eu ffordd.

A'r nos yn dew o Dorniers a Heinkels
anweledig, yn cael eu herlid gan beiriannau
poeri tân, gwyddent mai breuddwyd ffŵl
oedd perchnogi'r awyr: gwyddent mai gwell
oedd caru cerrig eu cartrefi, trin y tir
dan eu traed.

Abersoch

Mae gen i ffrind sy, ar bnawniau segur,
yn mynd i faes parcio Travelodge Port
i weld pwy ddaw allan drwy'r drws pan egyr,
a'u hwynebau'n fflysh ar ôl awran o sbort,
gan chwarae â'u gwallt a rhoi cip dros eu gwarrau.

Ni lenwir fy ffrind â barn na chenfigen –
dim ond twtsh o chwilfrydedd i weld pwy yw'r parau
a logodd stafell dros dro, er mwyn ei throi'n swigen
o chwant am ddim byd heblaw cyrff ei gilydd:
gwlypter a griddfan, blowjobs a blys –
oedi'r rwtîn ddigalon i gael noethni dig'wilydd,
oferedd heb fory, chwarae a chwys;
ffeirio cega, cwyno, ac atebion siort
am bnawn o bleser yn Travelodge Port.

Ro'n i'n arfer meddwl bod Abersoch
yn syniad da. Mae 'na sens mewn geto –
troi cornel o'r winllan yn dwlc twt i'r moch
(a defnyddio trosiad di-chwaeth). Ond dwi'n meddwl eto
wrth i'r prisiau godi ac i'r ardal wagio:
fydd y storm ddim yn stopio cyn pasio trwyn Cilan
ac os wyt ti'n llogi stafell i shagio
fydd yr ogla'n dy ddilyn fel yr awel fila'n.

Mae'n aeaf yma rŵan – gwag ac oer,
a dim ond un neu ddau sy'n llyfu hufen iâ.
Wrth blygu dros faw ci, mae dyn yn llyncu'i boer
gan weld mor hyll yw pentre hardd yr ha',
fel petai'n ŵr mewn stafell gwesty rad
yn sylwi nad yw'r cyffro werth y brad.

Castellmarch

'Mae clustiau march gan March ap Meirchion.'
Pwy fu'n bregliach wrth y brwyn? Diolch, mêt,
am ddweud y blincin amlwg. Pam arall
fyddai o'n torri ei wallt fel hyn?
Doedd yr enw ddim yn gliw?

Roedden ni'n gwybod. Ac yntau'n gwybod
ein bod ni'n gwybod. A phawb
yn ddigon bodlon dweud dim byd.

Rŵan, rhaid ffugio syndod
a chuddio embaras, a cheisio
peidio â sbio ar ochrau ei ben.

Pan mae'r prognosis
mor amlwg â gwaed mewn piso,
calla dawo.

Pan fyddai'r gwir
yn suro swper,
taweler.

Pan nad oes gwahaniaeth
y gall neb ei wneud,
paid â dweud.

Y dyn haearn, Mynydd Tir Cwmwd

Ydw i'n ynfyd
yn ceisio dyfalu pa iaith sydd ar wefusau
delw sydd heb dafod na gwefus na glotis
nac ysgyfaint nac ymennydd
na dim byd arall sy'n help i siarad?

Efallai nad yw'n ddim ond gwifrau metal
mewn plinth concrid, a finnau'n
wallgo'n hidio am ei hil.

Efallai nad ydw innau'n ddim ond genynnau
mewn gwisg o gelloedd, yn bod
er mwyn gadael i god amlhau,
a lleferydd yn ddim ond cyfleustra.

Efallai fod modd sefyll
yn ddi-iaith, niwtral ar y pentir hwn
wrth sbio'n stond o'r Eifl at Bwllheli,
ond fedra i ddim.

Whitehall

Bob tro dwi'n dod yma am gig a llysiau
a sbeisys a chaws a saim a chwrw,
dwi'n Googlo atgof o adnod:
'Bwytewch a byddwch lawen
canys yfory byddwch farw.'
A dwi'n methu â'i ffendio.
Nid yw yn y Beibl.

Dwi'n falch o hynny, achos
beth os mai drwy droedio'r tir hallt
o draeth i draeth, a straeon y lle'n
torri'n drochion wrth fynd, beth os mai
drwy chwysu a chwerthin a chofio
â phen-gliniau'n brifo'n braf,
beth os mai drwy erlid y gorwel
yr holl ffordd adre, gan alw
mewn tafarn wen ar waelod y stryd,
a bwyta
a bod lawen
y mae

byw?

Saer nef

Diolchaf am y fraint o gael beirniadu'r gystadleuaeth hon, a hynny yng nghwmni hynaws Ceri Wyn Jones a Cen Williams. Gwerthfawrogaf ein seiadu brwd.

Fe'n harweiniwyd gan y 29 ymgeisydd am y Goron eleni ar hyd llwybrau atgof neu ddychymyg at amryfal gilfachau. Llwyddwyd i gyrraedd sawl cilfach ddiddorol – a da yw dweud bod nifer o'r cerddi'n cyrraedd safon uchel. (Mater arall oedd cadw at y gofyn i greu 'Dilyniant'.) Fe'u trafodaf yma yn eu trefn esgynnol.

Cerddi y mae angen eu cryfhau

Y cyngor gorau y gallaf ei gynnig i'r ymgeiswyr a osodais yn y Dosbarth hwn yw: 'Pwyllwch, ac ymgynefino â rheolau sylfaenol iaith a mynegiant.' Dyna fyddai dechrau'r daith at y 'busnes barddoni 'ma'. Gwn fod hon yn hen bregeth gen i, ond daliaf i'w phregethu. Ond o'r bregeth at waith y beirdd.

Heddychlon: A dyma gyfres o bregethau-suddo-calon wedi'u pupro â dyfyniadau Beiblaidd. Er mor amlwg ddiffuant yw daliadau *Heddychlon*, yn bennaf yn erbyn bwgan Brecsit – 'Dewch allan ohoni, fy mhobl!' – awgrymaf y dylai ganolbwyntio ar gryfhau ei fynegiant cyn mentro ar ei bregeth nesaf.

Dryw y Nyth: Mae gan y dryw hwn lais cryf a barn iach. Ond, yn anffodus, mae cymhlethdod ei ddweud a'i iaith wallus yn llesteirio'r llais a'r farn.

Pant Ffynnon: Dyma lais mwy addawol, sy'n trafod gwae ac anghydfod mewn gwahanol wledydd – Israel, Gogledd Iwerddon a De'r Affrig. Fe'n harweinir i ganol cilfachau a ddisgrifir gan *Pant Ffynnon* yn llawn angerdd gwleidyddol a phersonol, ond heb fawr o fflach farddonol.

Roseveare: Dilyniant darniog yw hwn, am Mair ar wahanol adegau o'i bywyd – rhwng pedair oed tan ei marwolaeth yn hen wraig. Mae rhai darluniau hyfryd ohoni hi a'i chwaer yn blant, a cheir ambell linell gofiadwy, megis 'Mae'r gweiddi'n dringo'r grisiau . . .'. Ond mae'r diweddglo'n syrthio rhwng stoliau swrealaeth a chomedi.

Seth: Ceir ganddo ambell ddelwedd gref, megis 'Fel elyrch ar lyn/ Yn arnofio'n gain/ I'r ymwybod'. Ond ar y cyfan, mae'r dweud yn arwynebol a gorddefnyddir ymadroddion treuliedig fel 'ar lwybrau'r cof' a 'cyffro yn y gwaed'.

Lawdi: Ar ei (g)orau, llwydda *Lawdi* i'n tywys yn llwyddiannus i gilfachau arswydus y cof a'r isymwybod. Mae'r gerdd 'Cilfach Carwyn' am fachgen mewn ysbyty meddwl, yn iasol, ac yntau'n 'cofio'r sgrechian/ Y llefain/ Yr udo/ Yn rhuthro a bownsio/ Lawr y coridorau moel./ Doedd tristwch ddim yn rhuthro'. Ond prin yw'r enghreifftiau cofiadwy hyn. Ar nodyn ieithyddol: dylai *Lawdi* ddysgu gwahaniaethu rhwng ffurfiau amherffaith y ferf (megis 'cofiai') a'r ffurf bresennol ('cofia').

Y *Ffin*: Isbenawdau'r dilyniant hwn yw: 'Bachgendod', 'Llencyndod', 'Yr Ysgol' a 'Storm Haf'. Ar yr olwg gyntaf, rywle rhwng y cymalau cymhleth, gwerthfawrogwn ymdrech y bardd i greu delweddau cryf – nifer ohonyn nhw'n ymwneud â natur a'r tywydd: 'glaw o'r mynydd yn gof golau', 'Dagrau glaw a gudd yr enfys/ a dilewyrch y dyddiau du'. Mae adran olaf y dilyniant, lle gwelwn y bachgen yn dychwelyd yn ei henaint i weithio fel gofalwr yn yr ysgol – 'yn brwsio llwch o'r corneli' – yn gynnil ac yn feichus bob yn ail. Dylid tynhau llif yr ymennydd, a rheoli'r dweud rhag i'r cyfan gael ei lyncu gan orymdrech.

Dyma Fi: (Cyflwynedig i bawb sy'n diodde o'r cyflwr gorbryder). Dyma ddilyniant diddorol, braidd yn styrbiol, o gerddi tyn, hynod fachog weithiau – fel y gerdd gyntaf sy'n sôn am fethu â gorffen jig-so y mae ei lun ar glawr y bocs 'mor bert', a'r gerdd am fwyta losin. Mae rhai o'r cerddi hyn yn dal i aros yn fy mhen.

Cwato: Ceir cyffyrddiadau hyfryd drwy nifer o'r cerddi hyn, a hynny yn 'nhafotieth' gorllewin Morgannwg – Cwm Tawe, falle. Yng ngherddi'r 'bore', mae hoff gilfachau'r ferch fach yn rhai syml: colfen, shimle, stepen, y pantri. Erbyn cerddi'r 'prynhawn' – ac mae'n anodd dilyn y trywydd bob amser – mae 'na 'fentro' a 'whare cwato eto/ a dim "whilo" . . .'. Ac yna – 'creu gwe o gyfrinach/ cilio i'r cilfachau/ a bod yn saff'. A'r syfrdanol 'A modrwy/ yn gadwyn o gaethiwed'. Down at gerddi'r 'hwyr' – 'Y Caffi' – a'r 'oriau'n feichiog o gilfachau'. Ac yna, cawn ddwy gerdd ddwys y diweddglo – 'Pen y Dalar' ac 'Y drefn' – sy'n dod â bywyd hir i ben.

Cerddi mwy addawol

Pwy?, 'I J.G.': Deallaf gan fy nghyd-feirniaid mai cerddi er cof am y gitarydd, John Griffiths, yw'r rhain. Dyma gerddi didwyll, personol a sensitif. Mae'n siŵr y bydd teulu a chydnabod John yn deall eu cyfeiriadaeth a'u cyd-destun, ac y bydd eu cynnwys yn gymorth iddynt yn eu profedigaeth.

Tra bo'r byd yn cysgu: Graffiti rhyfeddol Banksy ym Mhort Talbot a ysgogodd y cerddi hyn. Mae'r defnydd o dafodiaith yn rhoi arlliw o fywiogrwydd i'r gwaith, ond anwastad yw safon y dweud. Caf yr argraff y crëwyd y cerddi hyn ar frys – yn union fel lluniau crefftus Banksy, ond heb feddu ar athrylith yr artist hwnnw i greu gwaith celfydd er gwaethaf y brys. Rhaid canmol y bardd am ei weledigaeth ond mae angen iddo saernïo'i waith yn fanylach.

Mwg, 'Trial dianc o'r crafangau': Dilyniant cignoeth y mae trais ac achosi poen yn flaenllaw ynddo. Mae'r gerdd agoriadol, 'Ochenaid o ffilm', fel sawl cerdd arall, yn gerdd i'ch anesmwytho, â'i sôn am agor 'hen glwyf', 'poen fud o stafell' a 'dyn â dannedd fel beddau wedi'u staenio'. Yn y gerdd 'Rhes fel Carcharorion' sonnir am res o feltiau 'yn aros eu tynged'. Ond falle mai'r llinell, 'Fe dasgai ei felt heb frath cydwybod', sy'n peri'r gofid mwyaf. O ddarllen ymlaen drwy weddill y cerddi at 'Tir Neb y Cledrau' a 'Cannwyll Sant Cristopher', daw'r darllen yn haws.

Ar wahân: Mae'r bardd hwn yn cychwyn wrth ei draed yn ei gerdd 'Cyrchu', gan ein gwahodd i'r 'dalaith/ lle nad yw deddfau'r/ afal yn deyrn'. Gwahoddiad ydyw i ddianc o'r byd electronig a 'gormes y sgrin' i'r ardaloedd hyfryd hynny ym mro Hiraethog sy'n agos at ei galon. Dyma fardd y mae ganddo barch at iaith a gafael hyderus ar fynegiant.

Rhyd Osber: Hoffais y gerdd agoriadol, 'A55', sy'n creu awyrgylch arbennig gyrru'n hwyr y nos ar ffordd brysur. Mae 'na ambell linell gofiadwy mewn cerddi eraill: 'Mae Duw yn sbecian dros eich ysgwydd' ac 'Enfys dros Fostyn/ llong yn rhydu ar y Foryd'. A hoffaf y gerdd glo ar ei hyd.

Ŵyr: Ceir yn y dilyniant tyner hwn gerddi coffa sensitif 'I 'Nhaid, am roi cymaint'. Ysgogwyd y gerdd 'Tâp' gan recordiad o lais Taid yn adrodd stori Tomos Caradog. Sonnir am 'gyffroi'r geiriau o'u gwely papur/ a'u rhoi ar adain wrth fy mhen ...'. Ond yn y gerdd 'Tomatos' cawn atgof ysgafnach – cyn i'r dilyniant diffuant hwn orffen ar nodyn aruchel: '. . . caf ryfeddu/ am iti ffroeni'r das/ a'i chael mor felys/ fywiol'.

Gwyfyn: Dyma ddilyniant a dynnodd fy sylw'n syth â'i linellau agoriadol, tawel: 'Fel mwsog yn/ mygu carreg . . . felly y llecha'r cysgodion/ yng nghilfachau'i gof'. Yn y gerdd 'Emoji', mae 'na gynnwrf y 'dweud bob dydd' ar y sgrin – pobl yn holi am ddyn nad yw'n abl i ymateb ar lafar, ond sy'n gosod emoji 'wyneb gwên' ar ei sgrin. Wedi'r cyfan, 'Haws/ cuddio tu ôl i emoji'. Yn 'Ger Gardd Eden', awn i gartref gofal sy'n cynnwys stafell encilio, 'Gardd Eden'. Ond mae 'na res o bobl yn disgwyl mynediad iddi. Mae cyffyrddiadau cynnil fel hyn yn brawf o ddealltwriaeth y bardd o'r dryswch a'r colli cof sy'n rhan mor greulon, weithiau, o heneiddio. Yn y cerddi 'Echdoe' ac 'Ar lan y môr' â'i diweddglo grymus, deallwn i'r hen ŵr gael ei gam-drin pan oedd yn blentyn. Dyma linellau ymhlith y mwyaf torcalonnus yng ngherddi'r gystadleuaeth hon: 'Cachwr bach/ yn ei bwnio/ bob cam'. Mae diweddglo 'Alaw Hen Atgof' – cerdd olaf y dilyniant pwerus hwn – yn dal yn atgof i minnau.

Drycin y graig: Ceir gan y bardd hyderus hwn ddelweddu medrus, fel yn y gerdd delynegol agoriadol, 'Ar fin y Ffordd': 'lle mae'r lôn yn lledu'n/ grwn fel asgwrn clun'. Delwedd gofiadwy arall yw: 'haul trwy'r drysi/ fel golau trwy lenni gwynion/ mewn stafell wely'. Cerddi i'w darllen droeon yw 'Beicio yn y nos', 'Un ar ddeg yr hwyr yn Aberystwyth' a 'Ffilateliaeth' â'i darlun o Taid â'i 'ddarnau bach o lefydd pell yn glynu at flaenau ei fysedd'.

Lloerig: Mae'r gerdd 'Dad' yn gyfres o atgofion hapus am 'y miri a'r meithrin', 'yr aros i fyny yn hwyr', 'a dy law yn fy llonyddu'. Ac yna ceir awgrym o broblem yfed, a rhwystredigaeth mai 'drwy wyll/ y llu o albymau lluniau' y gellid cael golwg ar y tad, bellach. Hoffais yn arbennig y gerdd 'Y Twll Tan Staer' – y ddihangfa 'rhag arogl y cleber'. A hefyd 'Y Nefoedd' – cerdd sy'n cwestiynu ffydd a ffugddysgeidiaeth 'grefyddol'.

Dicw: Yn y gerdd 'Adref', mae'r bardd yn arddel ei ardal ac yn mwynhau'r cynhesrwydd o fod 'adre'. Ond cyfaddefa'i bryderon yn y gerdd 'Llan' iddo ymddieithrio, a bod yr ardal wedi newid: teimla'r angen 'am berthynas rhyngof a'r Llan'. Ond mae llinell nesa'r gerdd yn ddiddorol: 'Yfory efallai?' Dylai'r gerdd 'Wembli Llys Ifor' fod wrth fodd calon pob tad-cu a mam-gu a'r rhieni hynny sy'n cofio'r gornestau 'rhwng y pyst *fair-isle*'. Yn y gerdd 'Y Dre', hoffais y cyfeiriad at y 'gusan gynta rhwng golau fflachlamp yr ysharet a'i dirmyg'. A dyma'r bardd yn dangos ei oed eto, drwy gyfeirio at Brigitte Bardot a'r 'Pathe a'i betha'!' Cerdd gymen yw 'Cwm Wybrnant 1588/ddoe' – heblaw am y cyfeiriad ystrydebol at 'y cyfan yn sglyfaeth i'r Herod cyfoes'. Dilyniant iddi yw 'Yn ôl i'r Wybrnant', lle ceir gwrthbwynt i'r gresynu a fu yn y gerdd flaenorol, pan ddychwela'r bardd i'r Wybrnant gyda'i wyrion, sy'n ei borthi â gobaith ynghylch Cymru a'r Gymraeg.

Annes: Cofiaf y cyffro a deimlais wrth ddechrau darllen y dilyniant hwn o dair cerdd, gan ei fod ar ddull deialog – yn hytrach na'r nifer 'cerddi' roeddwn wedi eu darllen eisoes. Hoffais arddull y gwaith: y ferch fach yn ceisio codi sgwrs â'i thad. Ac roedd cyd-destun y sgwrsio'n gafael hefyd: hithau wedi sylwi yn ystod un diwrnod yn y flwyddyn 780 ar y gwaith mawr o godi clawdd ar gyrion tir ei thad. Deallwn, wrth gwrs, mai Offa a'i ddynion oedd wrthi'n codi clawdd rhwng Cymru a Lloegr. Awn ymlaen, yn yr ail gerdd, i 1549 pan fynegir gofid y fam, Annes Salesbury, am ei mab William, sy'n fyfyriwr yn Rhydychen. Erbyn y drydedd gerdd – a ninnau'n cyfarfod ag 'arddegwr' ym Mawrth 2019, un sy'n llawn brwdfrydedd ynghylch ymladd Brecsit a chodi Cymru ar ei thraed – roedd y rhethreg wedi mynd yn drech na'r canu.

Glaslyn: Dilyniant yw hwn sy'n cychwyn yn ddigon hamddenol â'r gerdd 'Ogof', sef Ogof Altamira ar fynyddoedd Cantabria, 'lle mae'r creigiau'n fyw'. Ond cawn, erbyn diwedd y gerdd, neges ynghylch cyfri cost cynhesu byd-eang. Yn y gerdd 'Cantre'r Gwaelod', awn at yr hen chwedl gan gymharu boddi'r gymuned honno â boddi cymunedau heddiw gan Seisnigrwydd – a'r neges yma yw nad 'y tonnau mawr .../ y tonnau mân sy'n beryg'. Yn y cyfamser, yn 'Ffin', y gerdd glo, mae'r 'cloc yn tician', ond mae rhywun yn gofyn am droi'r sianel deledu i sianel arall, am fod 'ffilm arswyd ar yr ochr arall'. Cerddi cymen yw'r rhain, a chanddynt neges ddiamwys.

Lleuco: Bwrlwm ymadroddi sy'n nodweddu'r dilyniant agos atoch hwn. Hunaniaeth Cymru, ynghyd â bywyd teuluol, yw'r prif themâu; felly, gallai cwestiwn *Lleuco*, 'Be wnawn ni felly ohonon ni'n hunain?' fod yn berthnasol i'r naill thema neu'r llall. Ceir nifer o ddelweddau dychmygus, fel honno sy'n sôn yn gellweirus am waith cyfieithu fel crefft chwarelwr: 'Hollti'r iaith ar hyd y drafal/ ei sleisio'n dafelli hawdd eu trin'. Mae'r gerdd ddychanol, 'Car fy nghymydog', yn dychanu cymydog a'i gar, pobol ddŵad, a Chymry dosbarth canol. Llwyddodd y gerdd 'Am dro i Ben y Fan' wneud i mi feddwl am sawl dadl fud rhyngof a Sais hyglyw. A chofiaf y gerdd 'Cregyn' am ei hymson gobeithiol ynghylch bywyd teuluol. Cofiaf y gerdd 'Monitor' am ei thynerwch.

Pabi Coch: Dyma gerddi cryf am weddw sy'n hiraethu am ei gŵr. Mae'r gerdd agoriadol yn mynd â ni i ganol ei galar wrth ailadrodd y llinell 'a'r dyddiau'n afonydd'. Ceir amryw o gerddi atgofus, fel 'Alban Hefin', am hapusrwydd eu perthynas: 'Est ti a fi i'r pictiwrs . . . roedd ein swildod/ yn hoelio'n llygaid ar y sgrin/ nes dechreuodd y trydan rhyngom/ wau'i hyder rhwng ein bysedd plethedig'. Drwy gyfrwng delweddau grymus, mae'r ing a'r golled i'w teimlo ym mhob cerdd. Ymhlith y darnau mwyaf ingol mae'r gerdd 'Pam?': 'Wedyn/ dweud wrth dy dad/ na wyddai ddim lle'r oedd o/ ei fod o'n gorfod byw'n hirach na chdi'. Ac yn y gerdd 'Llenni' clywn mai 'Dim ond y gronynnau llwch sy'n dawnsio/ pan ddaw angau i'r tŷ'.

Y Priddyn Coch: Gan fod y bardd hwn yn meddu ar y ddawn sicr o amrywio'i fesurau, cawn ganddo ymhlith y cerddi hyfryd hyn, ffurfiau'r soned, y filanél a'r pennill telyn, a'r cyfan yn ymdoddi i baentiadau grymus y diweddar artist Aneurin Jones – a hefyd i'w feddylfryd. 'Tri gŵr yn dal eu tir ar lain o eiriau' yw geiriau llinell gynta'r dilyniant – sy'n ein hatgoffa am un o luniau enwocaf yr artist. Ymunwn ninnau â'i blant, Meirion a Meinir, i grwydro'r gymdogaeth, a hefyd i rannu athroniaeth eang a phositif Aneurin ynghylch y gymdogaeth honno, fel yn y gerdd hon: 'Tra bod adar bach yn nythu,/ Tra bo' canwr yn torsythu,/ Tra bod coed yn dal i ddeilio/ Fe ddaw rhywrai i gyfeilio'. A dyma ddarn hyfryd: 'Cofia dithau wrth glustfeinio/ Ar gôr meibion yn cydseinio/ Y bydd modd it glywed lleisiau/ y cantorion sydd yn eisiau'. Weithiau, teimlwn fod ambell ddarn gor-syml ac odlau treuliedig – yn enwedig yn y penillion telyn: er enghraifft, 'bro heb iddi drwst na ffrae'. A'r dyfyniad uchod, 'Tra bod adar bach yn nythu', ynghyd ag ambell odl, megis 'Cyfrinach ddrud/ aelwydydd clyd'. Ond wedyn, dyma ddilyniant pwysig o gerddi yn nhraddodiad y 'cerddi gwlad', sy'n cofféu Aneurin ac yn moli'r 'fro sy'n dal i hudo/ Rywle rhwng ffaith a myth'.

Non: Mae'r stori rymus a geir yn y dilyniant hwn yn agor ac yn datblygu fel mewn ffilm. Merch ar long yn cael ei holi yn Saesneg gan swyddog tollau; mae hithau'n datgan nad oes ganddi ddim i'w guddio, heblaw am 'yr iaith arall' a'r 'paraffernalia/ angenrheidiol a ddaw gyda chaethiwed/ i iaith fel yr iaith hon'. Wrth ychwanegu, 'Mae'r cyfan wedi'i gwato yn leinin fy nghot', cawn yr argraff mai rhywbeth i'w smyglo yw'r 'iaith', rhywbeth i'w guddio. Deallwn hefyd ei bod yn gadael ar ei hôl 'hollt yn fy nghalon' a 'darnau mân/ o atgofion'. Ond rhaid 'dianc o drai/ ein geiriau' a gadael i'r llong ei chario 'tua'r wawr' i Lydaw. Rhaid i minnau adael y *fest noz* a 'sgyrsiau'r traed' a chamu dros doreth o linellau yr hoffwn eu dyfynnu. Dewisaf un: '. . . blaen pob sigarét/ yn goch fel clustiau cŵn Annwn'. Stori drist yw'r gweddill: colli cariad, colli '*me a gar*' yr iaith Lydaweg – ond cyn dychwelyd i Gymru, clyw deulu'n 'hollti'r gwair â'u Llydaweg ewn'. Er hyn, dianc a wna hithau.

Mab: Dyma gerddi diffuant mab sy'n galaru wedi marwolaeth ei dad. Er llymed y golled, lleddfir y naws, ar brydiau, gan hiwmor gweddus (heblaw, falle, am 'Pe llefarwn â thafodau peintiau'!) Mae'r dweud cyson awgrymog yn ddull effeithiol o gyfleu dyfnder yr emosiwn. Yn y gerdd glo ceir y llinell 'Mae cymaint heb ei ddweud'. A dyna, yn wir, ragoriaeth y dilyniant hyfryd hwn ar ei hyd – ymwrthod â rhethreg, gan ddewis cynildeb ymadrodd i gyfleu'r berthynas agos a fu rhwng tad a mab.

Fersiwn arall: Mae'r wers rydd yn ddiogel yn nwylo bardd y dilyniant hwn. Dealla pryd i estyn a chwtogi llinell er mwyn arafu neu gyflymu'r dweud, neu i symud y naratif ymlaen at bwynt pwrpasol. A dealla werth yr ymadroddi cynnil. Drwy'r cerddi cignoeth hyn – sy'n gafael yn ei gilydd yn ogystal â bod yn ddilyniant – dilynwn achau mam a'i merch nôl at y fam-gu a'r hen-fam-gu. Mae'r cenedlaethau'n hollbwysig yn y gerdd 'Dan gwilt' lle deallwn bod elfen o drais rhywiol wedi bod ynghlwm wrth feichiogrwydd. Deallwn i'r fam-gu gael ei gwasgu 'yn bert i fframiau eu bywydau'. Y darlun pwysicaf oll yw'r un o'r ferch fach yn cicio'r cwilt eiliadau ar ôl ei geni.

Saer nef: Pan ddarllenais y cerddi hyn am y tro cyntaf, teimlwn ambell frath o amheuaeth – ac o anesmwythyd hefyd. Pam? Dyma gerddi dychanol, hawdd eu darllen ac arwynebol syml a wnâi i mi chwerthin. Ond wedi treiddio i'w perfedd – ynghyd â chlywed barn fy nghyd-feirniaid – dyma ystyried bod yna, o bosib, neges ddyfnach yn y dilyniant hwn; yn wir, bod ynddo neges wleidyddol bwysig. Yn sicr, mae'r gerdd am gymydog yn ceisio – ac yn methu – plannu gwinllan ar lethrau penrhyn Llŷn yn hynod wleidyddol grafog. O ddilyn y trywydd hwnnw, drymed yr ergydion a thaered teimladau'r bardd am dranc y Gymraeg a'i chymunedau wrth iddo droedio llwybr arfordir Llŷn, does ryfedd iddo gyfleu afledneisrwydd a 'sgrechian atsain yn y nant' – ynghyd â chysgod hunanladdiad.

Dau gwestiwn: ai adleisio'i neges am ddirywiad y Gymraeg a'i thranc anochel a wna'r bardd wrth ddefnyddio iaith lafar ansafonol fel 'mae hyn yn teimlo fel addoli' a 'wnaeth rhywun feddwl' – ynghyd â'r 'pan mae' cyson? Ac a yw'r mydr cloff achlysurol mewn ambell gerdd yn fodd i'n hatgoffa o gymunedau bregus Pen Llŷn?

O.S.: Dyma'r dilyniant a'm swynodd ar fy narlleniad cyntaf, ac sy'n dal i'm swyno heddiw. Fel petaem yn cychwyn ar daith ddirgel, cawn wybodaeth yn isdeitl y dilyniant: 'i.m. MRhJ' (yr 'i.m.' yn awgrymu *in memoriam*). Felly, ai cerddi coffa yw'r dilyniant? Ie, i raddau, o'r eiliad y taenir map – [Map Arolwg Ordnans, 'Explorer' 151] – 'ar ein gwely/ fel cwrlid brith'. O hyn ymlaen, cyfeirnodau O.S. y map hwn yw'r 'cilfachau' a welir ar ymyl chwith y tudalennau. A dyma ddilyn y daith gerdded a wnaed droeon gan draethydd y gerdd a'i gymar ar hyd rhan o arfordir Morgannwg. Gan ddefnyddio'r cyfeirnodau, cawn ein harwain heibio i glogwyni a chilfachau'r daith, i brofi panorama eang yr arfordir o Lancarfan a Sant-y-Brid i glogwyni Southerndown a Dwnrhefn. Ond sylweddolwn fod y daith hon gan y cymar sydd ar ôl yn cydblethu â theithiau hapus gorffennol y ddau. A dechreuwn rannu'r is-stori hynod gynnil o alar a cholled. Clywn am Orffews yn mentro i'r tywyllwch i chwilio am Eurydice; cofia'r bardd ddilyn ôl traed esgidiau ei gymar drwy'r mwd. Ceir ambell gyffyrddiad ingol arall, ond nid yw hwn yn ddilyniant trwm. Cawn gipolygon cyson yn ôl at ddyddiau hapus y pâr, a'r hiwmor a oedd rhyngddynt ar eu teithiau cerdded – y straeon am bartïon gwyllt Castell Dunwyd ac am feddrod Syr John a Lady Jane – y mae eu peneliniau carreg 'yn cyffwrdd – bron!' Gydol hyn oll, ceir disgrifiadau o glogwyni a chreigiau, adar a phlanhigion a chregyn y glannau – y cyfan hyn wedi'i ysgrifennu mewn gwers rydd gain.

Bu'n gystadleuaeth uchel ei safon eleni. Byddwn yn barod i ddyfarnu'r Goron i O.S., *Non*, *Fersiwn arall* a *Mab*. Mae fy nau gyd-feirniad yn daer dros goroni *Saer nef*. Ef, felly, yw Bardd Coronog Eisteddfod Genedlaethol Sir Conwy eleni. Llongyfarchiadau mawr iddo/iddi.

BEIRNIADAETH CERI WYN JONES

Cystadleuaeth gref oedd hon am y Goron eleni. Diolch, felly, i'r 29 o feirdd a fentrodd arni, ac yn arbennig i'r rhai a fentrodd arni o ddifri, gan ddangos ymrwymiad i'w pynciau ac ymwybyddiaeth, o leia, o'r angen am grefft, dawn dweud a dychymyg. Mae'n deg dweud, serch hynny, bod 'crefft' y mesur penrhydd yn rhywbeth sy'n para'n ddirgelwch i nifer o feirdd sydd, fel arall, yn rhai galluog iawn. Yr un mor siomedig, serch hynny, yw'r ffaith taw dim ond un bardd a gyflwynodd ddilyniant yn gyfan gwbwl mewn mydr ac odl, er bod rhyw hanner dwsin wedi cynnwys rhai cerddi unigol (neu gyffyrddiadau) mydr ac odl yn eu gwaith. Difyr nodi hefyd, er gwaethaf (neu oherwydd) y gwaharddiad yng ngeiriad y gystadleuaeth, fod mwy nag un bardd wedi cynnwys llinellau (neu gyffyrddiadau) cynganeddol yma ac acw yn eu dilyniannau.

Dosbarth 3

Heddychlon: Monologau sydd gan hwn a'r rheiny'n rhes o ddatganiadau, ebychiadau a chrwydradau sy'n cwmpasu materion crefyddol, moesegol a gwleidyddol, heb sôn am brofiadau personol amrywiol. Mae ambell bwt difyr wrth fynd heibio, ond drwyddi draw mae'n pendilio rhwng bod yn annisgybledig a bod yn annealladwy.

Dryw y Nyth: Dilyniant sy'n olrhain hanes Cymru, fesul cilfach arwyddocaol, yw hwn. Er bod yma ambell fflach ac er mor ddiffuant yw'r canfyddiadau, rwy'n ofni nad oes, ar hyn o bryd, afael ddigon sicr gan yr awdur ar deithi'r iaith Gymraeg nac ar ddisgyblaeth barddoni yn y wers rydd.

Roseveare: Cyfres o olygfeydd yn portreadu prifiant merch o'r enw Mair yw cynnwys y dilyniant hwn. Er bod dweud damhegol da ar brydiau, mae ansawdd y canu, fel cywirdeb yr iaith, hytrach yn anwastad.

Seth: Cilfachau'r cof sy'n cael eu datgelu gan y bardd hwn, un â'i gerddi'n swnio fel barddoniaeth yn aml, ond sy'n or-hoff o wisgo syniadau cyffredin mewn trosiadau barddonllyd, er enghraifft 'O gyffwrdd â'r gorffennol/ Rhaid ymestyn abwyd amser/ A'i ddenu o ddeunydd adfyd/ I'r ogofâu llesmair'.

Gwyfyn: Mae'r cof ac amser yn bethau amlwg yn y dilyniant hwn hefyd, wrth i'r bardd ddwyn yn ôl bytiau o brofiadau, gyda'r awgrym eu bod nhw wedi gadael eu hôl arno. Mae ymgais go lew i chwilio am ddelweddau i fynegi'r cyfan, ond annelwig o argraffiadol yw'r effaith gyffredinol.

Y Ffin: Taith o gilfachau bachgendod i gilfachau henoed yw'r dilyniant hwn, taith sy'n gofnod o ddadrith a dirywiad personoliaethol trist iawn. Nid yw'n syndod, felly, taw cerddi mewnsyllgar yw'r rhain, yn pentyrru disgrifiadau a delweddau o'r dadfeilio hyn. Yn wir, mae ganddo bennill sy'n crynhoi natur ei gyflwr a'i gerddi: 'Ailadroddus olrhain y gorffennol/ a'i ailadrodd yn ail natur,/ ynghanol sgwrs, ymgom â'r hunan,/ crampio'r cymeriad yn baria'.

Pant Ffynnon: Taith yw'r dilyniant hwn sy'n mynd â ni i fannau sy'n gysylltiedig naill ai â chrefyddau a diwylliannau penodol neu â hunaniaethau amgen, er enghraifft Orania'r Voortrekkers, Salt Lake City'r Mormoniaid, Gaeltacht y Gwyddelod a De Spijkerbar yn Amsterdam. Mae cysyniad y dilyniant yn ddifyr dros ben, ond rwy'n ofni taw anghynnil ac arwynebol yw'r ymdriniaeth. Mae angen ymagweddu'n fwy telynegol a chwilio am y farddoniaeth, nid y moeswersi, yn y sefyllfaoedd hyn.

Dicw: Cilfachau'r cof eto fyth sydd gan y bardd hwn. Er mor glir ac agos atoch yw'r cerddi cyntaf, hytrach yn bedestraidd yw'r dweud, yn enwedig gan nad oes gan y bardd ryw ymwybyddiaeth soffistigedig iawn o rythmau a dulliau llinellu'r *vers libre*. Mwy trawiadol wedyn yw'r gerdd 'Tŷ'r cyffredin' â'i darlun o drafodaethau siop y crydd slawer dydd. Mae dwtsh mwy pregethwrol yma a thraw, ond daw'r anwyldeb yn ei ôl yn y gerdd olaf.

Dyma Fi: Cerddi'n darlunio natur gorbryder yw cynnwys y dilyniant hwn, a'r rheiny mewn arddull hygyrch. O bosib eu bod nhw'n rhy dwt, weithiau, a hytrach yn gyffredin eu mynegiant, ond mae gen i bob parch at ddiffuantrwydd efengyl y bardd hwn.

Lawdi: Mae'r dilyniant hwn yn llawn cydymdeimlad â'r sawl sy'n fregus yn ein cymdeithas. Er bod yma ormod o ailadrodd yr un cystrawennau a thueddiad at orysgrifennu, does dim amau gallu'r bardd hwn i greu naws ac i dreiddio'n deimladwy at galon emosiynol y sefyllfaoedd a ddarlunnir. Mae angen bod yn fwy dethol a chynnil, ac yn sicr mae angen llai o ansoddeiriau.

Lloerig: Er nad yw'r cerddi hyn yn rhai gorffenedig o bell ffordd, mae rhywbeth gan y bardd hwn. Cerddi yn ymateb i brofiadau mawr bywyd sydd yma, ac mae rhyw onestrwydd a sylwgarwch braf yn treiddio trwy'r cyfan. Ond, mae angen myfyrio'n ddyfnach, serch hynny, ac ystyried pa fanylion a delweddau sy'n cynrychioli'r ymateb gorau, a sut mae cywasgu'r manylion a'r delweddau hynny i ffurf fwy rhythmig. Yn sicr, mae angen ailedrych ar y llinellau hirion *vers libre* sydd wedi arwain y bardd i feddwl nad oes angen iddi ymboeni am rythm a dweud dethol. Bardd yn chwilio am lais a chyfrwng yw *Lloerig*, dybiwn i.

Dosbarth 2

Ar wahân: Gwahoddiad anghynnil i ddianc rhag y byd digidol yw man cychwyn y dilyniant hwn. Ardal yr Eisteddfod eleni yw milltir sgwâr ddaearyddol y cerddi, ac mae tirwedd, iaith a thraddodiadau diwylliannol yr ardal yn bresenoldeb amlwg yma. Maen nhw'n gerddi digon twt, os ychydig yn brin o'r gweld a'r dweud anghyffredin hwnnw a fyddai'n herio a chyffroi darllenydd.

Cwato: Mae'r dilyniant hwn wedi ei rannu'n dair: 'Bore', 'Prynhawn' a 'Hwyr', a'r rheiny'n cyfateb i dri chyfnod gwahanol ym mywyd y bardd. Mae sôn drwy'r dilyniant am 'cwato' a 'whilo' ac am greadigrwydd, ond rwy'n ei chael hi'n anodd gweld beth yw'r cysylltiad gwirioneddol rhwng y tair adran a beth, felly, yw'r dilyniant. Er mor ddychmygus a synhwyrus yw'r dweud ar brydiau, mae'r cyfan yn rhy annelwig.

Rhyd Osber: Mae'r gerdd agoriadol yn dangos camp a rhemp y bardd hwn. Mae yma ddychymyg a dyfeisgarwch o ran creu delweddau ond mae diffyg disgyblaeth wedyn yn arwain at eu cymysgu nhw, er enghraifft ar yr A55 mae 'Goleuadau ceir fel Ganges araf/ cadwyn haearn tawdd yn y gwyll'. Neu yn nes ymlaen, 'Tafod y llanw'n ymdaenu,/ ceffylau gwyn ar garlam/ yn trywanu'r twyni gwarchodol'. Mae'n fardd defosiynol a sylwgar, ond mae'r sylwebaeth yn sgil hyn yn gallu bod hytrach yn hamddenol a chonfensiynol.

Drycin y graig: Sylwebydd o'r cyrion yw'r bardd hwn yn mynd o fan i fan ar ei feic. Mae'n dal naws lleoliadau'n effeithiol ac yn holi cwestiynau craff wrth fynd heibio. Mae ar ei orau mewn cerddi byrrach lle mae'n osgoi'r tueddiad i droi'n gofnodwr. Nid wyf wedi fy argyhoeddi fod hwn, chwaith, yn hollol hyderus ynglŷn â dulliau llinellu'r *vers libre*.

Pwy?: Hyd y gwela i, dilyniant yn olrhain profiad y bardd o golli rhywun annwyl yw hwn, a'r rhywun hwnnw yn gerddor (Ai John Griffiths, Edward H. Dafis, yw'r 'J.G.', sgwn i?) Mae'r dweud yn drawiadol drwy'r cerddi: mae yma angerdd a gweld ac ystyried o'r newydd, ond mae'r diffyg cyd-destun yn rhwystr i mi'n bersonol. O'u darllen, bron na chawn y teimlad nad cerddi i ni, y darllenwyr cyffredinol, oedd y rhain, ond cerddi i'r bardd a'r ymadawedig a'u cylch.

Mwg: 'Trial dianc o'r crafangau' yw isdeitl y dilyniant tywyll hwn sy'n gyfres o olygfeydd lle mae rhyw anesmwythyd, cymhlethdod ac awgrym o drais yn brigo o hyd. Maen nhw wedi eu lleoli yn eu tro ym Mhentre'r Eglwys, Parc y Rhath, Marchnad Abertawe, Stad y Gurnos, y Rhath, Pen-y-groes (Gwynedd) a Lôn Gefen yn y Rhath, ond mae union berthynas y mannau hyn â'i gilydd yn dipyn o ddirgelwch i mi. Ond, os yw'r 'stori' yn annelwig, mae'r dweud cignoeth tafodieithol a'r delweddau dramatig yn creu argraff.

Tra bo'r byd yn cysgu: Graffiti'r artist Banksy yw sbardun y cerddi hyn, a dyna gryfder a gwendid y dilyniant. Mae crybwyll y gwaith celf cyfoes hwn yn dwyn newydd-deb i'r gystadleuaeth, ond does dim modd osgoi'r ffaith fod rhywbeth ail-law am y cerddi hyn gan taw gweledigaeth ac angerdd Banksy sy'n eu gyrru nhw, a hynny er gwaethaf pob ymdrech gan y bardd i ddehongli o'r newydd. Nid yw safon anwastad y cerddi yn gymorth, chwaith: er bod yma ysgrifennu gloyw a gwreiddiol o bryd i'w gilydd, mae hefyd ddarnau mwy llac, annelwig ac annisgybledig, ynghyd â diffyg rheolaeth gyson dros ddulliau'r *vers libre*.

Glaslyn: Cerddi am sefyll ar ddibyn sawl math o ddifancoll yw'r rhain, cerddi sy'n dod at eu pynciau yng ngoleuni'r ffaith nad oes gennym '[d]daear gyfan i wneud ohoni/ fel y mynnwn – heb gyfri'r gost'. Ymhlyg yn y consyrn hwn am y blaned, mae gofid am ddiflaniad amrywiaeth ddiwylliannol y blaned honno. Ac er bod y dilyniant yn cychwyn ar fynyddoedd Cantabria, mae'n troi wedyn at y cyd-destun Cymreig, at Gantre'r Gwaelod ac Wylfa Newydd, gan ein gorfodi i gydnabod arwyddocâd lleol y bygythiadau byd-eang. Mae nifer o frawddegau rhyddieithol yn britho'r cerddi, yn enwedig lle bo'r awdur yn awyddus i sefydlu cyd-destun penodol, neu i wneud rhywbeth yn glir i'r darllenydd. A dweud y gwir, mae tueddiad gan y bardd o dro i dro i hoelio neges yn anghynnil o ddiamwys. Ond, drwyddi draw, cerddi graenus yw'r rhain.

Ŵyr: Mae'r dilyniant hwn wedi ei gyflwyno 'I 'Nhaid (1907–1982) am roi cymaint'. Dim ond pump o gerddi sydd yma, ond mae'r taid yn bresenoldeb ymhob un ohonyn nhw wrth i'r bardd fyfyrio ar natur cofio, hiraeth a hanes. Mae'n cydbwyso'n ddeheuig iawn yr ymwybyddiaeth ohono'i hun fel bachgen ifanc yn ymwneud â'i daid a'r ymwybyddiaeth ohono'i hun fel oedolyn sy'n ceisio gwneud synnwyr o'r ymwneud hwnnw. Yn wir, cawn y teimlad fod y berthynas rhwng y taid a'r ŵyr wedi para, er gwaetha'r angau a ddaeth rhyngddyn nhw. Mae yma gyffyrddiadau synhwyrus hyfryd ac ymgais i delynegu'r sefyllfaoedd a'r safbwyntiau. Er cystal ydyw, does dim yn y dweud sy'n fy nghyffroi i'n wirioneddol, serch hynny.

Pabi Coch: Hiraeth mawr a chreulon yw testun y dilyniant mesuredig hwn, a'r cilfachau yw'r mannau hynny yn y cof lle mae'r ymadawedig yn bresenoldeb o hyd. Un o gryfderau'r cerddi yw'r ymdrech i feddwl mewn delweddau a damhegion bychain er mwyn ceisio diriaethu'r hiraeth, er enghraifft y defnydd o fotymau yn yr ail gerdd. Gall hefyd ei dweud hi: 'Dim ond y gronynnau llwch/ sy'n dawnsio/ pan ddaw angau i'r tŷ', ac ni allwn lai na chydymdeimlo â dadrith bardd sy'n dweud: 'Tasa gin i galon ar ôl, mi fasa hi'n gwaedu'. Ac mae'r gerdd 'Marwnad' yn sobri dyn. Efallai nad yw'r gerdd sy'n dilyn gystal, ac efallai fod tueddiad i'r cerddi i gyd fod ar yr un gwastad (sy'n naturiol, wrth reswm), ond mae awen loyw a disgybledig ar waith yn y dilyniant hwn.

Dosbarth 1

Annes: Creu Cymru yw testun uchelgeisiol y bardd galluog hwn. Dim ond tair cerdd sydd yma: y gynta'n llygad-dyst i'r gwaith o godi Clawdd Offa, yr ail yn darlunio gofid Annes Salesbury am ei mab William wedi iddo fynd i'r coleg yn Rhydychen, a'r ola'n ymson arddegwr yng Nghymru ym Mawrth 2019. Er cystal yw'r dychymyg a'r dweud ynddi, mae'r gerdd gyntaf yn rhy hir ac yn dueddol o droi yn ei hunfan. Mae'r ail yn fwy bachog, ond rwy'n ofni fod y drydedd wedi croesi'r ffin o fyd barddoniaeth i fyd rhethreg wrth i'r crwt synhwyro bod yr amser wedi dod i Gymru, yn sgil holl flerwch Brecsit, roi'r gorau i chwarae mig fel cenedl. Wedi dweud hynny, pan dry'r bardd yn ôl at ei ddull damhegol gwreiddiol tuag at y diwedd, mae'n wirioneddol gyffrous. A fyddai cynnwys mwy o gerddi byrrach (a mwy o gyfnodau hanesyddol) wedi bod yn opsiwn, sgwn i?

Lleuco: Dilyniant difyr dros ben yw hwn sy'n cwmpasu ciplunïau ar faterion cyfoes, consyrn am hunaniaeth y Cymry a myfyrdodau ar fywyd teuluol, a'r cyfan yn digwydd mewn arddull sgyrsiol a sylwadol, megis mewn perfformiad stand-yp. Ond, er cystal y *punchlines*, fy nheimlad i yw taw monologau crefftus yw nifer o'r rhain yn hytrach na cherddi sydd wedi eu naddu i'r asgwrn. Mae'r bardd yn dibynnu'n rhy drwm ar ddweud pethau'n rhy blwmp ac yn blaen o ryddieithol, er enghraifft yn y gerdd am gar di-dreth ei gymydog yn 'blocio'n dreif' a'r gerdd am gwrdd â Sais ar Ben-y-fan. Ond mae'r fflachiadau unigol sy'n britho'r dilyniant yn ardderchog, er enghraifft wrth sôn yn chwareus am waith y cyfieithydd o Gymro dosbarth canol yn nhermau chwarela. A beth am hwn fel sylw ar yr hyn sy'n digwydd i ŵr a gwraig wedi iddynt ddod yn rhieni: 'y pris am ddod i'w nabod o/ ydi'r dieithrwch ddaeth rhyngom ein dau'?

Non: Perthynas a thynged y Gymraeg a'r Llydaweg yw gofid y dilyniant atyniadol hwn. Mae wedi ei ysgrifennu o safbwynt un cymeriad, sef merch sy'n mynd ar daith o Gymru i Lydaw i ailddarganfod ei gwreiddiau Llydewig drwy ailymweld â chartref ei thad-cu. Mae'n ddyfais lwyddiannus sy'n caniatáu i'r bardd gyfosod y ddau ddiwylliant mewn ffordd naturiol, gan sicrhau bod cyfleoedd i oedi ar hyd y daith er mwyn iddo sylwi ar y bobol a'r golygfeydd hynny sydd yn eu tro'n troi'n drosiadau am natur a chyflwr y diwylliannau hynny. Mae'r gerdd 'Dawnsio' yn enghraifft loyw o hyn, ac yn amlygu hefyd y modd y mae *Non* yn medru cynnal arddull sydd weithiau'n llafar ac agos atoch, weithiau'n fwy ffansïol a thelynegol. Mae pytiau mwy athronyddol hefyd hwnt ac yma yn y dilyniant ('Rhaid cadw i symud/ er mwyn medru hiraethu') ynghyd â phytiau cynganeddol ('ai rhyw iaith yw hiraethu', 'hollti gwair â'u Llydaweg ewn' a.y.b.). Ac os yw *Non* weithiau'n mynd i hwyliau rhethregol, does dim amau angerdd na dawn y bardd hwn. Arwydd o gryfder y gystadleuaeth hon yw nad yw'n uwch ar fy rhestr i eleni.

Mab: Creodd y cerddi byrion, bachog hyn gryn argraff arna i ar y darlleniad cyntaf, cerddi mab yn galaru am ei dad ac yn gwneud hynny mewn cilfachau arwyddocaol yn hanes eu perthynas. Mae'n cychwyn lle bo'r 'Fenai rhwng dau feddwl', cyn mynd â ni i 'ysgol y Bont' lle mae'r 'coed yn gweithio ar gloc gwahanol'. Ymysg y mannau eraill mae Ystrad Fflur ('onid yma y dylech chi fod'), ward Aldenham (lle mae'r mab yn eillio ei dad: 'Ti'n gafael yndo'i fel Mick McManus'), glannau afon Tafwys, y capel, ac Old Deer Park. Ac ymhob cameo disglair, down i adnabod y ddau'n well. Er y tristwch amlwg sydd yma, mae hiwmor y bardd yn ysgafnhau'r awyrgylch o bryd i'w gilydd ('Pe llefarwn â thafodau peintiau'). Ar ben hynny, mae delweddau trawiadol iawn yn britho'r dilyniant, er enghraifft

> Cawsom fesur eich wythnosau olaf,
> wrth gerdded cylchoedd drwy'r coed,
> hefo ffon, hefo pulpud, yna cadair ...
> fel dad-fwrw carreg o'r dŵr
> yn ôl i'r llaw,
> a'r cylchoedd yn lleihau ...

Gellid dadlau bod nifer o'r cerddi yn taro'r un tant â'i gilydd oherwydd taw'r un golled a'u symbylodd i gyd, ond pa syndod?

Y Goreuon

Fersiwn arall: Dyma ddilyniant arall a greodd argraff arna i ar y darlleniad cyntaf, a'r allwedd iddo yw llinell agoriadol y gerdd gynta'n deg: 'Mae sawl ffordd i fod yn ferch'. Er taw cerddi personol yw'r cerddi hyn i gyd, yn yr ystyr eu bod nhw'n canolbwyntio ar brofiadau unigol pum cenhedlaeth o ferched yn nheulu'r bardd ei hun, mae'n amhosib peidio â gweld ynddyn nhw sylwebaeth fwy cyffredinol am ddisgwyliadau menywod a'r hyn a ddisgwylid (ac a ddisgwylir?) gan fenywod. Weithiau mae'r cerddi'n rhy awyddus i danlinellu'r arwyddocâd ehangach, ond eithriadau yw'r rheiny, gan taw telynegwraig wrth reddf yw'r awdur. Yr unig amheuaeth arall sydd gen i am y dilyniant yw'r defnydd (ymddangosiadol) mympwyol o linellau hirion iawn mewn cerddi sy'n tueddu'n gyffredinol at ddefnydd o linellau byrrach. (Ac mae hyn yn arbennig o anesboniadwy yn yr unig gerdd fydr ac odl yn y dilyniant – cerdd hollol hyfryd, gyda llaw.) Sgwn i a oedd gofid y byddai'r dilyniant yn sleifio dros yr uchafswm o linellau, fel arall ... ?! Beth bynnag am hynny, mae'r cerddi'n cydio fel darnau unigol ond hefyd yn cydio yn ei gilydd fel dilyniant, gyda'r darluniau a'r delweddau mor fyw, mor ddethol ac mor awgrymog, boed hynny wrth bortreadu profiadau caru, genedigaeth a galar, neu orchwylion mwy cyffredin a domestig y pum cenhedlaeth. Ac unigoliaeth y merched hynny, o'r hen-fam-gu i ferch y bardd, sy'n rhoi unigoliaeth ac unoliaeth i'r dilyniant ardderchog hwn.

Y Priddyn Coch: Paentiadau'r diweddar Aneurin Jones yw man cychwyn, canol a chlawdd terfyn y dilyniant hudolus hwn. Ond, er bod rhyw led adnabyddiaeth o waith yr arlunydd o Aberteifi yn ddefnyddiol wrth ddarllen y cerddi, y gwir yw taw'r pethau hynny a oedd yn annwyl gan yr arlunydd ac a oedd yn bwysig iddo yw curiad calon y cerddi hyn. Ac, o farnu yn ôl angerdd y dweud, dyma'r pethau sydd yn bwysig i'r bardd hefyd, oherwydd rwy'n gweld y cerddi fel rhyw fath o folawd i ffordd o fyw, diwylliant a gwerthoedd y Gymru wledig. Byddai rhai yn eu darllen fel marwnad y pethau hynny, ond, yn y soned sy'n cloi'r cwbwl, mae'r bardd yn gweld unwaith eto yr un tri ffermwr a ddarluniwyd ganddo yn y soned ar gychwyn y dilyniant, ac 'ar y mynydd wrth i'r niwlen ledu/ Mae'r tri yn dal i drafod, yr wy'n credu'.

Mor braf oedd derbyn dilyniant o gerddi ar fydr ac odl, a chael ein hatgoffa bod modd i'r soned a'r pennill telyn a'r triban a'r filanél a'r delyneg ganu o hyd, heb swnio bob tro fel llais o'r gorffennol. Ac mae'r defnydd o'r mesurau hyn yn gydnaws ag efengyl y dilyniant, gan fod ymfalchïo yng ngorchest crefft draddodiadol, fel yng nghampau'r côr meibion a'r cyfeilydd, a'r cŵn defaid a'r cobiau, yn nodweddiadol o ddiwylliant cefn gwlad. Ac fel y disgwyliech, o wybod taw'r Bannau a'r Preselau oedd cynefin Aneurin, mae rhyw hud a chyfriniaeth yn ychwanegu dimensiwn arall i'r cerddi, lle mae 'rhwydwaith dirgel' Waldo 'yn cydio pob dyn byw' a lle mae'r trigolion 'yno'n dal penrheswm â'r tragywydd'.

Mor braf hefyd oedd cael dilyniant mor ddigyfaddawd o ddealladwy, un sy'n siŵr o apelio, ymysg eraill, at garfan o'r boblogaeth sy'n prysur gael eu gweld gan rywrai fel pobl ymylol, pobl ddoe, hyd yn oed, am nad ydyn nhw'n byw'r math o fywyd sy'n cael ei ystyried yn gymeradwy gyfoes. O bosib bod peth ailadrodd o ran fformiwla ambell bennill ac o ran neges hwnt ac yma, ond ni wnaeth hynny amharu ar fy mwynhad i o'r dilyniant rhagorol hwn.

O.S.: Dyma ddilyniant rhagorol arall a hwnnw'n olrhain teithiau cerdded ym Mro Morgannwg a wnaed yn wreiddiol gan ŵr a gwraig yng nghwmni ei gilydd, ond sydd erbyn hyn yn llwybr i'r gŵr gweddw'n unig. Nid oes teitlau i'r cerddi unigol; yn hytrach mae cyfeirnodau map Arolwg Ordnans hwnt ac yma yn nodi'r cilfachau sydd megis mangreodd ar bererindod bellach i'r bardd yn ei hiraeth. Gwrthgyferbynnu'r daith i ddau a'r daith i un yw dull y cerddi, felly, wrth i ffurfiau'r dirwedd (a'r bywyd gwyllt, yr adeiladau a'r hanes sy'n gysylltiedig â nhw) fagu arwyddocâd newydd yn sgil yr ymwybyddiaeth o salwch y wraig ac wedyn yn sgil ei marwolaeth. Fel Orffews mytholeg Groeg, mynd ar daith i'r tywyllwch eithaf er mwyn dod â'i gariad yn ôl i dir y byw a wna'r bardd; neu fel Demeter o'r un fytholeg, mae'n deisyfu gweld dychwelyd Persephone (Proserpina'r Rhufeiniaid) i'r ddaear, a hynny ar ffurf yr haf. Ond er mor drwm yw cysgod y golled dros bob sillaf o'r dilyniant, nid cerddi trwm neu ddiflas yw'r rhain. Er pob dibyn ac ogof fygythiol ar y ffordd, mae ymdeimlad parhaus o fynd ymlaen yma, o gyrchu'r nod nesaf. Mwy na hynny, mae sylwi ar fyd natur yn ei harddwch a'i hagrwch wrth fynd heibio (sylwi craff a gwybodus iawn) a chyfeirio parhaus at y bobl eraill (cariadon, yn aml) sydd yn, neu sydd wedi, tramwyo'r un llwybrau.

Does neb â gwell gafael ar ffurf y wers rydd yn y gystadleuaeth nag O.S.: mae ganddo glust ddisgybledig yn ogystal â mynegiant fforensig sy'n galluogi i'r sain, yr ystyr a'r awgrym gydweithio ar y dudalen, a throi'n gyfrwng grymus i'w luniau a'i sylwadau. Byddai'n dda gen i ddyfynnu enghreifftiau, ond y gwir yw taw yn eu cyd-destun y mae'r rhain yn mynd â gwynt dyn, nid o'u tynnu allan. Mae'n wir bod gwaith darllen ac ailddarllen yma oherwydd mor gynnil yw'r dweud ac mor drymlwythog o ystyr yw'r delweddau a'r cyfeiriadau, ond siawns nad yw hynny'n gondemniad, chwaith. Bardd o ddifri yw *O.S.*

Saer nef: Dyma drydydd dilyniant rhagorol, a hwn hefyd yn mynd â ni ar daith, y tro hwn ar hyd llwybr arfordir Llŷn. Os yw'r lleoliadau'n gyfarwydd, a ninnau'n meddwl ein bod yn gallu rhagdybio'r math o gerddi y mae'r lleoliadau hynny'n siŵr o'u hysgogi, cawn achos i ailfeddwl yng nghwmni'r cydymaith craff a chellweirus hwn. Mae'n ein rhybuddio ar y cychwyn fod rhai'n honni 'nad oes gen ti a dy deip/ ddim byd i'w ddweud', ond yn y byd sydd ohoni 'pan mae'r boncyrs a'r byddar yn bigitan â'r dall/ a neb yn y wlad yn siarad sens,/ mae'n bryd camu dros ffens/ a rhoi un droed o flaen y llall'. A dyna mae'n ei wneud: mynd ar siwrne i geisio gwneud sens o'i batshyn e o'r ddaear, o leia. Aiff gyda meddwl agored o le i le gan geisio gweld y tu hwnt i'r ystrydebau, neu'r hyn y mae e i 'fod' i feddwl am ei ardal a'i wlad. Ac yng ngherddi agoriadol y dilyniant mae'n ymhyfrydu yn ei genhadaeth eiconoclastig: mae'n gwneud hwyl am ben y pentre gwyn Cymreig traddodiadol ac am ben crefydd a chwedlau'r brodorion. Ond wrth godi ambell grachen wrth fynd heibio, mae'r cwestiynau y mae'n eu holi (dros ysgwydd, bron) yn rhai athronyddol o finiog. A chan taw taith ar hyd yr arfordir ydyw, mae ymwybyddiaeth o'r graig ac o'r dibyn (yn llythrennol ac yn drosiadol) yn bresenoldeb cyson, hyd yn oed os yw'r bardd yn gallu gwneud jôc ymddangosiadol o'r cwbwl, fel yn ei gerdd 'Uwchmynydd'.

Er bod dychan a sinigiaeth yn rhan o arfogaeth y cerddi, beth ddaw'n amlwg wrth i'r dilyniant fynd yn ei flaen yw bod ymlyniad y bardd at Lŷn yn ddiffuant. Oes, mae modd dehongli cerdd fel 'Porth Meudwy' mewn dwy ffordd hollol wahanol: naill ai mae'n gwneud hwyl am ben y sawl sydd 'am blannu gwinllan yn Llŷn' pan fo gwinoedd y cyfandir 'i gyd dan ddecpunt yn Lidl', neu mae'n ein hatgoffa ni fod pris i'w dalu am beidio â cheisio gwarchod a meithrin ein pethau ni'n hunain. (Neu mae'n fyfyrdod ar Frecsitiaeth eto fyth!) Ond wedi'r gerdd honno, mae llais mwy diamwys i'w glywed, llais sy'n fodlon dweud yn fwy plaen fod Llŷn dan fygythiad, y Llŷn hwnnw na fyddai'n Llŷn heb y pentrefi a'r neiniau a'r chwedlau a wawdiwyd ganddo gynt. Nid pawb fydd am glywed ei lais, serch hynny. Efallai bydd gwell gan rai bara i elwa ar y mewnlifiad a'r Seisnigo parhaus (a ymgorfforir yn y dilyniant gan Abersoch), yn yr un modd ag y mae gwŷr anffyddlon yn 'ffeirio cega, cwyno, ac atebion siort/ am bnawn o bleser yn Travelodge Port'. 'Efallai,' chwedl yntau, 'fod modd sefyll/ yn ddi-iaith, niwtral ar y pentir hwn/ wrth sbio'n stond o'r Eifl at Bwllheli,/ ond fedra i ddim.'

Os taw telynegrwydd, cyfeiriadaeth a delweddau manwl gywir yw dull O.S., dawn dweud ysgubol a sylwebaeth dreiddgar sy'n nodweddu dilyniant *Saer nef.* Nid arddull hunanymwybodol farddonol sydd ganddo; yn hytrach, mae'n arddull fwy sgyrsiol uniongyrchol, ond un sydd hefyd yn dwyllodrus o goeth. Does ond rhaid oedi i edrych eto ar y ffordd y mae'n adeiladu ei frawddegau yn y wers rydd, ynghyd ag ar ei ddefnydd o rythmau llafar ac odlau cynnil, i sylwi nad ar hap y mae'r cwbwl yn swnio mor naturiol. Ac mae hynny yr un mor wir am sigl cyfoes ei gerddi mydr ac odl.

Mae'r llais gwahanol hwn yn ein herio, ein pryfocio, a'n hysgwyd, ac os nad yw wastad yn ddifrifol, y mae'n fardd o ddifri.

Y Canlyniad

Mi allwn wneud achos digon teilwng dros goroni *Non* a *Mab*, ond does dim rhaid i mi gan fod pedwar dilyniant arall wedi codi'r gystadleuaeth hon i dir mor uchel. Ac er bod cerddi *Fersiwn arall* yn llwyr deilyngu'r Goron, brwydr rhwng *Y Priddyn Coch*, O.S. a *Saer nef* oedd hi yn y diwedd.

Llwyddodd cerddi *Y Priddyn Coch* ac O.S. i ennyn fy edmygedd llwyr o'r ddawn a'u creodd, ynghyd â'm cydymdeimlad at yr hyn sydd ganddynt i'w ddweud, yn enwedig felly O.S.. Camp wahanol oedd un *Saer nef* oherwydd fe lwyddodd ef i'm difyrru, fy anesmwytho a'm cyffroi. Ac am y rheswm hwnnw, fy nymuniad i yw gweld coroni, o drwch blewyn, *Saer nef.*

Diolch i'r Eisteddfod am yr anrhydedd o gael beirniadu'r gystadleuaeth hon ac am gael gwneud hynny yng nghwmni dau feirniad mor nodedig.

Dwn i ddim pwy ddefnyddiodd ddelwedd y ffenest liw i ddisgrifio barddoniaeth gyntaf. Y syniad yw mai edrych drwy wydr plaen y mae pobl fusnes a'r rhai sydd am drosglwyddo'r ystyr yn unig, ond wrth drafod barddoniaeth, rydym yn edrych drwy ffenest liw, sef cyfrwng y gweld; gweld y cynnwys yng nghyd-destun y grefft. A dyma'r man cychwyn i mi wrth drafod cynnyrch y Goron eleni.

Diolch i bob un am ei ymdrech; nid ar chwarae bach y mae cynhyrchu dilyniant o yn agos at 250 o linellau.

Dosbarth 3

Gyda thri ymgeisydd yn arbennig, anogaf hwy i feistroli'r iaith cyn mentro ar gystadleuaeth genedlaethol fel hon. Mewn cerdd 'Ceunentydd dan Gader' meddai un, 'I olrhain eu holion o Finffordd yn anos bellach/ Diolch i ddrwch y tes./ Ond wnâi y *Cyfrwy* eu cludo, i lawr.' Ac un arall, 'a fi'n dal yn poeni,/ ai ddigon dda yr wyf'. Oherwydd gwendidau tebyg – ac er gwaethaf rhai llinellau unigol eithaf trawiadol – gallwn ddiystyru *Roseveare*, *Heddychlon* a *Dryw y Nyth*.

Cynigiaf y dylai *Seth* ac *Y Ffin* sylweddoli nad iaith anarferol a gwneud i syniad syml swnio'n aruchel yw hanfod barddoniaeth. Gallai hynny gymylu'r ystyr: 'O gyffwrdd a'r gorffennol/ Rhaid ymestyn abwyd amser/ A'i ddenu o ddeunydd adfyd/ I'r ogofau llesmair'. Neu eto: 'O olwg y byd, o dan yr wyneb/ clais dyfnach ei ôl, meddyliau di-geulo/ heb falm anghofrwydd yn obsesiwn yr ymennydd'.

Ar wahân: Cwyd fymryn yn uwch gan nad oes yn y gwaith gymaint o gymylu'r ystyr. Mae'r gerdd 'Pentref' yn apelio gyda'i rhythmau siarad, atgofus a'r darlun o blentyndod y bardd.

Lawdi: Cilfachau gwahanol gymeriadau sydd yma: Nel yr hen wraig yn cofio'i gorffennol, Carwyn sy'n gaeth i'w fyd yn cofio'i gilfach yn yr ysbyty, tad-cu, Jac a'r bardd ei hun. At ei gilydd, ansoddeiriau cyffredin, disgwyliedig a ddefnyddir, er enghraifft 'gwylanod gwyllt', 'tywod gwlyb', 'awel fwyn', 'gwaed cynnes', ac mae yma ormod o ailadrodd geiriau ac ymadroddion dibwrpas, er enghraifft 'Does dim mam./ Does dim tad./ Does dim ci'.

Pant Ffynnon: Gwahanol grefyddau neu sectau a'u gwahanol arferion yw'r cilfachau y mae'n canu iddynt. Er bod cryn dipyn o ymchwil a meddwl tu ôl i'r cerddi hyn, y duedd yw nodi eu natur a'u credoau trwy eu disgrifio'n ffeithiol fesul llinell neu gwpled. Yr un yw'r arddull mewn cerdd fydr ac odl i Iwerddon: 'Ar y wlad werdd mae staen oren/ Darn o dir yr adar dŵad,/ Cornel 'styfnig arwahanrwydd/ Ardal yr estron amddifad'.

Drycin y graig: Cilfachau ar fin y ffordd y mae'r bardd yn dod ar eu traws wrth feicio sydd yma a chilfachau'r nos wrth iddo weld bydoedd pobl eraill trwy ffenestri. Mae'n cychwyn yn addawol iawn gyda cherdd delynegol sy'n gorffen â'r geiriau 'yfed dracht o ddŵr, a chyda/ nodwydd arian, darnio'r/ tipyn awyr las/ at wasgod frau fy niwrnod'. Braidd ar wasgar yw'r gweddill.

Lloerig: Mae'r dilyniant yn cychwyn gyda cherdd addawol iawn wrth edrych ar ddarlun o'r tad a oedd yn nyth o gilfach i'r bardd yn nyddiau plentyndod cyn i'r wisgi ddod i'w boeni ef ac i orbryder ddod i boeni'r bardd. Trawiadol yw llinellau fel 'Roedd pridd dy acen yn fy ngheg/ yn hadau o iaith fy ngwreiddiau' a 'Coeth yw hiraeth mewn cilfachau/ sydd tu ôl i ddrysau'r meddwl'. Mae angen edrych o ddifrif ar grefft y sonedau a thuedda'r cerddi sy'n sôn am fabanod i gatalogio digwyddiadau.

Dosbarth 2
Codwn i dir uwch yma, gyda beirdd sy'n deall y grefft, yn gallu trin geiriau ac mewn cerddi unigol, yn gallu cyffroi'r darllenydd. Rhennais y cerddi'n ddau isddosbarth ac oni nodir hynny, nid wyf yn eu gosod mewn trefn o fewn yr isddosbarthiadau.

Cerddi Dosbarth 2(ii)
Cwato: Bywyd wedi mynd ar chwâl sydd yma gyda'r '... oriau'n feichiog o gilfachau'. Cerddi mewn tafodiaith hyfryd a gawn gyda rhythmau'n cyfrannu at gyfleu awyrgylch tawel, atgofus. Mae lle i amrywio hynny yn y cerddi sy'n dangos dirywiad yn ei bywyd pan 'Â modrwy/ yn gadwyn o gaethiwed'. Mae'r cerddi 'COLFEN' a 'Y CAFFI' yn apelio'n fawr.

Dyma Fi: Cyflwynwyd y dilyniant hwn 'i bawb sy'n dioddef o'r cyflwr gorbryder' a thrwy ddelwedd drawiadol, mae'r gerdd gyntaf yn cymharu'r cyflwr â'r ofn hwnnw o fethu â rhoi'r jig-so sydd wedi'i ddatgymalu yn ôl i gyfleu'r llun sydd ar glawr y bocs. Mae hynny'n union fel 'tynnu dy holl fod/ yn ddarnau mân'. Cilfachau sy'n dod â chysur dros dro iddo sydd yn y cerddi, pethau fel glaw, haul, melysion, gwely, CD, hydref, troi'r clociau'n ôl a breichiau cariad.

Mwg: Dyma ddilyniant sydd wedi fy anesmwytho a hynny am ddau reswm. Yn gyntaf, mae'r cerddi'n canu am bynciau tywyll, megis tad yn cam-drin ei fab, gŵr neu bartner sy'n dyrnu'i gymar ac yn meddwl mwy o'i gar nag ohoni hi, fandaliaeth a.y.b. Mae angen canu i'r isfyd hwn ond yr hyn sy'n peri'r anesmwythyd mwyaf yw'r ffaith nad wyf yn deall pob cysylltiad rhwng y gwahanol gerddi. Mae *Mwg* yn fardd sy'n cyffroi.

Pwy?: Mae'r cysylltiad rhwng y cerddi yn gwbl glir gan mai canu am salwch a maes o law farwolaeth John Griffiths, gitarydd bas Edward H. Dafis y mae'r dilyniant; dilyn trefn y digwyddiadau a'r atgofion sy'n codi ohonyn nhw. Cerddi cynnil, atgofus sydd yma: telyneg hyfryd o gerdd yw 'Cerflun' sy'n gweld cerflun yn y Mwmbwls 'Fel darn o ddur yn chwyrlïo' neu '... nodwydd syrffiwr/ yn gwnïo ffabrig y tonnau' yn y bore ar y ffordd i'r angladd ond fel 'Rhuban barcud/ o enaid yn esgyn' wedi hynny. Ardderchog.

Rhyd Osber: Taith i chwilio am dawelwch a dod i'w adnabod ei hun sydd gan y bardd yn y dilyniant hwn. Taith sy'n mynd â ni ar hyd yr A55 a'r A548 gan ein hebrwng i Fangor is y Coed, Cadeirlan Aberhonddu a Phennant Melangell i chwilio am y tawelwch ysbrydol ac i Gwmpenanner, Y Bermo, Erddig a Harlech am ei wreiddiau teuluol. Y gerdd fer 'Cyfannedd' sy'n datgelu pwrpas ei ymchwil: 'Dim ond gwên i'm cofleidio heno/ ... Rhywun i gamu dros riniog dyheu,/ gweld fy lle fel gwlad o bosibiliadau'. Mae'n derbyn 'holl gargo' cariad Duw er ei fod yn cydnabod y bydd '... angen brau am ymgeledd/ rhag byd ciaidd yr helfa' eto. Mae agwedd y Saesnes a fu'n gweithio yn 'Abersock' a hen fygythiad Castell Harlech yn gwneud iddo sylweddoli pwy ydyw a'i fod '... yn dal yma hefyd/ ar wyliadwriaeth'.

Cerddi Dosbarth 2(i)

Dicw: Atgofion hyfryd am yr hen amser pan oedd yn blentyn sydd ganddo ac mae'n gresynu at y newid a fu yn y gymdogaeth. Cerddi hyfryd sy'n dwyn atgofion i minnau yw 'Wembli Llys Ifor' a 'Tŷ'r cyffredin' sy'n disgrifio'r trafod a'r hwyl yng ngweithdy'r crydd. 'Myfyrdod, am yr hyn a fu' ac 'Yna deigryn/ am yr hyn a ddaeth' yw'r dilyniant nes cawn y gobaith yn y gerdd olaf, 'Yn ôl i'r Wybrnant', pan ddychwela yno gyda'i wyrion.

Glaslyn: Rhybuddion sydd yn y cilfachau hyn am ddyfodol ein byd, ein hiaith, ein gwlad a'n chwedlau. Mae'r gerdd gyntaf, 'Ogof', yn sôn am replica o ogof hynafol yn Cantabria, 'copi cyfewin i fodloni'r tyrfaoedd,/ tra bo'r crair anghyffwrdd,/ ... yn swatio'n glyd yn nhrysorfa'r llethrau' rhag i'n hanadl ni ei halogi. Gresyna na fyddai gennym 'ffacsimili o'r byd' i 'ferwi'r cefnforoedd', i fwynhau gweld y morfilod yn 'chwarae'n ddigri/ â gweddillion bwcedi plastig' ac 'eirth gwyn yn trigo ar fosaic o rew'. Mae yma goegni rhyfeddol ond daw'r ergyd yn y llinell 'Dyna fyddai hwyl gwerth chweil'. Mae diweddglo 'Cantre'r Gwaelod', 'Newid Byd', 'Cwestiwn', a 'Ffin' yr un mor sobreiddiol ac mae diweddglo'r dilyniant, 'Weli di …/ Gwelaf, ond tro'r sianel, wnei di,/ Mae ffilm arswyd ar yr ochr arall', yn tanlinellu gwir arswyd ein dihidrwydd. Dilyniant sy'n agos iawn at y Dosbarth Cyntaf.

Gwyfyn: Cychwyn ardderchog gyda'r prolog yn delweddu'r cysgodion sydd yng nghilfachau'r cof 'Fel mwsog yn/ mygu carreg;/ fel eiddew yn gwasgu/ am goeden;/ fel llefrith yn croeni'n dawel'. Darlun o henaint a'i nodweddion anorfod a gawn gyda'r 'Cwestiynau cyfforddus;/ y cogio malio/ bob dydd ar sgrin y ffôn' yn arwain y prif gymeriad i ateb gydag emoji sy'n haws cuddio tu ôl iddo na geiriau. Aiff i gartref gofal yn 'Ger Gardd Eden', ac yn y gerdd 'Ŵy Pasg', mewn ymateb i sylw un sy'n dweud ei fod yn edrych yn dda cawn wybod ei fod 'Fel ŵy Pasg ar ddiwrnod poeth': 'Mae'r ffoil yn/ dal i fod mewn siâp ŵy;/ yn dal i fod/ fel plisgyn, ond y siocled tu fewn/ wedi toddi'. Daw atgofion am ei ddoe a'i echdoe i'w boeni wrth iddo orwedd ar ei wely. Mae'r bardd yn darlunio'r sefyllfa gyda sensitifrwydd, peth tristwch a gwên achlysurol. Dilyniant cryf arall sy'n agos at frig y Dosbarth.

Pabi Coch: Dilyniant llawn hiraeth sydd yma wrth i'r wraig, yng nghanol ei phrofedigaeth, gofio'r gŵr a gollodd a theimlo'r awydd 'i guddio yng nghilfachau'r cof/ lle mae gwres dy gorff di'n aros/ yn gynnes a rei [*sic*] glustogau/ ac ogla ddoe'n fy nhynnu'n nes'. Mae hi'n canu am eu cyfarfyddiad cyntaf, eu hymweliad â'r pictiwrs ar ddydd Alban Hefin a'r noson anghyflawn o garu; cerddi sy'n orlwythog o ddelweddau a hynny, ar dro, yn gallu cymylu'r effaith. Mwy llwyddiannus o lawer yw'r gerdd 'Llenni' sy'n canu'n wirioneddol afaelgar am yr amser 'pan ddaw angau i'r tŷ' a'r teimlad mai 'Dim ond godre'r llenni/ sy'n anadlu/ pan fo dagrau'n fferru' gan mai dim ond y nhw sy'n fyw. Cerdd arall drawiadol yw 'Pam?' lle mae hi'n crio dros yr hen ddynion sydd wedi gorfod byw. Diweddglo cadarn gyda'r gerdd 'Traeth'. Agos at y brig.

Tra bo'r byd yn cysgu: Graffiti Banksy sy'n ein harwain yn y dilyniant hwn at gilfachau'r cyrion ac mae'r cyffyrddiadau hynny sy'n debyg i hwiangerddi neu garolau yn dwysáu'r ergydion trwy gyplysu'r holl ddrwg a'r holl ddifrod sy'n ein byd â dyfodol ein plant. Mae 'Cyfarchion y tymor', un o'r cerddi gorau yn y dilyniant, yn cyfeirio at y llun a baentiwyd ar shed ym Mhort Talbot:

Gwisg dy gôt a cer i whare,
Ceua'r drws yn dynn.
Cap a chôt a bwr di gered,
mae'r eira yn eitha gwyn.
Eira, eira, llwch a thagfa,
Mae gwenwyn yn y gwynt.

Gwenwyn o'r gwaith dur ac nid eira yw'r smotiau sy'n y llun. Mae 'Petalau Protest' yn dweud mai'r un sydd 'â'r gyfraith yn ei ddwylo' yw'r 'thyg', nid yr 'Heriwr mewn hwdi'. Mae neges i'n sobreiddio yn yr holl gerddi ond tybed nad ydynt yn dibynnu gormod ar ddisgrifio'r hyn sydd yn y graffiti, er bod y lluniau'n cyfoethogi'r cerddi?

Ŵyr: Dilyniant o edmygedd o'i daid am roi cymaint iddo sydd gan Ŵyr: storïwr o daid a oedd â'r gallu i '... gyffroi'r geiriau o'u gwely papur,/ a'u rhoi ar adain uwch fy mhen/ nes glynu ohonynt yn y nenfwd/ a gloywi'n ffurfafen'. Gallai roi bywyd yn stori Tomos Caradog a throi'n gyfarwydd 'yn rhostio seigiau'r straeon/ yn offrwm drwy oriau'r hwyr/ nes blasu tân' wrth adrodd hanesion o'r Pedair Cainc. Cynildeb ei drosiadau a'i gymariaethau sy'n drawiadol. Argraffiadau plentyn sydd ganddo eto yn 'Tomatos' gyda'r disgrifiad o'r ffrâm sbectol ddu a melyn yn dod ag atgofion chwerw-felys iddo. Yn y gerdd olaf daw'r sylweddoliad mai dim ond rhyfeddu sydd ar ôl iddo bellach at y ddawn arbennig a feddai ei daid. Dilyniant gwastad, gafaelgar.

Dosbarth 1 (mewn trefn esgynnol gydag o leiaf bump yn teilyngu'r Goron)
Annes: Tri chipolwg ar ein hanes fel cenedl sydd yma a'r rheiny wedi eu cyflwyno mewn arddulliau hollol wahanol ond addas i'r cyfnodau dan sylw. Efa ferch Cadell ap Brochfael sydd yn y gerdd gyntaf yn holi ei thad yn 780 am y bwystfil ar y gorwel sydd 'Fatha mur mawr/ Fatha clawdd terfyn/ Fatha'r hen fuarth chwarae', a deallwn drwy'r holi a'r sylwebu naturiol mai Clawdd Offa sydd dan sylw. Annes, mam William Salesbury, Plas Isa Llanrwst yn 1549, sydd yn yr ail ganiad yn amlygu ofnau mam am ei mab mewn ymateb i gwestiynau ei gŵr, 'Nid oes ond galar/ pan ânt i goleg/ dros y ffin' meddai a phan ddaw'n ôl adref roedd o fel corwynt geiriau yn llawn syniadau. Dyma'r gerdd orau. Llanrwst heddiw yng nghysgod Brecsit sydd yn y gerdd olaf gyda'r mab yn sicrhau ei fam bod ei fagwraeth wedi rhoi asgwrn cefn iddo fynnu na allwn ni fel Cymry 'ddim chwarae mig/ ddim mwy'. Dilyniant anarferol, gwahanol iawn i'r gweddill yn ei adeiladwaith ond un sy'n apelio'n fawr.

Mab: Argraffiadau byrion o'r berthynas a fu ar hyd y blynyddoedd rhyngddo ef a'i ddiweddar dad a geir gan *Mab* a hynny rhwng gosod y llestr llwch ar sêt flaen y car yn y gerdd gyntaf a'u chwalu ger y gamlas yn Stockers Lock. Dilyniant o'r galon ydyw mewn arddull gynnil, awgrymog. 'Sgwennu i gofio' y mae yntau fel ei dad gynt. Creodd naws hyfryd wrth ddisgrifio Ystrad Fflur ac afon Tafwys ond gan amlaf y dweud plaen sy'n taro, 'Beth oedd byw ar y diwedd?/ ond dychymyg yn hedfan/ tra gallai, o'r gwely'. Daw'r cerddi 'siafio arwr', 'sgyrsiau amser cau' a 'mynd i rygbi' â pheth hiwmor i'r dweud ond hiwmor wedi'i dymheru gan ergydion o chwithdod a thristwch yw'r atgofion bob tro. Llwyddodd i gadw'r un awyrgylch atgofus trwy'r cerddi ac er nad oedd yn cyd-weld â'i dad bob amser, mae'r cynhesrwydd sydd yn y manylion yn dangos mai 'emyn/ o gariad ofer' iddo – gan fod 'cymaint heb ei ddweud' – yw'r dilyniant.

Lleuco: Yn y gerdd olaf un y mae deall thema'r dilyniant hwn, mai cenedl ydym sydd wedi 'Dysgu sut i blygu i ddannedd glaw'. Un o'r bobl ansicr hynny yw'r bardd sy'n ein cynrychioli ni fel Cymry ac sy'n gorfod bodloni ar ei fyd eitha anhapus ac anghysurus. Un ydyw sy'n gorfod chwilio am esgus i symud oddi wrth y cymydog sy'n amharu ar ei breifatrwydd ac un sy'n torri'i fol eisiau ateb y Sais ar Ben-y-fan. Er mwyn ei blentyn mae am i ni 'chwilota am dameidiau o bwy ydan ni/ dan dipiau diwylliant a dosbarth/ ac iaith a heli a llechi a glo a gwlân' cyn symud ymlaen i'r dyfodol. Mae'r bardd yn feistr ar grefft y wers rydd ac yn cyrraedd yr uchelfannau yn y gerdd 'Cof Cyfieithu' lle mae'n cymharu cyfieithu gyda gweithio mewn chwarel.

Non: Dilyniant grymus yw hwn am daith y bardd i Lydaw i chwilio am hen gariad y bu'n rhannu'r Llydaweg a'r Gymraeg gydag ef. Ar yr un pryd, mae hi'n darlunio difodiant yr iaith ac mae'r hyn sy'n digwydd yno'n rhybudd i ninnau hefyd. Wrth wynebu swyddog y tollau nid yw'n datgelu'r ' ... iaith arall/ a gadwaf dan fy nhafod' na'r 'paraffernalia' sy'n dod '... gyda chaethiwed/ i iaith fel hon'. Dianc rhag y Gymraeg a wna gan gofio cyswllt rhamantaidd â'r Llydaweg. Mae'r rhamant hwnnw'n eglur yn y gerdd 'Dawnsio' sy'n disgrifio'r *fest noz* gyda rhythmau'r ddawns werin draddodiadol a 'lle mae'r gwan yn cael eu cynnal gan y gân'. Siom sy'n ei dilyn yn y bore ac yn y dref gaerog lle mae'r to hŷn fel petaen nhw wedi cau'r byd modern o'u bywydau heb sylweddoli bod 'y nos ar eu gwarthaf' a'r 'dŵr eisoes yn gwlychu eu traed' fel yn chwedl Ker-Is. Siom a dadrith yw gweddill y daith iddi hefyd ar wahân i fymryn o obaith wrth glywed plant yn 'hollti gwair â'u Llydaweg ewn'. Dilyniant cadarn iawn gan fardd hyderus a phrofiadol.

Fersiwn arall: Dilyn safle'r ferch trwy genedlaethau ei hen-fam-gu, ei mam-gu, ei mam, hi ei hun a'i merch wna'r bardd yn y dilyniant gonest, plaen-ei-dafod hwn. Gweld wyneb ei merch ar ei genedigaeth 'yn gwthio a gweiddi 'nôl' gan gicio'r cwilt a wnaeth iddi gryfhau yn ei phenderfyniad i sefyll ar ei thraed ei hun a gwrthwynebu goruchafiaeth dynion. Cawn ddarluniau o genhedlaeth y fam-gu 'a wasgwyd yn pert/ i fframiau eu bywydau' ac a fyddai'n '... rhwbio Brasso i'w hadlewyrchiad hapus/ mewn canwyllbrennau/ a rydwyd gan briodas'. Mae 'Bwcedaid o ddŵr' yn ddarlun cignoeth o enedigaeth yn yr hen gyfnod gyda'r fam yn '... gwasgu ei merch i'r byd/ wrth i gwilt ei gofid ei chnoi'. Darlun damniol a gawn o'r tad yn dod yn ôl o'i gêm ddraffts i wely glân a baratowyd gan y chwiorydd ac mae'n rhyw ddigwydd sylwi 'bod ganddo fabi/ mewn siôl'. Yn y gerdd 'Rhwng geni a chodi' mae'r tair hen chwaer 'â'u modrwyon yn gafael yn dynn yn eu bysedd' fel cymeriadau cartwnaidd yn ymweld â'r baban a aned iddi hi ac mae hithau'n diflasu ar '... eu siarad dwl a'u coelion gwrach'. Cerdd hyfryd ar fydr ac odl o ddisgwyliadau a bwriadau mam ar gyfer ei merch yw 'Cefn fy mhen' ac mae'n ein hatgoffa o'r disgrifiad o Olwen y chwedl. Beirniadaeth hallt o ddynion am beidio â gweld bod merched yn gydradd â dyn ym mhopeth sydd yn y gerdd olaf, cerdd sy'n glo ardderchog i'r dilyniant ac a ysbrydolwyd gan un o baentiadau Aneurin Jones o ferched Glanyfferi yn casglu cocos. Dilyniant nodedig iawn yw hwn.

O.S.: Cilfachau ar daith gerdded o amgylch ardal Llancarfan, Dwnrhefn, yr As Fawr a Chwm Nash sydd yma ac mae'r bardd wedi dewis rhoi cyfeirnodau map O.S. yn hytrach na theitlau i'w gerddi. Dyma'r dilyniant mwyaf cynnil yn y gystadleuaeth a chymerodd sawl darlleniad i sylweddoli arwyddocâd llawn y llithro o'r person cyntaf unigol i'r person cyntaf lluosog ac o'r presennol i'r gorffennol. Cerdded ar ei ben ei hun y mae ond gan gofio teithiau tebyg gyda chymar a gollodd i afiechyd, a daw cysgodion yr afiechyd a'r golled i'r amlwg yn raddol. Yn '[SS 888 729]' wrth sôn am erddi plas Dwnrhefn, y lluosog, gorffennol a ddefnyddir, 'arferem grwydro'r llwybrau/ rhwng y clytiau glas, y bordors blodau/ a'r gwelyau llysiau a pherlysiau' ond llithra i'r unigol, presennol i ddisgrifio'i wewyr a'i hiraeth ei hun, 'Disgynnaf tua'r traeth,/ y môr yn slabran yn y cafnau,/ yn ffrwydro'n ddagrau o gylla'r ogofâu'. Mae ei ddewis o eiriau'n fanwl arwyddocaol, 'brain', yr hen adar anghynnes hynny a gysylltir ag ysglyfaethu a marwolaeth sy'n codi oddi ar groes a dewisodd yr union air i gyfleu ei deimladau ei hun pan sonia am '... amdo ôl Nadolig/ ar aelwydydd Southerndown'. Gwêl ei hun fel Orffews yn ceisio denu Eurydice yn ôl o farwolaeth. Efallai bod tuedd i'r rhannau olaf ymdebygu i lyfr taith ac ni welaf sut mae'r sôn am gastell Randolph Hearst nac ambell gyfeiriad arall yn cyfoethogi'r teimlad sydd yn y dilyniant. Er hynny, mae'n ddilyniant caboledig sy'n dangos gwir fardd ar waith.

Y *Priddyn Coch*: Dyma ddilyniant a'm swynodd o'r dechrau gyda'i amrywiaeth o ffurfiau'r mesurau rhydd. Paentiadau Aneurin Jones sy'n ei arwain i'r cilfachau, ond mae yma gymaint mwy na hynny. Dilyniant o fawl i gefn gwlad ydyw mewn cyfnod pan fo hynny'n anffasiynol. Cyplysir gwaith a syniadau'r artist gyda chred a ffydd Waldo mewn cymuned, cymdeithas wledig a gwerth perthyn. 'O fewn i ffrâm ddi-amser tirwedd gwledig/ Mae'r triawd yma fel pe baent mewn llun,/ Yn rhan o wyrth y rhwydwaith anweledig/ A fu erioed yn uno dyn a dyn' meddai yn y soned agoriadol ac yn y soned sy'n cloi'r dilyniant â'n ôl at yr un tri 'Sy'n rhoddi siâp ac ystyr i'r gwarineb/ A estyn draw ymhell tu hwnt i'w plwy'. Er hynny, mae ansicrwydd yn y cwpled clo a yw'r tri yn dal i drafod erbyn heddiw neu ai ei ddychymyg ef sydd wedi troi'n gof iddo a'r cof hwnnw wedi troi'n ddyhead. Gellid dadlau i'r gwrthwyneb mai cadarnhaol yw 'yr wy'n credu' sy'n cloi'r cyfan.

Rhwng y ddwy soned sy'n fframio'r dilyniant, mae holl syniadaeth Aneurin am ei grefft; ei gynghorion i Meirion ei fab, megis 'Cofia fod y lliwiau'n llifo/ Pan fo'r galon wedi'i brifo' a'i gred mai yn ei filltir sgwâr 'Wrth droed yr enfys y mae'r lliwiau i gyd'. Mynd â Meinir, ei ferch ar daith 'O Landdeusant i Bont-senni' a wna, gan sylwi ar y pethau hynny a oedd yn ei ddiddori. Ynghanol yr hyfrydwch sy'n disgleirio drwy'r cerddi, mae ganddo gerdd sy'n feirniadol o artistiaid strae sy'n mynd ati mewn lliwiau llachar i 'baentio tirlun fel y mae' heb adnabod ei phobl a'r elfen ysbrydol ('y môr goleuni') sydd yn perthyn iddyn nhw. Ceir beirniadaeth o artistiaid modern sy'n credu mai 'gwely heb ei wneud' yw celfyddyd a bod angen 'switsh a chliw' i'w gwerthfawrogi. Mae yma gerddi y gall partïon cerdd dant eu canu am flynyddoedd i ddod ac y gall y lleygwr eu deall a'u gwerthfawrogi; dilyniant a fu'n agos at y brig gen i drwy'r holl ddarlleniadau.

Saer nef: Cilfachau'r daith ar lwybr arfordir Llŷn gan fardd profiadol a heriol sydd yma. Yn y gerdd gyntaf mae o'n mynnu mai mynd ati i ddadbrofi'r gred 'nad oes gen ti a dy deip/ ddim byd i'w ddweud' y mae o. A hynny mewn bro lle mae cymathu'n demtasiwn ac mewn cyfnod lle nad oes 'neb yn y wlad yn siarad sens'. Gallwn ddisgwyl cerddi anarferol fel yr un sy'n dilyn i 'Ynys Gachu, Trefor', felly, cerdd a allai fod yn feirniadaeth ar gymunedau sawl pentref lle mae pobl fel adar yn 'stompian yn warchodol/ o gwmpas eu cartref gloyw' yn hapus yn eu baw eu hunain. Mae adeiladwaith trawiadol i

'Carreg Llam' ac 'Eglwys Beuno, Pistyll' y naill yn arwain at yr uchafbwynt trwy ailadrodd y cysylltair 'cyn' a'r llall, lle mae pob cwpled yn cychwyn ag 'am'. Mae 'Eglwys Beuno' yn cynnwys llawer o wirioneddau am grefydda trwy'r ysgafnder ond yn cloi gyda'r ergyd 'er bod pawb yn gwybod nad yw Duw'n bodoli/ mae hyn yn teimlo fel addoli'. Y sylweddoliad neu glec ar ddiwedd y cerddi sy'n gallu ein sobri, yn enwedig gan bod llawer o ysgafnder a doniolwch wrth arwain at hynny. Yn 'Porthor', wrth drafod cred ei nain bod y tywod yn canu, hiraetha 'am dwrw tŷ a theulu:/ y mwydro sy'n troi'n draddodiadau,/ y celwydd sy'n troi'n chwedlau yn y cof'. Stori dafod-yn-y-boch am ddyn yn plannu gwinllan yn Llŷn sydd yn 'Porth Meudwy' ond mae hi'n anodd gwybod ai ei ganmol am '[f]eithrin ein grawnwin ni ein hunain' y mae'r bardd neu gwneud hwyl am ei ben gan bod cymaint o winoedd i'w cael '... dan ddecpunt yn Lidl'. Cerd yn arddull Gwyn Thomas yw hon a 'Tŷ yn Rhiw'.

Mae'r bardd fel petai'n fwy llym ei feirniadaeth yn 'Tŷ yn Rhiw', 'Abersoch' a 'Y dyn haearn, Mynydd Tir Cwmwd', yn methu â chuddio tu ôl i ysgafnder trwy'r cerddi ac yn fodlon dweud ei ddweud yn blaen. Cawn yr argraff bellach ei fod yn poeni am yr hyn sy'n digwydd i Ben Llŷn ac i'r Gymraeg:

> Weithiau, mae'r darfod mor llechwraidd
> â Custard Creams, Malted Milk a Nice
> yn meddalu mewn tuniau bisgets
> yn nhai neiniau achos nad oes neb
> yn galw ryw lawer, bellach.

Neu eto 'Efallai fod modd sefyll/ yn ddi-iaith, niwtral ar y pentir hwn/ wrth sbio'n stond o'r Eifl at Bwllheli,/ ond fedra i ddim'. Fedr o chwaith erbyn hyn ddim credu bod puteinio'n gwlad a'n hardaloedd gan droi Abersoch yn geto, 'troi cornel o'r winllan yn dwlc twt i'r moch' yn syniad da, gan fod prisiau'n codi a'r ardal yn gwagio. Dwy soned afreolaidd os nad afreolus yw 'Abersoch', cignoeth o onest am y sefyllfa yn ne'r penrhyn ac mae'r cwpled 'fel petai'n ŵr mewn stafell gwesty rad/ yn sylwi nad yw'r cyffro werth y brad', yn crynhoi ei agwedd fwy o ddifri erbyn diwedd y dilyniant.

Oes, mae ganddo ef 'a'i deip' lawer i'w ddweud ac mae hi'n werth gwrando arno.

Mewn cystadleuaeth hynod o glòs lle'r oedd Y *Priddyn Coch* ac O.S. yn agos iawn ato hyd y diwedd, coroner *Saer nef*.

CYMWYNAS

Ar yr ymyl â'i rwymyn – am yr arch
mae'n ymroi ac estyn,
anwylo wna'r dwylo'n dynn
a'i adael yn rhydd wedyn.

Celt

BEIRNIADAETH IFOR AP GLYN

Derbyniwyd 74 o gynigion a diolch i bob un a wnaeth fentro i'r gystadleuaeth eleni. Roedd y testun 'Cymwynas' yn amlwg wedi apelio at y beirdd a chafwyd sawl dehongliad difyr ohono: o roi cardod, i rannu blawd; aethom o faes parcio i oleudy, ac o gell carchar i ardd cymydog; ac ar drywydd cymwynasau mawr a mân. Heb anghofio, wrth gwrs, y gymwynas olaf.

Digon o amrywiaeth, felly, o ran testun, ond yr oedd, ysywaeth, gryn amrywiaeth o ran safon hefyd.

Y pentwr gwallus
Rhaid oedd bwrw allan 20 o gynigion yr oedd rhyw wall neu'i gilydd ar eu cynganeddion. Er tegwch iddynt, mi restraf y beiau, ond er tegwch i'r darllenydd cyffredin, awgrymaf neidio ymlaen at y darn nesaf!

Cafwyd pedwar cynnig gan *Lili Lelog*, ond yn anffodus mae (1) a (4) yn gwbl ddigynghanedd a dim ond tair llinell sy'n gywir rhwng cynigion (2) a (3). Cynghoraf *Lili Lelog* i ymuno â dosbarth cynganeddu neu geisio cyngor gan gynganeddwr profiadol cyn cystadlu eto. A dyna'r cyngor i *Enfys* hefyd; pedair llinell ddigynghanedd, carnymorddiwes yn yr esgyll, ac nid yw 'oes' yn odli â'r brifodl '-es'.

Mae'r cynigion eraill ychydig yn nes ati. Roedd *Cyfaill* wedi camacennu'r cyrch: 'minnau'n wael/ a min loes'. *Sgwrs a'i* [sic] *chariad* – ateb 'g' efo 'c': '[a] geisiaf ond cusan'. *Gwyrth* – ateb 'c' efo 'g': 'rhoi Crist ar groes'. *Pleserus* – dwy linell wallus: 'gymwynas/ i gymaint' ac 'y boddhad byddai iddo'. *Newynog* – heb ateb y 'd' yn y cyrch: 'yn sownd/ es yno'. *Na Ladd* –

camacennu a threiglad diangen yn y llinell 'Gem ein [h]oes yw gymwynas' a chamacennu'r cyrch, 'Mab ein Duw/ mae i'w boendod ...'. *Croeso Haf* (*4*) – heb ateb y 'g' yn y cyrch: 'gŵr addfwyn/ a'i reddfol ...' a chamacennu'r llinell olaf: 'yn grwsâd yn Gristion'.

Camleoli'r acen wnaeth *Iarll*: 'Rhannwyd erwau ein hanes', tra bod *Derfel* wedi treiglo 'y dair' heb fod eisiau, er mwyn y gynghanedd yn ei linell gyntaf. Camleoli'r acen mewn cynghanedd sain a wnaeth *Nai Robi*: 'gwawria, goleua pell gwm'; a'r un bai a oedd ar waith gan *Hedd* hefyd: 'Ai pechod di-ddatod, Dad'. Englynion i'r Ambiwlans Awyr a gafwyd gan *Y Fellten Goch* (*1*) ac *Y Fellten Goch* (*2*) ond, yn anffodus, rhaid 'growndio'r' ddau, oherwydd ateb 's' efo 'nt' yn y cyrch: 'fy hir oes/ a holl freintiau'. Roedd englynion *A.M.N.* a *Dyma'r drefn* yn llifo'n ddigon rhwydd ill dau, nes iddynt faglu ar y llinell olaf: 'f' wreiddgoll gan *A.M.N.* ('F'anwylyd, ag un olaf?') a chamacennu gan *Dyma'r drefn* ('i duedd a chôl dy ach').

Y pentwr tywyll
Yn y pentwr nesaf, rhoddwyd yr englynion glân eu cynghanedd, ond tywyll eu hystyr. Roedd *Ffransis* ar ynys yn y rhew; roedd *Gwerfyl* yn cyfeirio, mi dybiaf, at wal Cofiwch Dryweryn, a *dementia* dw i'n meddwl oedd cefndir englyn *Angor*. Ond fedrwn i ddim gwerthfawrogi eu gwaith yn llawn, heb fedru deall eu henglynion yn llawn. Felly hefyd efo englynion *Melin*, *Arthur*, a *Iolo Morganwg*. Ymddiheuriadau iddynt os yw'r beirniad wedi methu perlau yn ei dwpdra.

Y pentwr annhestunol
Does dim amheuaeth fod yna nifer o berlau yn y pentwr nesaf – ond, yn anffodus, nid ar y testun gosodedig.

Hunanladdiad drwy foddi oedd gan *Bryneglwys*, ond roeddwn i'n ei chael hi'n anodd gweld hynny'n 'gymwynas'. Galwad arnom i ail-lenwi sgubor yr iaith oedd gan *Hon*, tra bod englyn digon cymeradwy gan *Cwm Hyfryd* i ysgolion Cymraeg y Wladfa, ac un arall gan *Y Down Below* i Ysgol Gymraeg Hafan y Môr, Dinbych-y-pysgod. Roedd *Yr hen ddiogyn* hefyd yn ymlafnio i gadw'r iaith, tra bod *Morys* yn hel calennig yng Nghwm Gwaun – ond, eto, teimlwn nad oedd yr un o'r rhain yn mynd â ni'n ddigonol i fyd 'cymwynas'.

Roedd englynion *Kate y gymwynaswraig*, *Croeso Haf 1, 2 a 3*, *Gwerthfawrogwr* a *Leisa*, i gyd yn canu am 'gymwynaswr' neu 'gymwynaswraig' yn hytrach na 'chymwynas'. Aethom i Syria yng nghwmni *Helmed Wen* ond ni lwyddodd yn ei englyn i gyfleu cymwynas y dewrion hynny yn yr helmedau gwynion sy'n achub pobl o adeiladau sydd wedi eu bomio. Addo taith i ben mynydd wnaeth *Al bach*, ond eto heb ei gwneud hi'n glir sut fod addo hyn yn gymwynas. Roedd cardotyn *Adyn* 'yn derbyn/ nerth o hyd yng nghymorth un/ a ydoedd yntau'n adyn'. Ei ffydd yn ei gynnal o, felly, yn hytrach na chardod?

Daeth *Hen Drawiad?* â gwên i wyneb y beirniad drwy geisio ei dwyllo mai 'cymwynas o glwb' oedd ei ddreifar pren ar y cwrs golff ('Hyrddiwr taer odd'ar y tî'). Smala iawn – a ffugenw ffraeth.

Cafwyd englyn gwych gan *Daniel* dan y teitl 'Cymwynas o gerydd' ond mewn gwirionedd nid darlun o 'gymwynas' oedd yma yn gymaint â darlun (hyfryd) o sut mae hwyliau plentyn yn gallu codi'n eu hôl, ar ôl cael ei ddwrdio. Gyda chalon drom fe'i gollyngais i'r 'pentwr annhestunol'.

Felly hefyd englyn *Cylch* sy'n cyferbynnu sut yr anwesai'r bardd ei blant pan oedden nhw'n fach â'u breichiau nhw bellach yn ei gynnal yn ei henaint. Englyn i 'gofal' yw hwn, yn hytrach na 'cymwynas' – fel arall, byddai wedi dringo'n uchel yn y gystadleuaeth.

Wedi didoli'r uchod, 31 sy'n dal i mewn.

Dosbarth 2 (b)

Yn y Dosbarth hwn, ceir englynion sydd i gyd yn gywir, ac i gyd yn destunol; ond mae'r awduron naill ai wedi mynd i drafferthion wrth geisio stwffio gormod i mewn, neu yn y pegwn arall wedi gorfod troi at linellau llanw, er mwyn bodloni gofynion y mesur. (Byddai ambell gynnig wedi gwneud englyn penfyr llawer gwell!) Gair byr am bob un, heb fod mewn unrhyw drefn neilltuol o ran teilyngdod.

'Mynnaf ond un gymwynas' meddai *Ymbil 1 a 2*, sef llaw ei gariad mewn priodas. Cymwynas yr Iesu yn marw drosom ni oedd testun englynion *Seimon* a *Drosom Ni*. Hoffais esgyll *Drosom Ni*: 'Â dwylo iach di-lychwin,/ byw yw'r gŵr mewn bara a gwin'. Cymwynas William Morgan yn cyfieithu'r Beibl oedd gan *Mochnant* ond ychydig yn drwsgl oedd y syniad mai 'llosgi y bu – ei law/ nes goleuo Cymru'.

Golau oedd wedi tanio dychymyg *Estyn Llaw* hefyd, ond o oleudy y tro hwn. Mae cynghanedd y cyrch yn un bert ('bad achub/ dy achos yw'r eigion') ond prin fod y llinell yn gwneud synnwyr yng nghyd-destun y gweddill. Cymwynas addysg oedd gan *Berwyn* ond gallai fentro amrywio'i gynganeddion ychydig – mae tair cynghanedd draws (ac un groes yn y cyrch) fymryn yn ailadroddus.

Cafwyd nifer o gynigion a oedd yn ceisio dadansoddi hanfodion cymwynas mewn modd mwy athronyddol gan *Prys* ('Tydi yw cymar cariad – ni hawliaist 'rioed elw na thaliad'), *Samariad* ('Gweithred dawel heb elwa') a hefyd gan *Prysor, Idris, Nanw,* a *Twm*.

I *Teresa* ac i *Ffrind* 'un gair a dyna i gyd' yw cymwynas, ond dydy'r naill na'r llall ddim wedi llwyddo i grynhoi'u meddyliau o gwmpas y syniad hwn. Roedd rhywbeth am uniongyrchedd *Begera* a oedd yn apelio ('Hei Mistar, 'sgenti arian') ond roedd lle iddo ddweud mwy efallai.

Ewthanasia a ysbrydolodd *Pioden* ac mae rhyw naws emynyddol yn perthyn i'r esgyll: 'O, rho ben ar ddolur bod/ un bore! Rwyf yn barod'. (Ond pam 'un bore'?) Dryslyd braidd oedd disgrifiad *Dychwelais* o'i awydd i gael gwasanaeth angladd yn ei hen gapel; ac mae rhywbeth ychydig yn gloff hefyd yn esgyll englyn *Hen Saer* a'i fawl i hen grefftwr.

Dosbarth 2 (a)
Mae mwy o ôl meddwl ar yr englynion yn y Dosbarth hwn, a'u hawduron wedi llwyddo i weithio cerddi crwn; dim ond bod rhyw linell neu'i gilydd wedi peri tramgwydd, neu fod rhyw sbarc yn eisiau.

Helpu hen gwpl efo'u gardd a wnaeth *Tecwyn* ('dod â'm pâl, heb fy nhalu'). Mae deunydd englyn da yma ond mae angen gwaith ar y paladr. Cymwynas gyfoes iawn a ddisgrifiwyd gan *tocyn plis* sef y bobl sy'n rhannu tocynnau maes parcio sydd heb ddod i ben. Neu fel y dywed *tocyn plis*: '... rhannu trysor hynod: y tocyn bach teca'n bod'. Smala iawn!

Roedd *Lamartine* yntau wedi taro ar syniad cyfoes hefyd, sef diolch i'r sawl a roes galon newydd iddo ('Ei ingoedd, na phwy ydoedd o – ni wn') ond mae'r llinell olaf yn ei adael i lawr, wrth ddweud fod curiad y galon newydd 'fel hwb yr haf trwy sofl bro'. (Onid yw'r sofl yn cael ei droi wrth aredig yn y gwanwyn?)

Cymwynas anfwriadol gan ei gŵr cas a gafodd *Trent*, sef y nerth i'w adael – 'Geiriau atgas, bas pen bach/ a ballai frifo bellach' – ond dw i ddim yn siŵr a all geiriau fod yn 'atgas' a 'bas' ar yr un pryd.

Mae englyn *Cyfaill* yn dechrau'n deimladol ddigon ('Heno, mae pob ochenaid – o'i eiddo'n/ gystuddiol ...') ond mae *pathos* anfwriadol ar y diwedd: '... rhaid/ yw difa fy nghi defaid'. Gweithred o drugaredd oedd testun *Seren wib* hefyd, a gŵr yn helpu ei wraig i farw. Hoffais yr esgyll heriol: 'I'w ran ef, ein dicter ni,/ nid 'styried ei dosturi'.

Rhestru hanfodion cymwynas wnaeth *Bobi* ac, o blith yr englynion mwy athronyddol eu naws, yr englyn hwn oedd yr ymgais fwyaf cymen, ac yn agos at esgyn i'r Dosbarth Cyntaf:

> Na fliner ei chyflawni, – nid â gwg
> ond â gwên ac egni,
> na chwyd arian amdani
> na dy lais i'w hedliw hi.

Dosbarth 1

Daeth pedwar i'r brig. Dyma'r cerddi a lwyddodd i gyffroi dychymyg y beirniad; eto heb fod mewn trefn arbennig.

Amnest rhyngwladol:

> Unig ac oer fu'i gell gaeth, ac wylai
> o gael bod cefnogaeth
> wedi mynd, ond wedyn daeth
> un llinell o wahaniaeth.

Dyma englyn amserol gyda chymaint o newyddiadurwyr ac awduron dan glo am feiddio herio'r drefn mewn gwahanol wledydd o gwmpas y byd. Mae'r esgyll yn ysgubol, ond onid hanfod pob cell yw bod yn 'gaeth'? Ansoddair di-fflach braidd, ond englyn da fel arall.

Celt:

> Ar yr ymyl â'i rwymyn – am yr arch
> mae'n ymroi ac estyn,
> anwylo wna'r dwylo'n dynn
> a'i adael yn rhydd wedyn.

Cydiodd hwn ynof o'r darlleniad cyntaf. Rhywbeth i wella briw yw 'rhwymyn' fel arfer ond yma mae'n gyfrwng i'r 'gymwynas olaf', sef gollwng arch i'r bedd, gwaith sy'n gofyn am 'ymroi ac estyn' (ac mae rhythm y geiriau hynny'n awgrymu'r arch yn diflannu fesul troedfedd o'r golwg). Hoffais y cyferbyniad hyfryd rhwng yr 'anwylo' a'r gafael yn 'dynn'; ac mae sawl haenen o ystyr i'r '[g]adael yn rhydd wedyn'. Gollwng y rhwymyn ar ôl iddo wneud ei waith; ond gollwng yr ymadawedig hefyd, o'i gystudd ar y ddaear hon. Englyn cynnil ond cyfoethog.

Trefin:

> Eira mawr, awel oer ei min, – rhyfel
> > yn arafu'r felin,
> > bwriais blet dros ben sietin
> > i roi blawd i henwr blin.

Dyma englyn sy'n llwyddo i gyfleu cymwynas yn erbyn cefnlen o eira mawr – a hwnnw mor ddwfn fel bod modd 'bwrw blet' dros ben sietin neu wrych. Ond yr oedd ambell gwestiwn yn dal i gorddi gennyf – pam mai 'rhyfel' oedd wedi 'arafu'r felin'? Ac ai 'blin' yw'r gair gorau i ddisgrifio'r henwr anghenus?

Mae un englyn ar ôl i'w drafod.

Dignitas:

> Mae'r lle'n wresog a diogel, – wel, eistedd,
> > cymer glustog uchel.
> > Mae'r tirlun oddeutu'n ddel.
> > *Adieu*, a chwsg yn dawel.

Dotiais at yr ansoddair 'uchel' sy'n cyfleu'n gynnil rywun ar ei eistedd yn y gwely. Mae hwnnw neu honno'n wynebu marwolaeth yn wirfoddol, mewn clinig yn y Swistir, fe dybiwn, fel mae'r tirlun a'r cyfarchiad olaf *adieu* yn ei awgrymu. Mae'r lle'n 'ddiogel' ar gyfer gweithred enbyd. Yr unig beth sy'n amharu ar yr englyn i mi yw'r adeiladwaith llinellog – ond dyma ymgais, efallai, i awgrymu natur herciog y sgwrs olaf anodd. Englyn dirdynnol, sut bynnag.

Wel, pwy sy'n mynd â hi? Credaf mai englynion *Dignitas* a *Celt* sydd ar y blaen, ond nid yw'r ddau arall ymhell ar eu holau. Er bod rheswm artistig efallai dros natur linellog *Dignitas*, mae rhediad llyfnach englyn *Celt* yn troi'r fantol o'i blaid. Gwobrwyer *Celt*.

CLOWN

Ewrop ... rhy gyfandirol yw'r lle hwn,
  rhy llawn o'r estronol,
rhy *oui oui* i ni, yn ôl
y Rees-Mogg rhesymegol.

Jacob

BEIRNIADAETH GWION LYNCH

Gan nad oes esboniad cydnabyddedig o beth yn union yw englyn crafog, dyma fy nehongliad i: dylai englyn o'r fath wneud i'r gwrthrych wingo ychydig. Gorau oll hefyd os yw'n eithaf gogleisiol, ond nid yw hyn yn angenrheidiol. Osgoi crafiad sy'n tynnu gwaed yw'r gamp, rhag ofn iddo fynd yn englyn rhy gas.

Derbyniwyd 37 englyn. Mae'n amlwg fod 'Clown' yn destun sy'n apelio. Rydym i gyd yn adnabod clowniau – mae rhai ar ein haelwydydd, yn ein trefi a'n pentrefi, mewn capeli a thafarndai, yn y gweithle a chlybiau chwaraeon, cynghorau a sefydliadau cyhoeddus. Ond, yn anffodus, mynd ar ôl yr amlwg wnaeth amryw o'r ymgeiswyr a chymharu gwleidyddion â chlowniau.

Dosbarth 3

Nid yw'r rhain mewn unrhyw drefn teilyngdod: *Alin Caurns, Titw Tomos, Llywelyn, Dafydd, Wil, Dryw, Ffawcs, Milsyn, Abo, Syrcas, Elsi, Sioc, Mawddach, Wali, Albert, Nicolai Poliacoff, Camsynied, Llond Pabell, Nico, Deryn Du, Yn mentro(1)* ac *Yn mentro(2)*. Ar wahân i un neu ddau o'r uchod sydd o bosib' yn dechrau cynganeddu, mae'r mwyafrif o ymgeiswyr Dosbarth 3 wedi sgrifennu englynion eithaf cywir. Maent yn y Dosbarth hwn am amryw o resymau, megis gorddisgrifio'r clown traddodiadol a hynny'n aml gan ddefnyddio hen drawiadau, er enghraifft 'Yn ei drem niwlen yn drwch,/ Wastad yn llawn o dristwch' ac 'Un digri'n tynnu dagrau'. Bai arall yw diffyg cynildeb wrth golbio gwleidyddion: 'Dwl a swanc mae'n dal ei sedd/ Yn sioe hynod y senedd' a 'Y llo a ddaeth yn llywydd'. I'r Dosbarth hwn hefyd mae'r englynion nad oes unrhyw grafogrwydd yn agos iddynt a'r rhai na all hyd yn oed Wikipedia fy ngoleuo ar eu cynnwys.

Dosbarth 2
Nid yw'r rhain mewn unrhyw drefn teilyngdod. Er bod rhai o feiau englynwyr y Trydydd Dosbarth yn wir am rai yn y Dosbarth hwn hefyd, maent yn llifo'n rhwyddach ac yn haws eu deall. Does dim llithriadau cynganeddol nac ieithyddol.

Chwadan: Donald Trump sy'n cael ei watwar ond mae angen llinell agoriadol dipyn cryfach na 'Dyn gwirion nad yw'n ddoniol' i hoelio sylw'r darllenydd.

Bertram: Arlywydd America sy'n ei chael hi eto a tydw i ddim yn amau na ellid priodoli'r llinell olaf i'r dyn hwnnw (er nad yw'n un o'i gynganeddion gorau!): 'Heb os, fi fydd bòs y byd.'

Nircyn: Englyn i John Bercow a'r llinell agoriadol yn grafog iawn: 'Fel pob Sais wyt llawn cwrteisi'. Peidio â bodloni ar linellau gwannach yng ngweddill yr englyn yw'r gamp.

Carneddi ac *Ontco Achba*: Mi gredaf fod trwyn Alun Cairns yn cosi pan oedd yr englynwr hwn wrthi'n cyfansoddi ei ddwy ymgais. Maent yn ddigon doniol, beth bynnag eich barn wleidyddol, ond hoffwn fwy o gynildeb. Gwell pluen na gordd yn aml: 'A phoeri deiaria/ Yn ddi-nod bob dydd a wna'.

awr yn ormod: Mae'r esgyll epigramatig yn gofiadwy iawn: 'Ac i glown mae arwain gwlad/ Am awr yn gamgymeriad'.

Gwleidyddol Glown: Boris Johnson yw'r gwrthrych a does dim ond un Boris! Mae'n gynganeddwr medrus (y bardd, nid Boris!): 'Heb ffys mae'n chwarae'r Byffŵn/ I'w blaid las fe bleidleisiwn'.

Syrcasfeistr: Mae'r cyn brif weinidog, David Cameron, wedi bod yn destun sawl llith a tydy o ddim yn dianc yn y gystadleuaeth hon: 'Ei botsian a'i rwdlian rhad/ Esgorodd ar ysgariad.'

Edmwnd: Englyn am ffigwr cyhoeddus sy'n sylweddoli nad ydy o'n ddim byd mwy na chlown yng ngolwg ei ŵyr. Mae'n englyn teimladwy ond mae angen clo tipyn cryfach nag 'Ond i ŵyr, hen glown dw i.'

Dosbarth 1

Rhys: Englyn crefftus iawn sy'n ysgogi rhywun i feddwl o ddifrif am fywyd, ond a ydy o'n grafog sy'n gwestiwn:

> Anniddig ydyw'r cuddio – i dwyllwr
> Deallus wrth iddo
> Ragweled ei dynged o
> A'r masg rhy drwm i'w wisgo.

Elen: Chwa o awyr iach – gwleidydd o fardd sy'n cydnabod ei fod yn glown:

> Dw i'n ryw hen rafin rhyfedd – wna gymaint
> O giamocs diddiwedd
> Ond yn syn dw i'n y senedd
> A dw i'n saff o gadw'n sedd!

Meg: Fel y gwrthrych, Boris Johnson, mae hwn yn englyn lliwgar iawn gydag esgyll hynod o grafog:

> O raid mae ei ddireidi – yn y wasg
> Yn creu hwyl a stori,
> Ond gofyn, wedyn, ydw i,
> Paham fod hwn yn M.P.

Parti Pyjamas: Rhybudd sydd yma i'r Archdderwydd newydd gadw llygad ar un aelod o'i braidd mewn Gwisg Las sy'n llawn gwynt. Yr awgrym yw ei fod yn perthyn i blaid o'r un lliw. Mae'n grafog ac yn ddoniol, er bod 'gwisg o las' yn swnio braidd yn chwithig:

> Myrddin roedd yma urddas – i weled
> Yng Ngŵyl y Pyjamas,
> Nes i glown mewn gwisg o las
> Roi byrp heb fawr o bwrpas.

Llais y Blaned: Fel mae'r ffugenw'n awgrymu, y blaned sy'n siarad yma mewn arddull grafog iawn. Mae'n feirniadol o Trump y clown am ddiystyru cynhesu byd-eang. Hawdd deall pam nad yw'n gwneud defnydd o hiwmor – mae'r cyd-destun yn sobri dyn. Y gwir yw ein bod i gyd yn euog o beidio â gwneud ein rhan dros y blaned:

Heddiw, a'm rhewlif ar doddi, – hen lob
    o glown ddeil i holi,
  er cymaint uwch lluwch fy lli,
  pa waeth fod byd yn poethi!

Jacob: Englyn crafog, pryfoclyd sy'n cyfleu safbwynt y bardd yn berffaith. Mae eironi'r llinell olaf yn drawiadol iawn a dyma'r englyn sy'n haeddu dod i'r brig:

Ewrop ... rhy gyfandirol yw'r lle hwn,
    rhy llawn o'r estronol,
  rhy *oui oui* i ni, yn ôl
  y Rees-Mogg rhesymegol.

WEDI'R LLANW

Mi gerddais ddoe ar grib y traeth
Gan chwilio wedi'r llanw
Drwy'r caniau a'r poteli gwag
Am rywbeth gwerth ei gadw,
Ond bu rhyw gerddwyr cynnar iawn
Yn troi o'r traeth a'u dwylo'n llawn.

Mi gerddais heddiw drwy'r un traeth
Yn dilyn llanw treisgar
Ond y broc môr oedd nawr yn frith
O eiriau fu ar lafar,
Ni fynnodd neb eu casglu hwy
Am nad oes ystyr iddynt mwy.

sotto voce

BEIRNIADAETH TUDUR DYLAN JONES

Anfonwyd 33 o gerddi i'r gystadleuaeth hon. Roedd un wedi rhoi'r rhif anghywir ar ben y dudalen, ac felly wedi anfon y gerdd i'r gystadleuaeth anghywir. Mae'r gerdd honno wedi cyrraedd y beirniad priodol erbyn hyn! Roedd un arall wedi torri rheolau'r Eisteddfod gan ei bod yn gerdd Saesneg. Mae'n wir fod yr orgraff wedi'i Gymreigio, a bod y bardd wedi defnyddio Saesneg i reswm, sef i adlewyrchu'r trai ar ein hiaith, ond byddai'n anodd cyfiawnhau beirniadu cerdd gyfan gwbl Saesneg. Dyma sylwadau ar y gweddill yn nhrefn eu derbyn.

Hen Walch: Cerdd am y mewnlifiad yw hon yn agor gyda darlun o hen gwch 'wedi ei ddal ym magl y tywod'. Dyfynnir darnau o awdl fuddugol Alan Llwyd, 1973, 'Cerdd i Hil Wen', a chawn ddarlun pellach o'r barcutiaid yn 'difrodi cestyll tywod plant' gan awgrymu difrodi dyfnach na difrodi adeiladau bregus hyn yn unig. Dychwelir at yr hen gwch ar y diwedd 'pan ddaw'r hydref a'i osteg' a chawn synhwyro rhyddhad y bardd wrth gyhoeddi 'mai f'eiddo i yw y tawelwch/ am ryw hyd'.

Enillwyr Prif Wobrau
Eisteddfod Genedlaethol Cymru
Sir Conwy 2019

Dyma gyfle i ddod i adnabod
enillwyr gwobrau mawr
yr Eisteddfod

Cyflwynir y Gadair am awdl neu gasgliad o gerddi mewn cynghanedd, heb fod dros 250 o linellau, ar y testun 'Gorwelion'. Y beirniaid yw Myrddin ap Dafydd, Llion Jones ac Ieuan Wyn.

Noddir y Gadair gan Undeb Amaethwyr Cymru, Canghennau Sir Gaernarfon a Sir Ddinbych. Rhoddir y wobr ariannol eleni er cof am y Prifardd Gwynfor ab Ifor gan y teulu.

Gwenan Jones, merch ifanc o ddalgylch yr Eisteddfod, sy'n gyfrifol am gynllunio a chreu'r Gadair eleni. Dywed, 'Mae'n anrhydedd cael cynllunio a chreu Cadair ar gyfer yr Eisteddfod Genedlaethol, a hynny ym mro fy mebyd. Rwy'n gwerthfawrogi'r cyfle ac wedi mwynhau'r profiad yn fawr.

'Afon Conwy a diwydiannau'r sir sydd wedi ysbrydoli'r cynllun. Yr afon yw asgwrn cefn y sir, yn llifo o'i tharddle yn Llyn Conwy ar fynydd y Migneint i'r aber yng Nghonwy, ac fe'i

gwelir yn rhedeg i lawr y ddwy ffon fugail sy'n ffurfio ochrau'r Gadair. Mae siâp y ffon yn adlewyrchu cefndir amaethyddol y sir, a'r afon yn llifo'n frown er mwyn adlewyrchu mawndir yr ardal.'

Ar ochr uchaf y ddwy goes flaen, gosodwyd gwely llechen o chwarel Cwm Penmachno, a hwnnw wedi'i fframio gan haenau o gopr wedi'u mewnosod. Mae'r ysgrifen a'r dyddiad hefyd wedi'u gosod mewn copr.

'Ro'n i'n meddwl ei bod hi'n bwysig defnyddio gwahanol ddeunyddiau o ardal Sir Conwy, felly mae lle amlwg i lechen leol ac i gopr, gan fod chwarel gopr hanesyddol ym Mynydd y Gogarth, Llandudno. Mae'r copr hefyd i'w weld ar y Nod Cyfrin ar banel cefn y Gadair.

'Yn ogystal, mae tref Llanrwst yn weledol bwysig, a phont y dref, gyda'i gwrthgyferbyniad o siapiau crwn ac onglog, a ysbrydolodd gynllun y ddwy goes flaen. Rydw i hefyd wedi creu cerflun o'r bont ar banel cefn y Gadair: mae 'na orffeniad gwyn i hwn er mwyn adlewyrchu technegau adeiladu calch a sment yr hen oes. Yna, mae tair gwythïen liw yn rhedeg o waelod cefn y Gadair, yn anelu at dri bwa'r bont ac yn ymestyn tua'r gorwel. Wrth ddilyn y gwythiennau lliw, sy'n cynrychioli Cymry, i fyny'r Gadair, cawn ymdeimlad o chwilio am y gorwel, sef adlewyrchiad o destun ysgrifenedig y Gadair eleni.'

Defnyddiodd Gwenan dechneg gyfoes o resin clir er mwyn creu'r sedd, gyda dau damaid o dderw gydag ochrau amrwd yn adlewyrchiad o lan Afon Conwy. Rhwng y ddau ddarn o bren, mae hi wedi crynhoi cerrig Afon Conwy o'r tarddle at y glannau, gan gynrychioli sir gyfan. Mae pysgod hefyd wedi'u cloi yn y resin hwn, sy'n symboleiddio bywyd yr afon a'r sir.

Gwnaethpwyd y Gadair â llaw gan Gwenan yn ei gweithdy ym Maerdy, Corwen.

JIM PARC NEST
ENILLYDD Y GADAIR

Brodor o Gastellnewydd Emlyn a ymgartrefodd, bellach, yn Radur, Caerdydd.

Cyn-Archdderwydd, Prifardd Coronog Eisteddfodau Abergwaun (1986) a Chasnewydd (1988), a Phrifardd Cadeiriol Eisteddfod Sir y Fflint (2007). Bardd cyhoeddedig, dramodydd llwyfan, radio a theledu, ac awdur *Dan y Wenallt*, ei gyfieithiad o *Under Milk Wood*, Dylan Thomas. Cyfansoddwyd y ddrama honno dan gymylau tywyll yr Ail Ryfel Byd, a fygythiai ddifancoll dynolryw. Crëwyd yr awdl hon mewn cyfnod gwleidyddol bygythiol i Gymru. Ond drwy dderbyn gweledigaeth obeithiol Iolo Morganwg, y Bardd Rhyddid, efallai y bydd modd i ninnau, yn y cyfnod brawychus hwn, wrthsefyll gormes imperialaeth Prydeindod.

Gwerthfawrogir cefnogaeth ac ysbrydoliaeth teulu agos ac estynedig, ynghyd â ffrindiau. Cydnabyddir hefyd ymchwil angenrheidiol Yr Athro Geraint Jenkins a'i gydweithwyr i fywyd a gwaith y 'Digymar Iolo'.

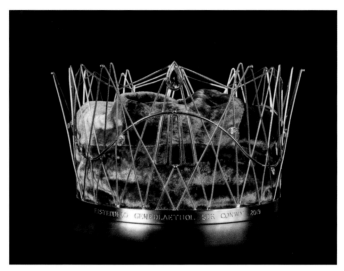

Mae Coron yr Eisteddfod eleni, a noddir gan y gymdeithas dai, Grŵp Cynefin, wedi'i dylunio a'i chreu gan y gemydd cyfoes, Angela Evans o Gaernarfon. Bu creu Coron yn freuddwyd i Angela erioed, ac eleni, cafodd gyfle i wireddu'i breuddwyd drwy greu Coron gywrain, hardd.

Cyflwynir y Goron am ddilyniant o gerddi heb fod mewn cynghanedd, a heb fod dros 250 o linellau, ar y testun 'Cilfachau'. Y beirniaid yw Manon Rhys, Ceri Wyn Jones a Cen Williams. Rhoddir y wobr ariannol gan John Arthur a Margaret Glyn Jones a'r teulu, Llanrwst.

Mae tair elfen allweddol yn rhan o gynllun y Goron, gyda'r tair haen o amlinellau metel yn creu delwedd gyffrous a modern sy'n gysylltiedig ag egwyddorion sylfaenol cymdeithas dai Grŵp Cynefin.

Yn yr haen gyntaf gwelir siapiau o dai arddulliannol, ond maen nhw, wrth gwrs, yn fwy na thai – dyma gartrefi i unigolion a theuluoedd yr ardal. Meddai Angela, 'Mae ein diwylliant yn cael ei gynnal drwy ein cymunedau: yn y cartrefi hyn y mae ein pobl, ein hiaith a'n diwylliant yn ffynnu. Dyma sail y Goron, y rhan dalaf a'r cryfaf.'

Yn ail haen y Goron ceir trionglau – siâp sydd â chryfder naturiol – fel toeau i'r tai, yn cefnogi strwythurau yn erbyn pwysau ochrol, ac yn cynrychioli cynaliadwyedd yr ardal. Ac i goroni pob pinacl mae pêl gopr, un o nodweddion amlwg gwaith Angela fel gemydd proffesiynol. Tarddodd y copr hwn o hen fwynfeydd copr y Gogarth, Llandudno, ac fe gyflwynwyd ciwb 2cm o gopr llachar pur i'r Eisteddfod er mwyn ei ddefnyddio yng ngwneuthuriad y Goron.

Sir Conwy, y dyffryn gwledig a'r arfordir poblog yw ysbrydoliaeth y drydedd haen. Dŵr yw'r llewyrch sy'n llifo drwy'r ardaloedd o'r mynyddoedd i lawr y dyffryn ac i'r môr drwy Afon Conwy: daw â'i faeth fel cynhwysydd hanfodol i greu cymuned, amgylchedd a thirwedd llewyrchus, ac i sicrhau cynefin cadarn i ddyn ac anifail. Felly, llif y dŵr a welir yn yr haen olaf, yn fwa meddal llyfn i gyfleu symudiad y llif. Ac ar ei hyd, mae dafnau o ddŵr disglair wedi'u creu o garreg topas glas – lliw arwyddocaol gan ei fod yn efelychu lliwiau brand Grŵp Cynefin ei hun.

Nod Cyfrin Gorsedd y Beirdd sydd i'w weld ar flaen y Goron, o dan brif siâp triongl to'r tŷ, sydd wedi'i osod yno i'w amddiffyn. Ar waelod y Goron, ysgathrwyd 'Eisteddfod Genedlaethol Sir Conwy 2019'.

GUTO DAFYDD
ENILLYDD Y GORON
ENILLYDD GWOBR GOFFA DANIEL OWEN

Daw Guto'n wreiddiol o Drefor. Mae'n byw ym Mhwllheli gyda'i wraig, Lisa, a'r plant, Casi a Nedw.

Bu'n cystadlu'n frwd mewn eisteddfodau bach a mawr ers blynyddoedd. Enillodd Goron Eisteddfod yr Urdd yn 2013, Coron yr Eisteddfod Genedlaethol yn 2014, a Gwobr Goffa Daniel Owen yn 2016. Ysgrifennodd y geiriau ar gyfer *A Oes Heddwch?*, cyngerdd agoriadol Eisteddfod Genedlaethol 2017.

Mae wedi darllen ei waith mewn degau o festrïoedd, tafarndai, llyfrgelloedd, ysgolion a neuaddau, a thrafod llenyddiaeth yn aml mewn amryw gyhoeddiadau ac ar y teledu, y radio a'r we. Cyhoeddodd nifer o lyfrau, gan gynnwys cyfrol o farddoniaeth (*Ni Bia'r Awyr*) a dwy nofel (*Stad* ac *Ymbelydredd*, a enillodd Wobr Barn y Bobl, Llyfr y Flwyddyn 2017).

Graddiodd yn y Gymraeg o Brifysgol Bangor. Mae'n gweithio i Gomisiynydd y Gymraeg. Ef yw trysorydd Eisteddfod Gadeiriol y Ffôr, ac mae'n mwynhau rhedeg, mynd am dro, a charafanio.

RHIANNON IFANS
ENILLYDD Y FEDAL RYDDIAITH

Cafodd Rhiannon Ifans ei magu ar fferm Carreg Wian ym mhlwyf Llanidan, Ynys Môn, a'i haddysgu yn Ysgol Gynradd Gaerwen ac Ysgol Gyfun Llangefni. Mae'n ddiolchgar iawn i John Parry, Valmai Rees, Margaret Fisher a Gerald Morgan am ddangos iddi gyfaredd llenyddiaeth Gymraeg a Saesneg am y tro cyntaf. Yna treuliodd sawl blwyddyn yng Ngholeg Prifysgol Cymru, Aberystwyth, yn astudio iaith a llenyddiaeth  Gymraeg, gan werthfawrogi dysg a deallusrwydd eithriadol Geraint Gruffydd a gallu creadigol anghyffredin Bobi Jones. Erbyn hyn mae Rhiannon Ifans yn arbenigo ym meysydd astudiaethau gwerin a llenyddiaeth ganoloesol. Yn 1980 cyhoeddodd gyda'i gŵr, Dafydd, ddiweddariad o chwedlau'r Mabinogion; yn gynharach eleni cyhoeddodd *Red Hearts and Roses? Welsh Valentine Songs and Poems*.

Llawenydd ei bywyd oedd cael magu tri mab, Gwyddno, Seiriol ac Einion, ac wrth wneud hynny bu'n ysgrifennu cyfrolau i blant ac yn golygu'n llawrydd pan oedd yr hwyl yn taro. Enillodd Wobr Tir na n-Og yn 2000 am ei chyfrol *Chwedlau o'r Gwledydd Celtaidd* ac am yr eildro yn 2003 am ei chyfrol *Dewi Sant*; cyrhaeddodd *Owain Glyndŵr: Tywysog Cymru* restr fer Gwobr Tir na n-Og yn 2001. Ar ôl i'r plant dyfu'n hŷn, dychwelodd i fyd y brifysgol gan weithio'n gyntaf ym maes Beirdd y Tywysogion ac yna ym maes Beirdd yr Uchelwyr. Wedi hynny treuliodd ddeuddeng mlynedd hapus yn Gymrawd Tucker ym Mhrifysgol Cymru Y Drindod Dewi Sant.

Mae'n byw ers blynyddoedd lawer ym Mhenrhyn-coch yn ardal Aberystwyth, ac mae'n teithio'n rheolaidd i Gaerdydd i warchod ei hŵyr Trystan a'i hwyres Greta Mair, ac i'r Almaen pan mae amser yn caniatáu. Nofel Ewropeaidd yw *Ingrid*, wedi'i lleoli yn ninas Stuttgart mewn cyfnod pan mae'r siampaen yn llifo, y neuaddau *jazz* yn orlawn a'r tŷ opera dan ei sang.

GARETH EVANS-JONES
ENILLYDD Y FEDAL DDRAMA

Daw Gareth o Draeth Bychan ger Marian-glas, Ynys Môn. Mynychodd ysgolion cynradd Llanbedrgoch a Goronwy Owen, Benllech, a derbyniodd ei addysg uwchradd yn Ysgol Syr Thomas Jones, Amlwch, lle cafodd flas ar sgriptio am y tro cyntaf. Graddiodd â gradd gyd-anrhydedd dosbarth cyntaf mewn Cymraeg ac Astudiaethau Crefyddol o Brifysgol Bangor yn 2012, ac wedi hynny, dilynodd gwrs MA Ysgrifennu Creadigol ym Mangor dan gyfarwyddyd Angharad Price. Aeth yn ei flaen wedyn i gwblhau doethuriaeth a oedd yn archwilio ymatebion crefyddol gwasg gyfnodol  Gymraeg America i fater caethwasiaeth yn ystod y cyfnod 1838-1868. Bellach, mae'n ddarlithydd Athroniaeth a Chrefydd yn Ysgol Hanes, Athroniaeth a Gwyddorau Cymdeithas, Prifysgol Bangor.

Yn ystod ei arddegau, bu'n aelod o griw Brain, Cwmni'r Frân, roedd ymysg y criw cyntaf i ddilyn cynllun 'O Sgript i Lwyfan' y Frân Wen, a thros y blynyddoedd, mae wedi sgriptio dramâu ac ymgomiau ar gyfer Theatr Fach Llangefni. Bu hefyd yn un o Awduron wrth eu Gwaith, Gŵyl y Gelli yn ystod y cyfnod 2018-2019.

Mae wedi bod yn ffodus iawn i ennill ychydig wobrau am ei waith creadigol, gan gynnwys Medal Ddrama'r Eisteddfod Ryng-golegol 2012, Medal 'Y Ddrama Orau yn yr iaith Gymraeg' gan Gymdeithas Ddrama Cymru yn 2010 a 2012, Coron Eisteddfod Môn Paradwys a'r Fro 2016, a Medal Ryddiaith Eisteddfod Môn Gŵyl y Ffermwyr Ifanc 2019. Y llynedd, cyhoeddodd ei nofel gyntaf, *Eira Llwyd* (Gwasg y Bwthyn, 2018), ac mae wrthi'n cwblhau ei ail nofel.

Hoffai ddiolch o waelod calon i'w gyn-athrawon a darlithwyr, ei gyfeillion, a'i deulu am bob cefnogaeth ac anogaeth dros y blynyddoedd.

ILID ANNE JONES
ENILLYDD CYSTADLEUAETH YR EMYN-DÔN

Ganwyd Ilid yn Nhal-y-sarn, Dyffryn Nantlle, lle mynychodd ysgol gynradd y pentref cyn symud yn ddiweddarach i Ysgol Waunfawr ac yna i Ysgol Dyffryn Nantlle, Pen-y-groes lle cafodd gyfleoedd lu i gyfeilio. Yn ddiweddarach, enillodd radd Baglor mewn Cerddoriaeth ym Mhrifysgol Bangor gan fynd ymlaen i dderbyn gradd uwch ar fywyd a gyrfa'r gantores Leila Megane.

Roedd eglwys annibynnol Seion, Tal-y-sarn yn rhan annatod o fywyd y teulu, gydag Ilid yn cael cyfle i gyfeilio ar y piano yn yr ysgol Sul ac yna ddatblygu i ddysgu canu'r organ bib. Magwyd hi a'i chwaer Meinir ar aelwyd a oedd yn llawn cerddoriaeth a diwylliant Cymreig gyda'r teulu yn aelodau o gorau lleol. Byddai Ilid yn cael y cyfle i gyfeilio i'r corau hyn pan oedd yn ifanc iawn gan ei thrwytho ei hun yn y darnau yr oeddynt yn eu canu. Yn ddiweddarach, bu'n cyfeilio i gorau meibion Caernarfon, Yr Eifl a'r Brythoniaid a bu'n Gyfarwyddwr Cerdd Hogia'r Ddwylan am ugain mlynedd a Chôr Merched Llewyrch yn ddiweddarach.

Ym Mhrifwyl Bro Madog 1987, bu'n fuddugol yng nghystadleuaeth piano agored dros 19 oed. Erbyn hyn, mae'n gyfeilydd profiadol, yn feirniad cerdd ac yn diwtor piano, organ a llais. Mae'n un o organyddion swyddogol seremonïau Gorsedd y Beirdd a'r Eisteddfod Genedlaethol ac mae wedi rhoi datganiadau ar yr organ mewn nifer o wledydd yn Ewrop ac Awstralia. Cyfrannodd yn helaeth fel arweinydd ac organydd i gymanfaoedd canu ledled Cymru ac i raglenni fel *Dechrau Canu Dechrau Canmol* a *Chaniadaeth y Cysegr*. Yn 2011 cafodd y fraint o arwain Cymanfa Gymreig Gogledd America a Chymanfa Gŵyl Ddewi Eglwys Gymraeg Melbourne, Awstralia yn 2012, 2014 a 2018.

Mae'n wraig i Dewi, yn fam i Angharad a Sian ac yn nain i Greta Grug. Mae'r emyn-dôn fuddugol, 'Blaen Glasgwm', yn dwyn enw fferm yng Nghwm Glasgwm ger Penmachno a oedd yn gartref i John ac Elizabeth Owen Jones, taid a nain Dewi.

Brodor: Aiff hwn â ni i Borth Neigwl, gyda neges debyg i *Hen Walch*, ac yn cyfeirio at 'y twristiaid powld/ fu'n hagru'r traeth trwy ddyddiau hirion haf'. Mae'n gerdd sy'n cyffroi'r synhwyrau, ac mae llinellau sy'n gafael yma, er enghraifft 'dychmygu mai fi yw perchen y tawelwch'. Mae'r bardd ar ei orau yn y disgrifiadau cynnil. Byddai'n well pe bai wedi hepgor 'i warantu anfarwoldeb' ar ddiwedd y llinell sy'n cychwyn 'a bwrw'i had i groth y ddaear'. Mae'r ymadrodd hwn yn ddigon pwerus ar ei ben ei hun.

Pwt: Hoffais naturioldeb y delyneg hon, gan ddefnyddio deialog rhwng plentyn a rhiant. Hoffais y disgrifiad o'r plant yn adeiladu cestyll tywod, 'a'r ddau bensaer cytûn'. Mae yma gyfuniad o ymadroddion sy'n creu darlun cain 'nes i'r môr ddod i lyfu clwyfau'r waliau', a sgwrs naturiol anghywiriedig plentyn, 'Lle ma' fo?'

Cân yr Eigion: Hen forwr sy'n siarad yn y delyneg hon. Cerdd ar fydr ac odl yw hi, ac er ei bod yn deimladwy a chynnes, hiraethwn am y newydd-deb hwnnw a fyddai'n ei chodi'n uwch eto. Efallai fod geiriau ac ymadroddion fel 'tremio', 'eigion' a 'dan fy mron' wedi dyddio rhywfaint erbyn hyn. Mae gan yr ymgeisydd hwn ddigon o adnoddau bardd i lunio cerdd sy'n rhydd o'r hualau hyn.

Ffarwel ffrind: Fel mae'r ffugenw'n ei awgrymu, colli rhywun annwyl yw cefndir y delyneg hon. Cerdd ar fydr ac odl yw hi, ond os felly mae'n rhaid i'r mydr fod yn gyson. Mae yma beth anghysondeb yng nghuriad y llinellau sy'n amharu ar y mwynhad. Mae teimlad didwyll i'r gerdd, ond nid wyf yn sicr o union ystyr yr ymadrodd ar y diwedd: 'Ffarwelio mynd sydd fel petai'n/ wylo ymadael gyda'r trai'.

Awyr Las: Mae hon yn delyneg drawiadol. Fe'm hudwyd gan lyfnder ei dweud. Hoffais y cyfeiriad cynnil at yr ardd yn nwy hanner y gerdd, ac mae'n ymestyn y ddelwedd wrth ddweud fel hyn, 'roedd cragen fel petal/ dros ei glust'. Mae'r gerdd yn gorffen yn hyfryd o amwys, ac nid ydym yn sicr ai rhiant a phlentyn sydd yma, ond mae'r amwysedd hwn yn ychwanegu at naws hudol y dweud.

sotto voce: Dyma lais gwreiddiol, ac eto'n adleisio'r ddau hen bennill, 'Un noswaith ddrycinog mi euthum i rodio ...'. Cyfeiria'r pennill cyntaf yn uniongyrchol at rywun yn mynd i chwilio am froc môr, ac yn benodol 'am rywbeth gwerth ei gadw'. Mae ychydig o dor mesur yn yr ail bennill, 'Ond y broc môr ...'. Serch hynny, gall y bardd ddweud fod hyn yn fwriadol i gyfleu'r hen drefn yn cael ei chwalu. Cawn ddarlun pellach o'r hyn sy'n werth ei gadw yn yr ail bennill. Mae'r cwpled clo yn fendigedig.

Tudclud: Telyneg fer o ddeg llinell ar fesur cwpledi sydd gan y bardd hwn. Llanw'r mewnlifiad estron sydd ganddo. Mae'n trosglwyddo'i neges yn glir, ond dyhewn am fwy o awgrym a chynildeb yn y mynegiant o dro i dro. Serch hynny, ar y diwedd ni allwn amau ymlyniad y bardd hwn at ei genedl gyda'r cwestiwn uniongyrchol, 'Pa bryd ddaw y trai?'

Menna Lili: Soned yw'r delyneg hon. Mae crefft y sonedwr yn gadarn gan yr ymgeisydd hwn gyda'r curiadau a'r odlau'n gyson gywir. Teimlaf mai'r chwechawd yw cryfder y gerdd, lle mae'n gresynu fod y traeth wedi newid oddi ar ei blentyndod. Mae hwn wedi sylwi mai yn y geiriau bach y mae gwir farddoniaeth yn aml iawn. Cawn linell fel hyn ganddo, 'wrth sefyll ar **fy** nhraeth'. Byddai beirdd llai wedi bodloni ar 'sefyll ar **y** traeth'.

Beti: Telyneg mewn mydr ac odl, a sŵn hyfryd iddi. Mae'r cyferbyniad rhwng y pennill cyntaf a'r ail yn drawiadol, gyda'r 'llu gwylanod' yn troi'n 'un wylan'. Hoffais gynildeb y delyneg hon, ac mae'r 'farwnad iasol' a glywir gan yr wylan yn codi pob math o ddelweddau ac ofnau.

Ap Gwion: Dau yn ceisio cenhedlu sydd yma, 'weithiau byddem ar ddi-hun/ am oriau gyda'r nos/ yn ymaflyd'. Nid yw hwn wedi ceisio dod â naws delynegol draddodiadol i'r dweud drwyddi draw, ac nid yw'n gadael llawer i'r dychymyg! 'Byddem yn awyddus, pwyllog,/ yn dyner a dygn am yn ail;/ yn chwysu a bytheirio/ ac yn tasgu yma a thraw'. Erbyn y pennill olaf, pan fo'r enedigaeth yn digwydd, ceir mwy o naws awgrymog, ac mae'r cyfeiriad at 'anadlu oesau' yn gynnil a thelynegol.

Mab Llafur: Hoffais ddefnydd y ddelwedd o winllan yn y gerdd hon, sy'n ein hatgoffa o'r 'winllan a roddwyd i'n gofal'. Ceir naws eglwysig i'r delyneg, ond rhaid cyfaddef nad yw geiriau megis 'fraisg', 'suddog' a 'rhadau' yn gwbl at fy nant i. Mae'r bardd ar ei orau pan fo'n cyflwyno'i neges yn gynnil. Hoffais yr elfen obeithiol ar ddiwedd y gerdd.

Traethgribydd: Nid wyf yn siŵr o'r defnydd o gymaint o ddyfyniad gan T. S. Eliot ar ddechrau'r delyneg. Mae gan yr ymgeisydd hwn holl adnoddau'r bardd. Gall ysgrifennu'n gyhyrog, ond nid wyf yn siŵr o ystyr yr ymadrodd 'yn syfrdan o'i wario'. Er mwyn y ddelwedd hon, efallai y gellid bod wedi cyfeirio at elfen fel 'arian' yn gynharach. Mae elfen arallfydol yng nghlo'r gerdd, ac mae'n llwyddo i'n hanesmwytho.

Pip: Ffrae rhwng dau yw cefndir y delyneg hon. Mae'n grefftus fel y mae'r bardd wedi defnyddio delweddau megis 'olion llong', 'cestyll breuddwydion' a 'thrai yr addewidion' i greu undod i'r gerdd. Er bod yma rai geiriau'n torri ar y naws, gall y bardd gyfiawnhau hyn gan mai cerdd am wrthdaro yw hon. Serch hynny, mae'n cloi'n hyfryd o awgrymog: 'a'r dyfroedd, am y tro,/ yn troi wrth ymyl y lan'.

Cai: Mae'r ymgeisydd hwn wedi gwneud ei ran i achub y byd drwy gyflwyno'r gerdd ar bapur o faint chwarter A4! Mae'r gerdd yr un mor fer, dau bennill pedair llinell, ond mae llawer yn cael ei ddweud o fewn y cyfyngiadau hyn. Gellir gweld taith bywyd yma, a'r don yn dod 'i'm llorio ar y llwybr' yn cyferbynnu'n fedrus gyda gobaith y 'tywod aur' yn y pennill cyntaf.

Meudwy: Nid yw'n glir ai adar neu blant yw'r darlun a geir yn y delyneg hon. Serch hynny, mae'r amwysedd yn ychwanegu at y darlun. Mae'r 'pigau ifanc, eiddgar' yn awgrymu adar, ond gall fod yn drosiad. Nid wyf yn deall y llinell 'y masgau roed ar dant', ac mae'r gair 'gorllan' yn ddieithr i mi. Ai gorllanw sydd ganddo? Hoffais y cyfeiriad at y 'gwadnau lliwgar'.

Elen: Cawn gyfeiriad at storm Edward yma, sef Edward I a'i orthrwm. Telyneg fer iawn, ond un gref ei neges, sef er gwaetha'r cestyll a adeiladwyd ganddo, 'llif y tai/ ac nid y caerau/ sydd yn bygwth/ hil y tadau'.

Traeth Mawr: Mae'r gerdd hon yn uchelgeisiol gan gyfuno ein breuddwydion ni gyda'r sbwriel a adawyd mor ddi-hid ar hyd y lan. Hoffwn pe bai wedi defnyddio'r term 'seren fôr' yn lle 'pysgodyn seren'. Y tu hwnt i'r sbwriel, gwêl y bardd y gwymon a rhychau'r tywod, a cheir darn o ryddiaith ymhlyg yn y delyneg. Awn yn ôl i naws telyneg erbyn diwedd y gerdd a chawn elfen o obaith wrth i'r môr '[d]dechrau ymestyn yn araf eto wrth droi'.

Capten Morwenna: Nid wyf yn siŵr o'r defnydd o'r gair 'hwlc' ar ddechrau'r gerdd, ond mae'r gerdd hon yn gafael. Mae'r ddelwedd o gwch yn araf ddadfeilio yn gweithio'n wych gan ei bod yn sôn am berson yn cyrraedd diwedd ei oes. Gafaelodd y gerdd hon ynof gyda'r delweddau diriaethol, 'mae bwcle o rwd ar fy siaeniau', a'r darlun o'r cwch 'yn listio/ yn drwm tua machlud haul'.

Uchabod: Ceir adlais o ganu Llywarch Hen yn yr ymadrodd 'heb dân, heb doiau'[*sic*]. Does dim rhyfedd felly iddo alw'r cymeriad yn y gerdd yn 'Llywarch y Goitre' a chyfeirio at yr Hen Ogledd. Cefais flas ar y delyneg hon. Mae'n cyfeirio at yr 'egni gwâr' sy'n cael ei gynhyrchu, a'r hen gymeriad lleol yn ymddiddan â phâr o'r Hen Ogledd, gan geisio trosi idiomau 'mor hen â'r Gododdin'. Cefais fy nhynnu at y delyneg hon.

Ffredi: Y digartref yw testun y delyneg hon, er ei bod yn agor mor awgrymog nes nad ydym yn dod i ddeall hyn tan yr ail hanner. Yma hefyd cawn ddelweddau o'r môr a'r lan sy'n rhoi undod taclus i'r gerdd. Cyfeirir at y 'broc môr o bebyll' a cheir adlais o gerdd Gwyn Thomas, 'Ac Oblegid Eich Plant', yn niweddglo trawiadol y gerdd, 'Hwythau/ y rhai sydd ar ôl/ wedi'r llanw'.

Ar y lan: Mae'r bardd hwn yn creu ei ddelweddau'n drawiadol a diymdrech. Dau gariad sydd yma'n cerdded ar y traeth. 'Lliwiau'r tai a'r tafarnau/ sy'n ymlacio'n barau diddan'. Cawn y teimlad ein bod yng nghwmni telynegwr profiadol yma, ac mae rhwyddineb y dweud yn cuddio llu o awgrymiadau dyfnach o fewn y gerdd. Mae 'gwylio'r creigiau'n toddi'n ddim' yn creu elfen anesmwyth, ond ymateb y pâr yw anwybyddu'r ofnau, 'wrth i ninnau droi/ a cherdded i'r nos'.

Enfys: Daeth yr ymgais hon ar gerdyn gyda llun gan Monet ar y clawr; ni wn a oes arwyddocâd i hyn. Cerdd fer iawn o bedair llinell, ac nid wyf yn siŵr o'r defnydd o air cyfansawdd yn y llinell, 'tywod anial lle roedd llawn-lawr'. Mae'n gorffen yn drist, 'wedi'r llanw, dim sŵn pysgod', gan adlewyrchu bod rhai yn gorbysgota'r moroedd.

Brychan: Ceir Cymraeg graenus a chyhyrog gan hwn, a gall greu darluniau'n ddiymdrech: 'mae'r cei yn ddawns o gychod'. Daw'r gwynt a gafwyd yn y pennill cyntaf unwaith eto'n hanesmwytho erbyn diwedd y gerdd, gan mai dyma'r gwynt sy'n chwerthin 'rhwng llechi rhydd y to'. Cawn awgrym fod pethau'n dadfeilio yn y gymdeithas, ac mae hon eto yn delyneg sy'n gafael.

Bob y bardd: Mae'n cael y wobr am y ffugenw mwyaf gwreiddiol! Mae'r ddwy linell agoriadol yn profi fod ei ffugenw'n dweud y gwir: 'Doedd neb fod yn torheulo/ yn y tywyllwch ym mis Tachwedd'. Yn hwyrach, down i sylweddoli mai morlo sydd yno, ond morlo wedi marw yw hwn. Mae'n ddarlun o'r ffordd rydyn ni fel pobl yn cam-drin byd natur. Mae arddull ffeithiol gan y bardd hwn, sy'n gweddu i destun ei gerdd.

Gwaneg: 'Â'r geiriau'n gregyn mud/ wedi trawiad y tonnau'. Dyma agoriad sy'n dangos ein bod yng nghwmni un sy'n deall gwerth geiriau. Nid wyf yn siŵr o'r arferiad o dorri llinellau mewn mannau annisgwyl, er enghraifft 'a'r seibiau llwythog yn/ wymonllyd ar drai'. Ceir awgrym mai perthynas rhwng dau sydd yma, a'r bethynas honno wedi dadfeilio. Dim ond un sydd ar ôl ar y diwedd, 'un â'i galon/ yn gymysg â'r gro'. Cerdd anesmwyth ac awgrymog.

Langemark: Cerdd, fel mae'r ffugenw yn ei awgrymu, yn mynd â ni i fyd y Rhyfel Byd Cyntaf, a Hedd Wyn yn benodol. Efallai y byddai'n well pe bai'r bardd wedi ceisio cadw at lai o ddelweddau gwahanol – o fewn y tri phennill byr cyntaf, cawn gyfeiriad at 'ddodwy', 'consurio' a 'chasglu degwm'. Mae hwn yn bendant yn codi i dir uwch yn ail hanner y gerdd: 'Dan groen y tir trwm/ mae erwau angau yma o hyd'. Mae symlrwydd y dweud yn apelio yma.

Celyn: Ceir awgrym cryf yn y ffugenw mai i gyfeiriad Tryweryn yr awn yma. Ceir yma'r cyfuniad o'r traddodiadol a'r newydd, a hoffais y trosiad ffres, 'hunlun y bryniau'. Cyfres o ddelweddau o fywyd fel ag yr oedd a gawn ynghanol y gerdd, ond yn y diwedd cawn ein hunain yn ôl yn y presennol lle 'cwyd emyn pedwar llais/ i wlitho'r co'. Mae'n hi'n gerdd afaelgar, ac yn cyfleu'r golled yn drawiadol.

hen frain: Aiff y bardd hwn â ni i fyd chwedloniaeth gyda'r cyfeiriad at y 'tair ar ddeg o longau bach'. Trosiad yw'r darlun hwn am fam a'i chywion yn chwilio am fwyd. Yn yr ail bennill clywn 'grawc y canrifoedd' sy'n awgrymu ymosodiad ar olygfa ddiniwed y pennill cyntaf. Mae'r darlun o 'gatrawd ddu ar annel' yn cadarnhau hyn. Hoffais yr elfen awgrymog yn y gerdd. Ni chawn wybod union ffurf yr ymosodiad, ond cawn ddarlun trist 'mam/ yn un â'r merddwr/ a hen wylo yr oesoedd'. Cerdd sy'n dweud llawer yn yr awgrymiadau bychain.

Dangelt: Telyneg deimladwy iawn am dreigl amser. Cawn ddarlun o gaseg wedi marw, a chof amdani'n rasio, ei 'chamau'n difa'r llathenni'. Mae cof hefyd am ei pherchennog, tad-cu'r bardd, ac yntau hefyd yn y diwedd wedi 'syrthio/ i bydru 'mysg y pryfed mân'. Ar un llaw, mae'n ddarlun oeraidd o farwolaeth, ond ar yr un pryd ceir anwyldeb cynnes at y ddau, y gaseg a'r tad-cu. Mae'n cloi'n gryf trwy ddweud mai dyma fydd ein tynged ni oll yn y pen draw.

Trem y Don: Bardd sicr ei gyffyrddiad sydd yma. Cawn ddywediadau cofiadwy, er enghraifft 'a'r wawr mewn cadachau', 'a'r haul wedi goglais bochau'r bae'. Darlun o hen ddynes hel cocos sydd yma, a gwnaeth y bardd ddefnydd eang o'r testun, gan ei ddefnyddio'n drosiadol a ffigurol yr un pryd. Mae'r cyffyrddiadau cynganeddol yn dwysáu'r dweud.

Ymhlith y telynegion a ddaeth i law, y rhai a gododd uchaf yn y gystadleuaeth am wahanol resymau yw *Brodor, Awyr Las, sotto voce, Beti, Capten Morwenna, Uchabod, Ar y lan, Brychan, hen frain, Dangelt* a *Trem y Don*. Serch hynny, mae un wedi mynnu codi fymryn yn uwch yn fy meddwl i, ac felly mae'r wobr eleni, gyda'r llongyfarchion pennaf, yn mynd i *sotto voce*.

PONT

Rhwyfem ar ddrych yr afon:
cydsymud â hud di-don
diffwdan. Dôi gwylanod
ingol iawn ar onglau od,
a niwl oer, gan droelli'n las,
yn donnau dros ein dinas.
Roedd morfran ar y lan lwyd,
hen geriach, sbwriel gariwyd
gan y llif, a chriw ifanc
y stryd yn llawn sioe a stranc.
Ein hawr iach oedd yr awr hon
uwch arafwch yr afon.
Llywiem ar hyd ei llewych,
ond crynwyd, drylliwyd y drych
gan y glaw; cododd awel
yn awr, a chawsom ein hel
dan bont, i oedi'n bentwr
stecs. Cawsom gysgod dan stŵr
anniddig y traffig trwm,
a barlad yn creu bwrlwm.

Buan ar afon bywyd
rhaid sbecian am hafan o hyd:
rhyfeddod oedd cysgodi
fan hyn, ar ein hafon ni.

Laff

81

Daeth 13 ymgais i law, a 12 ohonynt yn gywyddau. Mae pob un o'r cywyddwyr yn cynganeddu'n gywir, ar wahân i ambell lithriad yma a thraw. Ond siomedig yw safon y gystadleuaeth yn gyffredinol. O ystyried cystal yw safon cynifer o gywyddau ar raglen *Talwrn y Beirdd*, prin yw'r cywyddau yn y gystadleuaeth hon a fyddai'n cyrraedd 8.5 marc.

Mae tuedd gan o leiaf hanner y cywyddwyr i ddod o hyd i drawiadau a llunio llinellau cywir, heb ddigon o feddwl sut mae'r llinellau'n cydio yn ei gilydd i greu synnwyr a brawddegau, a sut mae delwedd yn datblygu'n rhesymegol. Nid wyf eisiau bod yn rhy negyddol ynglŷn â hyn; mae angen dyfalbarhad a chryn dipyn o chwys cyn meistroli'r grefft i'r graddau a fyddai'n golygu gallu llunio cywydd sy'n haeddu 9.5 neu 10 marc ar y *Talwrn*. Dal ati i ymarfer a thrafod y cerddi gydag athro barddol fyddai fy nghyngor i, a bod yn barod i dderbyn beirniadaeth.

Ond mae llawer i'w ganmol yn nifer o'r cywyddau hefyd. Dyma air am bob un yn y drefn y daethant o'r amlen.

Ffwrdd a [sic] *ni*: Credaf y caiff y bont ei defnyddio i gyfleu symud ymlaen o gyfnod anodd mewn bywyd i gyfnod hapusach, a llwydda'r bardd i gynnal delwedd y daith drwy'r gerdd. Dyma gywydd sy'n nodweddiadol o waith nifer yn y gystadleuaeth yn y ffordd y mae ynddo nifer o linellau unigol digon derbyniol, ond nad oes yma atalnodi pwrpasol a brawddegau sy'n llifo er mwyn mynegi'r neges yn glir. Er enghraifft:

> Â'r ffordd yn hir ... ffwrdd a [sic] ni
> Bu trallod ym mhob troelli.

a

> Croesi'r bont, croesawu'r byd
> Llawenydd yw'r holl ennyd.

Radio'r hwyr: Rwy'n amau mai'r un bardd yw *Radio'r hwyr* a *Ffwrdd a ni*. Fan hyn eto, mae yma linellau unigol da – trawiadol hyd yn oed – ond nid oes yma frawddegau cyfan i gyfleu'r neges. Weithiau mae'r awydd i ddefnyddio cynghanedd bert yn dallu'r bardd i ystyr yr hyn sy'n cael ei ddweud, er enghraifft: 'Olwynion corff blin y car/ Ydyw refio y dreifar'. Yr olwynion yw'r refio? Na. Mae llinell olaf athronyddol y cywydd yn taro deuddeg: 'Byw yw gyrru heb gyrraedd'.

Trydarwr: 'Gyda diolch i Joe Root,' medd y rhagair, gan fynd â ni i fyd criced. Mae'r ddau bennill cyntaf yn sôn am gemau prawf Lloegr oddi cartref yn erbyn India'r Gorllewin, wrth i Loegr golli'r ddwy gyntaf ac ennill y drydedd. Yn y pennill olaf wedyn y down at brif neges y cywydd, sef canmol capten Lloegr am ei ymateb i sylwad homoffobig honedig gan un o'r gwrthwynebwyr yn ystod y gêm olaf. Roedd hynny'n fwy o beth na'r fuddugoliaeth griced, awgryma'r bardd. Y neges hon yw hanfod y gerdd, a byddai'r cywydd ar ei ennill o droi ati'n gynt, gan gwtogi'r ddau bennill cyntaf. Er i'r bardd geisio goferu, mae yma ôl straen a diffyg rhuglder sy'n effeithio ar y mynegiant. Noder na ddylid ceisio odli 'y' dywyll ac 'y' olau wrth greu cynghanedd lusg – gwallus yw'r llinell 'Ergyd i'r gelyn ydyw'. Mae'n cloi'n daclus â'r cwpled hwn: 'a'i gri sy'n un o groeso/ i bawb pwy bynnag y bo'.

Sbectrwm: Bwa'r enfys yw'r bont yn y cywydd hwn. Mae yma gyffyrddiadau hyfryd: 'yn ei gwisg, un gau yw hi' a '... lances, a gwres yn ei grudd'. Mae angen ychydig o waith i dacluso'r mynegiant, a gwaredu rhai geiriau sydd yno i fodloni'r gynghanedd, rwy'n amau. O wneud hynny, byddai hwn yn gywydd cryf iawn.

Nant Ddu: Â ninnau'n cael ein hannog i gofio Tryweryn, rwy'n ddiolchgar i'r bardd hwn am beri i mi ddarllen mwy am foddi pentref Ynysyfelin i greu cronfa ddŵr Llwyn Onn i'r gogledd o Ferthyr Tudful. Hoffaf y disgrifiad o'r bont yn dod i'r golwg oherwydd sychdwr y llynedd: 'Codi'i phen un Gorffennaf/ O'r dŵr wnaeth y Bont ar Daf.' Mae'n drueni i lif y frawddeg fynd ar goll braidd yn yr ail bennill wrth i'r bardd gofio'n ôl i'r bywyd yn y pentref a'r capel gynt, ond hoffaf yr apêl i'r synhwyrau yn y cwpled hwn: 'Gŵyl o gân mewn oglau gwêr/ Yn ysbaid yr awr osber'. Hyfryd o drist wedyn yw'r pennill hwn:

> Unwaith, y bont oedd yno
> Yn llwyfan i breblan bro
> A naws yr hoff Wenhwyseg
> Yn swyno tinc seiniau teg.

Teimlaf fod y cwpled clo gwan, gyda'r hen drawiad yn y llinell olaf ('ffiniau' a 'gorffennol'), yn tynnu oddi ar y cywydd.

Maredydd: Credaf mai pont marwolaeth, wrth symud o'r byd hwn i'r byd nesaf, yw pwnc y gerdd. Caf yr argraff fod y bardd yn rhy barod i dderbyn y trawiad cyntaf a ddaw i'r meddwl, yn hytrach na chwysu i ganfod gwell trawiad neu fod yn barod i waredu llinell wan a dechrau eto. Nid yw'r orffwysfa'n gyfforddus yn y llinell o gynghanedd draws fantach hon: 'draw bob enaid yn ei dro'. Rwy'n hoff o'r llinell 'gan mai taith unwaith yw hon'.

Enfys: Yn anffodus, rhigwm ac nid cywydd yw mesur y gerdd hon. Beth am chwilio i weld a oes dosbarthiadau cynganeddu yn eich ardal chi?

O'r mynydd: Cywydd digon syml i afon yw hwn, yn hytrach nag i bont. Cywydd o'r drôr efallai? Mae'r cynganeddu'n gywir, ond nid yw'n fy nharo bod gan y bardd unrhyw beth newydd i'w ddweud wrthym y tro hwn.

Lois: Yn wahanol i nifer yn y gystadleuaeth, mae gan y bardd hwn y gallu i lunio brawddegau ystyrlon ar y gynghanedd sydd, ar y cyfan, yn mynegi'r hyn y mae eisiau ei ddweud. Wedi dweud hynny, er ei bod yn ymddangos bod yma haen neu haenau o ystyr, mae yma ormod o amwysedd i mi allu eu dehongli. Pwy yw'r 'rhelyw/ a chriw'r bont'? Beth yw 'llw haenau llên'? Ac mae yma ragenwau nad yw'n glir at bwy neu beth y cyfeirir. Dyfalaf fod yma oedolyn yn mynd at bont fodern, brysur, ac yn hel atgofion am ddyddiau ieuenctid o chwarae wrth yr afon cyn i'r bont gael ei chodi.

Math: Dyma fardd arall sydd â'r gallu i frawddegu'n llwyddiannus mewn cywydd, er bod dau fan lle byddwn i'n awgrymu tacluso'r gystrawen ('o'r rhestrau holl enwau'n llu'; 'yn oerach mae'r anwiredd'). Mae'r bardd yn ymweld â mynwent yn Ffrainc adeg canmlwyddiant colli ewythr, a'r bont ffigurol yw'r wal sy'n rhestru enwau'r milwyr a fu farw. Dyma'r bardd ar ei orau yn trafod yr hyn a gollodd ei ewythr, gyda'r gynghanedd yn ymddangos yn ddiymdrech:

> Celu mae gwên y colier,
> ei fyd gwell a'r trafod gêr;
> un heb weld ei blantos bach
> na'i ugeiniau amgenach.

Laff: Dyma delyneg hyfryd o gywydd sy'n disgrifio atgof penodol o rwyfo 'ar ddrych yr afon' cyn i law ddod i ddryllio'r drych, a gorfodi'r criw i gysgodi o dan bont. Mae'r cywydd yn goferu'n naturiol, a'r brawddegau'n llifo'n rhwydd fel yr afon. Mae yma gyfosod trawiadol rhwng byd natur – gwylanod, morfran, niwl oer – a'r hyn a grëwyd gan bobl – y bont, hen geriach, sbwriel: rhwng '... arafwch yr afon' a '... stŵr/ anniddig y traffig trwm'. Tybiaf fod y bont, felly, yn symbol o'r ddau fyd yn cwrdd ac yn gwrthdaro. Dyma'r unig gywydd yn y gystadleuaeth a wnaeth i mi chwerthin mewn un man, ac ni wn a oedd hynny'n fwriadol: 'Dôi gwylanod/ ingol iawn ar onglau od'. Mae yma ambell frycheuyn. Byddwn i'n dymuno rhoi 'a' i mewn yn 'sbwriel gariwyd', ac mae un sill yn ormod yn 'rhaid sbecian am hafan o hyd'. Teimlaf mai llai llwyddiannus yw troi o'r telynegol i'r athronyddol yn y pennill olaf. O hepgor y pennill hwnnw a chael gwell llinell na 'a barlad yn creu bwrlwm', neu bennill newydd telynegol, i gloi, fe fyddai'n gywydd campus.

Joe Allen: Pont dros hen reilffordd yn un o gymoedd y de yw'r pwnc. Dyma gywydd atgofus am gyfnod llewyrchus pan oedd y bont yn 'warchodwr/ A gwas i'w gwm, megis gŵr/ A ddaliai yn ei ddwylo/ Ddur y frwydr dros ei fro'. Dyma'r bardd ar ei orau yn creu darlun trawiadol:

> Yn ddeg oed aem i'w throedio
> A herio trên lawer tro;
> Droeon ar hon bu creu hwyl
> Yn ddiysgog, gan ddisgwyl
> I stêm aflan injan hen
> Ein hawlio yn ei niwlen!

Bron na allaf deimlo'r stêm yn fy llyncu. Mae yma rai geiriau llanw, ac mae'r cywydd yn gwanhau rywfaint yn y ddau bennill olaf wrth i'r mynegiant lacio. Er enghraifft, yn y llinell 'Nid oes trac ac nid oes trên', byddai'r naill neu'r llall wedi gwneud y tro i gyfleu'r newid.

Carpanini: Dyma gywydd teyrnged hyfryd i Helen Prosser, tiwtor Cymraeg i Oedolion. Y tiwtor ei hun yw'r bont sy'n arwain y dysgwyr 'dros y dwfn ar drawstiau dur/ y Gymraeg'. Hoffaf y disgrifiad o'r wers: '... dwyawr o droi daear/ arw y ddesg yn ardd wâr'. Mae yma ymgais i lynu at ddelwedd yr ardd, y tir a'r cwm, ond mae rhywbeth ynglŷn â chyfanrwydd y ddelwedd nad yw'n gweithio'n rhesymegol. Er enghraifft: '... i groesi ffin/ at hedyn ei threftadaeth/ i hawlio cwm ...'.

Am lunio telyneg drawiadol o gywydd, rhoddaf y wobr i *Laff*.

PAENT

Fel palet rhyw arlunydd, roedd y tirwedd
Yn gors ddiderfyn, ludiog o dan draed,
A lliwiau maes y gad yn un gymysgedd
O lwydliw'r pridd a chochni llathr gwaed;
Fe ddaeth y glaw i bylu lliwiau'r darlun,
A threiglo wnaeth y coch drwy groen y tir
Nes llwyr ddihidlo'n ddwfn i graidd y tirlun,
A mwydo yno drwy'r gyflafan hir.
Ond wedi i raib a thrwst y frwydr gilio,
A briwiau'r gweryd yn iacháu drachefn,
Daeth yr arlunydd eilwaith yno i liwio
Ei glytwaith llachar ar y ddaear lefn;
Pan ddaw pob gwanwyn bydd y coch ar daen,
A'r myrdd clystyrau pabi megis staen.

Corn Du

BEIRNIADAETH HYWEL GRIFFITHS

Rhaid cerdded ffin denau wrth ysgrifennu soned, rhwng parchu gofynion y mesur(au) traddodiadol a dweud rhywbeth mewn ffordd newydd a gwreiddiol, heb iddi swnio'n hen ffasiwn. Rhythm rheolaidd llinellau'r soned sy'n gwneud iddi ganu a'r patrwm odlau sy'n galluogi iddi daro ergyd yn y diweddglo. Mentrodd 17 bardd i'r gystadleuaeth eleni ond dim ond dau neu dri yn unig sy'n llwyddo i gerdded y ffin denau honno. Rwy'n gosod y sonedau mewn pedwar dosbarth.

Dosbarth 4

Yn y Dosbarth hwn y mae'r cerddi nad ydynt yn dilyn rheolau mesurau'r soned. Gan amlaf, methu gyda rhythm y llinellau y maent, lle mae angen pwyslais ar bob yn ail sillaf. Dylai'r beirdd hyn ddarllen sonedau hen a newydd er mwyn ymgyfarwyddo â sigl hyfryd y mesur, a cheisio eu hefelychu.

Enfys: Er bod y patrwm odlau yn gywir, nid yw'r rhythm angenrheidiol yn un o'r llinellau. Fodd bynnag, mae addewid yn arddull y gerdd, sy'n sôn am y ffordd y mae lliwiau hysbysebion cyfalafiaeth yn ein dallu rhag gweld ei effeithiau amgylcheddol a chymdeithasol. Mae'r defnydd o gwestiynau rhethregol yn effeithiol iawn.

Sbanish: Mae gwell syniad gan *Sbanish* o ofynion soned, ond tua'r diwedd yn unig y mae'r llinellau'n canu. Eto, mae'r pwnc, sef yr atgofion a ddygir i gof wrth dynnu hen bapur wal, a'r gobaith a ddaw wrth roi côt newydd o baent ar y muriau, yn apelio.

Ifi Odli: Mae'r gerdd hon yn llawer nes ati o ran mesur, ac mae mwyafrif y llinellau'n gywir, a nifer ohonynt yn cyrraedd y nod o foddhau'r mesur tra'n swnio fel llinell o sgwrs gwbl naturiol (er enghraifft, 'rwy'n rhan o rywbeth mwy na fi fy hun'). Mae *Ifi Odli* hefyd yn llwyddo i gynnal stori ganolog drwy'r gerdd. Ychydig o dwtio sydd ei angen ar hon a bydd yn soned dda.

Dosbarth 3

Nid diffygion mesur sy'n cadw'r sonedau hyn o'r Dosbarthiadau uwch, ond tuedd i adael i'r mesur arwain y dewis o eiriau yn rhy aml ac i roi'r ansoddair o flaen yr enw, gan arwain at golli naturioldeb y dweud. Mae tuedd hefyd i ddweud yn hytrach na dangos. Does dim angen llawer o waith ar y sonedau hyn i'w gwella.

Arybryn: Soned am y cyffro o ddewis pa liw i baentio tŷ. Darlunnir y cyffro (ifanc?) hwn yn effeithiol trwy restru'r holl liwiau posib yn yr wythawd, ac yn y defnydd o eiriau fel 'sblasiadau' a 'sbloitsh'. Yn wahanol i'r arfer, yn y cwpled olaf y daw'r newid yn y soned hon, lle mae'r paent yn codi'n '[b]othellau' ac yn dechrau pilio yn y gwres gan ddangos 'staeniau brown a llwyd'. Dyma drosiad deheuig am gyffro ieuenctid yn cilio gydag amser. Mae ôl straen ar y dweud, fodd bynnag, ac mae'n teimlo fel bod y geiriau wedi'u gwasgu'n lletchwith i'r llinellau ar adegau.

Milwr bychan: Soned sy'n darlunio profiad milwr yw hon. Mae'r wythawd yn ddarlun o frwydr, o ofnau milwr cyn y cyrch pan 'Ma' ishe plaster tynnu co's, brafado'. Yn y chwechawd mae'r milwr yn deffro mewn ysbyty 'dal dan warchae' ac yn cael ei annog i arlunio, fel therapi o ryw fath. Syniad da, ond mae'r mynegiant yn anwastad. Weithiau mae'n arbennig o dda, yn darlunio'n uniongyrchol ac effeithiol, ond mae darnau, yn enwedig y dechrau, lle mae pethau'n llai eglur.

Aberth: Soned am ymgyrchwyr Cymdeithas yr Iaith yn paentio'r byd yn wyrdd yn y chwedegau a'r saithdegau. Mae defnyddio 'erch' a 'cêl' fel odlau, ac ymadroddion fel 'cyson gri' a 'haeddiannol le' yn arwyddion o'r straen a osododd y mesur ar *Aberth*, ond wedi dweud hynny mae darnau llawer gwell ar ddechrau a diwedd y soned: 'Rhaid peintio'r byd yn wyrdd oedd byrdwn llef/ ieuenctid oedd ar dân dros iaith eu serch ...' ac 'A boed eu paent yn drwch am oesoedd maith'.

JAC: Ymgyrchoedd y mudiad cenedlaethol sydd gan *JAC* dan sylw hefyd, a'r paent ar y wal enwog honno ger Llanrhystud sy'n ein hannog i gofio Tryweryn. Tuedd i'r dweud droi'n rhyddieithiol sydd yn y soned hon ar adegau ('A'i gwneud yn ymwybodol o'r peryglon'). Ar adegau eraill mae gormod o gymysgu delweddau nes colli cynildeb. Mae Cymru ar unwaith yn byw '... yn wasaidd dan bawennau'r Sais' ac mewn '[t]rwmgwsg hir'. Eto, mae'r diweddglo yn gryfach: 'Os mai "fandaliaeth" oedd yr hyn a wnaent,/ Deffrowyd gwlad drwy rym y brws a'r paent'.

Emygydd: Cerdd am ddirgelion byd natur a'r ffordd y mae artistiaid yn ein helpu i ddehongli tirweddau. Mae'n dechrau'n dda – yn naturiol a rhwydd: 'Ni allwn ni'r meidrolion ddeall hud/ Na mawredd cadarn ein mynyddoedd mad ...'. Eto, mae tueddi roi'r ansoddair o flaen yr enw er mwyn boddhau'r mesur ('cyfyng fyd', 'tragwyddol stad') ac nid yw rhai geiriau'n talu am eu lle. Wn i ddim a yw artistiaid yn rhoi inni 'Ddatguddiad o Eryri'n llwyr a llawn' ond rhydd i fardd ei farn!

Dosbarth 2
Nid oes ôl straen ar y sonedau hyn ac yn gyffredinol maent wedi penderfynu ar un syniad, delwedd neu drosiad, ac maent yn eu cynnal trwy'r gerdd.

Can-a-Dŵr: Aeth *Can-a-Dŵr* i'r un cyfeiriad ag *Arybryn* a *Sbanish* ac mae'n gweld atgofion yn dod i'r wyneb wrth blicio haenau o bapur oddi ar waliau'r ystafell, atgofion a gollir wedyn wrth i'r waliau gael eu paentio'n wyn plaen. Mae'r dweud yn dda iawn ar adegau – mae'r papurau sy'n dod i'r golwg yn 'albwm o fflachiadau', er enghraifft, ond mae'r soned yn tueddu i droi yn ei hunfan ac ailadrodd yn hytrach nag ymdrechu am gynildeb. Mae'r cwpled clo, lle mae angen neges gref wedi ei dweud yn dda, ychydig yn gloff. Mae cryn addewid yma, fodd bynnag.

Ardwyn: Soned am waith y Meistri a guddiwyd yn niogelwch chwarel ym Mlaenau Ffestiniog yn ystod yr Ail Ryfel Byd. Mae hon yn llifo'n huawdl iawn a llwydda i ail-greu awyrgylch yn effeithiol: '... y niwl yn gwrlid am y domen hyll' a 'hen dwll chwarel ger y crawiau llwyd'. Llwydni sydd yn cyferbynnu gyda lliwiau'r lluniau yw hwn, wrth gwrs. Eto, ychydig yn anwastad yw'r soned ac mae ôl straen ar y darn sy'n sôn am y Mona Lisa. Yn wahanol i nifer o'r sonedau eraill, mae'r cwpled olaf yn ddisgynneb braidd, gan nad yw'r neges yn arbennig o glir.

M.L.K.: Dyma soned gelfydd sy'n galw ar 'enfys gobaith' i godi uwchlaw Tŷ Gwyn Donald Trump. Mae *M.L.K.* yn defnyddio lliwiau i bwrpas effeithiol yn y gerdd. Mae gan Trump y 'modd i liwio'i hun i blesio gwreng' (wn i ddim ai sôn am *tan* Trump y mae, neu ei duedd i greu delwedd ohono'i hun ar gyfer y cyhoedd!), mae'n 'estyn gwyngalch twyll' ac mae'r bardd yn gofyn 'Pa liw di-liw yw'r llwydni yn y tarth/ a welir pan fytheirir gwerthoedd gwir?' Roedd angen tocio yma a thraw, fodd bynnag; er enghraifft, mae geiriau llanw yn y llinell '... fel palas drudfawr hardd yn wyn ei wedd' ac mae rhai odlau yn awgrymu i'r bardd ddewis y gair cyntaf a ddaeth i'r meddwl.

Galeri'r Gofod: Hoffais y soned hon am liwiau'r gofod. Mae'n uniongyrchol ac yn ceisio cynnal delwedd drwyddi. Mae'n dechrau'n addawol: 'Bu artist gwych y gofod wrth ei waith/ A'i frwsh yn paentio'r cynfas oddi fry ...'. Yn anffodus, mae'n mynd yn anos cynnal y ddelwedd wrth fynd ymlaen ond mae'r llinell olaf ond un ('Palet y planedau'n diwel fry') yn hyfryd ac yn arwydd o allu'r bardd hwn.

Glyder: Nid yw soned *Glyder* yn ildio ei hystyron yn hawdd, ond mae'n well oherwydd hynny. Portread o unigolyn a arferai ganfod cyffro yng ngogoniant byd natur a 'llwybrau bore oes' a 'gwychder tirlun' ond sydd bellach wedi diflasu arnynt, sydd yma. Mae awgrym cryf mai oherwydd iselder y digwyddodd hynny: '... troes ysblander hynod gwawr pob llun/ Yn ddu a gwyn aneglur, cymysg, llai,/ Nes gweli ddim ond mwrllwch llwm di-lun'. Mae dweud da yma ar brydiau, a'r gallu i greu awyrgylch, ond eto gellid bod wedi bod yn fwy cynnil a diwastraff ac mae tuedd weithiau i fodloni ar y gair cyntaf a ddaw i'r meddwl yn hytrach na pharhau i chwilio am y gair gorau.

Dosbarth 1
Mae'r pedwar bardd sydd yn y Dosbarth Cyntaf wedi llwyddo i ysgrifennu cerddi crwn, teimladwy a gwreiddiol, sy'n canu o fewn rheolau'r mesur.

Marcel: Lluniau anhygoel ogofâu Lascaux yn Ffrainc sydd gan *Marcel*, a'r ffordd y mae darganfod y lluniau, a'r sylw dilynol gan dwristiaid, wedi arwain at ddifrodi'r paentiadau. Mae *Marcel* yn defnyddio cwestiynau rhethregol yn effeithiol ac yn addas iawn o ystyried dirgelion y safle hwn: 'Pa ddwylo fu yn creu'r darluniau balch,/ Yn feirch a theirw gwyllt o'r llawr i'r to?/ Pa lygaid fu'n myfyrio ar y calch?/ Pa iaith sydd nawr yn fud ar wal Lascaux?' Wedi darganfod yr ogofâu 'chwalwyd heddwch du y lliwiau pur' (gan gyfosod y tywyllwch a'r lliwiau yn wych) a 'daeth miloedd i anadlu'r lluniau brau'. Ar adegau, mae *Marcel* yn dangos ei (g)allu i ddewis yr union air annisgwyl hwnnw sy'n creu barddoniaeth. Gwendid y soned hon yw'r diweddglo, sydd eto'n ddisgynneb braidd o ystyried gwreiddioldeb gweddill y gerdd.

Machlud: Mae stori fer yn soned *Machlud*, ac mae wedi ei dweud yn gelfydd ofnadwy. Mae'n ein tynnu ni i mewn o'r cychwyn cyntaf: 'Lliw llun o'r machlud ddaeth â hi i'r cof ...'. Cofio am fam ffrind plentyndod y mae'r bardd a'r croeso a'r cefnogaeth a gafodd ganddi yn ystod '[p]lentyndod brau'. Darlunnir hi a'i chartref mewn modd cadarnhaol, hapus yn yr wythawd cyn i'r awyrgylch newid yn y chwechawd: 'Ond weithiau, cilagorai'r drws fel rhith,/ ... A'r wawr felynddu gylch ei llygad chwith/ yn dweud na allwn ddod at Rhys i de'. Dyna ddangos yn gynnil yn hytrach na dweud. Dyma soned lwyddiannus iawn. Ei hunig wendid yw'r ambell enghraifft o gywasgu geiriau'n annaturiol braidd er mwyn boddhau'r mesur.

Chwarae Cwato: Cerdd ddidwyll am y broses o farddoni yw hon ac mae hi wedi ei mynegi mewn arddull drosiadol a chyfoethog. Mae'n sôn am y gerdd y mae'n ei chanu: 'Fe'i canaf am fy mod yn dwlu arni/ Yn dawnsio ar y papur, ar fy nghlyw,/ Ac am ei bod, a mi'n llafurio wrthi,/ Yn dangos i mi bod 'na werth mewn byw'. Dyna grisialu'r profiad o farddoni yn ardderchog! Yna, mae'n disgrifio sut y mae bardd yn ymwybodol o ddylanwad 'lleisiau ddoe' wrth rannu cerddi gyda'r byd. Dyma soned sydd wir yn llwyddo i ganu'n ffres a gwreiddiol o fewn yr hen fesurau a chyfleu ei neges. Mae angen ychydig mwy o ofal yma a thraw – mewn barddoniaeth mae gwallau sillafu a gramadeg yn tueddu i neidio oddi ar y dudalen!

Corn Du: Lliw coch y pabi sy'n tyfu lle bu brwydrau'r Ail Ryfel Byd yn Ffrainc a Gwlad Belg sydd gan *Corn Du*. Darlunnir y 'gors ddiderfyn' a oedd ar y meysydd hyn fel y gymysgedd 'ludiog' o baent o wahanol liwiau ar balet arlunydd. Wrth i'r glaw dreiddio i'r pridd mae'r gwaed yn trwytholchi drwyddo, yn treiddio'n ddwfn i'r tir ac yn mwydo ynddo. Daw natur eto, fel arlunydd, fodd bynnag, i liwio 'Ei glytwaith llachar'. Er nad yw neges y gerdd yn hollol glir neu syml, yn enwedig tua'r diwedd, llwydda i gynrychioli deuoliaeth tyfiant y blodau – maent yn cynrychioli bywyd a byd natur yn trechu marwolaeth gyda dyfodiad y gwanwyn, ond maent hefyd yn symbol sy'n ein hatgoffa o erchyllter rhyfel. Yn y soned hon, yn fwy nag unrhyw soned arall, y llwyddwyd i gynnal dyfnder delwedd drwy gydol y gerdd, heb ddangos ôl straen.

Er bod *Machlud* a *Chwarae Cwato* yn agos iawn, soned *Corn Du* sy'n deilwng o'r wobr.

LLEISIAU

Blagur ir ar frigau'r ceirios,
Blodau'r gwynt dan dderw'r Gurnos,
Llais y durtur yn y berllan,
Gwanwyn eto, dyddiau maban.

Haul yn machlud dros y Gelli,
Sŵn y byd yn araf dewi,
Lleisiau'r plant wrth bont Llain Mafon,
Lluchio cerrig mân i'r afon.

Festri Carmel, glaw yn taro,
Yr holl bentre'n selog yno,
Twm Rhyd-ddu yn trin sonedau,
Gwrando'r llais yn fwy na'r geiriau.

Trawiad morthwyl ar yr engan,
Sŵn fel tannau'r delyn fechan,
Llais Siôn Puw a Sei Cae Mawn
Yn trafod holl ddyfnderau'r Iawn.

Mwynder hwyrddydd dros y dyffryn,
Tyner tawel, llyfnder menyn,
Llais Rhys Ifan Nant y Bendro'n
Galw'r gwartheg adre' i odro.

Tanio'r cetyn, cadair Tada,
Teimlo'r cysgod ar fy ngwartha',
Pwy pan ddaw y dryslyd ddyddiau
Gymer ofal o fy lleisiau?

Twrog

Braf oedd derbyn wyth cynnig i'r gystadleuaeth a phob un ohonynt yn meddu ar rinweddau sicr. Yn ôl traddodiad y penillion telyn, cerddi i'r glust ydynt yn anad dim, yn aros yn y cof ac yn llifo'n rhwydd. Roedd gofynion y gystadleuaeth yn gofyn am 'gerdd wedi'i llunio o chwe phennill telyn' ar y testun 'Lleisiau' ac felly roedd undod ac unoliaeth ar y testun yn nodwedd amlwg. Mae'r cerddi'n rhannu'n daclus i ddau ddosbarth ac er bod penillion unigol arbennig yn yr Ail Ddosbarth mae mwy o gyfanwaith yn perthyn i'r Dosbarth Cyntaf

Dosbarth 2

Glyn Euron: Dyma gerdd syml ond effeithiol yn dilyn y traddodiad o ddechrau'r penillion efo ansoddair ('tlws', 'hardd') a cheir adeiladwaith trwy gyfeirio at y llais yn ystod cyfnodau bywyd. Er mor rhwydd y dweud, braidd yn ystrydebol a rhyddieithol yw'r patrwm ac nid oes yma newydd-deb yn y neges. Codwn i dir uwch yn y ddau bennill clo wrth greu darluniau cofiadwy o henaint.

Sol Farr: Mae'r ymgeisydd hwn wedi llunio cerdd ysgafn yn benodol ar leisiau gan gyfeirio at gyfnodau y llais fel 'soprano', 'contralto', 'tenor', 'bariton' a 'bas' cyn y tro trwstan sy'n dod â'r awdur yn ôl yn 'soprano' unwaith eto! Dyma gerdd hawdd gwrando arni er bod y mydr yn anghyffyrddus ar brydiau ond mae'r tro trwstan yn y clo yn glyfar a ffres. Serch hynny, cerdd ysgafn sydd yma heb gyfle i gnoi cil arni ond mae'n braf cael dogn o hiwmor.

Iorwerth: Lleisiau gwahanol emosiynau a gawn yma a phennill yr un i 'euogrwydd', 'tosturi', 'amheuaeth', 'dicter' a 'hiraeth'. Mae'r syniad yn taro deuddeg a'r dweud yn rhwydd ond braidd yn bregethwrol heb greu darlun byw bob tro. Addewid sicr ond nid yw'r pennill clo yn cloi yn daclus, fel petai.

Dosbarth 1

Nyth y Dryw: Dyma gerdd gyfoes gyda'i ffresni yn atyniadol. Portreadir aelodau'r teulu fel adar ac mae delwedd estynedig y nyth yn taro deuddeg. Mae'r neges yn newydd a llais y bardd yn canu. Braidd yn amrywiol yw'r sillafau mewn rhai penillion ac felly yn effeithio'r llif naturiol ar lafar. Nid yw pob pennill yn gyson ond dyma addewid sicr sy'n cyrraedd tir uchel gyda chwip o bennill clo.

Dyfed: Lleisiau plant ysgol drwy'r ffenestr yw'r darlun a greïr yma ac mae rhyw ddiffuantrwydd a gonestrwydd yn y dweud. Gall y bardd gyfeirio'n gynnil mewn ychydig eiriau i awgrymu cyfrolau: 'Er y cysur yn y lleisiau/ Roedd dieithrwch yn y geiriau'. Ac yma mae ar ei orau. Serch hynny, mae tuedd i fod fymryn yn bregethwrol tuag at y clo gan golli llif y mydr.

Iolo: Lleisiau'r gorffennol yw testun penillion telyn *Iolo* ac maent yn canu. Lleisiau ei rieni, ei frawd a'i chwaer, hen flaenor, cariad a sgwâr y pentref sydd yn y gerdd. Mae yma atgofion hiraethus, creu darluniau a chyfanwaith cyson er nad oes dim yn newydd o reidrwydd yn y dweud mewn mannau. Serch hynny, mae gwrthgyferbyniad hyfryd llawn emosiwn yn y pumed a'r chweched pennill sy'n aros ym mhair y cof.

Fernando: Cerdd gelfydd sy'n clymu o un pennill i'r llall gan ailadrodd gair. Dyma benillion telyn sy'n sefyll ar eu traed eu hunain neu fel casgliad cyfan. Gellir yn wir ddweud bod rhyw wireb yn y penillion sy'n taro tant ar hyd yr oesoedd. Ceir mydr ac odl cadarn a swyn telynegol sy'n hyfryd i wrando arnynt er i ni golli ychydig ar y rhwyddineb a'r dweud yn y pumed pennill. Serch hynny, rydym yn nwylo bardd medrus yma.

Twrog: Dyma fardd â dawn i greu darluniau byw o fywyd cefn gwlad ac sy'n gallu tynnu lluniau a'u portreadu i greu stori cymdeithas fel yn *Dan y Wenallt.* Mae'n enwi cymeriadau a llefydd yn annwyl gan nodi digwyddiadau a chreu naws: 'Lleisiau'r plant wrth bont Llain Mafon/ Lluchio cerrig mân i'r afon'. Cawn ein sobreiddio yn y pennill clo gyda'r sylweddoliad, 'Pwy pan ddaw y dryslyd ddyddiau,/ Gymer ofal o fy lleisiau?' Dyma benillion telyn hyfryd sy'n canu ac yn aros yn y cof gan fardd o'r iawn ryw.

Diolch i'r wyth am gystadlu ond *Twrog* sy'n dod i'r brig ac yn derbyn y wobr. Llongyfarchiadau iddo!

CHWE ESGUS

Ar ran eich holl aeloda'
derbyniwch f'ymddiheuriada'
am fethu ffeindio'r ffordd i'r cwrdd –
mae'r hwrdd 'di bwyta'r mapia'.

Ni ddof i'r Talwrn, frodyr,
does cerdd ar unrhyw fesur,
nac odl chwaith, a deud y gwir,
'r ôl colli'r *Odliadur*.

Mi fethais fynd i'r Steddfod
pan oedd hi draw ym Meifod;
mi gymrais drên anghywir, wa,
o'r Bala, dyna bechod.

Nid fi, nid fi oedd yno,
beth bynnag ddywed Gwenno,
nid fi wnaeth helynt a'r holl ffys,
ond dreifar bỳs o Borneo.

Rhoi'r bai ar ddyn drws nesa'
wnaeth Wil, wrth groesi'i goesa',
ond wedi dal, fe aeth yn drech,
gollyngodd rech reit swta.

F'anwylyd, wnei di ddysgu,
dim ots am faint ti'n blysu,
ma' gen i ddiawl o gur 'y mhen,
tro drosodd Gwen, dw i'n cysgu.

Sgiwsiwch V

Ymgeisiodd wyth. Roedd gan bob un driban wnaeth fy mhlesio; ambell un gyda sawl triban trawiadol ond neb efo chwech o gracyrs!

Sgiwsiwch V: Sawl triban gogleisiol. Fel pob tribanwr arall yn y gystadleuaeth, aeth yntau i gyfeiriad secs, crefydd a gollwng gwynt o'r cefn ond llwyddodd i wneud hynny yn dwt a digri.

Sam (1) *a Sam* (2): Bu *Sam* yn brysur a chafwyd deuddeg triban ganddo. Petai o wedi rhoi'r tri gorau o (1) a'r tri gorau o (2) yn un ymgais, mae'n fwy na phosib y byddai ganddo dipyn o gelc yn ei aros.

Rhodri: Hen drawiad ond hoffais driban yr 'Efeilliaid' yn fawr. Y tri thriban ola' oedd y rhai gorau.

Sioni Hoi: Ddim yn siŵr a oes esgus ym mhob un! Mae hynny'n gwanhau y cyfanwaith. Er hynny, hoffais y pedwerydd.

Rhydderch: Pedwerydd triban da gan *Rhydderch* hefyd ond teimlaf ei fod wedi cael mymryn o drafferth efo rhythm ac odl yma ac acw.

Twm Ffŵl Harri: Er nad oedd ynddo 'esgus' hoffais yr ail driban! Un da oedd y trydydd hefyd. Ymgais dwt.

Un o bileri cymdeithas: Ffugenw addas gan fod tri thriban am golli'r capel. Trueni na fyddai wedi mentro i chwe chae gwahanol.

O drwch sawl blewyn, *Sgiwsiwch V* piau hi.

MARCHNAD

Er mai'n ei chanol yr oedd y golud,
I un aeth y lle yn hunlle' rhynllyd,
Yn hunlle' ymysg estroniaid swnllyd
A gwynt *tapas*. Nawr dan gynfas gwynfyd,
Y cigydd hallt sy'n alltud, – a 'snafedd
Ei huodledd dros ei ffedog waedlyd.

John Bull

BEIRNIADAETH RHYS IORWERTH

Siomedig oedd gweld pedwar pennill yn unig yn yr amlen. Cafwyd mwy
na dwbl y cynigion hynny yn y gystadleuaeth hon yn 2015 a 2017. Y fantais
yw bod gennyf ofod i ddyfynnu pob cerdd yn gyflawn, gan roi cyfle i'r
darllenwyr eu hunain farnu a wnes i gam ag unrhyw un.

Arglwydd Penrhyn:

Annwyl Asiant dwi, Pennant, yn poeni
fod yr elw o fudur reoli
ein siwgwr cên yn gymen mor giami.
Ni feiddia'i suddo, dwi am fuddsoddi;
Ar y bad i'r Caribî, brodorion
Sierra Leôn fydd trysor 'leni.

Rhag ofn nad oedd y ffugenw'n ddigon o gliw, mae'r bardd wedi anfon
pwt go helaeth ataf yn fy atgoffa sut yr elwodd y teulu Pennant o Gastell
y Penrhyn yn ddychrynllyd ar gefn y diwydiant caethweision. Mae'r bardd
hefyd yn egluro bod y llinell gyntaf yn y pennill yn cyfeirio at lythyrau
gan Richard Pennant ar y mater hwn, llythyrau sydd yn dal ym meddiant
Prifysgol Bangor heddiw. Ac eithrio ailadrodd yr hanes, ni welaf bod yn y
gerdd lawer mwy o ddyfnder a haenau na hynny, yn anffodus. Ni theimlaf ei
bod yn dweud unrhyw beth newydd wrthym. Mae'r atalnodi hefyd braidd
yn flêr.

gwawr o gelwydd:

> O wlad i wlad newid aelwydydd
> A chwch yn awel o gychwyn newydd,
> Hwylio ar dynged y tonnau dedwydd.
> Nid ar lanw i dir o lawenydd
> Ond i fynwes gormesydd – ac i waedd
> O wylo cyrraedd a disgwyl cerydd.

Y ffoaduriaid sy'n peryglu'u bywydau i deithio dros y môr sydd yn y pennill hwn – thema y des ar ei thraws mewn cerddi dirifedi wrth feirniadu mewn eisteddfodau yn y blynyddoedd diwethaf. Marchnad mewn pobl sydd yma, i bob pwrpas, a'r rheiny'n cael addewid o fan gwyn man draw na ddaw fyth i fod, yn sgil y diffyg croeso ym mhen draw'r daith (neu drychineb waeth). Mae'r cynganeddu'n ddigon taclus, dim ond fy mod yn dyheu am weld berf o ryw fath yn y frawddeg gyntaf i wneud y pennill yn fwy cyflawn yn gystrawennol. At hynny, er bod rhywbeth yn drawiadol yn yr ymadrodd 'wylo cyrraedd' nid wyf yn sicr ei fod yn taro deuddeg yn llwyr. A yw 'cerydd' yn air digon cryf i gloi?

Yr arth a'r tarw:

> Mae yna darw sydd am wneud arian
> A chynyddu elw'n enw'r hunan
> Ond eto i'r drws daw troeon trwstan
> Ac i ganol strach daw arth fach, fechan
> I lyncu elw'r truan – a thrannoeth
> Yn llorio cyfoeth a cholli'r cyfan.

Hoffais y pennill hwn; cyfeiriad sydd yma at yr ymadroddion 'bull market' a 'bear market' – y naill yn disgrifio marchnad sydd ar ei thwf ac yn ffynnu, a'r llall farchnad sy'n dirywio a'i phrisiau'n plymio. Felly, darlunio'r ddwy ochr anochel sydd i'r geiniog (os maddeuwch y mwysair) ym mhob marchnad y mae'r bardd. Credaf ei fod yn gwneud hynny mewn ffordd ddigon celfydd a thrawiadol. Nid pawb a fyddai'n cymeradwyo'r ailadrodd yn 'fach, fechan', ond gwn hefyd am lawer a fyddai'n ei ganmol am ei naturioldeb. Eto, teimlaf fod y gwendid pennaf yng nghystrawen y llinell glo. Gan mai dod 'i lyncu elw' y mae'r arth, byddai 'i lorio cyfoeth' yn rhedeg yn fwy naturiol. Ac nid yr arth sy'n 'colli'r cyfan' chwaith, ond y tarw.

John Bull:

> Er mai'n ei chanol yr oedd y golud,
> I un aeth y lle yn hunlle' rhynllyd,
> Yn hunlle' ymysg estroniaid swnllyd
> A gwynt *tapas*. Nawr dan gynfas gwynfyd,
> Y cigydd hallt sy'n alltud, – a 'snafedd
> Ei huodledd dros ei ffedog waedlyd.

Dyma gynnig arall sy'n defnyddio'r ffugenw i sicrhau na fydd y beirniad yn mynd ar goll. Ond mae'r cyfeiriad at y 'Butcher's Apron' hefyd yn gwneud hynny; dyma'r Sais neu'r Prydeiniwr a gredodd fod 'golud' y farchnad Ewropeaidd yn diflannu wrth i estroniaid swnllyd (a'u *tapas*!) oresgyn ei fyd. Gwynfyd Brecsit, wrth gwrs, oedd yr ateb, yn ôl 'llysnafedd' ambell wleidydd huawdl a hallt ei agweddau (hynny yw, y cigydd ei hun). Dim ond bod hynny wedi'i adael yn alltud, a'i 'ffedog waedlyd' yn symbol o'r llanast y mae'r wlad ynddi bellach. Neu, o leiaf, felly y darllenaf i'r pennill.

Pendronais a yw'r ail linell yn wan, o ran peidio ag ateb yr 'r' yn 'rhynllyd', ynghyd ag o ran addasrwydd y gair 'rhynllyd' ei hun. (Er y gall marchnad fod yn rhynllyd, wrth reswm.) Ac mae angen darllen y drydedd linell mewn ffordd benodol i roi'r orffwysfa yn y lle iawn. Eto i gyd, hoffais y pennill hwn yn gynyddol gyda phob darlleniad. Mae'r 'farchnad' ynddo yn gweithio ar sawl lefel – yn y darlun diriaethol o'r cigydd, y *tapas*, y cynfas (gwyn) a'r gwaed ar y ffedog; yn symbolaidd o ran y ddelwedd o'r farchnad Ewropeaidd a Jac yr Undeb; yn ogystal ag yn y trosiad celfydd a beirniadol o holl sefyllfa Brecsit a'r oes. Mae'n arbennig o grefftus a chyfoethog, a dweud y gwir.

Wrth i'r pennill fynd ati'n raddol i ddatgelu'i haenau o ystyr i mi, felly hefyd y penderfynais yn raddol fod *John Bull* yn llwyr haeddu'i wobrwyo.

CRIBAU

Mae un ar lethrau'r mynydd
dan gysgodion aflonydd,
piau'r hawl ar gopa rhydd.

Ar ffo i'r hwyr a'i pharhad
i'r pellter a'i hadferiad,
i'w Lliwedd dan y lleuad.

Daeareg a phryderon
a niwl hyll yw camau'r lôn,
a rhyfel gwyntoedd cryfion.

Amheuon a ddaw mwyach
heibio'r bwlch o'r bore bach
a'i hafnau ynddi'n ddyfnach.

Llithrodd o'r grib i'r dibyn
i grafangau'r haenau hyn,
rhigolau oer y gelyn.

Dianc o'r mannau duon
ddaeth eto i herio hon,
ac awr olaf mor greulon.

Lois, Math, Leisa, Celt a Morys

BEIRNIADAETH TEGWYN PUGHE JONES

Daeth tair ymgais i law. Cystadleuaeth amrywiol: un ymgeisydd wedi cyflwyno chwe englyn milwr ar wahanol destunau, a'r ddau arall wedi dewis creu un gerdd drwy gyfrwng chwe englyn milwr.

Crafion, 'Cribau': Yn ei chwe englyn ar wahanol destunau delweddodd *Crafion* wahanol gribau, o grib ceiliog i gopa wal gerrig. Edmygaf ei ddychymyg, ond mae ganddo duedd i fod yn aneglur ac yn bytiog yn lle gadael i'r englyn milwr lifo. Ei ymgais orau yw 'Paentiad wedi'r daith'.

Brân, 'Cribau': Mae'r gerdd i ddathlu hanner canmlwyddiant Tîm Achub Mynydd Llanberis yn cychwyn yn addawol: 'Mae enaid ymhob mynydd, heliwr yw ar awel rydd', ond mae'r pumed englyn milwr yn rhyddieithol:

> Nid yw'n rhwydd. Mae, bob blwyddyn,
> sawl galwad drwy dwpdra dyn,
> amod anorfod yw hyn.

Lois, Math, Leisa, Celt a Morys, 'Cribau': Cerdd uchelgeisiol am iselder un sydd am ddringo 'i'w Lliwedd dan y lleuad' ond 'llithrodd o'r grib i'r dibyn'. Mae'r ail a'r pedwerydd englyn yn gryf â'r delweddau yn gweithio i'r dim. Yn y llinell 'rhigolau oer y gelyn' mae yna wendid oherwydd fod aceniad yr ystyr ar 'oer' ac aceniad y gynghanedd ar 'rhigolau'.

Oherwydd llyfnder a dyfnder y canu rhoddaf y wobr i *Lois, Math, Leisa, Celt a Morys.*

Cystadleuaeth i rai dan 25 oed
Cerdd benrhydd hyd at 30 llinell: Neges

BEIRNIADAETH ANNI LLŶN

Dim ond un wnaeth gystadlu, yn anffodus; nifer pryderus iawn o ystyried mod i wedi darllen llawer o gerddi da o fewn yr oedran hwn mewn ambell eisteddfod leol eleni. Tybed a ddylem ystyried cadw'r testun yn agored? Neu efallai y dylai'r Eisteddfod Genedlaethol fuddsoddi mewn gweithdai i annog cystadleuwyr fel y mae rhai eraill wedi gwneud?

Diolch i *Tywod* am gystadlu a chynnig cerdd sy'n ymateb i gerdd Iwan Llwyd, 'Far Rockaway' dan y teitl 'Neges, 2119'. Mae gan y bardd donyddiaeth ystwyth a chlust naturiol, tebyg i Iwan Llwyd ei hun; y math o donyddiaeth sy'n braf iawn i'w hadrodd. Un fer yw'r gerdd, ac er i mi ei darllen droeon a mynd yn ôl at 'Far Rockaway' i'm hatgoffa fy hun, rhaid i mi gyfaddef nad yw hi'n glir beth y mae'r bardd yn ceisio'i ddweud yn 'Neges, 2119'. Mae hi'n teimlo fel cerdd ar ei hanner. Gan gymryd mai blwyddyn yw'r ffigwr '2119', y dehongliad gorau y gallaf i ei roi yw fod y bardd yn defnyddio 'Far Rockaway' fel rhyw ddelfryd sydd wedi ei cholli erbyn can mlynedd i heddiw. Tybed ai cyfeiriad at yr hyn yr ydym yn beryg o'i golli dros y blynyddoedd nesaf os na wnawn ni fwy o ymdrech i warchod y pethau da mewn bywyd, sydd yma? Tybed, yn wir. Yn anffodus, nid yw'r ateb yn ddigon clir o ddarllen y gerdd, ac felly nid wyf yn credu ei bod yn deilwng o'r wobr. Mae 'na gnewyllyn addawol yma, ac rwy'n annog y bardd i ddatblygu ei syniad a'i archwilio'n gyflawn er mwyn cynnig cerdd o swmp gafaelgar.

Rwy'n atal y wobr.

Adran
Llenyddiaeth

RHYDDIAITH

Gwobr Goffa Daniel Owen

Nofel heb ei chyhoeddi gyda llinyn storïol cryf a heb fod yn llai na 50,000 o eiriau

BEIRNIADAETH HAF LLEWELYN

Diolch i'r Eisteddfod am yr anrhydedd o gael beirniadu'r gystadleuaeth bwysig hon eleni. Dewisais y gair 'pwysig' yn fwriadol, oherwydd credaf fod ennill y wobr hon yn glod arbennig i nofelydd. Siomedig, felly, oedd sylweddoli fod nifer o'r ymgeiswyr wedi bod yn llawer rhy ffwrdd-â-hi, ac wedi anfon cyfrolau drafft cyntaf, heb eu caboli i'r gystadleuaeth. Mae ysgrifennu dros 50,000 o eiriau yn gamp, a llongyfarchiadau i'r wyth awdur am wneud hynny, ac am gadw safon yr iaith drwyddi draw yn uchel, ond mae creu nofel yn gofyn am fwy na dim ond ysgrifennu geiriau yn gywir ar sgrin wag.

Wrth ymgolli mewn nofel dda, rydym yn cael ein sgubo i fyd dychymyg, yn cael treulio amser yng nghwmni cymeriadau credadwy, boed y rheiny'n bobl y byddwn yn dymuno bod yn eu cwmni neu beidio, ond ni – y darllenwyr – ddylai ddod i gasgliad sut bobl ydyn nhw, a hynny wrth i'r awdur ein cyflwyno i'w nodweddion. Yn rhy aml, roedd y cymeriadau'n bobl stoc, a'r awdur yn 'dweud' wrthym sut rai oedden nhw yn hytrach na gadael i ni ddod i'w hadnabod trwy'r hyn roedden nhw'n ei 'wneud'. Yr hen ystrydeb: 'dangos – paid dweud'.

Roedd yna ddigwyddiadau a allai ddatblygu'n stori afaelgar ym mhob un ymgais, ond carbwl ar y cyfan oedd y troadau, yn rhagweladwy, heb densiwn i'n bachu. Nid ysgrif nac adroddiad ydy nofel, rhaid i unrhyw fanylion fod yn bwysig i'r stori, neu mae'n rhaid eu hepgor.

O'n hamgylch, yn ddyddiol, mae deunydd stori dda: yn sgyrsiau pobl, mewn edrychiad, mewn osgo corff, mewn darluniau sydyn, mewn eiliadau bychan bach. Mae stori dda yn llawn cynildeb. Does dim *rhaid* i stori dda fod yn antur ryfeddol, ac – a bod yn deg – efallai fod geiriad y gystadleuaeth yn rhoi'r camargraff hwnnw i ambell awdur: 'y llinyn storïol cryf'. Darllenwch nofelau – degau, cannoedd ohonyn nhw i ganfod gwir grefft ysgrifennu'n afaelgar. Yn aml, does dim byd anhygoel yn digwydd – ond mae'r dweud yn dda, mae yna graffu ar fywyd yn ei holl gymhlethdod, ac mae yna greu darluniau o'r bywyd hwnnw. Mae yna greu cymeriadau credadwy, cymhleth, mae yna astudiaeth ar y natur ddynol. Mewn stori dda, rydym yn cael ein sgubo yn ein blaenau gyda'r troeon, ac ar y diwedd, rydym yn gwybod ein bod ninnau wedi profi rhywbeth tebyg, wedi uniaethu ychydig gyda'r dweud.

Diolch i'r enillydd am roi hyn i gyd – a mwy – i ni eleni.

Dosbarth 3

Gwylan, 'Ynysoedd': Yn ôl yr awdur, nofel 'ganghennog' yw hon. Nid wyf – ac mae'n debyg mai fy nhwpdra i sydd i'w gyfrif – yn deall yn union beth yw nofel o'r fath, a byddwn wedi bod yn fwy na bodlon cytuno efo haeriad yr awdur y 'dylai nofelau'r unfed ganrif ar hugain gicio dros y tresi weithiau'. Ond yn anffodus, nid yn y modd hwn. Syrffedus ac ailadroddus ar y cyfan yw'r wyth rhan a gyflwynwyd. Mae yma gnewyllyn stori wreiddiol. Cawn hanes merch o'r enw Barbara Thompson, a gafodd ei gadael, yn dilyn llongddrylliad, ar ynys yng Nghulfor Torres, ger Gini Newydd, yn 1844. Ond cyfres o ysgrifau a nodiadau a gawn, nes i ni gyrraedd y nofelig 'Y Ferch Fach Ddel'. Mae yma waith ymchwil trwyadl a gwerthfawr; mae'r deunydd crai yma. Heriaf *Gwylan* i fynd ati'n awr i wau'r ymchwil hwn yn greadigaeth newydd, arbrofol.

Gwlith, 'Dedfryd Oes': Dyma hanes Siôn, myfyriwr sy'n cael ei garcharu am ei ymgyrch yn erbyn tai haf. Eto, mae cnewyllyn stori antur yma, nid yn unig yng nghyffro'r gweithredu, ond wrth olrhain effaith y weithred ar y cymeriadau. Ond mae adeiladwaith y nofel yn faen tramgwydd, does dim tensiwn o gwbl, gyda digwyddiadau pwysig yn cael eu datgelu'n rhy sydyn a ffwrdd-â-hi. Yn anffodus, mae yma ddiffyg cynllunio a sylw i fanylion; a chymryd mai yn ystod yr ymgyrch llosgi tai haf y mae'r stori'n dechrau, nid yw'r digwyddiadau dilynol yn gwneud synnwyr. Er bod yr iaith yn raenus, yn aml mae'r arddull yn rhy flodeuog, ac yn dangos diffyg cynildeb.

Crwydryn, 'Tŷ Mawr Gwyliau': Hanes teulu estynedig yn mynd ar eu gwyliau, a'r tensiynau o fewn y teulu. Gallasai fod yn stori fywiog, ddoniol am y natur ddynol, ac mae ambell fflach yma, ond mae yma ormod o ystrydebau, gyda'r ddeialog yn aml yn annaturiol, a gormod o fanylion amherthnasol. Yr hyn sy'n gwneud yr ymgais hon yn ddarllenadwy i mi yw'r darnau rhwng pob pennod, rhyw fath o restr 'Sut i Ysgrifennu', gyda phynciau mor amrywiol â: sawl rheg sy'n dderbyniol, a ddylid cynnwys cymariaethau, a sut i gyflwyno cymeriadau. Cefais y rhannau hyn yn hynod ddifyr a doniol, yn arbennig gan nad yw *Crwydryn* yn cymryd unrhyw sylw o'i gynghorion ei hun. Hoffais y syniad y mae *Crwydryn* yn ei drafod ar y diwedd, sef fod ffantasi yn gallu troi yn realiti; fe ddylai'r awdur fod wedi datblygu mwy ar y syniad o'i fywyd ei hun yn cydredeg gyda bywydau'r cymeriadau, ymhell cyn y dudalen olaf. Er i mi fwynhau'r myfyrdodau personol hyn, nid gofyn am esboniad o sut i ysgrifennu nofel y mae'r gystadleuaeth. Gofyn am nofel y mae hi.

Arafon, 'Y Gors': Stori thriler, neu o edrych yng *Ngeiriadur yr Academi*, nofel 'ias a chyffro' yw bwriad 'Y Gors'. Ond ychydig iawn o ias a chyffro a geir mewn gwirionedd, a hynny oherwydd diffyg adeiladu tensiwn. Unwaith mae perygl yn codi, ychydig o gyffro sy'n cael cyfle i ddatblygu gan fod popeth sy'n digwydd yn llawer rhy gyfleus. Mae'r cymeriad *macho* sy'n achub pob sefyllfa, bron yn gartwnaidd, ac ambell gymeriad arall megis Steven, yn ddiangen, gan nad yw'n ychwanegu at y stori. Er hynny, mae dawn dweud yma ac acw yn bywiogi peth ar y naratif; hoffais y term 'rhyfelwyr pen bar'.

Nantmyniawyd, 'Calennig yr afon': Stori hanes, draddodiadol ei naws yw 'Calennig yr afon'; mae'r iaith yn addas ac mae gwybodaeth *Nantmyniawyd* am arferion cefn gwlad a geirfa byd amaeth yn helaeth. Ond mae angen bod yn ofalus gyda gwybodaeth o'r fath, mae gormod yn arafu'r stori, nes yn y diwedd gall droi'n ysgrif. Llafurus ar y cyfan yw'r naratif, gyda llawer gormod o 'ddweud' wrth y darllenydd yn hytrach na gadael iddo ddarganfod drosto'i hun. Mae angen ymddiried mwy: ar y cyfan, mae darllenwyr yn ddigon deallus i synhwyro naws, a chymeriad, heb gael esboniadau hirfaith. Efallai hefyd fod angen symud ymlaen bellach o storïau rhamant am feistr a morwyn, neu o leiaf ddewis agwedd wahanol ar hen blot.

Dosbarth 2

Menna, 'Gobaith Mawr y Ganrif': Mae'r arddull yma yn hawdd iawn ei ddarllen, yn ysgafn a sionc, a'r defnydd o ddeialog yn symud y stori yn ei blaen. Mae yma gymeriadau credadwy: hoffais y portread o Wyn y pwyllgorddyn seimllyd o hunanbwysig. Dylid fod wedi datblygu'r syniad o'r masgiau sy'n cael eu gwisgo gan y prif gymeriadau ar gyfer noson allan – nodwedd ddifyr – gan mai cuddio tu ôl i bethau y mae'r cymeriadau i gyd yn y bôn. Mae'r nofel yn cychwyn yn addawol, ond nid yw'n datblygu, gan lithro i drobwll o geisio datrys ystyr byw erbyn y diwedd. Gobeithio y bydd *Menna* yn ailymweld â'r nofel ac yn tynhau'r plot; doedd stori Trystan ddim yn fy argyhoeddi, a fedra i ddim credu y byddai gorfod gweithio yn Lloegr am sbel wedi ei wneud mor chwerw! Mae angen hepgor digwyddiadau annhebygol a dywediadau melodramatig. Mae angen hefyd ailedrych ar dueddiadau rhywiaethol yma ac acw: mae Menna (y cymeriad) yn ferch lwyddiannus a deallus; pam, felly, ei bod yn mynd ar ofyn y dynion i ddatrys ei phroblemau? Yn arbennig, o wybod sut ddynion ydyn nhw!

Pwy? 'Taflu Golau ar We Dywyll': Mae *Pwy?* yn sicr yn gallu ysgrifennu, mae'n gallu creu awyrgylch a thensiwn, gall ddefnyddio arddull at wahanol ddibenion, fel y mae'r olygfa agoriadol yn ei amlygu. Deil sylw'r darllenydd gyda'r olygfa drawiadol o ferch ifanc yn cael ei gorfodi i gymryd rhan mewn defod o wrachyddiaeth, ac aiff ymlaen i gyflwyno cymeriadau diddorol, megis Nia, y newyddiadurwraig ifanc, feiddgar. Mae yma ddarluniau bywiog, celfydd a chraff, fel y disgrifiad coeglyd o'r pwyllgor, gyda dim ond pedwar aelod: un Americanes a oedd yno mewn camgymeriad wrth chwilio am yr Amgueddfa; dyn canol oed; hen ŵr efo 'nished werdd fochedd'; a Valmai'r cadeirydd. "'Croeso i'r cyfarfod blynyddol," meddai Valmai wrth rywun anweledig yng nghefn yr Ysgoldy.' Doniol tu hwnt!

Ond er cystal y cychwyn, raflo'n sydyn wna gwead 'Taflu Golau ar We Dywyll', gan gymryd gormod o gawdel, a'r llinyn storïol o'r herwydd yn mynnu troi'n glymau. Trodd y dychymyg yn rhemp, gyda llawer gormod o gyd-ddigwyddiadau, ac o'r rhan lle mae'r herwgipio'n digwydd, mae'r stori'n troi'n absŵrd bron.

Dosbarth 1
Arglwydd diddymdra, 'Carafanio': Wedi profi teimladau cymysg wrth fynd trwy'r saith ymgais flaenorol, roeddwn i wir yn bryderus, gan nad oeddwn i'n awyddus i amddifadu'r Eisteddfod o enillydd, ond gyda thudalen gyntaf 'Carafanio', daeth ton o ryddhad. Nid mewn cae ar wahân y mae'r awdur hwn, ond yn hytrach ar gyfandir gwahanol.

Myfyrdod sydd yma, myfyrdod ar fywyd, am y pethau hynny sy'n bryder, sy'n codi amheuon, ond nid oes ymdrybaeddu mewn *angst* nac ing, dim ond ei dweud hi fel y mae, yn goeglyd, ddychanol. Hanes teulu yn mynd ar wyliau carafanio sydd yma, nid oes stori fawr i'w dweud, does dim digwyddiadau ysgytwol, newid-bywyd. A dyna fawredd y nofel: sylwadau craff sydd yma am y natur ddynol, am ddyheadau, disgwyliadau, ofnau, am ein stad fydol, fregus.

Apeliodd yr arddull wrthrychol ataf yn syth, bron nad yw'r awdur yn ysbïo o bell ar ei destun, yn ei watwar, yn cynnig sylwadau miniog amdanom ni Gymry, ac am ddynoliaeth yn ehangach. Mae *Arglwydd diddymdra* yn acrobat ieithyddol, yn llwyddo i ddefnyddio 'aeldlws' a 'getawê' yn yr un frawddeg ac yn hyderus i fathu ansoddeiriau fel 'hir-locsynnog'. O dan ei ofal mae'r Gymraeg yn heini, yn gallu cyffwrdd pob emosiwn, yn dawnsio ac yn gwneud tin dros ben, yn iaith fodern amlhaenog, ac yn hwyl.

Mae 'Carafanio' yn nofel onest, yn glyfar, yn ddeifiol – weithiau'n hiraethus – ac yn ei chwmni, cefais blyciau o chwerthin yn uchel, o nodio a phorthi, o dristáu, ac anobeithio, ond yn ei chwmni hefyd cefais brofi rhyddiaith ar ei gorau.

Diolch i'r *Arglwydd* hwn am ein hachub rhag y *diddymdra*.

BEIRNIADAETH DYFED EDWARDS

Fel nofelydd, mae hi'n fraint cael beirniadu Gwobr Goffa Daniel Owen. Ond siom yw dweud mai llafurus oedd y profiad gan mai difrifol iawn oedd y safon yn gyffredinol. Diolch byth am un ymgeisyddd, oherwydd roedd y gweddill y difrïo'r gystadleuaeth. Oni bai am y gorau, mae nifer wedi bod yn ddiog gan anfon drafftiau cynnar iawn o'u gwaith i mewn. Nid oes ôl ymdrech yma o gwbl. Ffor shêm, i ddweud y gwir, am amharchu Gwobr a ddylai fod yn un fawreddog.

Dyma nhw mewn trefn, y gorau un ar y diwedd.

Dosbarth 4

Gwylan, 'Ynysoedd': Nofel 'ganghennog', yn ôl yr ymgeisydd, sydd yn gwastraffu amser yn esbonio i ni gefndir yr ymgais hon mewn sawl rhagymadrodd. Tair stori a geir yma sy'n ymdrin â hanes Barbara Thompson a gafodd ei llongddryllio ymysg llwyth yng Nghulfor Torres rhwng 1844 a 1849. Mae dwy o'r 'straeon' yn gyfieithiadau o ddyddiaduron sy'n bodoli'n barod, a dim ond 'Y Ferch Fach Ddel' sy'n ffuglen. Fe ddylai'r ymgeisydd fod wedi cyfuno'r tair stori'n un a chreu nofel go-iawn yn hytrach na pharablu ymlaen a cheisio'n haddysgu ni. Ond nid yw *Gwylan* yn deall beth yw ffuglen: 'Byddai nofel hanesyddol ddelfrydol yn cadw'n gwbl ffyddlon at y ffeithiau hanesyddol,' meddai mewn rhagymadrodd. Dengys hyn ddiffyg dealltwriaeth yr ymgeisydd. Hanes dyfodiad y dyn gwyn i Papua a Chulfor Torres oedd pwnc traethawd PhD *Gwylan*, felly mae'n arbenigydd. Ond nid yw hynny'n ei wneud yn awdur. Mae nofel werth chweil yn ysu ei geni o gorsydd trwsgl ynysoedd. Nid *Gwylan*, yn anffodus, yw'r un i'w llusgo o'r mwd, heb iddo ddysgu beth yw ffuglen yn gyntaf.

Nantmyniawyd, 'Calennig yr afon': Ymgais dila wedi ei gosod yn ardal Dolgellau yn 1855. Mae Angharad, merch 20 oed, wedi dod i'r dre i chwilio am waith mewn plasty. Yna, rydym yn cael ein cyflwyno i'r tirfeddiannwr ifanc, Matthew Harries o Blas Bati. Mae'n amlwg o'r cychwyn cyntaf bod Angharad a Matthew am briodi, er bod gan Matthew wraig. I hwyluso pethau, mae'r ymgeisydd wedi rhoi afiechyd difrifol i Mrs Harries. Nid oes neb chwaith yn gwrthwynebu priodas Angharad a Matthew. Mae pob dim yn digwydd yn rhy hawdd i'r prif gymeriadau. Nid oes gan *Nantmyniawyd* syniad am blotio, nac am densiwn, bwriadau a rhwystrau cymeriadau. Mae'n cyflwyno meddyg yn gynnar yn y nofel sydd wedi bod yn yr Almaen yn astudio'r modd y maent yn trin yr afiechyd sy'n lladd Mrs Harries. Ond pan ddaw i alw ar y claf – a Matthew yn holi a oes modd anfon ei wraig i'r Almaen – dywed y meddyg nad yw hyn yn bosib. Ac mae Matthew llipa yn derbyn hynny. Dyma wastraff llwyr ar y llinyn storïol hwnnw, a'r ymgeisydd yn amlwg heb glywed am gyngor Chekhov: os cyflwynir gwn yn Act 1 rhaid ei ddefnyddio yn Act 3. Eto, mae yma hadau stori go lew, ond maent wedi eu plannu ar dir gwael.

Crwydryn, 'Tŷ Mawr Gwyliau': O! nefi, un arall sydd eisiau esbonio pob dim i ni cyn cychwyn. Mae'r ymgais yn dechrau gyda phennod dan y teitl 'Personol'. Mae *Crwydryn* yn dweud wrthym pam yr ysgrifennodd y nofel. Mewn penodau 'personol' fel hon trwy gydol 'Tŷ Mawr Gwyliau', mae'n trafod y grefft o ysgrifennu nofel ac yn datgan ei arbenigedd. Yn anffodus, nid yw'n cymryd sylw o'i gyngor ei hun. Ceir syniad ystrydebol o deulu'n dod at ei gilydd am wyliau, ac mae un ohonynt – y patriarch fel arfer, ac yma hefyd – yn marw dan amgylchiadau amheus. Nid yw'r 'llofruddiaeth' yn digwydd tan ddiwedd y stori bron, ac yn y cyfamser mae'r cyfan yn llusgo. Fel pob ymgais, mae'r iaith yma'n gain. Ond nid yw geirfa eang a'r gallu i ysgrifennu Cymraeg graenus yn eich gwneud yn awdur: gormod o gymeriadau, plotio ystrydebol, a thôn braidd yn hen ffasiwn a geir. Mae *Crwydryn* yn drahaus tuag at awduron eraill, ac yn meddwl yn uchel ohono'i hun; yn wir, prosiect ymffrost yw hwn iddo. 'Rydw i bron yn difaru imi erioed ddechrau ysgrifennu nofel,' meddai yn un o'r penodau 'personol'. Nid ti yw'r unig un, *Crwydryn*.

Dosbarth 3

Arafon, 'Y Gors': Ymgais ddiog arall, ac mae mwy o dyllau ym mhlot 'Y Gors' nag mewn colandr. Cyfrifydd yw Gareth Pryce sy'n gweithio yn Lloegr. Mae ei bartner yn y busnes, Brian Donald (neu Ed, fel y'i gelwir trwy gydol gweddill y nofel, am ryw reswm anesboniadwy), wedi ei ladd gan ddihirod. Cawn gyfarfod gydag Avery, dyn drwg pantomeim go iawn, sy'n bygwth plant Gareth – a'r peth cyntaf y mae Gareth yn ei wneud ar ôl i'w blant gael eu bygwth, wrth gwrs, yw mynd i gael brecwast. Mae'r dynion drwg yn erlid Gareth i'w gartref yng ngogledd Cymru. Yn ffodus, mae gan Gareth ffrind o'r enw Mark sydd yn llythrennol yn *superman* ac sy'n trechu pob dyn drwg heb dorri chwys. O'r herwydd, nid yw Gareth mewn perygl o gwbl ac mae diffyg tensiwn i'r gwaith. Mae sgerbwd stori go lew yma. Ond mae gormod o ystrydebau, gormod o benderfyniadau afresymol gan y cymeriadau er mwyn hwyluso'r plot, a deialog llafurus. Dylid dileu cymeriad Mark a gorfodi Gareth i wynebu'r dihirod ei hun. Ond byddai hynny'n ormod o waith i *Arafon* ac roedd hi'n haws cyflwyno *deus ex machina* ar ffurf Mark.

Gwlith, 'Dedfryd Oes': Hanes Siôn Jones, sy'n cael ei ddedfrydu i garchar ar ôl i'w gyfaill farw tra'u bod yn llosgi tŷ haf. Trwy gydol ei gyfnod yn y carchar, ac yn dilyn ei ryddhau, mae Siôn yn cadw'r gyfrinach mai ei ffrind Hywel yw'r trydydd dyn sy'n rhan o'r triawd terfysgol. Pan ryddheir Siôn mae Hywel, wrth gwrs, wedi priodi Bethan, cariad Siôn. Er y potensial am densiwn a thyndra, mae'r ymgeisydd yn llwyr osgoi hynny rywsut. Plotio afresymegol, deialog trwsgl a syrffedus, a chymeriadau diflas, dau-ddimensiwn. Fel mewn sawl ymgais arall, mae yma ystrydebau lu ac eto bu'r ymgeisydd yn ddiog, gan anfon drafft llawer rhy gynnar i gystadleuaeth sy'n haeddu gwell. Eto, mae yma olion awdur, ond mae'r olion hynny wedi eu claddu'n ddwfn.

Menna, 'Gobaith Mawr y Ganrif': Mae Menna (y cymeriad, nid yr ymgeisydd), sy'n brif weithredwr, yn derbyn galwad gan gyn-ffrind coleg o'r enw Trystan sy'n ei llwgrwobrwyo. Fe aeth Trystan i'r carchar am falu ffenest, gredwch chi byth, mewn protest Cymdeithas yr Iaith a nawr, flynyddoedd yn ddiweddarach, mae'n mynnu arian gan Menna neu bydd yn datgelu ei fod wedi mynd ar y brotest yn ei lle. Roedd ganddi hi waith coleg i'w wneud; yn rhy brysur i frwydro gormes. Ac nid yw'r cyffro yn 'Gobaith Mawr y Ganrif' yn cynyddu. Unwaith eto, plotio chwit-chwat. Mae'r ymgeisydd yn disgwyl i ni gredu nad oedd gan rywun a garcharwyd am chwe mis am weithredu gyda Chymdeithas yr Iaith 'ddim gobaith dychwelyd i'r coleg'. Hefyd, mae haen rywiaethol i'r gwaith: y gwragedd yn gadael y stafell pan fo'r dynion yn dechrau trafod cyllid a Menna'n erfyn am faddeuant gan ei gŵr, Richie, sydd wedi bod yn hen sinach tuag ati trwy gydol y stori. Ymgais ddiog arall gyda *Menna* (yr ymgeisydd) yn rhedeg allan o stêm yn llwyr erbyn y diwedd. Mae'n teimlo fel bod yr ymgeisydd yn penderfynu ewthaneiddio 'Gobaith Mawr y Ganrif' ar y diwedd mewn gweithred drugarog dros ben.

Dosbarth 2

Pwy? 'Taflu Golau ar We Dywyll': Teitl difrifol sydd yn gwbl gamarweiniol. Ond mae gan yr ymgeisydd hwn syniad am sut i ysgrifennu nofel. Ceir dechrau da gyda *Pwy?* yn gollwng y darllenydd yn syth bin i'r stori wrth i Nia gael ei chyfweld am swydd gyda phapur newydd. Er mawr syndod iddi, mae'n cael y joban. Mae'n mynd ar ei phen i stori fawr am giang sy'n trafficio merched i weithio mewn puteindai. Ond nid yw'r nofel yn datblygu. Mae gormod o grwydro wrth i Nia a'i chyd-weithiwr, Bob, ymchwilio i'r stori (neu ddim ymchwilio, a dweud y gwir; nid oes fawr o fynd arnynt). Mae'r portread o newyddiaduraeth yn gwbl afreal. Os yw *Pwy?* yn credu bod golygydd *The Sun* yn gadael y swyddfa am chwech yr hwyr, mae'n gwbl ddiglem. Mae'r ymgais yn llawn trofegau (*tropes*) fel 'Achub y Dywysoges' (Nia angen dyn i'w gwaredu rhag y drwgweithredwyr) a 'Perygl yn y sedd gefn' (Nia'n neidio i'r car; y dihiryn yn aros amdani yn y sedd gefn). Diogrwydd yw hyn, ac mae hynny'n hen dro. Mae potensial yma. Ond chwythu'i phlwc mae'r ymgais. Fodd bynnag, gyda gwaith – llawer iawn o waith – gall y nofel hon weld golau dydd.

Dosbarth 1

Arglwydd diddymdra, 'Carafanio': Diolch byth am 'Carafanio', y nofel olaf yn y bocs, ac yn Ferrari i'w chymharu â'r *mini vans* eraill a ddaeth i law. Stori syml ar yr wyneb am deulu cyffredin – Dadi, Mami, Fflei a Cena – yn mynd ar wyliau carafanio. Ond mae yma stori fawr am fywyd a marwolaeth, am ddynoliaeth, am wrywdod, am yr hil, ac er i ni esgyn o'r Savannah, disgyn rydan ni mewn gwirionedd. Mae Dadi'n gymeriad Pob-Dyn sy'n cynrychioli tadau'r byd. Brwydr ddyddiol yw byw. Mae'n negodi ei ffordd trwy fywyd. Ceisia brofi iddo'i hun, a'r byd, ei fod yn ddyn o hyd: mae parcio carafán yn brawf o wrywdod i'r dyn llipa hwn gyda'i 'ddwylo meddal'. Mae'n amau a yw'n ffit i gario tynged ei blant yn ei law. Mae ei freuddwydion mawr wedi eu haberthu ar allor bywyd bob dydd. Mae Cena, ei fab dwyflwydd oed – anifail heb ataliad sy'n rhyddhau trais ac anhrefn ble bynnag mae'n mynd – yn cynrychioli'r elfen o'i natur y mae Dadi wedi ei cholli. Mae wedi ei emasciwleiddio gan amgylchiadau, gan deulu, gan ei eni, tra mai Cena yw'r cyntefig a aeth ar goll. Nofel heriol, arbrofol, ddoniol, emosiynol, hawdd i'w darllen, ac anesmwyth sy'n dangos i ni mai anifeiliaid ydym ni go iawn, yn feiolegol ac yn seicolegol, ac yn perthyn i Natur. Daeth 'Carafanio' i'n gwaredu a'n bugeilio rhag cyffredinedd y gweddill. Haleliwia am *Arglwydd diddymdra*.

Mae 'Carafanio' yn gwbl deilwng o Wobr Goffa Daniel Owen 2019.

Tasg hawdd oedd rhannu cystadleuwyr Gwobr Goffa Daniel Owen eleni yn ddau ddosbarth, yn bennaf achos mai dim ond un o'r wyth awdur a gyflwynodd nofel a oedd yn deilwng o ennill y gystadleuaeth. Fodd bynnag, rhaid canmol ymdrechion y saith awdur arall ar lwyddo i gyflwyno nofel yn y lle cyntaf, gan fod hyd yn oed gwneud hynny yn gamp sy'n werth ei dathlu. Hoffwn annog pob un o'r awduron na ddaeth i'r brig eleni i ailymweld â'u cyfrolau er mwyn eu mireinio a'u gwella, ac efallai geisio eto yn y dyfodol.

Gwlith, 'Dedfryd Oes': Ymdrech dda sy'n dechrau'n gryf ond sy'n methu â chynnal momentwm y stori hyd at y diwedd un. Mae gafael yr awdur ar iaith a gramadeg yn gadarn, ond nid yw hynny'n ddigon yng nghyd-destun ysgrifennu nofel. Ar ddechrau 'Dedfryd Oes' cawn gwrdd â Siôn, myfyriwr ym Mhrifysgol Aberystwyth, sy'n rhan o ymgyrch llosgi tai haf yng nghefn gwlad Ceredigion, a'r effaith bellgyrhaeddol a gaiff ei weithredoedd ar weddill ei fywyd. Un o gryfderau amlycaf y nofel yw cymeriad Siôn ei hun, ac mae'r awdur yn llwyddo i'w ddarlunio'n effeithiol yn ystod dau gyfnod o'i fywyd: yn gyntaf fel dyn ifanc naïf, llawn angerdd; ac yna fel carcharor yn gadael ei gell, gan geisio ailafael yn edeifion ei fywyd. Un o wendidau'r nofel yw'r cymeriadau sy'n amgylchynu Siôn a'r ffaith eu bod yn teimlo fel brasluniau, yn hytrach na chymeriadau cynhwysfawr. Tra bod perthynas Siôn â'i fab, Eirion, yn lletchwith a chredadwy ar un llaw, ar adegau mae'n teimlo braidd yn arwynebol. Fodd bynnag, gydag ychydig o waith, byddai modd gwella hynny heb lawer o drafferth. Mae'r plot yn dechrau'n gryf, ac mae'r ffordd y mae Siôn, trwy ei gyfeillgarwch â Renit, cyn-garcharor sy'n ailymddangos yn ei fywyd, yn cael ei sugno'n ôl i mewn i fywyd o dwyll a therfysgaeth, yn effeithiol. Er hynny, nid oeddwn yn teimlo tensiwn a difrifoldeb y sefyllfa ddigon ac erfyniaf ar *Gwlith* i fynd ati i ddatblygu'r stori a'r cymeriadau ymhellach, gan fod nofel well yn llechu yma, heb os.

Gwylan, 'Ynysoedd': Collwyd cyfle go-iawn gan yr awdur yn yr achos hwn, i'r fath raddau fy mod bron yn teimlo'n ddig tuag ati! Yn lle cyflwyno un nofel gynhwysfawr, cyflwynodd *Gwylan* dair nofela, ynghyd â nifer o esboniadau cefndirol diangen. Ar ddechrau fy ngyrfa, cofiaf deimlo'r angen i oresbonio pethau i'm darllenwyr, ond mae *Gwylan* yn ffinio ar fod yn obsesiynol o ran rhoi'r cyd-destun i ni. Mae'r ddwy nofela gyntaf, sef 'Cape York' ac 'Y Fenyw Wen' yn seiliedig ar ddyddlyfrau go-iawn Oswald Walters Brierly, arlunydd uchel ei barch a hwyliodd ar gwch y Rattlesnake i Cape York yn 1849, a'i brofiadau personol o gwrdd â menyw groenwyn ymysg y brodorion. Does dim amheuaeth nad yw'r stori yn werth ei chlywed, ond arddull y ddwy nofela gyntaf yw'r broblem. Y gwir yw eu bod nhw'n ddiflas a di-fflach, ac yn darllen yn debyg i'r hyn ydynt mewn gwirionedd, sef dyddlyfrau. Petai *Gwylan* wedi canolbwyntio ar ddatblygu'r drydedd nofela, 'Y Ferch Fach Ddel', yn nofel gyflawn, byddai wedi dod yn agos at gipio'r brif wobr, yn fy marn i, gan ei bod yn llawn cyffro, lleoliadau gwreiddiol, ieithwedd fentrus a golygfeydd cofiadwy. Mae'r cymeriadu'n gryf a'r naratif yn llawn antur, tra bod traddodiadau a ffordd o fyw llwythau amrywiol yr ardal yn cynnal diddordeb y darllenydd trwy gydol y stori. Efallai mai diffyg hyder sydd wrth wraidd yr holl esbonio, ond fe welais ddigon yn 'Y Ferch Fach Ddel' i gael fy narbwyllo bod *Gwylan*, petai hi'n ailstrwythuro'r gwaith, yn gallu cyflawni nofel gofiadwy y byddai gweisg Cymru yn sicr o fod eisiau ei chyhoeddi.

Nantmyniawyd, 'Calennig yr afon': Dyma nofel hir a hirwyntog, heb gyffro na hiwmor yn agos ati. Hanes teulu Plas Bati yng nghanolbarth Cymru a gawn yma, yn bennaf trwy lygaid Matthew Harries, y penteulu; a hefyd Angharad, morwyn ifanc, sy'n benderfynol o gael ei thraed o dan y bwrdd, fel petai. Yn anffodus, mae'r nofel yn ailadroddus ac, o ganlyniad, yn ddiflas. Mae *Nantmyniawyd* yn cyflwyno byd credadwy a ffyddlon i'r gwir, mae'n siŵr, ond nid dyna yw prif bwrpas nofel, yn fy marn i. Mae angen diddanu'r darllenydd a'i ysgogi i droi'r tudalennau, ond ni lwyddodd yr awdur i wneud hynny o gwbl yn yr achos hwn. Yn wir, roeddwn yn dyheu am i rywbeth ddigwydd. Unrhyw beth! Un o'r darnau gorau o gyngor rwyf erioed wedi'i gael fel awdur, yw y dylech chi 'gyrraedd golygfa yn hwyr, a gadael golygfa yn gynnar', ac fe ellir dweud hynny am y nofel hon yn ei chyfanrwydd. Yn fy marn i, gallai'r awdur fod wedi crynhoi dros hanner cyntaf y nofel i hanner ei hyd, ac yna ganolbwyntio ar ymdrechion Angharad i ddod yn rhan o fywyd y plas a Matthew yn benodol, gan mai Angharad, heb os, yw'r cymeriad mwyaf diddorol yn y gyfrol. Mae hi'n benderfynol, ystrywgar a chyfrwys, ond erbyn iddi ddod yn rhan ganolog o'r plot, roeddwn i wedi diflasu'n llwyr ar y stori. Er hynny, does dim amheuaeth nad yw'r awdur yn gallu ysgrifennu, ac mae ei afael ar dafodiaith yr ardal yn gadarn. Erfyniaf arno i geisio eto, gan efallai ehangu ar y bennod olaf un, gan blethu hanes dyfodol meibion y plas gydag ôl-stori eu rhieni.

Menna, 'Gobaith Mawr y Ganrif': Dyma nofel am y gorffennol yn dod nôl i aflonyddu ar gymeriad yn y presennol, sy'n dechrau'n dda, cyn cyrraedd diweddglo hynod siomedig a diddim. Mae'r awdur yn hoelio'r lleoliad o'r dudalen gyntaf, gan graffu ar fywydau llond llaw o gymeriadau dosbarth canol yng Nghaerdydd, sy'n cael eu heffeithio i wahanol raddau gan daranfollt o'r gorffennol. Mae'r awdur yn llwyddo wrth ddychanu eu byd ac mae'r cymeriadau yn gredadwy a'u perthnasoedd yn plethu a datblygu'n effeithiol, i ddechrau. Y brif broblem gyda'r nofel yw nad oes ymdeimlad o berygl yn perthyn i blot y blacmel, gan fod y cymeriadau sydd o dan fygythiad yn gallu datrys y broblem yn rhy hawdd. Unwaith eto, credaf fod nofel well yn llechu rhwng y llinellau, ac anogaf yr awdur i geisio dod o hyd iddi, gan fod nifer o elfennau da yn perthyn i'r ymdrech hon.

Crwydryn, 'Tŷ Mawr Gwyliau': Awdur arall sy'n teimlo fod rhaid iddo esbonio cefndir y stori i'r darllenydd, yn hytrach nag ymddiried ynddi fel y mae. Roedd gwir botensial yma o ran prif naratif y nofel, gyda'r awdur yn sefydlu sefyllfa sy'n hawdd uniaethu â hi, er nad efallai'r mwyaf gwreiddiol. Yn syml, teulu ar wasgar yn ymgynnull mewn tŷ gwyliau am benwythnos, a'r holl gyfrinachau sy'n llechu o dan yr arwyneb yn codi i'w haflonyddu, gan arwain at weithred anochel, ond eto reit annisgwyl. Tasai *Crwydryn* wedi canolbwyntio ar y stori ei hun, ac osgoi pob pennod 'Personol', byddai wedi dod yn agos at frig y gystadleuaeth, ond bob tro y byddai ei fyfyrdodau yn tarfu ar lif y naratif, roedd yn fy ngwylltio i, y darllenydd, ac yn fy nhynnu allan o'r byd craff roedd wedi ei adeiladu. Hawdd oedd uniaethu â gwe gymhleth y teulu a'r ffordd y maen nhw'n trin ei gilydd, ond yn y pen draw, anfoddog oedd 'Tŷ Mawr Gwyliau', er y byddai modd i'r awdur gywiro hynny'n ddigon hawdd. Unwaith eto, rhaid pwysleisio pwysigrwydd credu yn eich stori, achos os nad yw'r awdur yn credu ynddi, sut mae disgwyl i'r darllenydd wneud?

Pwy? 'Taflu Golau ar We Dywyll': Nofel swmpus ac ymdrech dda arall, sydd ddim cweit yn cyrraedd ei llawn botensial. Stori antur sydd yma yn y bôn, gydag elfennau domestig sy'n eu hangori yn y byd go-iawn. Un o ddiffygion mwyaf y nofel yw gafael yr awdur ar ramadeg y Gymraeg, er bod modd gweithio ar hynny er mwyn gwella'r llif a sicrhau ei bod yn barod i gael ei chyhoeddi. Erbyn y pwynt hwn yn y gystadleuaeth, roeddwn yn chwilio am gyffro, fwy na dim, ac mae *Pwy?* yn llwyddo i gyflawni hynny, heb os. Mae Nia, y prif gymeriad, yn effeithiol a chredadwy. Nid yw hi'n un-ddimensiynol, a rhaid canmol yr awdur am hynny. Yn anffodus, mae'r ystrydebau a'r cyd-ddigwyddiadau yn dechrau dod i'r amlwg wrth i'r nofel fynd yn ei blaen, a siom oedd gweld Nia yn dibynnu ar gymeriadau gwrywaidd i'w hachub cyn y diwedd.

Arafon, 'Y Gors': Yn debyg i ymdrech *Pwy?* mae *Arafon* yn cyflwyno stori antur sydd eto yn methu â chynnal y stori hyd yr eithaf. Mae'r nofel yn dechrau ar ras, gyda bywyd Gareth Pryce yn chwalu'n deilchion o fewn y tudalennau agoriadol, ac yna cawn ei ddilyn ar daith ar draws gwlad i achub ei blant a dial ar y rheiny sy'n gyfrifol. Unwaith eto, un o'r prif bethau sy'n ei gadael i lawr yw'r cyd-ddigwyddiadau cyfleus, tra bod y tyllau yn ôl-stori Gareth (beth sydd wedi digwydd i'w wraig, er enghraifft?) yn rhy amlwg i'w hanwybyddu. Fodd bynnag, mae digon yn 'Y Gors' i awgrymu bod potensial go-iawn i'r awdur gyflawni nofel ddarllenadwy a chyffrous. Paid â digalonni a phob lwc gyda'r ailysgrifennu.

Arglwydd diddymdra, 'Carafanio': Diolch byth am *Arglwydd diddymdra*! Dyma nofel wirioneddol wych. Ac er nad yw'n llawn cyffro ac antur efallai, mae hi'n llawn manylion craff, hiwmor miniog ac arsylwadau a myfyrdodau sy'n awgrymu bod awdur o ansawdd wedi codi i frig y gystadleuaeth. Gwelwn y byd trwy lygaid 'Dadi', wrth iddo dywys ei deulu (Mami, Fflei a Cena) ar wyliau mewn carafán tra bod cegin newydd yn cael ei gosod yn eu cartref ym Mhen Llŷn. Mewn gwirionedd, does dim llawer yn digwydd, ond nid dyna'r pwynt. Mae'r teulu'n teithio o le i le, a daw dawn yr awdur i'r amlwg wrth iddo fyfyrio ar fanylion y byd o'i gwmpas – rhai'n ddibwys, ac eraill yn athronyddol ac uchel-ael. Mae hiwmor yn britho pob tudalen, yn aml yn codi o berthynas Dadi gyda'i wraig a'i blant. Fel rhiant sydd wedi profi rhwystrau a phleserau gwersylla ar fwy nag un achlysur, peth hawdd oedd uniaethu gyda'u helyntion, a phleser oedd cael treulio amser yn eu cwmni, yn enwedig Dadi, sy'n gymeriad cyflawn ac yn sylwebydd craff ar y byd sydd ohoni.

Y Fedal Ryddiaith

Cyfrol o ryddiaith greadigol heb fod dros 40,000 o eiriau:
Cylchoedd

....

BEIRNIADAETH MERERID HOPWOOD

Cyrhaeddodd y blwch o Swyddfa'r Eisteddfod yng nghanol post y Nadolig. Roedd yn drwm o ddeunaw ymgais, a'r testun, 'Cylchoedd', wedi denu pob math o awen. O'r nofel wyddonias i'r stori dditectif, o'r digrif i'r trasig ac o waith yr hanesydd manwl i greadigaethau crefftwyr y llên micro awgrymog, cafwyd gwledd amrywiol, ac os nad oedd pob darn yn union at ddant y beirniaid, cafwyd blas ar o leiaf dameidiau o waith pawb. Wrth ddiolch i bob cystadleuydd am fynd ati a'u llongyfarch i gyd am ddod â'r maen i'r wal mewn pryd, dyma air am bob un yn eu tro.

Tyrnog, 'Y Tyst': Cafodd *Tyrnog* syniad am stori afaelgar. Mae'r myfyrdodau a gyflwynir hwnt ac yma – er enghraifft yr ymdrin â'r gwahanol fath o 'weld' – yn ennyn diddordeb, ond byddai tocio'n cyfoethogi'r dweud yn aml. Er enghraifft, byddai'r brawddegau hyn: 'Waeth lle rwyt ti'n dewis byw, Aeron. Mae dy deimladau di'n dŵad efo ti,' yn cadw eu cryfder o'u gadael heb ymhelaethu pellach. Gwell hefyd fyddai osgoi gorblethu'r testun i'r gwaith a chnoi cil ychydig yn fwy dros effaith y digwyddiadau ysgeler ar wahanol aelodau'r teulu; weithiau, ymddengys nad yw eu hymateb yn gydnaws ag arswyd y profiad. Mae egin stori dda yma.

Teithiwr, 'Ysgol Gydol Oes': Cafwyd arddull hamddenol, hawdd ei ddarllen. Cyflwynir atgofion diffuant un a fu'n blentyn yng nghefn gwlad Cymru cyn ac yn ystod yr Ail Ryfel Byd. Gall yr awdur fynegi diniweidrwydd y plentyn. Fodd bynnag, mae'r adran sy'n dechrau gyda 'I ffwrdd â fi i chwilio ddoe' yn creu rhyw deimlad o ailgychwyn rywsut ac mae'r gyfres o ddarluniau o wahanol enwogion braidd yn ddigyswllt. Oherwydd hyn, nid yw'n argyhoeddi fel cyfanwaith. Wedi dweud hynny, mae'n gofnod gwerthfawr o gymdeithas, arferion ac agweddau Cymry'r cyfnod.

Ronella Corbett, 'Modrwyau': Atgofion plentyndod adeg rhyfel yw 'Modrwyau' hefyd. Ar sawl gwedd mae'n debyg o ran arddull a bwriad i waith *Teithiwr* uchod. Er gwaetha'r ffugenw, nid digrifwr yw'r awdur. Mae'r syniad o ddewis modrwy wahanol ar gyfer pob pennod yn ddyfeisgar ac yn gyswllt cadarn â'r testun. Eto i gyd, nid yw'r cysylltiad rhwng y fodrwy a chynnwys y bennod bob amser yn amlwg. O dynhau ar y cynllun a'r dweud, gan geisio osgoi amlhau geiriau, byddai'r gwaith hwn yn cyrraedd Dosbarth tipyn uwch.

Cyfnod, 'Arwyddion': Hanes myfyrwraig PhD yn darganfod rhywbeth anhygoel yn y sêr a geir yma. Ceir portread manwl o wyddonwyr dychmygol o bob cwr o'r byd yn cydweithio i lansio roced i chwilio'r sêr ac, yn benodol, y blaned ENIGMA. I'm chwaeth i, gellid treulio llai o amser yn datblygu'r plot a mwy yn rhoi cig ar y cymeriadau; er enghraifft gyda'r newyddion am afiechyd Dimitri, gellid gwneud mwy i ddatblygu cydymdeimlad rhwng y darllenydd a thrigolion lluosog y nofel. Mae'r ieithwedd yn ddiddorol gan bendilio o fod yn gwbl naturiol i fod braidd yn lletchwith ar brydiau, ac mae hyn yn gallu gwneud y stori'n anodd ei dilyn. Ond, heb os, clywir gwreiddioldeb a dyfeisgarwch yn llais yr awdur hwn.

Tŵ Ffat Lêdis, Nymbar Eti Êt, 'Panad Dros y Galon': Hiwmor yw'r nod gyda'r nofel hon. Clywn helbulon June yn ennill gwobr annisgwyl: te gyda'r Archdderwydd a'i wraig a thocyn wythnos i'r Eisteddfod Genedlaethol. Try'r hanes yn ffars yn gyflym, ac er bod culni a rhagrith yn cael cic haeddiannol, rhaid gochel rhag i'r cymeriadau a'r cynllun droi'n ystrydeb. Mae Rhidian, mab yr Archdderwydd, a'i gymar, Kirsty, wedi enwi eu mab yn Ashley Bale, ond mynna'r Archdderwydd ei alw'n Llywelyn ap Rhidian gydol wythnos yr Eisteddfod. Dylid golygu'r gwaith yn ofalus er mwyn hwyluso adegau pan fo'r persbectif yn newid, er enghraifft yn y bennod 'Rhagbrawf a Gorsedd' rhag creu dryswch diangen. Wedi dweud hyn, mae'r dweud yn ffraeth a'r dramodydd o lenor yn aml yn cael hwyl arni.

Elis, 'Cylchoedd': Comedïwr y gystadleuaeth yw *Elis*, ac yn y gyfrol hon cyflwyna gyfres o straeon byrion sy'n gweld doniolwch pob math o sefyllfaoedd, o waith y beirniad eisteddfod i waith cadeirydd y cyngor plwyf. Gall fod yn sylwgar a ffraeth ac, ar adegau (er enghraifft ar ddechrau 'Rowndabowts'), fe'm cefais yn chwerthin ma's yn uchel. Dro arall, fodd bynnag, roedd y deunydd yn llai ffres ac felly'n colli'r ergyd, er enghraifft y chwarae ar 'Wylit, Wylit Lywelyn' o gywydd Gerallt Lloyd Owen fel addasiad o 'Will it, will it'. Nid yw rhai straeon, er enghraifft 'Pawb i Ffurfio Cylch', yn teilyngu cael eu cynnwys yn y casgliad.

Anwylfan, 'Bron Deg': Dyma nofel ddarllenadwy sy'n cynnal dwy stori, gyda'r naill yn digwydd yn y flwyddyn 1890 a'r llall yn 2015. Wrth i'r nofel ddatblygu, dysgwn fod rhywbeth sinistr yng ngorffennol capel Bron Deg, rhywbeth nad yw'n debygol o fod wedi ei gofnodi yn llyfrau swyddogol yr eglwys. Dadlennir dirgelwch am farwolaeth Isaac bob yn dipyn ac mae'r dweud yn gafael ar adegau, er enghraifft 'Wrth i'r wawr dorri gwyddai y byddai'n frwydr i dwymo'r dydd'. Mae'r gyfeiriadaeth at yr Hen Destament yn rhoi haenen o ddyfnder i'r gwaith. Gall *Anwylfan* greu cymeriadau byw iawn, er enghraifft Mati Ffos Ddu, ond tybed a oes gormod o gymeriadau yn yr 'hen' stori? Tybed hefyd a yw'r modd y datrysir y dirgelwch ar y diwedd ychydig yn ffwr-bwt?

Mis ola'r haf, 'Tameidiau': Fel mae'r teitl 'Tameidiau' yn ei awgrymu, cyfres o ddarnau llên micro sydd yma. Ysgogwyd y traethydd i lunio'r gwaith mewn ymateb i ddiswyddiad ar sail 'diffyg creadigrwydd'. Yn sicr, profodd gyda'r gwaith hwn fod ganddo ddawn creu. Drwy gydol y gwaith, mae'r traethydd yn chwarae â'r darllenydd gan greu amheuon y bydd yn ei ladd ei hun. Ymdrinnir yn sylwgar â rhai syniadau, er enghraifft yn yr adran sy'n disgrifio 'gwacter' fel 'Het a sgarff dyn eira ar wair' ac eto yn llun creon y mab o'i fam 'yn llinell o berson, yn wag o wyneb'. Mae'r cyffyrddiadau cynganeddol yn cyfoethogi'r dweud, er enghraifft 'Medi a'i holl dameidiau'. Fodd bynnag, mae angen golygu'r gwaith a ffrwyno'r elfen hunandosturiol a glywir hwnt ac yma; buaswn i hefyd yn hoffi gweld ailwampio a chryfhau rhai darnau, er enghraifft y darn cyntaf.

Carlo, 'Aerwy': Mae ôl ymchwil manwl ar 'Aerwy'. Dysgwn lawer am gymdogaeth y 'tun plate' ac am brofiad Cymry'r cyfnod yn symud i Loegr i chwilio am waith a'r modd y cawsant eu trin yno. Ceir cyffyrddiadau arbennig drwyddi draw, er enghraifft yn yr adran agoriadol lle mae disgrifiad byw o'r gwynt. Pe byddai wedi cynnal y safon honno ar hyd y nofel buasai'n cyrraedd Dosbarth uwch. Ceir ambell berl sy'n peri i'r darllenydd oedi a meddwl, fel yn yr adran sy'n dweud am yr anadl: 'rhwng diwedd anadl a dechrau'r anadl allan mae saib'. Fodd bynnag, dylid gochel rhag gormod o frawddegau epigramatig fel 'Nid rhith pob gwerddon', rhag iddynt golli effaith. Mae'r adran am ryfel a'r 'arwahanrwydd' yn troi'n 'wahanglwyf' yn effeithiol a cheir dadl glir o blaid potensial sosialaeth yn erbyn gormes.

Anni, 'Gemau': Cafwyd syniad da am strwythur gan *Anni* yn ei gwaith 'Gemau' gyda'r stori'n symud rhwng lleisiau Nina a Rose. Disgrifir priodweddau gwahanol emau i fframio'r adrannau. Mae'r camau rhwng y gemau gwahanol yn lleihau wrth i'r naratif fynd yn ei flaen ac nid yw hi'n glir i mi beth yw arwyddocâd y gemau i gyd. Ceir cyffyrddiad da iawn wrth ddisgrifio Nina'n dal wyneb ei mam 'iawn' yn ei hwyneb ei hun. Mae'r stori'n dechrau gafael ym mhennod 9 ac *Anni* yn dangos ei dawn fel llenor. Weithiau, fodd bynnag, ceir ymadrodd annaturiol heb reswm digonol, er enghraifft 'y mabwysiedig rai'. Dro arall, gall ymdrin ag iaith yn gywrain, er enghraifft y chwarae â'r gair 'eto' ar dudalen 22. Cyfeiria ei hun at y peryg i wirebau swnio'n 'llipa' a dylid cofio hynny! Hefyd, dylid cysylltu'r dyfyniad ar y diwedd gydag adran yng nghorff y dweud.

Efallai, 'Troi mewn Cylchoedd': Yn 'Troi mewn Cylchoedd' cawn bum stori sy'n ymwneud mewn ffyrdd amrywiol â'r berthynas rhwng rhiant a phlentyn. Er bod cymeriadau gwahanol yn adrodd y straeon, synhwyrwn lais rhywun yn ei hugeiniau hwyr yn edrych yn ôl ac ymlaen ymhob un, a phob stori i ryw raddau'n dangos sut y gall pryder a gorbryder effeithio ar fywyd. Ceir cyffyrddiadau gwirioneddol dda yn y casgliad, er enghraifft 'ei bochau bach yn llenwi'n wag nes bod y llaeth yn llifo' a'r disgrifiad o ford y te angladd yn nodi bod '*Clingfilm* yn dal holl ymdrechion eu cyfeillion i gydymdeimlo'. Craff hefyd yw'r sylw am wyneb y cloc yn 'Dal Gafael' lle mae'r bysedd yn creu gwg neu wên. Defnyddia fotifau i glymu'r straeon at ei gilydd yn effeithiol gan gyflwyno'r cymal 'daw hyn hefyd i ben' yn y stori gyntaf a'i ailadrodd yn gynnil hwnt ac yma. Heb os, rydym yn codi i dir da iawn gyda'r gwaith hwn.

Munud Bach Igyn, 'Cylchoedd': Stori o bersbectif yr Hen Ŵr yw 'Cylchoedd'. Dyma athronydd o storïwr sy'n bwyllog a sylwgar. Thema fawr ei waith yw Amser a hynny yng nghyd-destun unigedd. Dro ar ôl tro mae'r dweud yn wreiddiol, er enghraifft 'Gair brown ydi iselder yn ei feddwl o' neu 'Mae hi'n oer a'r dyddiau duon bach am wddw'r Hen Ŵr fel mwclis'. Mae ganddo glust dda at rythm brawddegau, er weithiau mae'n eu torri heb reswm amlwg. Dro arall, mae'r ffin yn denau rhwng bod yn awgrymog ac yn annelwig; fe'm dryswyd, er enghraifft, gan 'Mae'n o hoff o flodau ac yn gwybod fod pethau'n newid. Yr unig ddrwg ydi nad ydi pobl yn newid hefo'r pethau a'u bod nhw felly yn cael eu gadael ar ôl'. Mae'r darn sgript ymhlith y naratif yn ddyfeisgar, ond mae'r gosodiad sy'n agor yr adran ddilynol, 'Weithiau bydd yr Hen Ŵr yn meddwl', yn rhyfedd gan fod yr Hen Ŵr wedi treulio cymaint o'r testun yn meddwl. Nid yw'r rheswm dros y bylchau ar dudalennau 50-51 yn glir i mi chwaith. Wedi dweud hynny, mae'r llais hwn yn dweud pethau o bwys ac yn gwmni myfyrgar, diddan.

Sgwaryn, 'Bydd yn Wrol': Mae llawer i'w ganmol am 'Bydd yn Wrol' – a gwelir cip ar ei wreiddioldeb yn ei ffugenw. Hanes cymeriad nad yw'n 'ffitio' a gyflwynir i ni, un sydd wedi ei fagu gan fam gyfan gwbl ormesol a llipryn o dad, ond rhaid aros tan ddiwedd y nofel i wybod pam ei fod wedi ei garcharu. Er bod y digwyddiadau ymhell o fod yn gyffredin, camp y llenor yw creu portread credadwy o'r cymeriad. Fodd bynnag, credaf y gallai'r gwaith fod ar ei ennill o docio ar yr esiamplau o ormes y fam ac obsesiwn y mab â chyllyll, ynghyd â golygu ar gynildeb y dweud drwyddi draw. Dylid hefyd dynhau ychydig ar y darnau mewn italig. Ond gobeithio'n fawr y bydd *Sgwaryn* yn mynd yn ôl at y gwaith – mae ynddo ormod o botensial i'w adael mewn drâr.

Calon Cabetshen, 'O'r cysgodion': Cyfres o fonologau i bob pwrpas sydd yma. Defnyddia'r llenor craff lawer o leisiau i ymdrin â phobl y cyrion. Mae'n chwareus wrth ddefnyddio cyfeiriadaeth lenyddol ac yn sylwi'n dreiddgar â'r llygad ac â'r glust. Gwrandewch ar y dyfeisgarwch wrth drin iaith: 'Fi'n lico tai hen bobol. Mae'r papur ar y wal yn cosy a ma smel fel hen a smel fel lliw melyn a bach o lliw mwg, os fydde smel yn gallu cael lliw'. Cawn gip yn aml ar yr angel pen ffordd a'r diawl pen pentan gan un sy'n gallu dal natur cymeriad mewn dwy frawddeg: 'Busnes sydd gan rai. Diddordeb sydd gen i'. Mae rhai straeon yn fwy llwyddiannus na'i gilydd, a rhai yn ardderchog. Bydd 'Y Cylch Mewnol' a'i bortread o dynerwch yr hen wraig ddieithr tuag at y fam ifanc, 'Uffern' a'i hanes dirdynnol am hil-laddiad, a 'Trachwant' a'm daliodd ar bigau'r drain o'r cychwyn i'r clo yn aros gyda mi'n hir heb os.

Dosbarth 1
Rwyf o'r farn fod pob un o gyfrolau'r Dosbarth hwn yn deilwng o'r Fedal.

Glöyn Byw, 'Y Bwrdd': Mae 'Y Bwrdd' yn gyfoes, yn raenus ac yn gwbl orffenedig. Llwydda i gynnal diddordeb o'r dechrau'n deg tan y gair olaf. Mae'r cymeriadu a'r cynllun yn wreiddiol a'r dweud yn sylwgar-ddychanol. Gwelir cip ar yr elfen hon o ddawn *Glöyn Byw* yn y darlun cynnil o fwrdd cwbl sgwâr ar wynebddalen ei waith (a hynny mewn cystadleuaeth â'r gair 'Cylchoedd' iddo'n destun). Down i adnabod Carwyn o'r Tymbl sy'n gweithio i'r 'Bwrdd' yng Nghaerdydd ac sy'n bartner i Laticia o Valencia a thad i Awel Abril. Portreadir byd undonog ei swyddfa mewn gwrthgyferbyniad â'i angerdd at goginio a'i hoffter mawr o alcohol. Ymdrinnir â pheryglon Brecsit a rhoir llais i sawl math o ragfarn a pholemeg gymdeithasol gyfredol. Mae'r nofel yn barod i'w chyhoeddi a dylid gwneud hynny cyn gynted ag y bo modd er mwyn rhoi pleser, rwy'n siŵr, i lawer o ddarllenwyr. Diolch am gyfanwaith difyr iawn. Dyma storïwr wrth reddf.

Trump, 'Wal': Peth anodd gen i yw cydnabod bod 'Wal' *Trump* wedi ennill fy ffafriaeth yn llwyr! Buaswn i'n gwbl hapus o fod wedi gweld y gwaith cynnil a meistrolgar hwn yn mynd â'r Fedal. Try dyfais dysgu darllen llyfrau'r 60au megis *Janet and John* neu *Peter and Jane* (a gyhoeddwyd fel *Gareth a Siân* yn y Gymraeg) yn ddyfais dysgu ysgrifennu. Gan ddechrau gyda llond dwrn o eiriau mewn print bras, mae'r llenor yn rhoi haen ar haen o ddyfnder i'r dweud drwy ailadrodd rhai geiriau allweddol a gweithio drwy ei stori dreiddgar hyd at y tudalennau olaf lle mae'r print yn fân a'r geiriau'n bentwr. Drwy'r cyfrwng hwn gall gadw lled braich o'r digwyddiadau. Mae hyn yn dieithrio'r darllenydd i ryw raddau ond ar yr un pryd, rywsut, yn ychwanegu at yr ing. Datblyga'r gair 'dyma' yn fotif sy'n cyflwyno themâu oesol fel serch/diffyg serch, cariad/diffyg cariad mewn dull newydd, eironig a dirdynnol. Ni chyll gyfle i brocio'r meddwl, gyda hyd yn oed enw'r ci drws nesaf yn ychwanegu ystyr i'r naratif. Gobeithio'n fawr y bydd *Trump* yn caniatáu cyhoeddi'r gwaith ar fyrder a hynny mewn argraffiad sy'n parchu'r gwahaniaeth ffont. Mae'n waith cwbl wreiddiol.

Fala Surion Bach, 'Cylchoedd': Dyma waith meistrolgar arall. Yn y casgliad o 14 stori cafwyd sawl un o uchafbwyntiau'r gystadleuaeth. Mae pob stori'n cynnig darlun craff o'r cysylltiadau cudd sy'n aml rhwng perthnasau. Mae'r amrywiaeth yn mynd â ni o hiwmor absŵrd yr angel a ddaw o'r nefoedd i wneud 'stand-yp', i'r stori arswyd lle mae'r awdur yn wynebu creadigaethau ei ddychymyg arswydus ei hun, wrth i'r un â'r 'sgidiau coch heb greia' ymweld â'r awdur er mwyn cael bod yn rhydd. Cyffyrddiad cyfoethog yw'r ddolen rhwng y ddwy stori 'Trwy'r Lens' ac 'O', sydd, yn ddrychau dadlennol, o hirbell, i'w gilydd. Pinacl y casgliad yw'r ddwy stori olaf. Mae 'A chyda mi ysbienddrych' bron yn rhy boenus i'w darllen. Unwaith eto rydym yng nghwmni aelod o deulu sy'n cadw cyfrinach aelod arall. Yn y gobaith sicr y bydd y gyfrol yn gweld golau dydd, ddatgelaf i mo'r diwedd. Digon yw dweud ei bod yn cloi'n anodd ac ysbrydoledig. Felly hefyd 'Cylch wydr lliw', lle mae cydymdeimlad tawel rhwng dau oedolyn, Enzio a Nan, yn eu tynnu at ei gilydd mewn cyd-destun annisgwyl, ac yn gorffen y stori'n hyfryd o gynnil.

Raphael, 'Ingrid': Wedi darlleniad cyntaf y deunaw ymgais roedd 'Ingrid' yn y Dosbarth Cyntaf gan y tri ohonom. Wedi darlleniadau pellach roeddem yn unfrydol mai hon fyddai'n derbyn y Fedal eleni. Mae'n waith llenor arbennig iawn, un crefftus a gwreiddiol. Lleolir y nofel yn Stuttgart, yr Almaen, ac oddi yno cawn hanes Ingrid, menyw lawn bywyd sy'n araf golli ei meddwl a'i chof. Adroddir ei hanes o'i safbwynt hi ei hunan, ei gŵr, ei mab a'i merch yng nghyfraith, a thrwy'r cwbl, llithra'r dweud yn gelfydd i lais traethydd annibynadwy gan ein hysgwyd i gwestiynu'r naratif heb beri i ni golli'r trywydd yn llwyr chwaith. Prin iawn yw'r nofelau Cymraeg sy'n dod â diwylliant gwlad arall yn fyw, ond yma mae'r Gymraeg yn rhoi ei llais yn gwbl naturiol i fyd yr Almaen. Ddwywaith datgelir cysylltiad enigmataidd a gogleisiol â Chymru, y naill yn y rhagair drwy gyfeiriad at Sir Fôn, a'r llall mewn parti noswyl Nadolig lle sonnir wrth basio am ryw 'gymydog o dramor' yn canu 'Ar gyfer heddiw'r bore'. Mae'n enghraifft o hiwmor cynnil, *bizarre* y llenor ac yn esiampl o'r math o ergyd a'm henillodd i'n llwyr. Mae'r Cymry a'r Gymraeg yn gymdogion tramorol mewn nofel Gymraeg sy'n fwy Almaenig na Chymreig. Caiff y darllenwyr oriau o bleser yn mynd ar ôl dyfnder ystyr pob math o elfennau gan gynnwys enwau'r cymeriadau a'u gwaith. Cânt hefyd eu pryfocio i feddwl am gwestiynau mawr Hunaniaeth, Cariad a Gwirionedd. Dyma waith lle mae dyfnder y deall neu'r diffyg deall, neu'r deall am y diffyg deall yn mynnu ein sylw.

Er cystal safon y gweithiau eraill, braf iawn yw gallu dweud ein bod fel triawd o feirniaid yn unfrydol ynghylch teilyngdod 'Ingrid' gan *Raphael*. Llongyfarchiadau mawr! *Raphael* piau'r Fedal.

BEIRNIADAETH ALUN COB

Tipyn o dasg i rywun sydd yn newydd i'r gwaith hwn oedd darllen, dewis a dethol y goreuon ymysg y deunaw cyfrol a ddaeth i law ddiwedd y llynedd. Ond braf yw cael adrodd mai pleser oedd y gorchwyl a'i bod yn amlwg fod pob un o'r ymgeiswyr wedi cymryd y gystadleuaeth o ddifrif. Dw i wedi penderfynu rhannu'r deunaw gwaith yn dri dosbarth, a heblaw am y cyfrolau yn y Dosbarth Cyntaf, nid yw'r cyfrolau yn y gwahanol ddosbarthiadau mewn unrhyw drefn benodol. Oherwydd safon uchel y gystadleuaeth mi fedra i sicrhau pawb nad oes cywilydd o gwbwl mewn ymddangos yn y Trydydd Dosbarth!

Dosbarth 3

Tyrnog, 'Y Tyst': Mi wnes i fwynhau darllen 'Y Tyst' ond nid efallai am y rhesymau yr oedd yr awdur yn eu bwriadu. Nid oedd y stori na'r cymeriadau'n argyhoeddi am un eiliad a chan mai nofel drosedd ydyw mae'r rhain yn nodweddion hollbwysig. Gyda golygu manwl, credaf fod stori ddigon derbyniol i'w chael yma.

Tŵ Ffat Lêdis, Nymbar Eti Êt, 'Panad Dros y Galon': Cyfrol eithaf rhyfedd i'w rhoi yng nghystadleuaeth y Fedal gan mai ymosodiad dychanol ar y Brifwyl a'i defodau yw ei phrif thema. Petai hyn wedi diweddu'n feiddgar a doniol, mi fuaswn wedi'i chroesawu'n frwd. Yn anffodus, mae'r stori a'r cymeriadau lliwgar braidd yn hen ffasiwn, er bod y deialog ar brydiau'n dda.

Teithiwr, 'Ysgol Gydol Oes': Dyma gyfrol sy'n debygol o fod wedi deillio yn uniongyrchol o brofiad personol yr awdur. Hunangofiant efallai, sydd wedi'i ysgrifennu'n dda ond sydd hefyd yn hynod o hen ffasiwn. Mae'r hanes hefyd braidd yn undonog a llais yr awdur i mi'n swnio ychydig yn hunangyfiawn. Nid oes llawer i'w feirniadu yma ond dim llawer i'w frolio chwaith.

Anwylfan, 'Bron Deg': Unwaith eto, dyma nofel hynod o hen ffasiwn a ninnau, erbyn hyn, ddegawdau i mewn i'r unfed ganrif ar hugain! Mae hanfod y stori, sef hanes capel mewn dau gyfnod penodol, yn un diddorol a chryf, ond nid oes modd credu yn y cymeriadau nac ymddiddori yn eu gweithgareddau, yn anffodus. Cyfle wedi'i golli, efallai.

Elis, 'Cylchoedd': Mae *Elis* yn cadw at thema'r gystadleuaeth mewn ffordd glyfar a dyfeisgar gyda'i gyfres o straeon byrion anweddus a chellweirus. Yn anffodus, nid oedd ei hiwmor eang, gwrth-PC yn apelio at y beirniad hwn ac erbyn y diwedd roeddwn wedi syrffedu braidd. Mae dawn dweud yma heb os, ond efallai nad yw at ddant pawb.

Cyfnod, 'Arwyddion': Dyma syniad gwych a gwreiddiol am stori yn y Gymraeg: hanes prosiect ffugwyddonol am ymdrechion dyn i gysylltu gydag estroniaid o blaned bell wedi i'r Ddaear dderbyn neges anesboniadwy. Yn anffodus, nid oedd yr ysgrifennu na'r cymeriadu yn ddigon da. A boddwyd cyffro'r syniad gwreiddiol, braidd, gan gyfres ddiangen a di-ri o gyfarfodydd rhyngwladol diflas. Cyfle arall wedi'i golli.

Mis ola'r haf, 'Tameidiau': Nofel hynod o fyr am noson pan yw dynes yn colli'i swydd gyda'r BBC, ac yn boddi mewn hunandosturi ar lan y môr. Fel y gyfrol, mae'r feirniadaeth yn un fer: ysgrifennu dawnus ond gwan a syrffedus oedd y stori.

Ronella Corbett, 'Modrwyau': Cyfrol o hunangofiant diniwed am frodor o Ddyffryn Ogwen yn y cyfnod wedi'r Ail Ryfel Byd. Digon difyr, mi dybiwn, i bobol leol a theulu'r awdur – ond nid oes yma ddigon o ddrama na sylwedd i'r ysgrifennu na'r naratif.

Dosbarth 2

Efallai, 'Troi mewn Cylchoedd': Cyfres o straeon byrion crefftus gyda'r berthynas rhwng mamau a'u plant yn ganolog iddynt. Cyfrol hynod ddarllenadwy gan awdur sydd yn amlwg yn hyderus wrth ei waith. Yr unig gwynion yw bod y gyfrol ychydig yn denau a bod y straeon braidd yn undonog a gorddifrifol. Bydd gwell i ddod gan yr awdur hwn yn y dyfodol, mi dybiwn i.

Trump, 'Wal': Hon, efallai, oedd y gyfrol fwyaf beiddgar yn y gystadleuaeth eleni: stori gyfoes i oedolion wedi'i hadrodd ar ffurf llyfr plant. Wedi'i chyflwyno fel nofel gyffredin, roedd hi'n anodd penderfynu a oedd hyn cweit yn gweithio wrth ei darllen. Ond gyda gwaith dylunio clyfar gallaf weld 'Wal' yn ennill cynulleidfa boblogaidd frwd. Mae'r stori'n afaelgar a'r ysgrifennu'n ddoniol a chraff. Ymgais wreiddiol a lled gyffrous am y Fedal.

Anni, 'Gemau': Nofel fer, hyfryd am effaith *dementia* ar berthynas mam a'i merch a gafodd ei mabwysiadu. Mae yma ddisgrifiadau manwl, naturiol a gwreiddiol o bobl sydd yn eu darganfod eu hunain mewn sefyllfa amhosib. Cyfrol sy'n haeddu gweld golau dydd ond sydd efallai ychydig yn rhy fyr.

Carlo, 'Aerwy': Nofel rwystredig o agos at fod yn wych! Mae'r ysgrifennu'n llenyddol dda a'r deialog yn naturiol yng ngenau'r cymeriadau crwn a chredadwy. Mae'r gwaith ymchwil hefyd yn dda, er ei fod weithiau'n cael ei amlygu braidd yn ormodol. Roeddwn hefyd yn hoffi'r pwnc a ddewiswyd gan *Carlo*, sef mudo Cymry i Loegr i chwilio am waith rhwng dau ryfel mawr y ganrif diwethaf. Ac er bod yma ambell olygfa hynod ddramatig ac effeithiol, braidd yn ddiflas a di-fflach yw'r stori. Mae'r diweddglo yn arbennig o siomedig. Nid wyf, chwaith, yn gweld sut na lle mae'r testun 'Cylchoedd' yn cael ei gyflwyno. Ond wedi dwaud hyn, gyda thipyn o waith caled, dyma nofel y buasai'n wir werth ei chyhoeddi.

Fala Surion Bach, 'Cylchoedd': Cyfres o 14 o straeon byrion gan awdur sy'n eithaf amlwg yn brofiadol iawn. Ychydig yn anghyson yw safon y straeon, gydag ambell un wan yn gostwng gwerth y gyfrol. Ond pan fo ar ei orau, megis 'A chyda mi ysbienddrych', cawn weld meistr y stori fer wrth ei grefft – yn iasol, ingol a gyda'r hiwmor tywyllaf. Cyfrol arall, synnwn i ddim, a all gael ei chyhoeddi ond ni allaf ddweud fy mod wedi mwynhau ei darllen yn gymaint ag edmygu crefft ddiamheuol yr awdur.

Dosbarth 1

Mi fuaswn yn ddigon bodlon talu am ddarllen unrhyw un o'r cyfrolau yn y Dosarth Cyntaf.

Glöyn Byw, 'Y Bwrdd': Hon, efallai, yw'r gyfrol fwyaf darllenadwy a masnachol yn yr holl gystadleuaeth. Mae hi'n stori gyfoes sydd yn darllen yn hawdd gyda'r ysgrifennu'n raenus a slic. Hanes effaith Brecsit ar unigolion a'r gymuned a gawn yma; stori garu gyda chymeriadau credadwy yn dod yn fyw oddi ar y dudalen. Mae'r ysgrifennu a'r deialog yn slic a chlir, er bod tueddiad anffodus ar brydiau gan yr awdur i bregethu. Y broblem fwyaf yw bod y gyfrol, efallai, wedi dyddio erbyn i ni, feirniaid, ei derbyn – heb sôn erbyn iddi gael ei chyhoeddi! Er hyn, dyma ymgais arbennig, gan awdur ifanc, at ysgrifennu nofel fodern, boblogaidd.

Sgwaryn, 'Bydd yn Wrol': Mater o chwaeth personol, wrth gwrs, yw beirniadu unrhyw gystadleuaeth. I mi, dyma un o'r cyfrolau mwyaf heriol a chyffrous yng nghystadleuaeth y Fedal eleni. Awdur yw *Sgwaryn* sydd yn arbrofi gyda sut i gyflwyno stori i'r darllenydd. Mae'r ysgrifennu'n sionc a naturiol a'r prif gymeriad yn amlygu'i natur yn araf mewn ffordd glyfar a chyfoethog. Hoffwn i pe bai pawb yn cael y cyfle i ddarllen a thrafod 'Bydd yn Wrol' – er dw i'n siŵr na fydd at ddant pawb.

Munud Bach Igyn, 'Cylchoedd': Hon oedd y gyfrol a ddaeth â'r mwynhad mwyaf i mi wrth ei darllen. Roeddwn yn hoff iawn o ddawn dweud yr awdur ac yn cael mwynhad ymhob brawddeg o'r gyfrol hynod hon. Llyfr am gefn gwlad a diflannu'r hen ffordd Gymreig o fyw yw 'Cylchoedd' ond heb y besimistiaeth sydd yn aml yn rhan o drafod pwnc fel hwn. Efallai mai braidd yn denau yw'r gyfrol o ran hyd ac felly hefyd y plotio, ond i mi mae yna gyfoeth iaith a thafodiaith yma. Gobeithio y bydd rhyw wasg yn gweld gwerth mewn cydweithio gyda *Munud Bach Igyn* i ddyrchafu'r gyfrol fymryn yn uwch cyn ei chyhoeddi.

Calon Cabetshen, 'O'r cysgodion': O'r sawl cyfrol o straeon byrion yn y gystadleuaeth eleni, hon ddaeth i'r brig i mi. Sut all yr un awdur fod yn gyfrifol am y fath gyfoeth o gymeriadau a lleisiau gwahanol, wn i ddim. Pymtheg o straeon o safon uchel gydag ambell un yn syfrdanol o dda. Mae'r ysgrifennu yn gwbl naturiol, dyfeisgar ac yn glyfar dros ben. Mae'r pymtheg stori'n dilyn yr un thema, sef naratif ar unigolyn mewn trafferth. Rhaid rhoi clod arbennig i ddwy stori, sef 'Y Cylch Canol' sydd yn gampwaith bychan ac 'Uffern' sydd yn ddiweddglo rhyfeddol a chofiadwy i'r gyfrol gaboledig hon.

Raphael, 'Ingrid': Dyma'r gyfrol orau yn y gystadleuaeth eleni: nofel feistrolgar mewn pedair rhan. Nofel sy'n gwbwl Almaenig ei stori, ond sydd â'r Gymraeg mwyaf gloyw a chyfoethog o'r holl ysgrifennu campus a gafwyd yn y gystadleuaeth. Cawn hanes bywyd Ingrid, cymeriad crwn a chymhleth sydd yn agosáu at ddiwedd ei siwrne trwy fywyd. Daw'r stori'n fyw drwy ei llais hi a lleisiau aelodau ei theulu agos. Mae'r adrodd mor goeth a manwl gan *Raphael* fel bod y darllenydd yn teimlo fel pe bai'r cymeriadau hyn yn gymeriadau hanesyddol go-iawn. Cawn ddarlun hynod graff o fyd lled-fohemaidd, ysgolheigaidd y teulu Lessing o Stuttgart o ganol yr ugeinfed ganrif hyd heddiw. Mae'n eithaf amlwg bod yr awdur yn feistr ar ei grefft ac yn gallu dweud stori, a ymddengys yn dwyllodrus o syml, gyda haenau cyfoethog o fanylder seicolegol a deialog credadwy iawn. Campus! Mae'n llwyr haeddu'r Fedal.

BEIRNIADAETH ALED ISLWYN

Daeth deunaw teipysgrif i law eleni: ffrwyth llafur deunaw awdur. O gofio'r gofid a fynegir yn gynyddol am gyflwr y Gymraeg yn ei chadarnleoedd traddodiadol, siawns na ddylem gymryd rhywfaint o gysur o weld cynifer yn ei dewis yn gyfrwng i'w creadigrwydd. Dyma air am bob un, gan symud yn araf tua'r goreuon.

Dosbarth 2

Tyrnog, 'Y Tyst': Ar hap un noson, wrth fynd am dro yn yr oriau mân, gwêl Aaron ddyn yn cael ei lofruddio. Yr hyn a ddilyn yw ymgais i groniclo effaith bod yn dyst i'r fath ddigwyddiad ysgeler arno ef a'i deulu. Syniad addawol, ond anodd iawn fu rhoi fawr o goel ar y dadansoddiad seicolegol a digon clogyrnaidd yw'r deialogi hefyd. Ches i mo f'argyhoeddi gan y stori hon, gwaetha'r modd.

Mis ola'r haf, 'Tameidiau': Myfyrdodau gwraig a gafodd y sac gan y BBC yw sail y 'Tameidiau' hyn. Ar ryw olwg, mae'r teitl yn dweud y cyfan, gan na cheir fawr mwy na pharagraff neu ddau ar bob tudalen. Byddai dogn dda o ddyfnder a phwrpas o gymorth i greu cyfanwaith ystyrlon, llai pytiog – ond teg nodi bod yma gyffyrddiadau pur drawiadol, megis 'Claddodd ei chreadigrwydd a chynnal angladd ar ei gyfer. Ei wasgu i arch o englyn'.

Cyfnod, 'Arwyddion': Yn sgil darganfod planed arall yn y bydysawd lle mae bywyd yn ffynnu megis ar y Ddaear, cynhelir llu o bwyllgorau a chynadleddau gan wladwriaethau mwyaf pwerus y byd. Trist dweud mai buan iawn y cilia'r cyffro cychwynnol, gan adael fawr mwy na chofnod reit fanwl o'r myrdd gyfarfodydd hyn. Hawdd parchu ymchwil ac ymroddiad yr awdur hwn, fodd bynnag, a daeth nofel ffugwyddonol ag amrywiaeth sydd i'w groesawu i'r gystadleuaeth.

Tŵ Ffat Lêdis, Nymbar Eti Êt, 'Panad Dros y Galon': Y Brifwyl sydd dan y lach yn y nofel smala hon gan ymgeisydd a gafodd gryn bleser o'i hysgrifennu, mae'n amlwg. Er mor hwyliog yr arddull, all hynny ddim cuddio'r ffaith bod llawer o'r agweddau a goleddir yn sobor o hen ffasiwn. Gwiriondeb ffars sydd yma mewn gwirionedd, nid miniogrwydd dychan. Serch hynny, llwyddir i godi gwên ambell dro.

Ronella Corbett, 'Modrwyau': Wele gyfrol arall a roes gryn foddhad i'w hawdur, ddywedwn i. Atgofion hiraethus braf am ardal Bethesda a geir ganddi ac fe'u hadroddir mewn arddull agos atoch chi a'u gwna'n fwy darllenadwy na'r disgwyl efallai. Ond mae modd ymgolli'n ormodol ym mwynhad y cofio weithiau, oherwydd ailadroddir ambell stori yn ei chrynswth – arwydd pendant bod angen cryn dwtio a golygu. Er hyn, dw i'n amau dim nad oes yma ddeunydd a gâi ei werthfawrogi'n fawr gan deulu'r awdur a haneswyr lleol.

Teithiwr, 'Ysgol Gydol Oes': Yn ôl y dudalen deitl, 'Taith addysgol mewn ffaith a ffuglen' yw'r casgliad hwn o ysgrifau 'hunangofiannol' gan awdur sydd, os gwir y dywedir, yn gynnyrch magwrfa Biwritanaidd yng nghefn gwlad. Un peth y gellir ei ddatgan i sicrwydd amdano yw ei fod yn awdur diwylliedig a grymus ei Gymraeg. Cyfeiria'n hyderus at feirdd cyfoes a chrybwylla enwau eraill, sydd bellach yn llai cyfarwydd, megis Elizabeth Watkin Jones ac E. H. Francis Thomas. Teflir rhwyd ei ddiddordebau a'i ddysg i sawl cyfeiriad go annisgwyl, a gwerthfawrogais y perlau o ddoethineb a adawodd Ghandi i'w ŵyr, ddyddiau'n unig cyn ei lofruddio, yn arbennig. Ond er mor dreiddgar yw'r gwaith hwn ar brydiau, gydag ambell fflach o hiwmor gogleisiol yn ogystal, try'r traethu'n hynod hunanymwybodol a gwasgaredig mewn mannau. Wedi ailwampio go sylweddol, pwy a ŵyr na ddenai craidd yr hyn a geir yma gynulleidfa? Un ddethol o bosib, ond un werthfawrogol, serch hynny.

Anwylfan, 'Bron Deg': Nofel yn seiliedig ar hanes capel ffuglennol, gydag un rhan wedi ei gosod yn 1895 a'r llall yn 2016; syniad campus. O gofio gafael hanesyddol 'y capel' ar gymunedau Cymraeg eu hiaith, synnwn i fawr nad oes nofel afaelgar am effaith dirywiad Ymneilltuaeth ar y broydd hyn yn llechu yn rhywle, yn disgwyl i rywun ddod a'i hysgrifennu. Y syndod, efallai, yw nad aeth neb ar ei thrywydd cyn hyn. Ond yma, digon gwan yw'r llinynnau storïol, ac er yr ymdeimlad o gymuned, nid yw'r cymeriadau'n cydio fel y dylsent, rywsut.

Elis, 'Cylchoedd': Diolch i'r comedïwr carlamus hwn am saith stori sy'n ddeifiol, direidus a dychanol – oll ar yr un pryd ar brydiau – gyda deongliadau deheuig o 'gylchoedd' ar gyfer pob un. Pan ddois at y stori, 'Beirniad ffrom hel', dyna ryddhad oedd deall taw beirniadu yn un o Eisteddfodau Cylch yr Urdd yr oedd Esyllt Haf Rowlands, nid yn y Genedlaethol! Er i mi deimlo bod yr hiwmor yn dechrau chwythu'i blwc braidd erbyn y tair stori olaf, fedrwn i ddim llai na gwerthfawrogi dyfeisgarwch a huodledd diymdrech y dweud. Wedi tipyn o chwynnu go egr, ac o'u marchnata'n gelfydd, synnwn i fawr na châi goreuon y casgliad hwn groeso gan amryw. Mae pawb yn hoffi laff ambell waith!

Carlo, 'Aerwy': Dirwasgiad y 1930au a'r Ail Ryfel Byd a ddilynodd a aeth â bryd yr awdur hwn, gyda'r *home front* yn hytrach na maes y gad yn hawlio'i sylw. Nofel hanesyddol swmpus a difyr, ac er ei bod eisoes yn bur gaboledig, nid yw'n gwbl orffenedig chwaith. Brithir hi gan ddarnau bach athronyddol eu naws, ond am ryw reswm, nid pob un ohonynt sy'n llwyddo i daro deuddeg gant y cant. Byddai hefyd ar ei hennill o gael ei rhannu'n benodau a dylid cryfhau'r diweddglo, sy'n siomedig o ddisymwth a di-ffrwt fel ag y mae. Er bod yma gyfoeth ieithyddol, a defnydd glew o dafodiaith Cwm Tawe, yn storïol fe elwai'r gwaith o gael ei gryfhau. Mae yma gnewyllyn nofel rymusach na'r un a ddarllenais i.

Anni, 'Gemau': Strwythurwyd y nofel hon yn ofalus, gyda Nina a Rosemary ill dwy yn adrodd eu hanes bob yn ail bennod. Dyna pam, efallai, iddi gymryd rhai tudalennau cyn i mi sylweddoli pwy yn union oedd Nina, Rose, Cleif a Sam – heb sôn am Osgar! Ond o'r dryswch didoreth cychwynnol, daeth mwy o sylwedd i'r fei ac mae yma ysgrifennu digon cynnil a gafaelgar ar brydiau. Yn wir, ymdrinnir yn sensitif iawn â dau bwnc sy'n denu sylw'r dyddiau hyn, sef effaith mabwysiadu ar blentyn a *dementia*. Gwaith llawn addewid.

Efallai, 'Troi mewn Cylchoedd': Pum stori fer am bum menyw gyfoes ar wahanol gyfnodau yn eu hanes a geir yma; casgliad graenus, wedi ei saernïo'n grefftus gan awdur craff. Mwynheais y darllen, serch y ffaith mai'r un oslef gymen, ddibynadwy sydd i arddull pob stori. Bwriad hyn, rwy'n tybio, oedd rhoi undod i'r gyfrol, ond y canlyniad fu tueddiad cynyddol i daflu cysgod pruddglwyfus dros y cyfanwaith. Siawns na fyddai ambell chwistrelliad annisgwyl o liw a chyffro yma ac acw – heb sôn am hiwmor – wedi bywiogi'r mynegiant ac ennyn mwy o chwilfrydedd. Serch hyn oll, parchaf lais yr awdur dirodres hwn yn fawr; gadawodd argraff.

Calon Cabetshen, 'O'r cysgodion': 'Glaw du a'r cymylau'n galaru dros y caeau': go brin y gallai neb honni fod awdur brawddeg o'r fath yn gwbl ddiglem gyda geiriau. Ac yn y casgliad hwn o ddeuddeg stori awn o fod 'Mewn Limbo' ar y dechrau i 'Uffern' ar y diwedd, sydd ynddo'i hun yn ddigon i arwyddo eu bod nhw'n amrywio'n fawr o ran naws ac amcan. Traddodir pob stori yn y person cyntaf – ac un o rinweddau penna'r awdur yw ei allu i droi'n gamelion ieithyddol, gan fynd o dan groen ei amryfal greadigaethau'n gyson. Yn sicr, mae yma ysgrifennu dirdynnol o ddwys ar brydiau, ond am fod llawer o'r sefyllfaoedd a'r llinynnau storïol yn rhy annelwig i'w dirnad yn rhwydd iawn, ni chefais hon yn gyfrol hawdd ymgolli ynddi.

Trump, 'Wal': Dyma ymgais fwyaf heriol y gystadleuaeth, yn yr ystyr bod ei strwythur yn ddirgelwch llwyr i mi ar y darlleniad cyntaf – tan i un o'm cyd-feirniaid fy nghyfeirio at *Janet and John*, y gyfres enwog ar gyfer dysgu plant i ddarllen Saesneg. (Er fy mod i'n gyfarwydd â'r teitl, ni chwaraeodd y llyfrau hyn unrhyw ran yn fy magwrfa, o'r hyn a gofiaf.) Nofel 70 tudalen yw hon, gyda nifer amrywiol o frawddegau byr a bachog ar bob un a 'Mae ...' yn fan cychwyn cyfran uchel ohonynt. O ailddarllen, daeth yn amlwg fod yr awdur yn efelychu patrwm *Janet and John* i'r dim. Y dirgelwch a erys wedyn yw pam dewis y fformat hwn? Hanes Sian (heb do bach) a adroddir, ac er bod y stori ynddi'i hun yn ddigon difyr, does dim dianc rhag y ffaith bod natur stacato y mynegiant yn llyffethair: mae'n ailadroddus a herciog tu hwnt. Heb os, cynlluniodd yr awdur yn ofalus er mwyn cydymffurfio â gofynion y patrwm a osododd iddo'i hun. Ond ar gyfer cyhoeddi, byddai gofyn iddo gydweithio'n ofalus gyda dylunydd medrus i greu cyfrol a ymdebygai i'r llyfrau gwreiddiol ... neu a'u parodïai, o bosib. A ddigwydd hynny? Amser a ddengys, mae'n debyg.

Munud Bach Igyn, 'Cylchoedd': Unigedd sydd wrth galon y gyfrol ddwys hon: yn ddaearyddol, am mai fferm anghysbell yw ei lleoliad ac o ran yr ysbryd dynol, am mai llais yr hen ŵr dienw sy'n byw a gweithio yno yw'r unig lais a glywir drwyddi draw. Fel Hen Ŵr yn unig y caiff ei adnabod. Faint o brofiad yr awdur ei hun sy'n rhan annatod o wead y nofel hon, tybed? Anodd credu mai ffrwyth dychymyg yn unig yw'r cofnod dyrys hwn o fyfyrdodau. Mae yma ddawn dweud aeddfed ar waith – a theflir ambell ergyd ffraeth a threiddgar i'r gymysgedd, megis wrth ganmol bardd gwlad am ganu '... i ddiddanu yn hytrach nag i hybu gyrfa'. Ond gall yr ysgrifennu ymddangos yn lluddedig o drymaidd ar brydiau, gan wneud i'r darllenydd druan deimlo nad yw'n gweld ond megis 'trwy ddrych mewn dameg'. Heb os, mae yma ddarlun trist o gymdeithas wledig Gymreig a Chymraeg sydd eisoes wedi diflannu, fwy na heb.

Sgwaryn, 'Bydd yn Wrol': Boed fawr neu fach, agorir pob pennod o'r nofel hon gyda phwt o berorasiwn bachog am wahanol eiriau. O'r doethinebau bach pryfoclyd hyn, daw'n amlwg yn gynnar ein bod yng nghwmni rhywun sy'n hoff o eiriau. Carcharor yw Bleddyn, ond caiff benrhyddid i adrodd ei stori yn ei ffordd ei hun, ac mae'r defnydd o'i dafodiaith goeth yn un o nodweddion amlyca'r llyfr. O ran ei drosedd, rhaid aros tan y diwedd cyn cael gwybod beth oedd honno. Ond o ran ei hel atgofion, ei drosedd pennaf yw diffyg disgyblaeth. Mae'n tueddu i aredig yr un tir hyd syrffed ar brydiau, yn arbennig wrth olrhain hanes ei berthynas dymhestlog gyda'i fam. Fe dalai ar ei ganfed iddo gwtogi mymryn ar ei arabedd mewn mannau a chynnig mwy o ddyfnder a chefndir i ni tua'r diwedd am yr hyn a ddigwyddodd i Bleddyn wedi iddo gyrraedd Llundain. Dyma awdur pwerus y daw ei waith yn adnabyddus i ddarllenwyr yn fuan, synnwn i fawr; neu, wrth gwrs, fe all fod ei enw'n gyfarwydd i ni eisoes.

Dosbarth 1
A dyma gyrraedd tair cyfrol y byddwn yn barod i roi Medal yr un iddynt, petai yna dair ar gael.

Fala Surion Bach, 'Cylchoedd': Dechreuwn gyda chasgliad o storïau byrion dychmygus a gwreiddiol tu hwnt. Trwy ddefnyddio gair neu ymadrodd reit ar ddiwedd ambell stori teflir goleuni cwbl wahanol dros y stori gyfan: hen dric clasurol y 'tro yn y gynffon', o bosib, ond estynnir sawl cic gyfoes yma hefyd ar hyd y ffordd. Enynnodd rhai o'r straeon, megis 'Eurgylch a meicroffon', 'A chyda mi ysbienddrych' a 'Cacen ar blât' gryn drafod yn ein mysg, gyda gwahanol ddadansoddiadau'r tri ohonom yn brawf o gyfoeth y sgwennu. Gall gweledigaeth yr awdur ymddangos yn niwlog a swreal ar brydiau, ond yn y bôn, craidd yr hyn sy'n mynd â'i fryd yw'r hyn sy'n gwbl gyfarwydd i ni oll – sef y ddynoliaeth, yn ei gorfoledd a'i gwae. Ceir arwyddocâd unigol i 'gylch' pob stori, ond y prif gylch sy'n clymu'r gyfrol hon ynghyd yw'r un oesol rhwng gwahanol genedlaethau teulu ... o blant i neiniau. (Noder rhag blaen fod mwy nag un nain ar gerdded rhwng y tudalennau hyn!) A chaiff un o gymeriadau amlyca'r Pedair Cainc daro'i big i mewn hefyd ... heb sôn am negesydd nefol. Dyma awdur celfydd a chellweirus sy'n gweld y byd trwy ei lygaid unigryw ei hun ac sydd wedi llwyddo i grisialu hynny'n llwyddiannus dros ben. Er y byddai'r mynegiant ar ei ennill o gael ei loywi yma ac acw, yn y bôn mae yma gyfrol a ddylai weld golau dydd yn go sydyn.

Glöyn Byw, 'Y Bwrdd': Ar ddechrau'r nofel hon, ymddengys mai Bwrdd Comisiynu'r Gymraeg yw'r 'Bwrdd' dan sylw: corff dychmygol sydd wedi ei leoli yn ein Senedd ym Mae Caerdydd – ar y 'Llawr 2 Dwyrain' bondigrybwyll. Dyna lle y gweithia Carwyn, a phan gyfarfyddwn ag ef gyntaf mae'r naws yn ddilornus, os nad yn ddychanol. Ond dechreuad twyllodrus iawn yw hwn. Y pwnc dan sylw yma, mewn gwirionedd, yw'r un mwyaf llosg o gyfoes yn y gystadleuaeth gyfan. Er ei bod yn groes graen gen i gydnabod y gallai dim da byth ddeillio o Brecsit, rhaid cydnabod mai dyna a ysbrydolodd y gwaith hwn. Neu felly mae'n ymddangos, ta beth. Ceir yma gymeriadau credadwy a hoffus a darlun bywiog o gymuned amlddiwylliannol Grangetown. Cynhwysir ryseitiau hefyd – gan ddod â sawl blas annisgwyl i'r 'Bwrdd'! Hyd yn oed pan nad yw rhai agweddau ohoni'n arbennig o ysbrydoledig, deil hon yn nofel hynod ddarllenadwy a chrefftus ei phensaernïaeth. Heb ddatgelu gormod, mae'n magu asgwrn cefn wrth fynd rhagddi rywsut, oherwydd ni ddaw llwyr feistrolaeth yr awdur ar ei grefft i'r amlwg ond yn araf. Dyma awdur cyfrwys iawn, ac ar lawer cyfrif, dyma gyfrol fwyaf gorffenedig a phroffesiynol y gystadleuaeth. Dylai fod ar gael yn eich siop lyfrau leol yn ddiymdroi – gorau po gyntaf. Gyda'r sefyllfa gyfredol parthed ein perthynas â'r Undeb Ewropeaidd wedi newid yn ddirfawr ers i'r awdur fod wrthi'n sgwennu – a hyd yn oed ers i mi ei darllen – mae perygl i hanes ei dyddio cyn ei hamser. Cyhoedded ar frys.

Raphael, 'Ingrid': Os byth yr af i Stuttgart, bydd ysbryd y nofel gyfrwys hon yn siŵr o deithio gyda mi. Ar wahân i frawddeg agoriadol y rhagymadrodd – a esgorodd ar gryn drafod rhyngom – a chyfeiriad slei at un o garolau'r Plygain, does dim gronyn o Gymreictod yn perthyn i'r gwaith hwn. O'r cychwyn cyntaf bron, caiff y darllenydd ei blymio i anian a theithi meddwl cwbl Almaenig.

Ceir yma bedair rhan, gyda phedwar cymeriad gwahanol yn dwyn i gof yr un atgofion teuluol, fwy na heb. Ond fel yr awgryma'r teitl, Ingrid yw canolbwynt y cofio mewn gwirionedd: cymeriad cymhleth, gyda'r gallu i gyfareddu o'r eiliad y cyfarfyddwn â hi gyntaf a hithau'n 'picio i'r ardd i dorri cabatsien'. (Crybwyllir bresych yn aml - a jin!) Nid yw bellach yn ifanc, ond trwy neidio'n ôl ac ymlaen trwy ei hanes cawn ddarlun mwy cyflawn ohoni hi, ei theulu a'i hoes. Er na chrybwyllir yr un aflwydd penodol, ymddengys bod treigl y blynyddoedd wedi dechrau gadael ei ôl arni. Neu tybed nad yw ei hymddygiad eratig wrth heneiddio yn ddim namyn datguddiad pellach o'i phersonoliaeth?

Prin fy mod i wedi gorffen darllen, nad oedd yn rhaid i mi droi'n ôl yn syth at y dechrau'n deg er mwyn ceisio dirnad sut y llwyddodd yr awdur i wneud ei gylch yn gyflawn. Yn sicr, nid oes arno ofn herio confensiwn, er enghraifft argraffwyd rhai darnau o'r testun mewn wyneb teip mwy addurnedig na'r gweddill, er nad oes unrhyw arwyddocâd amlwg i hynny. Yna, ar adegau, llithra'r traethu'n ddirybudd o'r trydydd person i'r cyntaf. Drwyddi draw, mae yma lawer sy'n debyg o gosi dychymyg darllenwyr dros y misoedd sydd i ddod, a dw i'n amau dim na fydd cryn drafod ar 'Ingrid' – y nofel a'r fenyw. Hi yw'r un arobryn eleni, mewn cystadleuaeth o swmp a safon. A braf gallu dweud bod y tri ohonom yn unfryd ein dyfarniad.

Ysgoloriaeth Fentora Emyr Feddyg
Er Cof am Dr Emyr Wyn Jones, Cymrawd yr Eisteddfod

Sefydlwyd yr Ysgoloriaeth flynyddol hon i gynnig hyfforddiant i lenor neu fardd na chyhoeddwyd cyfrol o'i (g)waith eisoes. Ar gyfer Eisteddfod 2019 fe'i cynigir i lenor. Gofynnir i'r cystadleuwyr anfon darn neu ddarnau rhyddiaith o gwmpas 3,000 o eiriau ar un o'r ffurfiau a ganlyn: braslun nofel, pennod agoriadol nofel, straeon byrion neu ysgrifau. Rhaid i'r darnau fod yn waith gwreiddiol a newydd gan yr awdur

....

BEIRNIADAETH ESYLLT MAELOR

Diolch am yr anrhydedd o gael beirniadu'r gystadleuaeth hon. Dyma gystadleuaeth gyffrous a gwerthfawr sy'n cynnig cymaint i'r enillydd. Oes, mae gwobr ariannol hynod dderbyniol o £100 ond gwir werth y gystadleuaeth yw'r cyfle i gael prentisiaeth 1:1 yng nghwmni mentor profiadol ac i lenor na chyhoeddwyd cyfrol o'i (g)waith o'r blaen, dyma gyfle amhrisiadwy. Dyma gyfle i feithrin crefft a'r arweiniad hwnnw sy'n ysgogi a thanio rhywun i sgwennu mwy.

Mi ges dipyn o gur pen wrth feirniadu'r gystadleuaeth hon. Gofynnwyd i'r cystadleuwyr anfon darn neu ddarnau rhyddiaith o gwmpas 3,000 o eiriau ar un o'r ffurfiau a ganlyn: braslun nofel, pennod agoriadol nofel, straeon byrion neu ysgrifau. Tybed a yw geiriad y gystadleuaeth yn aneglur ac yn ddigon dryslyd a bod ymateb y cystadleuwyr yn cadarnhau hynny neu ai cyd-ddigwyddiad yw fod sawl cystadleuydd wedi camddarllen y canllawiau? Dim ond tri o'r saith ymgeisydd a oedd wedi cadw at y canllawiau hynny. Anfonodd un ymgeisydd dri darn o waith a phob darn mewn *genre* gwahanol; cyflwynodd ymgeisydd arall gasgliad o waith ar ffurfiau gwahanol i'r hyn y gofynnwyd amdanynt; derbyniwyd dwy bennod gyntaf nofel; ac yna cyflwynodd un ymgeisydd fraslun nofel a phennod gyntaf nofel. Mae lle i fwrw golwg eto ar eiriad y gystadleuaeth hon.

Roeddwn yn ymwybodol mai adnabod addewid y mae beirniad y gystadleuaeth, felly doeddwn i ddim yn disgwyl darllen gwaith gorffenedig a chaboledig. Chwilio am damaid i aros pryd oeddwn i, chwilio am y llenor hwnnw sydd â'r potensial i flodeuo a datblygu ac roeddwn yn edrych ymlaen at gyfarfod lleisiau gwahanol, diddorol.

Codi Canu: Dyma awdur mwyaf ffraeth y gystadleuaeth. Yn y bennod gyntaf, sy'n dwyn y teitl addas 'Cythrel canu', mae *Codi Canu* yn ei dweud hi, ac yn gollwng stêm yr un pryd rwy'n amau. Mae'n cychwyn fel hyn, 'Wrth chwifio ei faton fel pendil cloc o flaen Côr y Dinesydd ar lwyfan *Côr Cymru*, roedd ego Marc Llywelyn yn gyflawn'. A gweld y byd drwy lygad a baton Marc Llywelyn a wneir yn y bennod hon yn ogystal â thaflu cipolwg ar ei fagwraeth yn ardal Rhosllannerchrugog fel mab i'r Parchedig Jonathon Rees a'i wraig, Morfudd Mathias. Gan amlaf mae'r sgwennu yn grafog a braf oedd cael chwerthin yn uchel wrth ddarllen ond ambell dro mae'r 'cyth' yn y 'cythrel canu' yn gorddefnyddio'i lwy bren ac yn corddi'n ormodol. O ganlyniad, mae'r dweud yn colli blas. Wedi golygu – ac mae angen golygu rhag tramgwyddo ambell un sy'n ei chael hi yn rhy hegar gan yr awdur – byddai'r bennod hon yn eistedd yn ddigon cyffordus yn y cylchgrawn *LOL*. Dylai *Codi Canu* ddal ati i sgwennu, heb os; mae ganddo ddawn dweud ond mae angen iddo ffrwyno'i rwystredigaethau a'i ragfarnau a bod yn ofalus nad yw yn cael ei gario gan ei rant ei hun.

Eos y Mynydd: Dwy stori a gyflwynodd *Eos y Mynydd*. Trafod perthynas dau gariad sy'n cyfarfod ar ôl blynyddoedd maith ar wahân a wneir yn 'Am Byth' a pherthynas nain a'i hwyres a geir yn 'Cylch y Cenedlaethau'. Mae'r stori 'Am Byth' wedi ei saernïo'n ddigon celfydd a'r darllenydd yn cael ei gario gan lif y dweud ond siomedig a ffwr-bwt yw'r clo ac mae'r awdur fel petai wedi chwythu plwc yn llwyr. Trueni am hyn gan fod *Eos y Mynydd* yn meddu ar y ddawn honno i ddal darllenydd. Stori dlos, dyner, annwyl a theimladwy yw'r ail stori a dyna'i gwendid: diffyg aeddfedrwydd a threiddgarwch. Stori ddiddrwg ddidda yw hi ac ni lwydda i gyffroi a phrocio ac nid yw'r darllenydd yn teimlo digon dros ei gymeriadau nac yn cael ei dywys i ymgolli yn eu gwendidau a'u cryfderau.

Bod dynol: Cyflwynodd *Bod dynol* dri darn o waith a chan nad oedd dau o'r ffurfiau wedi'u rhestru fel ffurfiau i'w cynnwys yn y gystadleuaeth hon, fe'u diystyriwyd. Canolbwyntiais, felly, ar y stori 'Trôns Mr Owen' sef stori i blant ysgol am ddau ffrind anturus a direidus, sef Efan a'i ffrind dychmygol, Nanw Ninja. Mae'r awdur wedi nodi'r bwriad o gael darluniau i gyd-fynd â'r geiriau a does dim dwywaith na fyddai'r stori'n elwa o hynny. Byddai anturiaethau Nanw Ninja yn goglais ac yn apelio at ddarllenwyr ifanc am fod yma stori sy'n cydio, digon o hiwmor a deialog naturiol braf. Dyma stori y gellid ei chynnwys mewn cyfrol o straeon i blant ysgol gynradd ond nid stori fer mohoni ac yn sicr ni ellid ystyried dyfarnu'r ysgoloriaeth i *Bod dynol* ar sail yr un stori hon.

Y Garreg Las: Mae isbenawdau yn y stori hon, pob un â'i hashnod yn cyfleu cyfoesedd y stori'n syth. Ac mae pob pennawd yn eironig o drist. '#teulubachni #cariad#werthybydyngrwn' yw'r cyntaf ac mae'r stori'n cloi fel hyn: '#mamoranybyd #babidel #siwgrlwmp #dwincarumam'. Dyma awdur mwyaf gwreiddiol y gystadleuaeth ac mae'r fam yn y stori hon yn dioddef o drais yn y cartref a chaiff y darllenydd ei arwain i'w bywyd yn ara deg bach. Un o gryfderau'r awdur yw'r modd y mae'n datgelu'n raddol ac yn ddigon celfydd pwy sydd yn gyfrifol am hynny a bod y fam 'yn derbyn y peth yn dawel heb godi llais na tharo nôl'. Ingol yw'r frawddeg sy'n nodi pwy sy'n gyfrifol am ei cham-drin: 'Doedd gen i ddim dewis ond gwarchod fy hogyn annwyl wyth oed'. Profiad anesmwyth yw bod yn bry ar y wal yn y stori hon a sylweddoli fod effaith y cam-drin yn 'poenydio yn oriau mân y bora, yn dawnsio'n fyw ar y waliau ym mherfedd y nos'. O safbwynt stori fer, rhaid wrth fwy o gynildeb ac roedd cwmpasu wyth mlynedd i ofod un stori yn ormod.

Hiraethlyn: Dyma ymgeisydd sydd wedi camddeall canllawiau'r gystadleuaeth. Cyflwynodd *Hiraethlyn* bortffolio yn cynnwys wyth darn o waith ac ymysg y gweithiau roedd darnau llên micro, chwedl, dwy gerdd a darnau o ryddiaith a oedd yn fwy o ymsonau nag o storïau. Teimlwyd mai darnau byr o ymarferion sydd yn y portffolio hwn, darnau o ymarferion 'c'nesu i fyny' neu gadw'n heini llenyddol a does dim dwywaith nad oes yn rhaid wrth ymarferion felly wrth gychwyn sgwennu. Ond mae'r ysgoloriaeth hon yn gofyn am 3,000 o eiriau ar un ffurf benodol. Doedd yr un darn yn agos at 3,000 o eiriau a doedd *Hiraethlyn* ddim wedi mynd i'r afael ag un ffurf benodol fel sy'n ofynnol ychwaith. Rwyf yn annog *Hiraethlyn*, ydw, i ddal ati ac i ddewis ffurf y byddai'n teimlo'n gyfforddus ag o, i ddarllen gwaith sgwenwyr sy'n feistri ar y ffurf hwnnw ac yna i fynd ati i sgwennu ei hun. Ar hyn o bryd, mae'n rhy hunanymwybodol wrth sgwennu a'i frawddegau'n bytiau byrion a braidd yn stroclyd. Does dim dwywaith nad oes gan *Hiraethlyn* glust i rythm a sigl brawddegau a llygad artist i weld a chofnodi ond mae angen sianelu'i synhwyrau o fewn un cylch profiad arbennig.

Mwgan: Dwy bennod gyntaf nofel sydd yma ac yn y bennod gyntaf, 'Diolch Macey Doyle!', mae'r darllenydd yn cael ei sodro mewn darlithfa yng nghwmni Sera, darpar athrawes Gymraeg a'i ffrind Sandra. Mae Sera yn dipyn o gymeriad, yn frwd, â thân yn ei bol dros ei swydd ac yn sicr byddai yn gaffaeliad i unrhyw ysgol. Cawn gwrdd â'r darlithydd, Macey Doyle, y mae Sera wedi'i chyfareddu â hi a'i thiwtor Cymraeg, Menna Eirlys. Mae'r darllenydd yn cael ei dywys i fyd asesu, cyflwyno meini prawf tasgau a gosod lefelau ar waith disgyblion – a rhaid bod yn ofalus nad yw byd addysg a jargon addysgol o'r fath yn faen tramgwydd i'r rhai hynny nad ydynt yn gyfarwydd â'r byd hwnnw. Mae angen tocio sawl golygfa rhag llethu'r darllenydd yn ormodol. Fodd bynnag, mae cymeriad lliwgar Sera, llif y sgwennu, deialog naturiol braf a stori bersonol y ddwy 'S' (Sand a Sera) yn gafael. Daw'r straeon personol hynny i'r amlwg fwyfwy yn yr ail bennod, 'Fford a Fferaris'. Ond er mwyn cadw at ofynion y gystadleuaeth ni roddwyd ystyriaeth i'r bennod hon. Fel pennod gyntaf nofel mae 'Diolch Macey Doyle!' yn cynnig abwyd am fwy a does dim dwywaith nad oes yma botensial am nofel ysgafn ddarllenadwy a fyddai'n codi gwên a difrifoli yr un pryd. Mae gan *Mwgan* addewid, egni a bywiogrwydd a llais y byddai rhywun yn troi ato a gwrando arno.

Yma o Hyd: Cyflwynodd yr ymgeisydd hwn ddau ddarn o waith, sef pennod gyntaf nofel a braslun nofel. Dyma lais mwyaf hyderus a phrofiadol y gystadleuaeth ac o ran arddull ac ieithwedd dyma'r awdur mwyaf aeddfed. Mae *Yma o Hyd* yn sgwennu'n ddigon rhwydd ac mae'r bennod agoriadol yn dangos addewid a'r potensial am nofel boblogaidd y gallai darllenydd ymgolli ynddi. Lleolir hi yng nghefn gwlad Cymru ac mae'r awdur yn dangos ôl cynllunio ac fe lwydda i gyflwyno dwy stori o fewn y bennod gyntaf gan agor drws y nofel led y pen a chodi cywreinrwydd pa linynnau a fyddai'n clymu'r ddwy stori maes o law. Ond nid yw *Yma o Hyd* heb ei feiau – mae yma rai brawddegau anghyflawn sy'n darllen fel cyfarwyddiadau llwyfan ac fe geir dryswch a diffyg gofal am na fu gwirio ar enwau'r cymeriadau. Ond wrth fod yng nghwmni *Yma o Hyd* mae rhywun yn teimlo y byddai'r nofel hon yn tyfu ac yn datblygu wrth i'r awdur ymlafnio uwch ei phen a bod yma ddawn ac adnoddau ieithyddol gwerth eu meithrin.

Digon siomedig oedd cynnwys y gystadleuaeth hon eleni ac, yn anffodus, wnes i ddim gwirioni a fedra i ddim honni mod i wedi canfod llais gwreiddiol yn llawn addewid. Mae dwy ymgais yn dod i'r brig, sef eiddo *Mwgan* ac *Yma o Hyd*; ond yr ymgais y dychwelwn ati dro ar ôl tro oedd un *Yma o Hyd* am fod yma bennod agoriadol sy'n ennyn chwilfrydedd, deunydd gwerth ei aildrin ac awdur gyda'r adnoddau ieithyddol a fyddai'n elwa o brentisiaeth gan lenor profiadol. Gwobrwyer *Yma o Hyd*.

Rtdfcttftg,m.kpgh

Ro'n i wedi bwriadu ysgrifennu stori, wir i chi. Dyna oedd y syniad. Ro'n i'n teimlo'n weddol hyderus, yn gwybod am y diffiniad clasurol o orfod cael dechrau, canol a diwedd – er nid o anghenraid yn y drefn yna, chwedl Samuel Becket.

Ond gwn i, ym mêr fy esgyrn (os yn wir fy esgyrn i ydyn nhw erbyn hyn), na fydd hynny'n bosib. Rwyf mewn ras yn erbyn y cloc. Cofnod sydd ei angen. Llawer mwy gwerthfawr na ffrwyth dychymyg. Mwy gwyddonol hefyd. Nid ple am help cymaint â chri fforensig o'r galon i rywun rywle wneud synnwyr o'r hyn sy'n digwydd i mi. Anrheg hefyd, mewn ffordd, i genedlaethau'r dyfodol gael dehongli'r wyrth.

Canys dyna ydyw, heb os. Gwyrth. A braint. Cael fy nhroi yn fochyn.

Mae yna barc ar waelod yr ystad tai newydd wi'n byw ynddi yn Abertawe. Gwelaf nifer sylweddol o gŵn a'u perchnogion yn pasio'r tŷ bob dydd. Er ei fod yn dŷ brics digon cydnerth, nid tŷ gwellt na thŷ pren, dechreuodd rhyw nerfusrwydd cynyddol godi ynof pan fyddai unrhyw gi yn ymdebygu i flaidd yn pasio heibio ar y pafin. *Huskies* o unrhyw fath fyddai'r gwaethaf. Wrth weld ci o'r math hwn trwy'r ffenest byddai fy ystumog yn troi'n ddŵr. Byddai gweld mwy nag un ohonynt gyda'i gilydd yn fy ngorfodi i gwato tu ôl i'r soffa, gan afael yn dynn yn y rheiddiadur, fel pe bawn i'n disgwyl corwynt unrhyw eiliad i chwythu brics fy nghartref yn deilchion.

Nodwedd arall o'r newid rhyfedd a oedd yn egino ynof oedd yr ysfa i rolio mewn mwd. Roedd gen i ddigon o hunanreolaeth i ond gwneud hyn yn y parc, pan doedd neb arall o gwmpas. Roedd y wefr o gael mwd gwlyb ar fy nghefn noeth yn anodd ei ddisgrifio. Bydden i'n rhochian chwerthin yn y bath wedyn wrth ail-fyw'r profiad yn fy mhen. Achos, heb os, ac ni allaf bwysleisio hyn digon – profiad braf yw bod yn fochyn. Yn niwl fy nghof cofiaf fand o'r enw 'Mochyn Hapus'. A dyna yn sicr oeddwn i.

Ydw i.

Un prynhawn, a minnau'n ymdrochi ym mudreddi pant mwdlyd yn y parc, fe sylwodd rhyw fenyw arnaf yn fy siorts a *trainers*. Ni ddywedodd yr un gair, dim ond edrych arnaf fel pe bawn i'n wallgo'. Wrth i mi ~~sochian~~ socian yn y bath wedi'r 'digwyddiad' fe benderfynais wneud apwyntiad i weld fy meddyg teulu.

Doedd dim modd cael apwyntiad am dair wythnos.

'Ydy e'n *emergency*?' meddai'r dderbynyddes ar y ffôn, mewn cywair diamynedd.

'Wel,' meddyliais. 'Alle fe fod,' mentrais.

'Beth yn gwmws yw'r broblem?' parhaodd y dderbynyddes.

'Mae'n un go sensitif,' atebais, yn teimlo fy hun yn mynd yn fwy pinc. 'Fyddai'n well gen i ei drafod gyda'r doctor.'

'Iawn. Ffonith Dr Griffiths chi ddiwedd y bore.'

Ar ôl sôn yn fras am fy symptomau, chwarae teg iddi, fe drefnodd Dr Griffiths apwyntiad brys ddiwedd y pnawn hwnnw. Peth da oedd gweld ei bod yn cymryd fy nghyflwr o ddifri'. Yn ei swyddfa yn y feddygfa holodd yn fanwl am fy hanes diweddar. Soniais fy mod i newydd ysgaru oddi wrth fy ngwraig – cyn-wraig – Sonia. Cyfaddefais fy mod i'n gweld ei heisiau hi. Cefais ergyd aruthrol pan adawodd hi fi i fyw gyda dyn o'r enw Bleddyn, adeiladydd o Glydach.

Rhoddodd Dr Griffiths y gorau i chwarae â'r beiro yn ei llaw ac edrychodd i fyw fy llygaid, gan ddweud 'Wy'n credu bod e'n arwyddocaol taw adeiladydd oedd y dyn o Glydach. Yng nghyd-destun stori'r 'Tri Mochyn Bach', dych chi o bosib wedi ail-greu'r Bleddyn yma i fod yn flaidd go-iawn. Mae'n ddrwg gen i, Mr Dafis, ond ni welaf unrhyw arwyddion eich bod chi'n troi'n fochyn. Yn eich pen mae'r cwbwl.'

Mewn gweithred anwirfoddol wnes i rochian chwerthin i'w hwyneb.

Parhaodd y meddyg, 'Galaru ydych chi, Mr Dafis. Galaru am golli eich gwraig. Gydag amser fe wellwch chi.'

Nodiais fy mhen yn gwrtais, heb gredu gair o'r het ddwl o 'arbenigwraig'.

Wrth ddod â'n sgwrs i ben holodd a oedd yna ryw ddigwyddiad, heblaw'r ysgariad, a allai fod wedi esgor ar y rhith o feddwl fy mod i'n fochyn.

Rhith?! Y fath hyfdra!

'Nac oedd,' meddwn, yn dechrau chwysu fel mochyn nawr ac am adael adeilad gwirion y cwac diawl gyda'r bwriad sarhaus o biso'n gam yn ei maes parcio ar y ffordd ma's.

Ond celwydd noeth oedd y 'nac oedd' hwnnw.

Canys dim ond rhyw chwe wythnos ynghynt fe brynodd fy mrawd, Lyn, anrheg pen-blwydd i mi. Cerflun o ben mochyn. Gwyddai'n iawn am fy hoffter o foch. Bues yn hapus iawn ym mlynyddoedd cynnar fy mhriodas wrth fyw ar dyddyn bach yng Nghwm Tawe. Yn y cyfnod hwnnw fe gedwais chwech o foch.

Gosodais y pen mochyn mewn lle amlwg yn fy ystafell fyw: ar y wal uwchlaw'r lle tân, fymryn i'r chwith, nesaf at ddrych mawr. Yn y dyddiau cynnar hynny fe dreuliais oriau yn syllu i wyneb y mochyn ac yna syllu ar fy wyneb innau yn y drych. Nôl a 'mlaen, o wyneb i wyneb, gyda cherddoriaeth organ ~~Hamdel~~ Handel yn chwarae'n dawel ar fy seinydd Wonderboom newydd sbon.

Mae'r pen mochyn yn hardd mewn ffordd salw, rhywbeth tebyg i'r hyn mae ein cyfeillion Ffrengig yn galw'n *belle laide,* sef dynes dlos ond nid mewn ffordd gonfensiynol. Mae un o dyllau'r llygaid ynghanol cylch du ac mae'r gwddf â dwy linell wen yn rhedeg i lawr y naill ochr a'r llall, fel nentydd ar fynydd brwynog. Ceir hefyd batrwm cris-groes du yn blith draphlith dros yr wyneb, yn enwedig ar y trwyn. Lliw pinc disglair yw'r rhan fwyaf o'r darn, pinc llachar iawn, tebyg i'r sglein a welir ar ddefnydd *porcelain.*

Penderfynais taw pen mochyn benywaidd ydoedd. Fe'i gelwais yn 'Dilys' yn syth. Daeth yr enw o rywle, pwy a ŵyr ble? Fy hoff ran o Dilys yw'r ddau dwll llygaid, mwy fel agennau na socedau mewn gwirionedd. Sy'n gwneud i Dilys edrych fel pe bai'n cysgu.

Gan fod rhai o'm nodweddion mochaidd wedi dechrau tua'r un adeg ag i mi dderbyn Dilys yn rhodd gan fy mrawd wnes i benderfynu canfod mwy o wybodaeth am y cerflun. Fe es i'r oriel lle prynwyd y darn, sef lle ym Mae Abertawe, ger y marina. Ar ôl gwneud ymholiadau am y cerflunydd, Nia Lewis Evans, fe drefnais i'w chyfarfod yn ei stiwdio yn ardal Sgeti o'r ddinas.

Roedd hi'n fenyw yn ei thridegau cynnar, gwallt cwta coch, llygaid mawr brown, gên sylweddol, wedi gwisgo mewn oferôls glas, tebyg i'r rhai a wisgir gan fecanics KwikFit yn yr hysbyseb deledu enwog. Rhoddodd groeso gofalus i mi. Dywedais fy mod wrth fy modd â Dilys. O glywed hyn chwarddodd yn braf, gan ddweud fy mod i'n gywir, taw o gorff mochyn benywaidd y daeth y pen.

'Mae'n ddrwg gen i?' dywedais, gan edrych ar goll braidd.

Yna aeth hi â mi draw i gwpwrdd pren yng nghornel y stiwdio. Agorodd Nia y cwpwrdd a gwelais hanner dwsin o benglogau ar y silffoedd. Eglurodd hi fod yna un o fochyn, dwy ddafad a thri phenglog cadnoid yno. Aeth ymlaen i ddweud ei bod hi'n defnyddio'r penglogau yn uniongyrchol yn y broses grochenwaith. Gosod clai arnynt a'u tanio i dymheredd uchel iawn, pan fyddai'r penglog o fewn y cerflun yn ymddatod a chwalu, gan greu patrymau lliwgar, annisgwyl.

Meddyliais am y patrymau cris-groes du ar drwyn Dilys druan ac yn sydyn fe deimlais ryw ddicter dwfn iawn tuag at y fenyw hy yma o'm blaen.

'Rhag eich cywilydd chi,' meddwn, gan ychwanegu ei bod hi'n llythrennol yn chwarae â thân, cyn taranu allan o'r stiwdio gan dynnu'r drws sinc yn glep swnllyd ar fy ôl.

Nid wyf yn ymddiheuro am roi disgrifiad go fanwl o'm hymweliad â Nia Lewis Evans. Yn wir, rwyf yn argyhoeddedig bod anrheg diniwed fy mrawd ynghlwm â'r newidiadau meddyliol a chorfforol sy'n digwydd i mi. Nid wyf yn berson arbennig o ysbrydol ond rwyf yn grediniol bod 'enaid' Dilys wedi fy meddiannu. Does dim ffordd arall o roi'r peth. Fy nymuniad wrth ysgrifennu'r pwt hyn o gofnod yw ysgogi gwyddonwyr y dyfodol i archwilio'r posibilrwydd hyn yn drwyadl, ymhell wedi i mi fynd i'r twlc mawr yn y nen.

Rhaid hefyd nodi nad oedd y profiad yn ~~saws afal~~ fêl i gyd. O fewn diwrnodau i mi ymweld â Nia Lewis Evans roeddwn i'n cael trafferth cysgu. Troi a throsi drwy'r nos a chael y breuddwydion mwyaf rhyfedd. Roedd un freuddwyd yn enwedig yn ei hailadrodd ei hun dro ar ôl tro, am y ci buan hwn, milgi Eidalaidd ond yn ymddwyn fel ci defaid, yn casglu nifer o gŵn eraill ynghyd, ac yn wir roedd y cŵn hynny yn brefu fel defaid! Nid oes gen i'r un syniad beth oedd arwyddocâd y freuddwyd. Rhywbeth arall i chi gnoi cil drosto yn y dyfodol, o bosib.

Fe wn i o'r gorau bod yr ymennydd yn gallu twyllo dyn, neu fochyn, yn enwedig yn hwyr y nos. Gwn hefyd fod pobol ag afiechydon i'r meddwl, twymyn ar yr ymennydd er enghraifft, weithiau yn cryfhau eu synhwyrau, yn enwedig eu synnwyr arogleuo. Mor gryf, yn wir, nes i rai pobol arogleuo coffi ffres neu fara newydd ei grasu neu betrol pan nad oes unrhyw olwg o'r un o'r pethau yma ar eu cyfyl.

Roeddwn i'n gwyntio rhyw arogl arbennig iawn yn ystod y nos, ond heb unrhyw syniad beth y gallai fod. Arogl hen, llychlyd, powdrog, tebyg i ryw lwydni melys. Roedd hi mor rhwystredig i beidio â gwybod beth ydoedd. Ro'n i wedi darllen yn rhywle bod moch yn cael eu defnyddio yn Ffrainc i ganfod *truffles*. Ceisiais ddyfalu ai dyna oedd yr arogl. A oeddwn i erbyn hyn yn gwyntio fel mochyn?

Wrth reswm, nid jest beth oedd yn mynd ymlaen yn fy mhen oedd yn fy nghadw i ar ddi-hun. Roedd fy nghroen yn mynd yn fwy cwrs, gyda rhyw grychau cochlyd nodedig yn tyfu ar rannau ohono. Roeddwn i hyd yn oed wedi tyfu ambell gudyn euraidd ar fy ysgwyddau. Cefais siom pan edrychais yn y drych i weld a oeddwn wedi dechrau tyfu cynffon fach a chanfod nad oedd un yno.

Do'n i hefyd ddim yn bwyta'n dda. Gan geisio gosod rhyw resymeg i'm tynged annisgwyl fe brynais ychydig o fwyd mochyn ar-lein. Cyrhaeddodd tri chwdyn ugain cilogram o Heygates Breeding Sow Nuts fy nghartref, ynghyd â bocs mawr o Allen and Page Specialist Feed Pellets.

Ac ar fy marw, cyn gynted ag yr agorais un o'r bagiau Heygates dyna lle roedd e, yr union arogl a oedd yn fy nghadw ar ddi-hun ym mherfedd y nos. Roeddwn i wedi bod yn chwennych rhyw fwyd mochyn penodol heb hyd yn oed sylweddoli hynny.

Wi newydd edrych nôl dros yr hyn wi wedi ysgrifennu hyd yma a dylid nodi bod gen i ysfa enbyd i newid 'Samuel Becket' yn 'Hamuel Becket'. Yn wir, yn fy nghynddaredd fe alwais 'Samuel, Samuel' fel yn y Beibl ers talwm. Wedi'r cwbwl, mae Samuel yn enw digon hawdd i'w gofio, yn enw hyfryd yn wir.

Dylid nodi hefyd bod 'porc Nia L. E.' yn anagram o *porcelain* a bod prif lythrennau enw fy meddyg teulu, Helen Owen Griffiths, yn sillafu HOG, gair arall am fochyn. Dim ond nodi'r rhain ydwyf, heb wybod eu harwyddocâd o gwbwl, os yn wir y bydd yna unrhyw arwyddocâd iddynt.

Sylwais hefyd ar nifer o gamgymeriadau bach, 'sochian' yn lle 'socian', 'Hamdel' yn lle 'Handel' ac yn y blaen, gan geisio fy ngorau i'w cywiro. Maddeuwch fy llithriadau, plis. Does gen i ddim esboniad amdanynt. Efallai bod y camgymeriadau geiriol yma o bwys enfawr i chi, wn i ddim, ond teimlaf y dylid o leiaf ei nodi.

Wi hefyd am gyfaddef fy mod i'n dechrau cynhyrfu, yn enwedig ar ôl dihuno'r bore yma. Ro'n i wedi bod yn teimlo'n drwm yn ystod y nos, yn flonegog hyd yn oed. Ystyriais taw bwyta gormod o gnau blasus Heygates oedd yn gyfrifol.

Ond na. Dihunais heddiw gyda chwe theth ychwanegol.

Wi'n bendant fy mod i erbyn hyn nid yn unig wedi newid fy rhywogaeth ond wedi newid fy rhyw!

Efallai taw'r ffenomen newydd o gael wyth o fronnau go sylweddol oedd yn gyfrifol, ond roedd gen i ryw flys i yfed dŵr, ac nid jest dŵr o'r tap chwaith. Gorfodais fy hun i fynd i'r ~~archfochnad~~ archfarchnad rownd y gornel i nôl potel o fy hoff ddŵr. Dŵr arbennig ydyw, o Rwsia, ac mae e'n hen ffefryn gen i. Gwisgais hen grys-chwys a oedd llawer yn rhy fawr i mi, er mwyn peidio tynnu sylw at fy mronnau newydd. Sylwais wrth dalu ger y til bod goslef fy llais wedi mynd tipyn yn uwch. Edrychais o'm cwmpas, gan weddïo na fyddwn yn taro i mewn i rywun ro'n i'n ei adnabod. Chwarddais yn fewnol o ystyried y byddai hynny yn gwireddu'r ymadrodd 'yr hwch yn mynd trwy'r siop' i'r dim.

Pan gyrhaeddais adref a cheisio agor y botel sylwais fod fy llaw yn llawer mwy stiff nag arfer. Dyna o'n i'n golygu pan awgrymais fod y cloc yn tician. Y traed a'u carnau bach nodedig yw'r rhannau olaf i'w gosod yn eu lle yn fy nghorff newydd. Rywsut neu'i gilydd fe lwyddais i agor y botel a'i yfed allan o gafn ar ford y gegin.

Yn yr eiliad neu ddwy ddiwethaf yma wi wedi gorfod mynd ar fy mhedwar. Wi'n teimlo fy nwylo yn caledu, ond rywsut wi wedi llwyddo i osod fy ngliniadur ar y llawr. Soch chi'n mynd i gredu hyn, wi wi'n gwybod, ond soch chi'n mynd i 'ngadael i lawr, ych chi?

Mae'r ddogfen yma yn gyfle gwich wich wich. Wi'n gwybod bydd fy mrawd Lyn yn grac, jest gadael nodyn fel hyn, ond falle ddim. Soch chi'n gwybod beth sy'n mynd i ddigwydd wi wi wir i chi. Saws afal, craclyn, baaaa cŵn yn y nos, y wraig yn mocha â bildar, mochochochyn hapus ffiaidd. Hy, wel wi wi wi wir moyn gadael hwn fel anrheg i chi wi wi wi a wi wi newydd sylweddoli mod i heb deipio teitl i'r darn eto, sef 'Traed Moch'. Af fi nôl i dreial gwneud hynny nawr mewn munud, ond mae'r dwylo yn boenus, boenus, soch chi'n gallu dirnad y fath boen.

Wi'n dechrau colli fy nghydbwysedd wi wi wir ichi. Wi'n credu af fi lan lofft ac agor y ffenest os fedra i, er mwyn cael ychydig o awyr iach.

Tra fy mod i yn fy ystafell wely edrychaf mewn drych sy'n pwyso yn erbyn y wal a sylwi bod fy mochyn moch chwith yn goch. Mae fy nhrwyn newydd oddfog yn biws gyda phatrwm cris-groes tebyg iawn i Dilys.

Plis, derbyniwch fod hyn wi wi wi wi wi wir wedi digwydd i mi. Sonia i byth eto am Sonia. Soch chi moyn clywed hynna. Soch chi'n mynd i adael fi lawr nawr, ych chi?

Ond hefyd wi wi wi wi moyn i chi wybod bod rhywbeth tangnefeddus am y diwedd hwn.

Wi'n dawel derbyn fy nhynged.

Anghofiais i ddweud taw fy enw yw Pryderi. Ond fy enw fel mochyn fydd gwrthwyneb pryder, beth bynnag yw hwnnw. Hyder, falle? Mae cudynnau euraidd ar fy mhen, a mwy fyth ar fy sgwiwiwiwiwidde. Teimlaf fel angel. Wi'n mynd i hedfan i fyd arall. Trwy'r ffenest. Ymhell bell borchell mor bell i ffwrdd.

Soch chi'n gwybod ei hanner hi m//,/./.,mae MOCH YN gallu njk.m/. hedfan,,,,,,,bv,bnbn n ,.[[[[[[--- hjbhjkjkkm/kmkm,/l/,l//? Njm,n,.///////// cgf,m p[p['p

drxdtrki (Pryderi)

Braint a phleser o'r mwyaf oedd cael beirniadu'r gystadleuaeth hon eleni. Er, rhaid cyfaddef i mi deimlo rhyw bwysau a chyfrifoldeb ychwanegol ar fy ysgwyddau gan mai eleni yw'r flwyddyn gyntaf i'r wobr gael ei rhoi er cof am y llenor Tony Bianchi.

'Rhyw un profiad, neu un fflach o oleuni ar un peth, neu gyfres o bethau yn perthyn yn agos i'w gilydd': dyna sut y diffiniodd Kate Roberts ffurf y stori fer. Cafwyd amrywiaeth o brofiadau a themâu yn yr 16 stori a ddaeth i law: o stori ynglŷn â brwydr Agincourt i ddyn yn troi'n fochyn! Ond gan mai 'Anrheg' oedd y teitl, yn naturiol felly cafwyd sawl stori yn ymwneud â phen-blwydd gyda chymeriad yn dathlu pen-blwydd arbennig. Diolch i'r 16 am eu hymdrechion; cefais bleser wrth ddarllen pob un ohonynt.

Lao Ou: Cefndir y stori hon ydy brwydr Agincourt rhwng y Ffrancwyr a byddin Lloegr. Mewn stori fer adroddir y stori trwy lygaid un cymeriad. Gwendid y stori hon ydy y cawn safbwynt sawl cymeriad: Jean, yr uchelwr a milwr ym myddin Ffrainc; Odile, y forwyn; Maredydd, y rhingyll a'i gyfeillion yn ogystal â safbwynt milwyr ym myddin brenin Lloegr. Ceir hefyd ar ddiwedd y stori adlais o'r nofel *The Boy in the Striped Pyjamas*, wrth i Jean, yr uchelwr Ffrengig, gael ei ladd gan ei fod yn gwisgo gwisg filwrol gyffredin yn hytrach nag arfwisg uchelwr. Golygfeydd pytiog sydd yma a cheir y teimlad fod y gwaith yn rhan o rywbeth mwy – nofel efallai, wedi ei chrynhoi a'i haddasu'n stori fer.

Cwmwl Hud: Hanes Mwstaffa Ouifaqui, gŵr ifanc sy'n byw yng Nghaerdydd ac yn cael ymweliad gan yr heddlu ganol nos gan ei fod o dras Mwslemaidd a gawn gan *Cwmwl Hud*. Ond Cymro Cymraeg wedi'i eni a'i fagu ym Mangor ydy Mwstaffa. Yn dilyn ei brofiad, mae'n penderfynu dychwelyd yn ôl i fyw i'r gogledd. Mae potensial am stori ddifyr yma'n trafod rhagfarn, hunaniaeth a chenedligrwydd. Gwaetha'r modd, teimlais fod y gwaith braidd yn ddiniwed a'r ymdriniaeth braidd yn arwynebol.

Minos: Gŵr yn mynd ar daith gerdded o gwmpas ei gynefin a geir gan *Minos*. Mae'r gwaith yn hynod o delynegol ei naws. Ceir disgrifiadau godidog o'r wlad – ond lle mae'r stori? Teimlaf y byddai ffurf lenyddol arall yn siwtio'r llenor hwn yn well efallai. Gallai'r gwaith hwn fod yn gerdd fendigedig, yn enwedig gyda llinellau megis 'Dyn lled-wyllt yn dychwelyd at glirder y goleuni, wedi blynyddoedd o loddesta ar rith-nostalgia'.

Breuddwyd: Stori am athro Mathemateg sy'n blentyn amddifad ac wedi'i fagu mewn cartrefi maeth yn canfod ei fod wedi etifeddu hanner miliwn gan hen fodryb iddo ydy hon. Arwynebol ydy'r ymdriniaeth ac yn anffodus roedd y gwallau gramadegol a'r ymadroddion Saesneg yn amharu ar y stori.

Dryw eurben: Awn yn ôl i'r flwyddyn 1337 lle mae Gwenllian, merch Llywelyn ap Gruffudd, Tywysog olaf Cymru, wedi cael ei hanfon – neu ei halltudio – ers yn ferch fach i leiandy yn Sempringham. Yno y bu'n byw hyd ei marwolaeth yn 54 oed: dyddiau olaf Gwenllian a geir yn y stori hon. Mae'r iaith yn goeth a thelynegol ei naws. Roedd potensial am stori gref fan hyn yn ymdrin â meddyliau a theimladau Gwenllian a hithau ar ei gwely angau ond yn anffodus ni chafwyd hyn. Mae lle i arbrofi bob amser efo ffurf y stori fer ond gwyliwch nad ydych yn colli'r darllenydd.

Hogyn Llan: Cafwyd dechrau addawol iawn i'r stori hon. Mae gan Dorothy ymweliad amhleserus iawn i'w wneud ar ddiwrnod ei phen-blwydd, sef ymweliad â'r meddyg i gael canlyniadau profion. Mae Dorothy'n amau bod ganddi lwmp yn ei bron. Ond newyddion da sydd gan y meddyg iddi. Ceir tro annisgwyl a chlyfar iawn ar ddiwedd y stori pan ddatgelir mai cymeriadau ffrwyth dychymyg awdur, Meira Stephens, ydy Dorothy a'r holl gymeriadau eraill. Er y dechrau a'r diwedd effeithiol teimlwn nad oedd y stori ei hun yn taro deuddeg.

Cei Balast: Stori am Ianto sy'n crwydro'r traeth yn hwyr y nos ac yn codi cragen i weld beth mae'n ei ddweud wrtho a gawn yma. Ceir cryn athronyddu am stad y ddynoliaeth ac ati. Mae'r diffyg atalnodi ar y ddeialog yn ddryslyd gan ei gwneud hi'n anodd gwybod pwy sy'n dweud beth ar adegau. Braidd yn bytiog ydy'r stori ond mae ymgais i geisio creu awyrgylch yma.

Cael a chael: Dyma stori am Marc, sy'n mynd i weld arddangosfa o waith Leonardo da Vinci yn yr Amgueddfa Genedlaethol. Gan iddo gyrraedd yn fuan, mae'n mynd yn gyntaf i weld rhai o'r gweithiau a roddwyd i'r Amgueddfa gan y chwiorydd Davies. Maes o law, mae'n taro ar hen ffrind iddo, Fflur, ac mae'r ddau'n mynd am baned gan drafod celf. A dyna ydy hanfod y stori, fwy neu lai. Does fawr fwy yn digwydd na fawr o wrthdaro chwaith. Sonia Marc wrth Fflur ei fod wedi edrych ymlaen yn fawr at weld lluniau Leonardo, ond yn hytrach na theimlo gwefr, teimlo siom a disgwyl rhywbeth mwy mae o. Yn anffodus, rhyw deimlad felly a gefais innau ar ôl darllen y stori.

Gwenffrewi: Ceir fflachiadau da yn y stori hon am fam a merch, y ddwy yn weddwon: Alys sydd bron yn naw deg un, a'i merch Megan. Mae Alys yn awyddus iawn i'w merch fynd â hi i weld Ffynnon Gwenffrewi yn Nhreffynnon er mwyn iddi gael ymdrochi yn y dŵr sanctaidd i wella ei chryd cymalau. Ceir cyffyrddiadau da o hiwmor yma a thraw ond yn anffodus tuedda'r stori i grwydro yn hytrach na chanolbwyntio ar y brif stori. Er hynny, hoffais y tro annisgwyl yn y diweddglo.

Stella Alpina: Perthynas dau ffrind, sef Ben Davies, Cymro, ac Arnold Deluggi o Dde Tyrol a gawn yma – y ddau wedi cyfarfod gyntaf ym Mai 1944 ac wedi cadw cysylltiad drwy lythyrau byth ers hynny. Cefais fy atgoffa o stori fer Annie Proulx, *Brokeback Mountain*. Oedd mwy i'r berthynas na dim ond ffrindiau? Ond efallai mai fi sy'n darllen gormod i mewn i'r stori! Mae'n bosib fod gormod o stori yma i'w chyfleu a'i dweud mewn tair mil o eiriau. Efallai y byddai'n syniad i'r awdur ddatblygu ac ehangu'r pytiau o'r gwahanol gyfnodau er mwyn treiddio i feddyliau a theimladau'r ddau brif gymeriad. Yn sicr, mae potensial am stori rymus a theimladwy iawn yma.

Nesta: Nain yn mynd â'i hwyres fach am bicnic i'r man yr arferai hi chwarae pan oedd yn blentyn a gawn yma. Efallai mai'r gwendid mwyaf ydy'r diffyg gwrthdaro yn y stori. Does yna fawr ddim yn digwydd yma, yn anffodus, ar wahân i'r ffaith fod Jane yn adrodd chwedl Esta Eryri a Dulyn wrth Leusa fach. Efallai y byddai modd datblygu ac addasu'r stori ar gyfer plant. Byddai'r chwedl yn siŵr o blesio plant oed cynradd.

Llais Arall: Dyma stori ddifyr am Arwyn, sy'n fyfyriwr yn Adran y Gymraeg yn y Brifysgol. Mae'n dechrau sgwrsio un noson yn y dafarn efo John Talgarreg, cymeriad lleol sy'n 'yfed fel 'se fory ddim yn bod'. Er bod John wedi penderfynu cerdded allan o'r ysgol, a pheidio â byth fynd yn ei ôl, mae ei wybodaeth am lenyddiaeth Gymraeg yn synnu Arwyn. Mae'n gallu adrodd llinellau o gerddi beirdd ar ei gof. Yn wir, teimla Arwyn allan o'i ddyfnder yn trafod llenyddiaeth yn ei gwmni. Mae'r diweddglo yn effeithiol a theimladwy gyda John wedi gadael ei gopi o gyfrol o gerddi yn anrheg i Arwyn. Stori am wastraffu cyfle a geir yma. Tybed beth fyddai hanes John petai wedi parhau efo'i addysg? Ceir ysgrifennu cyhyrog yma ac mae gan yr awdur ddawn i ddeialogi.

Ffynnon Lloer: Mae'n ddiwrnod pen-blwydd Mared yn 40 oed. Yr 'anrheg' yn y stori ydy ei merch fach a anwyd chwe mis cyn ei phen-blwydd mawr – anrheg y mae hi wedi bod yn disgwyl yn hir amdano. Roedd sawl cyffyrddiad effeithiol a gafaelgar yma. Hoffais y cyfeiriad at Nain Llan a oedd yn arfer agor ei hanrhegion cyn y diwrnod mawr ac wedyn yn ail-roi tâp selo ar y presantau. Hefyd, y modd y disgrifir gwahanol fathau o bobl: 'Dysgodd bod wyneba suro llefrith ym mhob gweithle ... Roedd hi hefyd wedi deall bod yna ferched papur wal i'w cael, merched oedd yno yn gwenu'n ddel a gwrando'n dawel ar bob sgwrs ond yn barod iawn i gario straeon yn ail-dwym gan ychwanegu ychydig o bupur a halen at y stori'. Dyma stori ddifyr wedi'i hadrodd yn effeithiol a theimladwy.

Pencerdd: Dyma ysgrifennu gogleisiol iawn a'r awdur â'i dafod yn dynn yn ei foch. Mae Gwion Edeirnion yn credu ei fod wedi ennill Cadair Eisteddfod Genedlaethol Llanrwst ac mae'r creadur ar ben ei ddigon. Mae yma ddychan a hiwmor ac mae'r awdur wrth ei fodd yn dychanu ein beirdd a'r ffaith fod yna duedd gennym ni'r Cymry, yn gam neu'n gymwys, i ddyrchafu a rhoi parch a bri mawr ar ein beirdd: 'Roedd bardd yng Nghymru yn gyffelyb i gantor roc yn America'. Eilun Gwion – a'i bin-yp – ydy Mererid Hopwood, neb llai. Cymhara Myrddin ap Dafydd i 'ryw hen ddresel Gymreig'. Sonia fod pob bardd gwerth ei halen yn byw neu'n dod o Ben Llŷn a'r themâu sy'n plesio'r beirniaid fwyaf bob amser ydy Tryweryn neu fel y mae'r Gymraeg yn ffynnu yng Nghaerdydd. Os ydy'r sawl sy'n darllen y stori hon yn gyfarwydd â'n beirdd cyfoes, yna bydd hon yn siŵr o apelio a phlesio. Dyma stori ddychanol a difyr iawn.

Lolan: Dyma awdur sy'n deall ei gyfrwng a ffurf y stori fer. Dydy'r syniad ddim yn un newydd: gwraig yn ymweld â salon trin gwallt er mwyn wynebu'r steilydd, sef cariad ei gŵr. Yn sicr, mae yma ddawn dweud a dawn adrodd stori. Ceir llinellau gwych, fel 'ei dyddiau'n driongl o swyddfa, stryd fawr ac adra. Dyna'r drwg am fynd yn hŷn, mae pawb arall fel petaent yn mynd yn fengach'. Mae hon yn berl o stori gan awdur profiadol a medrus.

drxdtrki (Pryderi): 'Canys dyna ydyw, heb os. Gwyrth. A braint. Cael fy nhroi yn fochyn.' Dyn wedi'i feddiannu gan enaid mochyn a gawn yma. Ar yr olwg gyntaf, mae'r stori'n atgoffa rhywun o nofel Bethan Gwanas, *Pen Dafad*, sef hanes bachgen sy'n cael ei weddnewid yn ddafad bob nos. Ond mae mwy i'r stori na hynny a cheir sawl haen iddi. Dyma stori ddyfeisgar a chlyfar efo cymeriad difyr dros ben a chyffyrddiadau da o hiwmor ynddi. Ceir cyfeiriadau at y Tri Mochyn Bach a'r awdur yn teimlo ofn bob tro y byddai ci *huskey* yn pasio heibio'i gartref, yr ysfa i rowlio mewn mwd, bwyta bwyd mochyn ac yn y blaen. Hoffais y camgymeriadau bwriadol sy'n frith drwy'r gwaith, er enghraifft ysgrifenna'r awdur 'sochian' yn lle 'socian' a

'Hamdel' yn lle 'Handel'. Dyma awdur gwreiddiol sy'n meddu ar ddychymyg byw. Sylwer hefyd ar y ffugenw, sef *Pryderi,* a oedd yn y Mabinogi yn berchen ar genfaint o foch. Nid ar hap y mae'r awdur wedi dewis cyfeirio at y llenor Samuel Becket chwaith, gan i Tony Bianchi ennill doethuriaeth am ei astudiaeth o'i waith. Bachodd y stori hon fy sylw o'r darlleniad cyntaf ac arhosodd yn y cof yn hir iawn.

Heb unrhyw amheuaeth, y ddwy stori a greodd yr argraff fwyaf arnaf oedd rhai *Lolan* a *drxdtrki* (*Pryderi*). Deallaf fod teulu Tony Bianchi yn awyddus i annog 'ysgrifennu mentrus ac arloesol' yn y gystadleuaeth hon. Felly, oherwydd ei ffresni, ei ddychymyg a'i wreiddioldeb, o drwch blewyn, *drxdtrki* (*Pryderi*) sy'n mynd â hi.

SAITH DIWRNOD

Dydd Llun
Pasia'r chwyddwydr i mi, Lisa.

Hwn dach chi isio, Anti Gwenda?

Ia, chwyddwydr.

Ch. W. Y. Dd. W. Y. D. R. Be dach chi'n mynd i neud efo fo, Anti Gwenda?

Darllen y sgwennu mân 'ma ar y map a chwilio am y llwybr.

Dach chi ar goll, Anti Gwenda?

Ers stalwm, Lisa fach.

Dydd Mawrth
Sied ydy hi. Sied go-iawn efo tegell a mỳg a choffi. Pan fydda i'n troi'r goriad yn y twll clo teimlaf ryddhad. Rhyddhad o fod efo rhywle i ddengid iddo. Lle i gael llonydd. Lle i feddwl. Lle i ddod ataf fi fy hun. Wil fy mrawd roddodd y cylch goriadau i mi. Dyma i ti rywbeth i hongian ar oriad dy sied, Deiniol, medda fo dan chwerthin. Llun ci. Ci bach du. Bob tro y byddi yn y *dog house* dw i'n gwybod dy fod yn dengid i dy sied, medda fo dan wenu'n ddiddeall. Gwrando miwsig fydda i yno. Mae gen i baent a brwshis ac îsl yno hefyd ac mi fydda i'n paentio yn y sied. Paentio lliwiau glas a phiws a phorphor. Lliwiau fydd yn cuddio o dan fy nghrys lle bydd Gaenor wedi bod yn fy waldio. Fy waldio ers bron i bymtheng mlynedd. Fy mrifo efo'i dyrnau am y peth lleiaf. Fyddwn ni yn dathlu ein priodas risial yr ha'ma. Grisial. Roedd y ddau ohonon ni wedi meddwl y buasai'n hawdd cael babi ar ôl i ni briodi ond fis ar ôl mis mi fyddai'r dafnau fel egroes yn gwatwar a Gaenor yn fy meio i wrth i fisglwyf arall ymweld.

Dydd Mercher
Roedd wedi bod awydd ymuno efo'r grŵp cerdded am ei bod yn gweithio rhan-amser erbyn hyn yn y llyfrgell. Gwrando ar Alys Pen Maes yn canmol yr hwyl oedd hi'n gael wrth fynd allan efo cwmni. Storis caru oedd Alys yn ddarllen ac yn ymweld â'r llyfrgell bron bob wythnos. Rhaid i ti ddod gyda

ni, Gwenda, mi nei di fwynhau, oedd hi wedi bod yn ddweud wrth geisio ei pherswadio. Roedd Gwenda wedi bod yn unig ers i Tomi farw'n sydyn. Dim ond am bum mlynedd oeddan nhw wedi bod yn briod. Priodi'n hen. Roedd hi yn hanner cant. Roedd Tomi 'di priodi cynt. Gŵr gweddw. Cyfarfod yn y llyfrgell wnaethon nhw. Ditectifs oedd o'n ddarllen. Mi wnaeth hi ddechra cadw llyfra iddo fo. Nath o gynnig panad iddi ryw bnawn pan oedd y llyfrgell yn cau'n gynnar. Ffrindia oeddan nhw. Mi wnaethon nhw briodi ddiwrnod ar ôl Dolig. Diwrnod oer. Ffrindia wedi priodi. Roedd hi yn dal i weithio a chario llyfra adra iddo fo. Pum mlynedd. Gafodd hi sioc pan gafodd o drawiad. Clamp o drawiad.

Yn y diwedd mi gytunodd fynd i gerdded efo Alys Pen Maes. Grŵp o ddeg neu ddwsin o ferched. Merched Misol. Dyna oedd enw'r grŵp. Criw neis. Oedd Gwenda 'di prynu sgidia newydd a rycsac a fflasg. Alys oedd yn arwain. Alys oedd efo'r map. Ar ôl y daith aeth y criw i gael panad yn Tŷ Crwn. Coffi gafodd hi. *Latte* a sbynj efo jam. Wrth fyta'i sgons nath Marged a Sonia ddechra siarad am orgasm. Orgasm wrth fyta sgon. Chafodd Gwenda rioed un. Ffrindia oedd Tomi a hi. Ar ôl cyrraedd adref roedd hi'n teimlo'n hapus. Hapus 'di cael ffrindia newydd. Hapus am fod llwybrau yn agor o'i blaen ac nid darn o bapur ydy map.

Dydd Iau

Eisteddodd Deiniol yn nhawelwch ei ardd. Er ei fod y funud honno yn mwynhau paned o de tra fod Gaenor wedi piciad i'r siop i nôl selsig i swper roedd ei feddwl yn drobwll. Aros 'ta gadael? Aros 'ta gadael? Gwyddai fod eu perthynas fel lastig. Lastig wedi ei dynnu i'r eithaf. Oedd yna ffordd allan o'r rhigol? Clywodd sŵn clegar uwch ei ben. Pump o wyddau yn hedfan mewn undod gan greu siâp saeth. Clegar yn uchel ar y ffordd i rywle. Cododd Deiniol a phenderfynu gadael.

Dydd Gwener

'Pa liw ydy hon?' gofynnodd i'r fechan ddwyflwydd dros glawdd yr ardd.

'Pinc,' atebodd gan bwyntio at y gwpan goch.

'A hon?' gofynnodd.

'Melyn,' meddai gan bwyntio at yr un binc.

'Am braf,' meddyliodd Gwenda nad ydy'r fechan yn gweld popeth yn ddu a gwyn.

Dydd Sadwrn

Dim caead, dim gorchudd, dim corcyn, dim. Felly, pam nad ydy'r tywod yn dengid o'i garchar gwydr? Atgofion gwyliau sydd yn y botel, atgofion am anialwch a sychder a haul crasboeth. Dyddiau dibryder. Dyddiau i hiraethu amdanynt. Dyddiau o hwyl a chwerthin efo Gaenor. Dyddiau dechrau eu carwriaeth.

Os bydd Deiniol yn torri'r botel fe fydd y tywod yn chwalu i'r pedwar gwynt. Atgofion am y caru dan y sêr yn dawnsio yn yr awel. Mwythodd y botel cyn ei thaflu at y wal gerrig yng nghornel yr ardd a'i chlywed yn malu'n deilchion. Y darnau gwydr yn gollwng y tywod yn rhydd. Darnau gwydr fel grisial yn sgleinio ym mhelydrau haul diwedd pnawn.

Agorodd ddrws y sied a llwythodd ei gês i fŵt y car. Roedd yn barod i fentro.

Dydd Sul

'Damia,' meddai Gwenda. Doedd dim ateb yn swyddfa'r tacsi. Edrychodd ar fysedd y cloc ar wal y gegin. Deg o'r gloch. Yn sydyn dyma sŵn llif yn ffrwydro trwy'r distawrwydd. Brysiodd i sbecian trwy'r bleinds. Roedd Deiniol drws nesaf wrthi'n llifio drws ei sied.

Rhuthrodd Gwenda i'r ardd a chwifio ei breichiau er mwyn cael sylw Deiniol.

'Be wyt ti yn neud?' gofynnodd.

'Llifio'r sied,' atebodd. 'Mae gen i awran tan ddaw Gaenor adref o'r capel.'

O! meddyliodd Gwenda. Roedd Gaenor yn ddynas bwysig iawn ym Mynydd Seion. Trysorydd a blaenor. Byddai'n gadael y tŷ bob bore Sul am chwarter i ddeg ac yn dychwelyd am hanner awr wedi un ar ddeg. I'r eiliad.

'Dw i isio rhoi sypréis iddi,' meddai Deiniol. 'Sypréis fod y sied yn deilchion.'

Gwenodd Gwenda a'i adael yn llifio.

Pan ddaeth y llifio i ben, cynigiodd Gwenda ddiod oer i Deiniol. Daeth at y drws cefn i nôl gwydr o sudd oren.

'Be mae'r cês 'ma yn neud yn fan'ma?' gofynnodd Deiniol.

'Dw i 'di bod yn ffonio tacsi,' atebodd Gwenda, 'ond yn methu cael ateb. Mae'n rhaid nad oes neb angen tacsi ffordd yma ar fore Sul.'

'Lle ti isio mynd?'

'I'r orsaf,' atebodd, 'i ddal trên.'

'Lle ti'n mynd?' gofynnodd.

'Wn i ddim,' atebodd hithau. 'Dw i wedi cymryd wythnos o wylia. Awydd mynd i grwydro. Chwilio am antur cyn iddi fod yn rhy hwyr. Mae gen i fap.'

'Gad i mi nôl fy nghôt,' atebodd ynta. 'Mi af â thi i'r orsaf ac mi ddof efo ti. Does gen i ddim sied i guddio ynddi ddim mwy. Mae gen i gês yn y bŵt yn barod.'

Dringodd y ddau i'r Audi coch wrth i gloch yr eglwys atseinio ei bod yn chwarter wedi un ar ddeg. Anelodd Deiniol flaen y car am yr orsaf.

Sgon a Jam

BEIRNIADAETH JANE JONES OWEN

Am ddiffiniad o beth yn union ydy llên micro, fedrwch chi ddim gwneud yn well na darllen sylwadau Sian Northey yng nghyfrol *Cyfansoddiadau a Beirniadaethau* 2015 a sylwadau Siân Melangell Dafydd yng nghyfrol 2017. Darllenwch sylwadau'r beirniaid oll, ond yn bennaf, cymrwch amser i ystyried a myfyrio dros waith buddugwyr pob blwyddyn i astudio eu crefft.

Mwyheais waith deg ymgeisydd, a dyma nhw yn nhrefn eu derbyn a'u darllen.

Teifi bach: Gwaith gan awdur o ddysgwr sydd wedi cyrraedd safon eithriadol o dda. Darnau dymunol ond di-fflach. Rhyddiaith ddisgrifiadol yn hytrach na storïol.

Cledren: Casgliad o ddarnau llên micro, hanner ffordd rhwng barddoniaeth a rhyddiaith. Mae stori 4 yn ardderchog. Dyma'r awdur gorau am ddefnyddio geiriau mewn ffordd newydd, ddiddorol ond mae lle i olygu ychydig bach mwy ar yr union ddewis o air, a hoffwn i chi newid yr atalnodi i wella rhediad mydryddol brawddegau 3 a 4 yn stori 7.

Eos: Hoffwn i'r awdur galluog hwn gyflwyno'r saith darn fel un stori hir. Darnau byrion sy'n darllen fel cyflwyniad i stori, fel disgrifiad, fel darnau o brofiad neu atgof ac fel darnau episodig sydd yma, nid llên micro.

Gwiwer Nutkin: Ymgais i gyfleu saith achlysur hanesyddol gan ddysgwr arall o safon uwch. Gwaith digon diddorol.

Enfys: Dyddiadur saith diwrnod gan ymwelydd tro cyntaf efallai, i gyfleu bwrlwm Eisteddfod Genedlaethol Caerdydd. Nid llên micro.

Ben: Ymdrech addawol. Y tair stori gyntaf yw'r goreuon. Disgrifiadau da o deimladau yw'r darnau – episodau o ddyddiadur merch sy'n cofnodi'i phrofedigaeth o golli'i chariad.

Sgon a Jam: Chwe stori ardderchog sy'n codi gwên ar y diwedd, ond mae un stori, pe bai'n sefyll ar ei phen ei hun, yn wan. Brawddeg olaf diwedd stori 5: hoffwn weld mynegiant mwy gwreiddiol na'r gosodiad treuliedig am weld/peidio â gweld popeth yn ddu a gwyn. Beth am rywbeth fel hyn, efallai : 'Am braf,' meddyliodd Gwenda, 'gallu lliwio dy fywyd dy hun!' (Mae lliwiau yn bwysig yn stori 2). Hefyd, pwy ydy'r 'ddwyflwydd' sydd ddim yn nabod lliwiau? Ai Lisa? Na. Mae Lisa'n gallu sillafu. Os mai'r un plentyn ydyn nhw, ac mae un plentyn yn ddigon i'r canfas micro yma, efallai y byddai'n well dileu'r sillafu yn stori 1. Neu efallai gallesid gadael allan y gair 'dwyflwydd' yn stori 5 ac addasu'r frawddeg: 'Melyn,' meddai Lisa'n chwerthinog, gan bwyntio at yr un binc i herio ei "modryb".' Byddai brawddeg olaf y stori yn ardderchog wedyn. Mae'r seithfed stori wedi colli'r cynildeb gwreiddiol gan fod ysfa'r nofelydd wedi cydio a bron â rhedeg i ffwrdd – i greu stori antur neu ddrama deledu? Ffrwynwch.

Genesis (1): Myfyrdod yw stori 1 a dydy'r ail ddim digon cynnil i fod yn llên micro. Mae'r tair stori nesaf yn dderbyniol ond y ddwy olaf ddim cweit yn taro deuddeg. Ymdrech dda ac addawol, er hynny.

Merch Lleiniog: Derbyniwyd datganiad neu ddau, disgrifiad o sefyllfa, un darn annealladwy ond mae'r stori olaf yn ddymunol iawn fel llên micro.

Genesis (2): Mae storïau 5 a 6 yn dda iawn ac addawol fel llên micro ond disgrifiadau di-stori ydy'r gweddill, ond ymdrech dda.

Y llenor micro gorau a'r casgliad mwyaf boddhaol eleni? Yr awdur sy'n rhagori am y defnydd mwyaf cynnil, grymus ac awgrymog o eiriau, a stori sy'n codi o'r dudalen?

Buddugol: *Sgon a Jam*.

TYNFA

Mae hi heddiw yn ddiwrnod mawr yng Nghaerdydd: yn ddiwrnod gêm, a rhyw 300,000 o bobl, mae'n debyg, wedi heidio yma er mwyn cael eu gwasgu i gorneli tafarndai neu gael eu boddi yn nhyrfa'r stadiwm. Bydd rhai wedi teithio siwrne o dros bedair awr er mwyn cael y fraint o giwio am hanner awr wrth bob bar, mwynhau arogl chwys y person sy'n sefyll yn llawer rhy agos atyn nhw, ac sy'n colli cyfran o'i beint bob tro y bydd arlliw o awgrym fod y gêm yn cyflymu. Bydd pob tafarn yn troi'n gôr, a'r aelodau'n meddwi ar eu Cymreictod ac yn diwallu'r ysfa honno i fod yng nghanol yr hwyl: yn bodloni'r dynfa tuag at drydan a goleuadau'r brifddinas. Rydw innau, sy'n byw ac yn gweithio yn y ddinas hon ers rhyw ddwy flynedd, wedi tyngu nad af i ar gyfyl canol y dref, ond wela i ddim bai ar y gwyfynod sydd wedi eu denu yma ac sydd eisiau blasu'r awyrgylch a'r cwrw. Roeddwn innau'n un o'r gwyfynod hynny unwaith; yn ysu am gael ffeirio gwynt y môr am ruthr, gwefr, a lampau'r brifddinas, yn ddall i strydoedd budron ac yn fyddar i suo seirenau. Mae hi'n hawdd dychmygu delfrydau'r ddinas fawr wen heb lawn sylweddoli bod yn rhaid caledu i fywyd Caerdydd.

Dydy'r dynfa at fywyd dinas yn ddim byd newydd, wrth gwrs; mae dadl y pridd a'r concrid yn hen gyfarwydd inni yng Nghymru, ond er hynny mae'r dynfa hon yn rhywbeth creiddiol ynom ni, bron. Yr awydd hwnnw i glosio at y man lle mae pobl yn cronni ac yn ffurfio cymunedau, a'r mwyaf o bobl sydd mewn un lle, y mwyaf o gyfleusterau, cyfleoedd, buddsoddiad, adloniant, amrywiaeth a safon sydd ar gynnig. Os hedfanwch chi a hithau'n nosi a'r awyr yn glir, gallwch weld drwy ffenest yr awyren fap sy'n tystio i'r dynfa naturiol honno mewn pobl i glosio at ei gilydd. Mae trefi a phentrefi yn ymddangos yn bocedi o olau yng nghanol y düwch, yn brawf fod cymunedau wedi eu ffurfio dros ganrifoedd ac wedi hen sefydlu bellach. A rhwng y pocedi golau mae edau olau yn clymu un boced â'r llall a'r cyfan yn we sy'n clymu pawb yn ddiogel wrth ei gilydd.

Hedfan roeddwn i am Wlad yr Iâ pan sylwais i ar y pocedi golau drwy ffenest yr awyren. Yno, yn groes i'n profiad ni, caiff pentrefi a chymunedau eu ffurfio o amgylch ysgolion, a chaiff ysgol ei chodi lle mae'r tir yn boeth a'r ddaear ei hun yn cynnig gwaith a chyfleoedd diwydiannol. Mae hynny'n groes i'r arfer yn y rhan fwyaf o wledydd eraill y byd mae'n debyg, lle caiff ysgol ei chodi unwaith y mae digon o bobl wedi casglu mewn un lle ac unwaith y mae digon o alw amdani. Ond y tir sy'n tynnu pobl at ei gilydd ym mherfeddion gwledig Gwlad yr Iâ, ac nid trosiadol yw gwres cymuned gan mor ddibynnol yw'r wlad ar yr ynni naturiol sy'n berwi dan gramen y ddaear; dyna'r ynni sy'n cynhesu dŵr mewn cartrefi, sy'n cynhesu'r tarmac ar y lonydd er mwyn dadmer eira a rhew'r gaeaf ac sy'n cael ei ddefnyddio er mwyn tyfu cnydau. Dyma wlad a'i thirwedd yn unigryw: caeau o greigiau lafa, pyllau dŵr berw sy'n rhoi ac yn saethu dŵr dros 40 metr i'r awyr nes disgyn yn law ac anweddu i'r niwl, a lle mae goleuadau'r gogledd yn belydrau'n plygu i'w gilydd ac yn dawnsio tan dri y bore. Gwlad yr elfennau yw hon, a phobl y tir yw'r trigolion.

Mae yna ryw ysfa i deithio yn nifer ohonom ni, cyrchu'r borfa lasach neu brofi 'hud enwau a phellter' wrth weld y byd, chwedl T. H. Parry-Williams, ond mae yna dynfa hefyd o hyd i ddychwelyd adref, dod yn ôl at y tir cyfarwydd, y lle hwnnw sy'n perthyn i ni. Boed hynny o deithio'r byd neu o symud i fyw i ganol mwg a llwch tref neu ddinas, yn aml iawn mae yna rywle sy'n ein galw ni'n ôl. Ac weithiau mae angen hynny arnom ni; mae angen inni ddychwelyd yn llythrennol at ein gwreiddiau, at y dŵr a'r pridd, er mwyn inni allu anadlu eto. Â'r môr a'r mynyddoedd yn rhan o hunaniaeth ac isymwybod nifer ohonom ni a gafodd ein geni a'n magu mewn ardaloedd mwy gwledig, mae dychwelyd at yr hen olygfeydd cyfarwydd yn gallu bod yn llesol, a'n cynefin yn gallu bod yn encil ac yn bwerdy i'r corff a'r meddwl. Mae troedio hen lwybrau'n troi'n ddefod: prynu paned o siop nid anenwog ym Mhorthaethwy (â'm cwpan blastig fy hun, wrth gwrs) cyn gwneud tro o amgylch Ynys Tysilio a dweud helô wrth Cynan ar y ffordd. Oedi i dynnu llun ar y ffôn, ei rannu ar Instagram, a rhyfeddu bob tro o'r newydd at harddwch yr ardal rydw i wedi troi fy nghefn arni, at yr olygfa cerdyn post o'r Fenai a'r bont yn llinyn rhwng Môn a'r tir mawr, y ceir yn sglefrio ar ei hyd ac yn ei chymryd yn gwbl ganiataol, fel yr oeddwn innau ar un adeg.

Yn ei gerdd 'Taith adref', mae Iwan Llwyd yn awgrymu bod yn rhaid mynd i ffwrdd er mwyn profi'r teimlad cyfriniol hwnnw o ddychwelyd adref, ac rydw i'n siŵr y gall sawl un uniaethu â hynny: 'does unman yn debyg ...', 'teg edrych tuag adref'; mae gennym ni sawl dihareb i'r cyfeiriad hwnnw. Sôn yn benodol am y daith y mae Iwan Llwyd, fodd bynnag, y lonydd cyfarwydd a'r enwau ar arwyddion ffordd solat sy'n brawf diriaethol bod rhywun yn nesáu at ben y daith, at adref. Mae bod 'bron adre' yn deimlad cysurlon, ac rwy'n siŵr fod gan bawb ryw garreg filltir sy'n nodi'r fan o fod 'bron adre'. Gweld goleuadau Ysbyty Gwynedd wrth deithio o'r dwyrain ar hyd yr A55 oedd y garreg filltir ers talwm a minnau'n dychwelyd mewn bws ar ôl bod ar dripiau ysgol.

Erbyn hyn, mae yna sawl carreg filltir i mi ar y siwrne hir o'r de i'r gogledd: Bannau Brycheiniog; Llanfair-ym-Muallt; croesffordd ryfedd Rhaeadr Gwy; 'caffi bwnis' Llanbrynmair; 'Little-Chef-sydd-bellach-yn-Starbucks' Dolgellau; ffordd osgoi Porthmadog; Caernarfon; ac yn olaf, y bont dros y Fenai. Mae Iwan Llwyd yn sôn am ddynesu at adref a gweld yr enwau lleoedd cyfarwydd 'fel bwledi o ddryll/ yn agor clwyfau yn fy nghalon i/ ac eto'n llawn o esmwythâd y lli'. Gallaf uniaethu'n union â'r teimlad: yr hiraeth rhyfedd sy'n pigo pan fyddaf yn croesi Pont Britannia a minnau droedfeddi i ffwrdd o gartref fy rhieni. Pa synnwyr sydd mewn teimlo hiraeth am rywle wrth i chi gyrraedd y lle hwnnw rydych chi'n hiraethu amdano? Unwaith rydw i'n cyrraedd ffordd osgoi Port, mae teimlad gwahanol i'r lonydd, ac mae yna ryw ryddhad wrth wybod fod diwedd y daith dri chwarter awr i ffwrdd. Yr un hyd â thaith yn y car i weld fy nain a fy nhaid ar ddydd Sadwrn ers talwm. Dyna'r mesur.

Mae hi'n hawdd dweud bod rhywun am symud i'r ddinas 'am gyfnod'; anos ydy mesur hyd 'cyfnod'. Ar ôl bodloni'r ysfa a phrofi cyffur cyfleustra siopau mawrion a bariau soffistigedig, pryd mae'r dynfa'n ôl at y lonydd, y môr a'r mynyddoedd cyfarwydd yn mynd yn drech? Ynteu ai delfryd ydy bywyd y wlad hefyd; rhyw fan gwyn man draw? Mae bywyd tawel, syml yng nghanol harddwch naturiol y wlad yn atyniadol erbyn hyn, er bod teulu, gwaith, cyfeillion a llu o gyfleoedd yn perthyn i fywyd y ddinas. Ond pryd mae'r blinder yn mynd yn ormod a'r goleuadau llachar yn pylu? Pryd mae'r tir yn ein tynnu ni'n ôl?

Merch y ddinas

Derbyniwyd naw ymgais ar destun ardderchog ac aeth yr ymgeiswyr â mi ar sawl trywydd diddorol. Mwynheais agweddau ar waith pob ysgrifwr a dyma nhw yn nhrefn teilyngdod, gan gofio mai chwaeth a barn un beirniad sydd yma.

Merch y Mynydd, 'Tynfa': Ysgrif o fawl i Landdewi Brefi yw hon a cheir cryn dipyn o hiraeth am y gorffennol wrth i'r ysgrifwr sôn yn atgofus am sut mae'r ardal wedi newid o ran iaith, traddodiadau crefyddol ac arferion cymunedol. Serch hynny, deuir i'r casgliad wrth gloi y bydd 'y gog [*sic*] yn dychwelyd'. Mae yma ormod o lawer o ddyfyniadau llenyddol nad ydynt yn talu am eu lle na chwaith yn gywir bob amser. Hefyd, byddai'n dda i'r ysgrifwr hwn fuddsoddi yn Cysill ac ailddarllen ei waith yn ofalus er mwyn cywiro gwallau amlwg fel 'ein tadau yn ei heirch', 'ei phrudd', 'o dan draed Dewi', 'addysg glodliw' ac ati. Serch hynny, mwynheais rannau o'r ysgrif hon a byddai, o'i chywiro ac o chwynnu'r rhan fwyaf o'r dyfyniadau, yn ddeunydd darllen hyfryd mewn papur bro.

Dibin, 'Rho i mi Nerth': Darn am brofiad chwaer sydd â brawd anabl a geir yma. Er bod yr ysgrifennu'n deimladwy iawn, nid yw'r cysylltiad â thestun y gystadleuaeth yn amlwg. Olrheinir hanes teulu bach sy'n gofalu am y brawd anabl o ganol yr ugeinfed ganrif hyd heddiw, gyda chyfeiriadau at agweddau'r gymdeithas at anabledd yn ogystal. Defnyddir delwedd rhyfel yn yr ysgrif i gyfleu sut bu'n rhaid i'r teulu bach frwydro ar ran y brawd, a hynny'n amlwg ar ddechrau ac ar ddiwedd yr ysgrif. Un frawddeg gofiadwy oedd honno lle mae'r ysgrifwr yn sôn am ei brawd 'yn mwynhau ei henaint gyda rhai sy'n ail-fyw eu plentyndod pryd [*sic*] nad yw ef wedi ymadael â'i blentyndod o gwbl'. Gan mai prin yw'r cyfeiriadau gwironeddol bersonol i'r awdur, mae tuedd i'r cyfan fod hyd braich rywsut, ac felly'n llai llwyddiannus fel ysgrif.

Sgŵc, 'Tynfa': Sonia'r ysgrifwr hwn am dynfa at saith man arwyddocaol ac mae'n datgelu tipyn o hanes ei fywyd wrth wneud hynny. Y rhannau mwyaf diddorol oedd y rheiny am Paddington ac am Lerwick, Ynysoedd Shetland. Hoffais yr arddull a'r cyffyrddiadau doniol o dro i dro. Efallai i'r rhwyd gael ei thaenu'n rhy eang, fodd bynnag, gan fod ambell ran yn fyr iawn a'r diweddglo'n llai llwyddiannus yn fy marn i. Byddai'n werth i *Sgŵc* fuddsoddi yn Cysill a darllen drwy ei waith yn ofalus gan fod gwallau esgeulus yn britho'r gwaith, er enghraifft 'pedwar cenhedlaeth', 'fy ngyrru i ffwrdd', 'y dawn nhw', 'yn dryw i'w deulu'. Trueni am hyn gan fod *Sgŵc* yn ysgrifwr difyr.

Bera Bach, 'Tynfa': Cael ei ddenu at y copaon y mae *Bera Bach* a dechreua'r ysgrif gyda chyfeiriad llenyddol at soned 'Y Llwynog', R. Williams Parry, ac at y salmydd sy'n dyrchafu ei lygaid i'r mynyddoedd, cyn mynd ati i ddehongli'r dynfa. Caiff Moel Siabod – y copa cyntaf – gryn dipyn o sylw yn yr ysgrif; gormod, o bosibl, yn enwedig pan restrir y copaon eraill sydd i'w gweld oddi yno. Ysgrifenna'n eglur er nad yw'r iaith yn lân bob amser. Er bod y sôn am yr amryfal agweddau ar y dynfa'n ddiddorol, mae rhyw bellter o ran yr arddull, a'r cyffyrddiadau bach hynny sy'n gwneud i ddarllenydd uniaethu â'r ysgrifwr ar lefel ddynol.

Crëyr, 'Tynfa': Ysgrif sy'n ymdrin â'r dynfa at y ffin honno rhwng bywyd a marwolaeth, neu 'alwad yr anoddun'. Mae'r ysgrifennu'n amheuthun o goeth wrth i'r ysgrifwr ymdrin â gwahanol agweddau ar y dynfa, a hynny'n ddeallus dros ben. Serch hynny, i mi, roedd y gwaith yn ymylu ar fod yn draethawd, yn ymarferiad ymenyddol, bron, heb unrhyw un o'r sylwadau personol hynny y byddwn wedi'u disgwyl mewn ysgrif lwyddiannus. O'r herwydd, ni theimlwn i mi ddod i adnabod yr ysgrifwr yn well chwaith.

Crwydryn, 'Tynfa': Tynfa mynyddoedd Eryri i Fonwysyn yw testun *Crwydryn*. Mae'r darnau mwyaf llwyddiannus yn cyfeirio at deimladau'r awdur ei hun, er enghraifft y profiad o gael ei ddal mewn storm arswydus. Serch hynny, yn fy marn i, mae ôl straen wedyn wrth i'r ysgrifwr lenwi'r ysgrif â chyfeiriadaeth lai personol, er enghraifft at chwedloniaeth Eryri, at y cysylltiadau llenyddol, at y rhai a laddwyd ar y mynyddoedd, at y rhai a fu'n ymlafnio i gael bywoliaeth, ac at yr artistiaid a ddenwyd at y mynyddoedd. Mae'r iaith yn lân ar y cyfan er bod camdeipio hwnt ac yma. Petai'r ysgrifwr wedi canolbwyntio mwy ar y personol a llai ar y gyfeiriadaeth gyffredinol, byddai wedi codi'n uwch yn y gystadleuaeth.

Canol y rhawd, 'Tynfa': Ysgrif am dynfa'r awdur at Neuadd y Brifysgol ym Mhen-y-lan, Caerdydd, sy'n gyfle mewn gwirionedd iddo fyfyrio ar ei gyfnod coleg. Mwynheais yr hiwmor cynnil, y chwarae ar eiriau a'r ambell sylw oesol cyffredinol. Llwydda'r ysgrifwr i gyfleu camau ei gyfnod coleg a'r chwithdod wrth orfod dychwelyd adref o dro i dro. Gwanhaodd yr ysgrif tua'r diwedd, yn fy marn i, gyda'r ysgrifwr yn gorddefnyddio dotiau coll geiriau a'r arddull yn llai dengar. Serch hynny, gosodais hon yn uchel yn y gystadleuaeth gan i mi gael cryn foddhad yn ei darllen.

Cled, 'Tynfa': Pysgota yw'r dynfa i *Cled*. O bosibl mai dyma ysgrif fwyaf personol y gystadleuaeth, heb gyfeiriadaeth lenyddol o fath yn y byd, ac nid beirniadaeth yw dweud hynny. Mae'r arddull yn rhwydd iawn wrth i'r ysgrifwr dywys y darllenydd drwy ei brofiad aflwyddiannus cyntaf yn pysgota ond pan gafodd ei ddal serch hynny gan y clwyf. Cyflea ddarluniau cofiadwy iawn: y dyfrgi sy'n ymddangos wrth iddo bysgota rywdro gyda'i dad; dal haig o fecryll gloyw yn ystod yr haf cyn mynd i'r coleg, hen hipi a'i fysedd budr yn dangos sut oedd ffiledu gwrachen ond na rannodd yr ysbail gan ei fod yn fegan. Gan fod yr ysgrif mor hawdd ei darllen, maddeuais ambell wall iaith a'r paragraff olaf lle mae isgymalau'n cael eu cyflwyno fel brawddegau cyfan. Fodd bynnag, mae'r frawddeg honno ar ddiwedd y darn am Ynys Enlli, 'A dwi dal i gofio beth ddywedais [*sic*] di wrtha i ar y cei ...' yn cyflwyno ail berson penodol yn ddisymwth, gan darfu ar undod y gwaith, yn fy marn i. Serch hynny, cefais fy swyno gan *Cled*.

Merch y ddinas, 'Tynfa': Ymdriniaeth feddylgar a darllenadwy iawn o ddwy dynfa a geir yma: honno i ddinas a'r un yn ôl i fro enedigol wledig. Sonnir i ddechrau am y dynfa i Gaerdydd adeg gêm rygbi ac yna am y dynfa bersonol i'r ysgrifwr, ddwy flynedd yn ôl. Mae'r cynfas yn ehangu wedyn i drafod y dynfa gyffredinol i drefi a dinasoedd, a sut mae'r 'pocedi o olau yng nghanol y düwch' wrth hedfan mewn awyren yn dyst i hynny. Trafodir y sefyllfa yng Ngwlad yr Iâ gan mai'r tir a'r ynni naturiol o dan gramen y ddaear sy'n tynnu pobl at ei gilydd yno. Er bod *Merch y ddinas* yn deall yr awydd i brofi 'hud enwau a phellter' fel T. H. Parry-Williams, teimla dynfa bellach i'w bro enedigol, a dyma yw deunydd gweddill yr ysgrif. Craidd neges yr ysgrif yw'r cwestiwn: er bod cyfnod pan fydd y dynfa i'r ddinas ar ei chryfaf, a fydd y dynfa'n ôl i'r bywyd gwledig yn drech na hi? Dyma gwestiwn perthnasol ers cenedlaethau i'r Cymry a heidiodd i ddinasoedd Lloegr, ond mae'n gwestiwn cyfoes iawn yn ogystal o ran y dynfa i Gaerdydd. Mae'r cyffyrddiadau personol yn rhai hawdd uniaethu â nhw ac mae'r syniadaeth gyffredinol yn codi'r gwaith i dir uwch, yn hytrach na'i wneud yn llai perthnasol. Ynghyd â'r arddull raenus a'r iaith gywir iawn ar y cyfan, mae'r cyfanwaith yn fy modloni'n fawr.

Merch y ddinas sy'n cael y wobr.

Stori ffantasi, hyd at 3,000 o eiriau: Cysgodion

Nod unrhyw stori yw cyffwrdd â'r galon neu ddweud rhywbeth o bwys am y byd, a gall ffantasi fod yn gyfrwng pwerus er mwyn amlygu syniadau neu themâu sy'n berthnasol i'r darllenydd. Ond mae ysgrifennu stori ffantasi fer yn arbennig o anodd. Mae'r angen i greu byd newydd, a'i ddisgrifio, yn llyncu geiriau gan olygu nad oes cymaint o ofod i ddatblygu cymeriadau neu neges y gall y darllenydd uniaethu â nhw. A dyna brif wendid y pum ymgais a ddaeth i law. Dyma nhw yn nhrefn teilyngdod.

Bwgan, 'Cysgodion': Hanes Mr Jones a geir yma, dyn sy'n mynd at ymchwilydd seicig wedi iddo sylwi nad oes gan ei gymdogion newydd gysgodion. Mae'r stori gyfan ar ffurf deialog ychydig yn hirwyntog a gellid bod wedi tocio rhywfaint arni er mwyn datblygu'r cymeriadau a'r stori. Mae'r tro yn y gynffon yn hwyl ond wedi mynd yn ychydig o ystrydeb mewn straeon ysbrydion ers i Bruce Willis sylweddoli mai ysbryd ydoedd ef hefyd yn ffilm *The Sixth Sense* ugain mlynedd yn ôl. Er mai stori arswyd yw hon does dim byd arswydus yma. Serch hynny, fe fydd Mr Jones (y beirniad) yn gwneud yn siŵr fod gan ei gymdogion gysgodion y tro nesaf i mi eu gweld nhw.

Bronco, 'Cysgodion': Hanes ceffyl o'r enw Rojar sy'n syrthio mewn ras yw hon ac yn treulio gweddill ei oes yn twchu ar borfeydd gwelltog. Mae'r stori wedi ei hysgrifennu'n dda, ac mae mantais ganddo dros yr holl straeon eraill sef nad yw'r cwmpas yn rhy eang. Ond ai stori ffantasi yw hon? Mae'r diweddglo yn darlunio Rojar wrth borth y nefoedd, ond dyna'r unig awgrym o elfen oruwchnaturiol yn y stori ac felly dydw i ddim yn meddwl y gellid ei wobrwyo fel stori o fewn *genre* ffantasi.

Citi, 'Chwydfa'r Gloddfa Ddiamwntiau': Hanes dyn sy'n cael ei ddenu i fyd arall gan ryw fath o ellyll dwyn cysgodion sydd yma. Stori am ddyn chwil yw hon ac efallai bod y modd y mae'r stori yn neidio o olygfa i olygfa braidd yn ddisymwth yn fwriadol – teimlwn innau ychydig yn chwil wrth ei darllen. Mae'r prif gymeriad yn mwynhau gwledd yn y byd hudolus a cheir gwledd ddisgrifiadol yma hefyd. Yn anffodus, serch hynny, does yna ddim llawer o gig ar esgyrn y prif gymeriad ac o'r herwydd doedd gen i ddim llawer o ots amdano pan ddatgelwyd bod nefoedd yr ellyll yn debycach i uffern. Gellid efallai ddarllen y stori fel rhyw fath o alegori am addewidion arwynebol y byd cyfalafol cyfoes ond efallai mai camgymeriad fyddai ceisio cloddio'n rhy ddwfn yma – mae yna ddiemwntau disgrifiadol a dim llawer arall.

Cwta Ffracsiwn Eiliad, 'Cysgodion': Hanes ffarmwr sy'n dod ar draws un o gŵn Annwn ac sy'n mynd ar fath o antur yng nghwmni Owain Glyndŵr a geir yma. Mae'r awdur yn dweud yr hanes mewn tafodiaith gyhyrog ond mae yna gymaint o weledigaethau yn carlamu ar draws ei gilydd rwy'n cyfaddef nad oedd gen i ryw lawer o syniad beth oedd yn digwydd. Rwy'n tybio bod rhyw fath o neges am gyflwr gwleidyddol cyfoes Cymru yn y diweddglo ond hyd yn oed fel un gweddol hyddysg yn hanes a chwedloniaeth Cymru ac yn ei chyflwr gwleidyddol hefyd ni allwn wneud na phen Bendigeidfran na chynffon ci Annwn o'r peth, ac mae'r cyfeiriadau cyson at Dai Jones, Llanilar yn awgrymu nad yw'r awdur am i ni gymryd y peth ormod o ddifri chwaith. Ymddiheuriadau dwys i'r awdur os oedd ystyr dyfnach yn llechu dan yr wyneb, ond efallai mai hwyl y dweud yw prif ac unig apêl y stori.

Ap Nostig, 'Cysgodion': Dyma'r stori orau o bell ffordd, o ran y ddawn ddisgrifiadol a dychymyg yr awdur. Mae yna awgrym o fytholeg Lychlynnaidd yma yn y byd sy'n bodoli ar ganghennau coeden Hirymestyn. Mae yna ddisgrifiadau penigamp hefyd – 'swn annymunol fel arllwys dannedd i fwced' – ac enwau gwych. Roedd y modd y cymysgwyd nifer o gymeriadau mytholegol â'i gilydd yn fy atgoffa i o'r gyfres *Sandman* gan Neil Gaiman, ac nid ar chwarae bach y mae eu cymharu. Ond rwy'n amharod i wobrwyo oherwydd bod angen, yn fy nhyb i, gynfas llawer ehangach na phwt o stori 3,000 o eiriau ar gyfer y byd a ddarlunnir yma. Gwesgir llawer gormod i mewn (mae'r angen am droednodiadau cyson yn dweud y cyfan) a gorlwythir y darllenydd. Dylid datblygu hon yn stori llawer hwy – yn nofel o bosib, neu'n nofel raffig – a fyddai yn caniatáu i ni lawn werthfawrogi'r byd hwn a'i gymeriadau niferus.

Mae yna lawer o gryfderau yn y straeon hyn – hiwmor, iaith dafodieithol gyhyrog, a dawn ddisgrifiadol. Ond fel y gwelir, mae'r goreuon yn rhannu'r un ffaeledd sef y tueddiad i geisio darlunio gormod mewn rhy ychydig o amser, a thrwy wneud hynny fethu â chyfleu unrhyw beth o bwys ynglŷn â'r cymeriadau, na chyffwrdd â chalon y darllenydd. O ganlyniad, rwy'n atal y wobr ond dylai *Ap Nostig*, o leiaf, gysylltu ag un o gyhoeddwyr Cymru ac rwy'n edrych ymlaen i weld ei weledigaeth/gweledigaeth mewn print yn ei llawn ogoniant.

Dilyniant o negeseuon ar unrhyw gyfrwng cymdeithasol geiriol, hyd at 1,000 o eiriau: Agored

DILYNIANT O NEGESEUON

Grŵp llenorion Cymraeg

Gwen Grug
Llongyfarchiadau ar ennill y Fedal Ryddiaith, Meinir!

Meinir yn hoffi hwn

Gwen Grug
Edrych ymlaen at ddarllen y gyfrol, Peredur!

Peredur Matthias Ifor
Henffych gyfeillion, diolch i chwi oll am y negeseuon caredig.

18:50
Alec Jones wants to connect via private message

Alec
Ti ar lein, Gwen?
Ti'n iawn, waaaaa?

Gwen
O'r Rhyl ti'n dŵad, Alec.

Alec
Ti'n cyhuddo fi o *cultural appropriation*
pobl y Bala?

Gwen
Ydw

Alec
Blydi hel, pwy naeth piso ar dy tsips di?

Gwen

Alec
Popeth yn iawn efo'r plant?

Gwen

Alec

Popeth yn iawn efo'r gwaith?

Gwen

Alec

Iechyd yn iawn? Morgais 'di talu?
Car dal i weithio?

Gwen

Dim byd mawr yn bod. Teimlo
mymryn yn isel ar hyn o bryd.

Alec

Pam?
Deuda wrth Alec.
Na, gad i mi ddyfalu ...
Cariad newydd yn goc oen?
Cariad newydd efo coc oen?
Na?

Gwen

Styc fan hyn, ac mae pawb
arall yn y Steddfod. Pawb.

Alec

Dw i'm yn y Steddfod ...

Gwen

Dw i'n teimlo fel Cinderella,
yn gweld lluniau o bawb
arall ar Facebook ac Insta yn
joio'u hunain. Ond hyd yn
oed taswn i'n medru fforddio
mynd i Gaerdydd, does gen
i ddim ffordd o gyrraedd.
Angen *starter motor* newydd
ar y Vauxhall.

Alec

Taset ti yna fyset ti'n swnian bod y lle'n
rhy brysur, pethau'n rhy ddrud, a fyse'r
plant yn diflasu cyn i ti gael cyfle i fynd
i'r un digwyddiad yn y babell lenyddol.

A ha .... hmmmm

Gwen

???

Alec

Nid am y Steddfod mae hwn, rîli, naci?

Gwen

???

Alec

Ti'n jelys o Meinir a Peredur. Paid â boddran gwadu'r peth, Gwen. Dw i'n nabod ti'n rhy dda.

Gwen

Wnes i drio mor galed eleni. O'n i mor falch o bopeth wnes i ddanfon.

Alec

A dyle ti dal fod yn falch. Ti'n medru sgwennu, Gwen. Sdim angen tlws na siec i brofi hynny. Ti 'di cyflawni mwy na'r rhan fwyaf o bobl dw i'n nabod. A ti mond yn dri deg wyth. Hen ddigon o amser i ennill y fedal farddoniaeth neu'r rhuban glas.

Gwen

Ond dw i wedi bod yn trio ers blynyddoedd maith. Dw i'n heneiddio heb ddim byd o werth i ddangos am fy ymdrechion.

Alec

I fod yn deg, mi neith tri o blant heneiddio ti.

Gwen

Alec

A ti'n neud job wych o fagu nhw. O'n i'n prowd i fod yn llystad iddyn nhw. Gyn ti blant lyfli a ti'n gweithio llawn amser. Sgena i'm syniad sut ti'n edrych ar eu holau nhw ac yn ffeindio amser i sgwennu blydi nofelau 'run pryd.

Gwen

Diolch.

Alec

Mae gen i deimlad da am y flwyddyn nesaf.
Yn Llanrwst ti fydd ddy *belle of* ddy *ball.*
Na i ddod draw, a bob tro ei di heibio'r
Babell Lên neu'r pafiliwn pinc, na i bwyntio
a gweiddi, 'Sbia, Gwen Grug yr awdures!'

Gwen

Paid ti â meiddio. Coc oen.

Sori am fod yn bwdlyd o'r
blaen. Ti'n nabod fi'n iawn
– dw i'n genfigennus o bawb
yn y Bae, yn enwedig Meinir
a Peredur. Colli Pl@tiad a
Geraint Jarman. Wedi diflasu
ar bopeth ar hyn o bryd, a
dydy o ddim yn helpu pan
mae fy ffrindiau'n llwyddo a
dw i'n methu.

Alec

Gair o gyngor i ti, Gwen: *Comparison
is the thief of joy.*

Gwen

Pwy ddwedodd hynny?

Alec

Fi!
Ha ha ha.
Nawr, gwranda arna i.
Tro nesa mae'r plant yng nghlwb
chwarae'r Urdd neu gyda dy fam,
dw i am i ti roi dy dreinars ymlaen,
neidio yn y car a mynd draw at droed
mynydd. Mynydd y Cwm, Moel Hiraddug.
Neith Graig Fawr y tro, i gychwyn. A dw i
am i ti ddechrau cerdded. Ffôn ar *silent.*
Ti, potel o ddŵr, a dim byd arall. Dringa at
gopa'r mynydd. Ac yna dw i am i ti eistedd
yna, a gwrando.

Gwen

Ar be?

Alec

Ar dawelwch. Yr adar. Dy anadl. Curiad dy galon. Dy reddf. Yna, dw i am i ti fynd adref, gan gadw dy ffôn yn dy boced, ac eistedd a gwylio'r plant yn chwarae. Dim *wi-fi*, dim teledu, dim ffôn. A pan ei di i'r gwely'r noson honno, garantîd nei di deimlo'n hapusach.

Dos *off grid*. Ond dim eto. Ni heb sgwrsio ers sbel.

Gwen

Oeddet ti wastad yn un da am roi persbectif ar bethau. A ffrwyno fy ysfa gystadleuol.

Alec

Gwen ...
Ti'n meddwl tasen ni 'di siarad fel hyn go-iawn fysen ni'n dal efo'n gilydd?

Gwen

O bosib. Taset ti heb gysgu gyda'r ferch 'na.

Alec

Odden ni 'di gwahanu ar y pryd!

Gwen

Wnest ti gysgu efo hi'r noson wnaethon ni wahanu!

Alec

Nes i ddeud sori! Dw i 'di deud sori dro ar ôl tro ar ôl tro ... Sori, sori, sori

Gwen

Mala plât ar y llawr

Alec

?????

Gwen

Nawr dweda 'mae'n ddrwg gen i' wrth y plât. Ydy o'n bosib i'r plât fod fel yr oedd o gynt?

Alec

Athroniaeth Facebook. Pwy sydd angen
cwnsela pan fod gyn ti meme?

> **Gwen**
>
> Fi sgwennodd o! Dyna brif
> thema fy nofel – natur fregus
> perthnasau.

Alec

Rîli?

> *Grab a plate and throw it on the ground.*
> > *Okay, done.*
> *Did it break?*
> > *Yes*
> *Now say sorry to it.*
> > *Sorry.*
> *Did it go back to the way it was before?*
> > *No.*
> *Do you understand?*

> **Gwen**

Alec

Unwaith eto, er neith o'm
gwahaniaeth: sori.

> **Gwen**
>
> A dw i'n sori wnes i dreulio
> cymaint o amser yn sgwennu
> am berthnasau dychmygol.
> Falle taswn i wedi canolbwyntio
> ar ein perthynas ni …

Alec

Llenwi bwlch oeddet ti.
A finnau hefyd, wrth feddwl.

> **Gwen**
>
> Yli, roedd o'n neis i siarad ond
> rhaid i mi fynd.

Alec

Gawn ni weld ein gilydd yn Llanrwst? X
Fedra i warchod y plant tra wyt ti ar y llwyfan
yn derbyn dy wobr.

Gwen
Gawn ni weld.
(Am y wobr.)
Bendant gawn ni ddal fyny
rywbryd.

Edrycha ar ôl dy hun, Alec
xxx

Gwen is offline

21:20
Alec
Dw i 'di bod yn meddwl ...
Ocê, mae'r plât 'di malu. Ond fedri di
ddim neud rhywbeth arall gyda fo?
Rhywbeth gwell?

Gwen
Fel be?

Alec
Mosaic. Ffrâm lluniau. Fas.

Gwen
Oeddet ti wastad yn un da am
drwsio pethau.

Alec
Ti am i fi ddod draw i roi *starter motor*
newydd yn y Vauxhall?

Brooklyn

Dim ond dwy ymgais a ddaeth i law. Mae'r ddwy ohonynt yn wahanol o ran arddull, yn ogystal â bod yn wahanol o ran dyfnder.

Brooklyn, 'Dilyniant o negeseuon': Mae *Brooklyn* yn ymdrin â diffyg hyder, ansicrwydd ac iselder ysbryd mewn ffordd gynnil a chlyfar iawn. Mae'r gwaith yn agor gyda llenor ifanc o'r enw Gwen Grug, sydd wedi methu mynychu'r Eisteddfod Genedlaethol, yn llongyfarch dau o lenorion llwyddiannus y Brifwyl mewn grŵp sgwrsio caeedig ar gyfrwng Negesydd Facebook. Yr hyn sy'n ein taro ydy nad yw yr un o'r ddau lenor yn ei hateb yn uniongyrchol; mae'r naill, Meinir, yn ateb trwy gyfrwng emoji 'Hoffi' yn unig, a'r llall, Peredur Matthias Ifor, yn ateb y grŵp i gyd yn gyffredinol gyda'i 'Henffych gyfeillion, diolch i chwi oll am y negeseuon caredig'. Yn sydyn, mae Cais Cysylltu trwy gyfrwng Neges Breifat yn ymddangos gan ryw Alec Jones, ac er i Gwen Grug dderbyn y cais, mae hi'n ymateb yn swta iddo i ddechrau. Buan y down i ddeall mai hen gariad i Gwen yw Alec, sydd wedi sylwi ei bod hi ar lein, ac wedi cysylltu i weld sut mae hi'n cadw. Wrth iddi ailgynhesu tuag at Alec mae Gwen yn agor ei chalon, a gwelwn ei bod hi wedi bod yn cystadlu am rai o brif wobrau'r Eisteddfod ers sawl blwyddyn, ond yn aflwyddiannus unwaith eto eleni. Wrth i Alec ei holi a'i chysuro, a'i hannog i ddal ati, gwelwn fod elfen ddyfnach i ansicrwydd Gwen, ac nad diffyg hyder yn ei gwaith yn unig sy'n pwyso ar ei hysbryd. Mae Gwen yn ansicr iawn yn ei byd, ac yn teimlo'n unig. Mae hi wedi methu â mynd i'r Eisteddfod, gan ddweud iddi fethu â fforddio mynd iddi, a bod *starter motor* ei char wedi torri. Mae hi'n teimlo 'fel Cinderella, yn gweld lluniau o bawb arall ar Facebook ... yn joio'u hunain'. Ond mae'n debyg mai'r hyn sy'n ei phoeni ydy'r ffaith na chafodd wahoddiad gan unrhyw un o'i ffrindiau i fynd i'r Brifwyl efo nhw. Mae *Brooklyn* yn llwyddo i gyfleu, mewn ffordd gynnil a chrefftus iawn, pa mor hawdd ydy hi i ffrindiau fethu â sylwi ar broblemau meddyliol yn cyniwair, gan ddieithrio oddi wrth ffrind sydd o bosib yn ymgilio oddi wrth y criw, ac oddi wrth fywyd cymdeithasol yn gyffredinol. Erbyn diwedd y sgwrs mae Alec – y cyn-gariad nad yw'n rhan o unrhyw 'grŵp llenorion' nac yn Eisteddfodwr brwd – wedi gwneud byd o les i Gwen, ac mae'r ddau wedi cytuno i gwrdd eto'n fuan. 'Oeddet ti wastad yn un da am drwsio pethau,' meddai Gwen wrtho.

Di-lol, 'Strictli Nonsens': Negeseuon rhwng criw o ffrindiau ar sgwrs grŵp caeedig WhatsApp sydd yma. Merched ydynt i gyd, yn sgwrsio â'i gilydd wrth wylio'r rhaglen *Strictly Come Dancing* ar y teledu, tra'n yfed ambell wydraid neu botel neu ddwy o win. Mae'r iaith yn naturiol a rhydd, ac mae yma ddigon o hwyl wrth i'r sylwadau am yr hyn sydd ar y sgrin fownsio'n ôl ac ymlaen ar eu ffonau. Fel bo'r disgwyl, mae'r sgwrs yn aml yn troi tuag at faterion personol megis anturiaethau (a methiannau epig) carwriaethol ei gilydd, yn ogystal â rhwystredigaeth Ans – sy'n fam ifanc i ferch fach flwydd a hanner oed – nad yw hyd yn oed yn cael amser i agor potel, heb sôn am ei hyfed. Ond er y sgwrsio hwyliog, y cymeriadau ffraeth, a'r ffaith bod Loisi a Huwsan wedi penderfynu mynd allan i'r dafarn erbyn naw o'r gloch ar ôl cael blas ar y gwin, roeddwn i'n teimlo mai braidd yn arwynebol oedd ymgais *Di-lol* o'i chymharu ag un *Brooklyn*.

Yn amlwg, nid oes rheidrwydd i drafod pynciau dwys mewn dilyniant o negeseuon ar gyfrwng cymdeithasol, gan mai malu awyr a thynnu coes y mae'r rhan fwyaf ohonom yn ei wneud ar y cyfryngau hyn. Ond gan fod *Brooklyn* wedi llwyddo i gynnwys haenau dyfnach wrth ymdrin yn gynnil a chrefftus â phwnc difrifol, mae ymgais *Brooklyn* yn rhagori. Felly, rhoddaf y wobr i *Brooklyn*.

Portread, hyd at 2,000 o eiriau: Hoelen wyth

HOELEN WYTH

'**hoelen wyth:** *eight-inch nail(s), fig. eminent person(s), leading or outstanding member(s) of a calling or profession, esp. eminent preacher(s), "big gun(s)".'*
(*Geiriadur Prifysgol Cymru*)

Canodd y ffôn. Llais anadnabyddus. Llais oedrannus. Llais a oedd yn swnio'n eithriadol o ddiwylliedig. Cychwynnodd y sgwrs (yn Saesneg) gyda chwestiwn uniongyrchol: 'Fyddech chi'n barod i ddysgu Cymraeg i mi, wyneb yn wyneb, unwaith yr wythnos?' Datgelodd ychydig o fanylion personol: 'Margaret dw i. Rwy'n 87 mlwydd oed. Y dyddiau hyn rwy'n methu gyrru, a rhwng y naill beth a'r llall nid wyf yn mentro allan bellach. Ac i wneud pethau'n waeth fyth, mae fy ngyrrwr yn sâl. Felly byddai rhaid i chi ddod yma, i'm tŷ. Gyda llaw, rwy'n ffili siarad gair o Gymraeg, ond mae gen i radd dosbarth cyntaf dwbl mewn Ieithoedd Modern a Chanoloesol ym Mhrifysgol Caergrawnt. Ac yn ystod fy mlynyddoedd yn Ne America roedd rhaid i mi ddefnyddio Sbaeneg a Phortiwgaleg'.

Fel y gellwch ddychmygu, yr oedd fy chwilfrydedd yn cael ei ddeffro gan y fenyw hon. Roedd hi'n dipyn o ddirgelwch. Swm anhysbys. Penderfynais drafod yr holl sefyllfa, wyneb yn wyneb.

Y diwrnod wedyn es i i Knill, ei phentre, ddim yn bell o Lanandras ym Mhowys. Pentrefan bychan yw Knill, gyda dim ond ffermydd a thai gwasgaredig. Roedd y tŷ roeddwn yn chwilio amdano yn gorwedd ynghudd ym mhen draw'r ffordd ddolennog trwy'r goedwig. Safai'r tŷ yng nghanol gardd anferth ac ysblennydd, gyda bryniau Sir Faesyfed, afon fach a choedwig yn y pellter. Gwelwyd ei dau arddwr yn torri'n ôl y rhosynnau.

Doedd dim rhaid i mi ganu'r gloch: roedd hi wedi clywed fy nghar. Hyd yn hyn doeddwn i ond yn gwybod ei rhif ffôn, ei chyfeiriad a'i henw cyntaf. Dim byd arall. Dim eto.

Daeth hi i'r drws, yn gwisgo melyn o'r top i'r gwaelod. 'I'm Margaret. Thank you for coming, and welcome.' Naethon ni eistedd yn y Bolivian Room, sef yr ystafell wydr gyda'i golygfa banoramig dros ardd aruthrol. Trafodon y cynllun yn fanwl. Bydden ni'n dechrau'r wythnos nesa. Cododd Margaret y ffôn a siarad â rhywun. Doeddwn i ddim yn gallu adnabod yr iaith. Ar ôl deng munud cyrhaeddodd ei morwyn Bortiwgalaidd gyda hambwrdd: tseini esgyrn, te rhydd, hidlwr, bisgedi cartref, napcynau. Y cyfan i gyd. Roedd ein trafodaeth wedi dod i ben. Amser i adael. Amser i gloriannu fy nghyfarfod cyntaf gyda menyw eithriadol – y Fonesig Margaret Anstee, cyn Is-Ysgrifennydd Cyffredinol y Cenhedloedd Unedig – ond ar yr un adeg, fy narpar ddisgybl! Heb os nac oni bai, roedd anturiaeth unigryw ar fin cychwyn.

Dros gyfnod o dair blynedd – bob dydd Iau, tri o'r gloch yn y prynhawn – bydden ni'n eistedd yn y Bolivian Room er mwyn siarad iaith y nefoedd gyda'n gilydd, yr iaith roedd hi'n bwriadu ei meistroli cyn marw. Uchelgeisiol, a dweud y lleiaf, yn ei hoed hi, sef 87. Myfyrwraig selog oedd Margaret. Yn wythnosol byddai hi'n cwblhau'r gwaith cartref, boed rywbeth i'w ddarllen neu ei ysgrifennu. Gweithiodd hi'n galed ar y Gymraeg ond o bryd i'w gilydd câi anawsterau. Unwaith, wrth iddi ymgodymu â chyfieithiad ystyfnig, edrychodd arna i a datgan, 'I've not had so much trouble since I was in charge of the Angolan Army!'

Yn ystod y tair blynedd, fesul tipyn, aeth Margaret yn fregus iawn. Mwy a mwy, oherwydd problemau gyda'i hysgyfaint a phroblemau gyda cherdded, byddai'n rhaid iddi ddibynnu ar ei staff. Ond i'r diwedd roedd hi'n benderfynol o ddyfalbarhau gyda'r gwersi. Doedd dim amheuaeth amdano, roedd hi'n dod i ben ei thennyn. Roedd yn amlwg fod Margaret wedi cael bywyd amrywiol, heriol a diddorol dros ben. Mewn gwirionedd, tan yn ddiweddar, pan wnaeth ei hiechyd ddechrau gwaethygu'n sylweddol, roedd hi'n dal i deithio'r byd, yn ei hwythdegau hwyr.

Bu ei gyrfa'n eithriadol o nodedig. Ar ôl graddio ym Mhrifysgol Caergrawnt aeth hi i weithio gyda'r Cenhedloedd Unedig – dros 40 mlynedd o 1952 i 2003. Cododd drwy'r rhengoedd ac yn 1987 hi oedd y fenyw gyntaf i gael ei phenodi'n Is-Ysgrifennydd Cyffredinol. Cyflawniad hollol unigryw. Ar ôl Kofi Annan roedd gyrfa Margaret wedi bod yn arloesol. Mewn cysylltiad â'i gwaith ymwelodd â 130 o wledydd a bu'n byw mewn 15 ohonynt. Yn Bolivia, ei hoff wlad yn y byd i gyd, fe wnaeth hi adeiladu tŷ hardd – y Villa Margareta – ar lan Llyn Titicaca. Yn ei gwaith byddai hi'n cwrdd â gwleidyddion ac arweinwyr cyfarwydd: Harold Wilson, Margaret Thatcher, Giulio Andreotti, Jimmy Carter, Fidel Castro, Salvador Allende, Eduard Shevardnadze, Li Peng, ac yn y blaen. Hefyd, yn ystod ei gyrfa, derbyniodd sawl anrhydedd mewn cydnabyddiaeth am ei chyflawniadau, gan gynnwys nifer o ddoethuriaethau. Fe'i gwnaed yn Gymrawd o Goleg Newnham, ei choleg yng Nghaergrawnt, a daeth yn Fonesig yn 1994.

Heb eithriad yn ystod ein sesiynau gyda'n gilydd yn y Bolivian Room roedd Margaret yn ddiymhongar a chwrtais. Anodd dychmygu ei bywyd anhygoel a'i hanturiaethau fel Is-Ysgrifennydd Cyffredinol y Cenhedloedd Unedig. Roedd hi wedi arloesi mewn gwahanol feysydd, megis iechyd, iawnderau dynol, addysg ac amddiffyn ffoaduriaid. Er mwyn hybu'r gweithgareddau hyn, dan nawdd y Cenhedloedd Unedig, byddai'n rhaid iddi nid yn unig weithio ond hefyd fyw mewn lleoedd anghysbell a pheryglus o gwmpas y byd. Serch hynny, fel y mae'n digwydd, mwynhaodd bellenigrwydd. Teimlai'n gartrefol mewn lleoliadau felly ble gallai rannu cwmni a diwylliant pobl frodorol.

Yn ôl ei chyn gyd-weithwyr mae ei llwyddiannau wedi bod yn ysbrydoliaeth i ferched eraill sy'n gweithio yn y gwasanaeth diplomyddol – sef mewn meysydd gwrywaidd. Dewisodd *Never Learn to Type* fel teitl ar gyfer ei hunangofiant. Yn wir, o'r dechrau hyd y diwedd mae ei gyrfa ddisglair wedi bod yn esiampl nodedig o beth sy'n ddichonadwy gyda chyfuniad o ystyfnigrwydd, pengaledwch a dyfalbarhad.

Ym mis Mehefin 2016 trefnwyd parti arbennig i nodi ei phen-blwydd yn naw deg. Doedd neb wedi gweld dim tebyg iddo yn Knill erioed! Gwahoddwyd dros ddau gant o westeion i ddathlu bywyd rhyfeddol, yn eu plith dyn a ŵyr faint o bobl â theitlau – un Llysgennad, dau Gydymaith Anrhydedd a dyrnaid o Farchogion. Eisteddodd Margaret yng nghanol y cwmni mewn cadair olwyn gydag ocsigen wrth ei hochr. Ar ôl pryd o fwyd diolchodd i bawb am ddod i 'my last hurrah'. Geiriau proffwydol fel y digwyddodd hi: dyna'r tro olaf i mi ei gweld. Bu farw yn fuan wedyn.

Menyw gymhleth oedd y Fonesig Margaret Anstee. Byddai'n rhaid defnyddio rhestr hir o ansoddeiriau er mwyn asesu fy nisgybl. Heb os, menyw o gymeriad cryf iawn oedd hi. Un o gryfderau Margaret oedd y ffaith nad oedd hi byth yn barod i roi i fyny. Gellir cymryd hynny'n ganiataol. Roedd ganddi ewyllys o ddur. O bryd i'w gilydd gallai fod yn grafog ac anoddefgar. Nid wyf yn meddwl dim llai ohoni, serch hynny. Allai hi ddim goddef bwnglerwaith. Mesurodd bobl eraill wrth ei llathen ei hunan. Yn ei gwaith gyda'r Cenhedloedd Unedig anelodd at safon uchel; o ganlyniad collai amynedd gyda phobl a fyddai'n siomi ei disgwyliadau. Pam lai?

Yn ystod ein sgyrsiau wythnosol medrai ymlacio a mwynhau'r foment: heb ffôn, heb gyfrifiadur, heb ymwelwyr, heb aflonyddiadau. Yn ei geiriau ei hunan, 'gwerddon o dawelwch a hafan o heddwch' mewn bywyd hectig. Dim ond ni – a'r iaith Gymraeg – 'this perverse language!'

Parthed ei hiechyd cofforol, rhaid i mi gyfaddef fod Margaret wedi gweld dyddiau gwell. Serch hynny, hyd y diwedd roedd ganddi feddwl miniog a synnwyr digrifwch. Hefyd daliodd i fyw mewn steil. Hen ffasiwn ond steilus. Lliwiau oedd ei diléit: lliwiau cryf, lliwiau cryf ymhobman – dillad, colur, llestri, carpedi, ac yn olaf ond nid y lleiaf, y casgliad trawiadol o rosynnau o gwmpas ei thŷ.

A nawr dyn ni'n byw mewn byd heb y Fonesig Margaret Anstee. Trwy ei gwaith dyngarol gyda'r Cenhedloedd Unedig gwnaeth wahaniaeth go-iawn mewn nifer o feysydd. Hefyd, yn y Bolivian Room, bob dydd Iau, roedd hi'n dechrau meistroli'r iaith Gymraeg.

Yr wyf wedi bod yn lwcus iawn. Cael cyfle i ymweld â'r fenyw eithriadol hon, wythnos ar ôl wythnos, oedd un o'r profiadau mwyaf gwerthfawr a ges i erioed. Ar ran Knill, Cymru, y Deyrnas Unedig a'r byd i gyd – diolch, Margaret. Diolch o galon am bopeth.

Tylluan fach

BEIRNIADAETH CARYL LEWIS

Daeth chwe ymgais i law: tri darlun o gymeriadau cyhoeddus a thri o ffigurau teuluol. Wrth lunio portread rhaid ceisio dal cymeriad cyfan ar y dudalen. Rhaid mynd yn ddyfnach na phryd a gwedd, gan ddangos gwerthoedd eich cymeriad. Gorau oll os y gallwch chi eu gwerthuso hefyd o fewn cyd-destun cymdeithasol neu ddiwylliannol. Rhaid cofio hefyd i fod rywfaint yn wrthrychol. Nid canu mawl y mae rhywun wrth lunio portread, ond asesu person fel ag y mae.

Pin Bawd, 'Hoelen wyth': Dyma bortread synhwyrus a hyfryd o fam-gu annwyl. Ceir yma fanylion bendigedig o fywyd cefn gwlad a'r cysur arbennig na all ond mam-gu ei gynnig. Crëwyd darlun o ffordd o fyw hefyd, ond efallai y dylid gwahanu'r elfennau cofiannol oddi wrth y rhai sy'n portreadu.

Llwytmor, Dim Teitl: Portread o Meurig Voyle a geir gan *Llwytmor*. Portread o yrfa sydd yma, ond weithiau yn y darnau mwyaf llwyddiannus, ceir fflachiadau o'i fywyd personol a'i hiwmor hefyd. Mae ôl ymchwil trylwyr ar y darn, a gallwn synhwyro edmygedd yr awdur o'i wrthrych.

JJ, 'Athrylith Tawel': Mae awdur y darn hwn yn ein cadw i ddyfalu drwy'r darn, gan ddal enw ei gymeriad yn ôl tan y diwedd. Er mai portread o rywun llwyddiannus iawn sydd yma, ceir darn arbennig o effeithiol ar y diwedd, pan fo'r awdur yn disgrifio effaith Alzheimer's ar ei gymeriad yn ei ddyddiau olaf.

Hen Lanc, 'Enoch Cerdin Williams': Dyma bortread twymgalon iawn o gymeriad hoffus dros ben: un o'r unig ddarnau lle clywsom lais ein cymeriad. Mae llais yn dod â rhywun yn fyw rywffordd. Yr unig sylw, efallai, yw bod yr hanesion weithiau ychydig yn bytiog.

Betsan Mynydd, 'Cofio Fy Nain – Elizabeth Hughes 1891-1975': Dyma ddarlun hyfryd arall o fam-gu. Caledi bywyd yw thema'r darn a gallu'r ddynes arbennig hon i oresgyn treialon bywyd. Ceir yma hefyd fanylion annwyl iawn a golygfa effeithiol iawn o Nain yn gwneud drygioni ac oherwydd hynny, yn chwerthin yn afreolus. Dyma'r eiliadau gorau mewn unrhyw bortread: cael gweld tu ôl i lenni'r cymeriad, fel petai.

Tylluan fach, 'Hoelen Wyth': Dyma bortread soffistigedig. Mae'r dweud yn gryno ond hefyd yn bwerus. Ceir yma ddarlun o berson ond mewn ffordd fwy gwrthrychol, gan asesu bywyd person arbennig o fewn cyd-destun ehangach.

Rhoddaf y wobr i *Tylluan fach*.

Araith, a gymer hyd at 5 munud i'w thraddodi: Y drwg yn y caws

....

Y DRWG YN Y CAWS

Gyfeillion, mae'n bleser gen i ymddangos yma ym Mhabell y Cymdeithasau yn yr Eisteddfod Genedlaethol yn Llanrwst.

Mae'r pwnc sydd am fynd â'm sylw i heddiw wedi bod ar fy meddwl ers tro byd bellach. Yn wir, mae'n rhywbeth sy'n fy nghorddi i'r byw, sef yr hyn y byddwn i'n ei alw yn 'capelyddiaeth'.

Dyma'n wir ydy'r 'drwg yn y caws' yng Nghymru heddiw!

Mae'n argyfwng ar y ffydd Gristnogol yng Nghymru heddiw. Dweud pader wrth berson ydy hyn i bawb sydd â llygaid i weld a chlustiau i glywed yn 2019. Fel pregethwr lleyg, sy'n mynd o gwmpas eglwysi yn y Gymru wledig bob Sul, dw i'n gwybod yn iawn faint o'r gloch ydy hi ar y ffydd erbyn hyn. Capeli'n cau, aelodau'n prinhau, yn heneiddio ac unrhyw un o dan 50 yn brin eithriadol yn y rhengoedd!

Roedd yna raglen deledu ar S4C y llynedd yn dangos pa mor argyfyngus ydy hi arnom ni bellach. Roedd y rhaglen yn ffrwyth ymchwil i'r patrymau ystadegol sydd i'w gweld ar waith yn ein traddodiad ffydd dros y blynyddoedd diwethaf. Loes calon i mi oedd deall mai fy enwad i, Eglwys Bresbyteraidd Cymru, a welodd y dirywiad mwyaf o blith yr holl enwadau – sef gostyngiad o 68% yn ein rhifau er 1990. 68%! Rydym bellach o dan 20,000 o aelodau, o dan hyd yn oed yr Annibynwyr! Dyna ba mor ddrwg ydy hi arnom ni, felly!

Mae yna lawer o resymau dros y dirywiad hwn, wrth gwrs. Mae natur ein cymdeithas a natur ein byw beunyddiol hefyd wedi newid yn rhyfeddol dros y ddwy genhedlaeth ddiwethaf a hynny wedi gadael ei ôl ar lawer o'n sefydliadau a'n traddodiadau cenedlaethol. Doedd dim modd i'n traddodiad ffydd osgoi'r holl ddylanwadau hyn sydd wedi trawsnewid pethau yma i'r fath raddau. A fi fyddai'r cyntaf i gydnabod nad oes atebion hawdd i'r problemau dyrys hyn.

Ond, dw i am ddadlau heddiw bod yna ddwy elfen greiddiol o fewn y traddodiad ffydd ei hun sydd wedi cyfrannu at y dirywiad hwn: dwy elfen sydd wedi pydru'n traddodiad oddi mewn, mewn gwirionedd. Fe ellid crynhoi hyn oll gyda'r gair 'capelyddiaeth'. Sef y drwg yn y caws!

Yn gyntaf, gellid disgrifio capelyddiaeth yn gyffredinol fel ymlyniad eithafol at adeiladau penodol uwchlaw'r ffydd Gristnogol ei hun. Dan ni i gyd yn gwybod am enghreifftiau lluosog yn ein pentrefi a'n trefi o gynulleidfaoedd bychain bach yn mynnu glynu at adeilad eu henwad eu hunain yn hytrach na cheisio dod ynghyd gyda chyd-Gristnogion eraill yn yr un pentref yn enw'r ffydd Gristnogol. A hynny ar adeg pan fo gwir angen i'n cymdeithas glywed y neges Gristnogol o'r newydd yn ein cyfnod ni heddiw.

Mae'n cymdeithas ni'n gwegian mewn sawl ffordd wahanol ar hyn o bryd – yn economaidd, yn gymdeithasol, ac yn ddiwylliannol. Ond yn hytrach na dod ynghyd i gynnig atebion i'r problemau lluosog hyn sy'n effeithio ar bobol o bob oed, mae'n ymddangos ei bod hi'n well gan lawer o aelodau ein heglwysi gilio i'w cregyn er mwyn amddiffyn eu hadeilad arbennig eu hunain a'u henwad arbennig eu hunain uwchlaw pob ystyriaeth arall!

Eironi fawr y sefyllfa hon ydy mai ychydig iawn o'r aelodau dan sylw allai gynnig esboniad rhesymegol dros eu hymlyniad at un enwad dros enwad arall yma yng Nghymru heddiw. Enwadaeth heb esboniad ydy hi yn amlach na pheidio!

Rŵan, fyddwn i ddim am funud am danbrisio rôl traddodiad yn ein hetifeddiaeth Gristnogol. Mae parch at draddodiadau'r ffydd a drosglwyddwyd i ni ar draws y canrifoedd gan ein hynafiaid yn rhan gwbwl allweddol o'r darlun Cristnogol yng Nghymru.

Ond, mi fyddwn i'n dadlau mai 'traddodiadaeth' yn hytrach na 'thraddodiad' sydd wrth wraidd capelyddiaeth heddiw: ymlyniad ystyfnig at arferion a phatrymau a etifeddwyd a hynny'n cadw pobol mewn rhigol ac yn eu rhwystro rhag agor eu llygaid i anghenion heddiw a chaniatáu iddyn nhw osod yr anghenion hynny uwchlaw hanes ddoe. Yn fwy difrifol, mae hyn oll yn rhwystro'r ysbryd rhag llifo ble y myn yn ein Cymru ni heddiw.

Yr ail elfen o fewn capelyddiaeth gyfoes sy'n lladd y ffydd Gristnogol oddi mewn ydy crefydd farw'r Sul Cymreig. Yr argraff anffodus a roddir i'r gymdeithas drwyddi draw gan gredinwyr heddiw ydy mai rhywbeth ar gyfer y Sul yn unig yw'n traddodiad ffydd: defod wythnosol sy'n cael ei chynnal mewn modd sy'n ymddangos oddi allan yn broses eithaf robotaidd a difeddwl. Defod sy'n cael ei gweld gan amlaf fel proses sydd wedi ei gwahanu a'i neilltuo oddi wrth amgylchiadau bywyd pob dydd.

A phe bai'r arsylwyr allanol hyn yn cael mynediad i mewn i'r gwasanaethau eu hunain, diau y byddai hynny'n cadarnhau eu holl amheuon. Wedi'r cwbl, patrwm cwbl oddefol sydd ar waith, gyda'r aelodau'n eistedd yn swrth yn gwrando ar y cennad sydd yn rhoi'r argraff mai ganddo ef yn unig y mae'r holl wirionedd. Dim trafod, dim holi, dim cwestiynu, dim ystyried o gwbl. A hynny yn ein diwylliant cyfranogol, amlgyfrwng cyfoes sydd yn gwbl seiliedig ar gynnig llais i bobl wrth ddehongli eu byw a'u bod yn 2019!

Does dim argoel yn y patrwm hwn o'r grym bywiol sydd yn y Gair. Y grym bywiol hwnnw sydd â'r gallu i ymdreiddio trwy'r gymdeithas gyfan er mwyn gweddnewid y gymdeithas a'r unigolion sydd yn rhan o'r gymdeithas honno.

Felly, sut mae trechu capelyddiaeth, 'y drwg yn y caws', felly? Wel, mae angen ymdrech o'r newydd i greu Eglwys Unedig Gymraeg yng Nghymru, a all fynd y tu hwnt i'n holl syniadau dyddiedig am bwysigrwydd adeiladau ac enwadau ar y naill law a chyflwyno'r ffydd fel grym bywiol ac adnewyddol y tu hwnt i draddodiad y Sul ar y llaw arall.

Ac o ddod o hyd i athrawiaeth sylfaenol ar gyfer yr eglwys unedig newydd, oni fyddai angen symlrwydd a chynildeb uwchlaw popeth? Yn hyn o beth, does dim modd rhagori ar eiriau'r Iesu ei hun, hanfod credu yn wir:

'Câr yr Arglwydd dy Dduw â'th holl galon ac â'th holl enaid ac â'th holl feddwl ac â'th holl nerth a châr dy gymydog fel ti dy hun.'

Y Diwygiwr

Daeth chwe ymgais i law. Ac eithrio *Dilys*, sydd wedi cyflwyno ysgrif bortread, cafwyd pump o areithiau digon diddorol ar bynciau o bwys, a byddai clywed eu traddodi yn gwneud orig ddifyr iawn ym Mhabell y Cymdeithasau. Mae'r testun yn rhoi digon o sgôp i'r areithwyr, ond fy nghyngor i fyddai i beidio â llusgo'r testun i gorff yr araith.

Parasol Ni: Dyma'r ymgeisydd mwyaf gwreiddiol, a hefyd o bosib y mwyaf diffuant. Araith ymgeisydd sydd newydd ennill etholiad rywbryd yn y dyfodol i'r Cynulliad Cenedlaethol ar ran Plaid Meddwl – Like Minds sydd yma, sef plaid a ffurfiwyd i ymladd dros y rhai sy'n dioddef o afiechyd meddwl. Mae'n araith gryno, effeithiol sy'n fflangellu'r pleidiau sefydledig am esgeuluso problem iechyd meddwl, problem sydd wedi cyrraedd safle o argyfwng difrifol. Mae'r cwestiwn a fyddai plaid 'un achos' fel hyn yn debyg o gael y fath lwyddiant yn codi – ond mae'n ffordd wych o dynnu sylw at bwnc sy'n amlwg yn dra phwysig i'n cymdeithas.

Dilys: Yn anffodus, i gystadleuaeth llunio ysgrif bortread y dylid bod wedi anfon hon; mae gwrthrych yr ysgrif yn sicr yn ennyn diddordeb, ond nid testun araith mohoni.

Gridfab: Mae hon yn araith a fyddai'n siŵr o ennyn ymateb a chwerthin yn y gynulleidfa gan ei bod yn ddychan llwyr o'r dechrau i'r diwedd. Peilonau Môn yw ei brif destun, ond mae'n rhagymadroddi drwy ddweud mor ddall y bu'r Cymry rhag gwerthfawrogi cyfraniad hael y Rhufeiniaid a Iorwerth I i'n cenedl, ac yna, mor anniolchgar yw'r rhai sy'n gwrthwynebu codi'r peilonau ar draws y Fam Ynys. Oni ellid eu harddu a'u troi yn brif atyniad i ymwelwyr? Araith ddeifiol yn ei ffordd, a byddai'n anodd ei churo mewn cystadleuaeth araith ddychan, ond a yw araith gyfan gwbl tafod-yn-y-boch fel hon yn argyhoeddi cynulleidfa?

Gruffydd: Pwnc o bwys mawr, sef y priodoldeb o gynnal gwasanaethau crefyddol mewn ysgolion neu beidio. Ond dyma enghraifft lle nad yw'n helpu'r ddadl i ogr-droi'n ormodol gyda'r ymadrodd 'Y drwg yn y caws'; gwell fyddai gadael y drwg a'r caws ar y cyrion, a chanolbwyntio ar ddatblygu'r ddadl parthed crefydd ac ysgolion. Tueddaf i gytuno â'r awgrym mai dysgu am grefydd a chrefyddau gwahanol yw rôl ysgolion, yn hytrach na chynnal gwasanaethau di-fflach a diystyr. Byddai'r araith yn gryfach pe bai *Gruffydd* wedi cymryd safbwynt mwy pendant yn hytrach na bodloni ar ofyn gormod o gwestiynau i'w gynulleidfa.

Walter Pantybarlat: Fel y disgwyliech gan un o ddisgyblion Eirwyn Pontsiân, mae hon yn araith ddoniol a hwyliog, a'r bwgan mawr yw 'gwaith papur', a'r holl fiwrocratiaeth ddibwrpas sy'n gwneud bywyd ffermwr bach tlawd a diniwed yn hunllef. Pe bai hon yn gystadleuaeth gyhoeddus ym Mhabell y Cymdeithasau, dyma'r araith a fyddai'n ennill pleidlais y bobol yn ddi-os. Ond er mor ffraeth a charlamus yw'r dweud, gyda'r ffurflenni yn llaw'r areithiwr fel *props*, ofnaf fod gorfrwdfrydedd *Walter Pantybarlat* yn ei hudo i ormodiaith yn rhy aml: '... mae'n hobsesiwn ni (ARDDANGOS FFURFLEN) yn rhoi'n hinsawdd, ein hecoleg, ein dyfodol yn ebyrth ar allor gwallgofrwydd'.

Y Diwygiwr: Mae hon yn araith ddidwyll ac uniongyrchol ar bwnc sy'n destun gofid i laweroedd ohonom, sef 'capelyddiaeth' ac argyfwng capeli a chrefydd Cymru. Does dim ymgais yma i 'chwarae i'r galeri' na bod yn stroclyd, dim ond ei dweud hi fel y mae hi ar grefydd yng Nghymru heddiw, a chynnig ateb syml ac ymarferol i bwnc mor astrus. Mae'n araith drefnus ac effeithiol sy'n gwbl ddi-flewyn-ar-dafod, a hynny mewn Cymraeg graenus. Efallai na fyddai'n ennill pleidlais y bobol, ond byddai'n gwneud i'r bobol ystyried o ddifri.

Mewn cystadleuaeth dda y bu'n anodd ei chloriannu, rhoddaf y wobr i *Y Diwygiwr.*

LLYTHYR ACHWYN

Tŷ Cornel
Gorslwyd
Ceredigion
30 Mawrth 2019

Cyngor Sir Ceredigion
Penmorfa
Aberaeron
SA46 OPA

At sylw: Tîm Datblygu Addysg Cyngor Ceredigion

Ysgrifennaf parthed cau ysgolion cynradd Gorslwyd, Llangarrog a Rhydymaen yn unol â'r cyfle a gynigir ar dudalen 25 o'r 'Ddogfen Ymgynghorol'. Dymunaf gwyno yn y modd cryfaf posib am eich agwedd drahaus ac anystyriol wrth argymell eu cau, yn ogystal ag achwyn am eich honiadau camarweiniol ac unochrog.

Diolch am roi'r hawl i unigolion gyflwyno cwynion a sylwadau; er nad wyf athro nac ysgolhaig mae gennyf ddiddordeb byw yn yr ysgolion uchod a'r cymunedau y maent yn eu gwasanaethu. Fel brogarwr cymharol ddi-addysg, felly, gofynnaf yn ostyngedig i chi ystyried y pwyntiau canlynol:

a) Yn gyntaf, i'r 'Ddogfen' gael ei llunio gan awduron a oedd wedi eu siarsio gan eu meistri i ysgrifennu beth oeddynt am i ni ei ddarllen. Sonnir am arbedion, er enghraifft, o gan mil cyn ystyried costau teithio. Arbedir y can mil, dywedir, drwy leihau cost athrawon, ond pam na roddir ffigwr ar gost ychwanegol y drafnidiaeth? Nid cyflwyno cytbwys yw hyn. Wedi'r cyfan, beth yw pwynt cyfnewid cyflog athro am gyflog gyrrwr bws? Os mai arian sy'n cloriannu, yn fy nhyb i mae athro'n fwy o werth i addysg plentyn na dreifar!

b) Sonnir ar dudalen 14 o'r 'Ddogfen' mai effaith 'niwtral' yn unig ar C.Ff.I. Llangarrog fyddai cau'r ysgol sy'n dwyn yr un enw. Celwydd noeth gan rywrai nad yw eu clust ar y ddaear yw hyn. Dros y deugain mlynedd y bûm yn ymwneud â'r clwb hwn, cyfarfu am 90% o'i weithgareddau yn ysgol Llangarrog. Byddai ei chau, felly, yn cael effaith dipyn mwy pellgyrhaeddol na 'niwtral'. Mae eich casgliadau, yn fwriadol neu anfwriadol, yn hollol gamarweiniol.

c) Pennaf anghenraid addysg dda yw athro da, yn arbennig mewn ymroddiad ac fel cyfathrebwr. Eilbeth yw adeilad, er eich ensyniadau i'r gwrthwyneb. Ni ellir llyffetheirio doniau'r disglair lle bynnag y bo; yn yr un modd, ni wneir llo yn geffyl o'i fagu mewn stabl. Cyflawni'r potensial yw'r nod yn wastadol a thystia lliaws o rieni na fu'r ysgol fach wledig erioed yn ddiffygiol yn hynny o beth. Gresynaf, felly, eich bod yn dewis mynd o'r tu arall heibio i'r gyfundrefn bresennol o gydweithio o dan un pennaeth – dull sydd wedi hen ennill ei blwy' ar hyd a lled Cymru.

ch) Ni ddylid cosbi ardaloedd gwledig oherwydd mae'n anorfod fod cost addysg yn ôl cyfartaledd y pen o'r boblogaeth, fel popeth arall, yn mynd i fod yn uwch yno. Dylai swyddogion Ceredigion, yn etholedig a chyflogedig, ddeall hynny, yn yr un modd ag y mae tarmacio'r ffordd o Gorslwyd i Rydymaen yn mynd i gostio mwy y pen o'r boblogaeth na tharmacio prif stryd Aberteifi, dyweder. Ai eu hateb i hynny hefyd yw canoli – cau'r heol a'n symud i gyd i'r dre? Rhoi'r addysg orau i'r plant ac nid dileu lleoedd gwag ddylai fod y pennaf o'r meini prawf.

d) Anghytunaf yn llwyr â'ch eilunaddoliaeth o'r 'ysgol ardal'. Gall yr ysgol fach ragori ar ei chymhares o fwy fel a ganlyn:
    i) Lleihau cyfleoedd bwlio.
    ii) Rhoi mwy o gyfle i'r plentyn ddatblygu sgiliau cyfrifoldeb ac arweinyddiaeth.
    iii) Manteisio ar adnoddau rhieni a'r gymdeithas leol.
    iv) Pwysleisio ar Gymreigeiddio mewnfudwyr.
    v) Rhoi'r ymdeimlad o berthyn.
    Mae ysgolion Gorslwyd, Llangarrog a Rhydymaen fel ag y maent yn cyflawni'r pum pwynt yn effeithiol. Ni chyhoeddwyd adroddiad hyd yn hyn sy'n cadarnhau bod safon addysg yr ysgol fach yn is na'r rhai mwy.

dd) Hawlia eich 'Dogfen' na fydd datblygiad tai yn y pentrefi dan sylw yn y dyfodol. Mae'r Cynllun Datblygu Lleol yn newid fel ceiliog y gwynt â chynghorwyr yn gyson yn cymeradwyo ceisiadau cynllunio'n groes i'r disgwyl. Ofnaf, os diddymir y tair ysgol, na fydd teuluoedd ifanc yn aros neu am symud i mewn i'r pentrefi hynny. Cynnal a chyfannu cymunedau yw'r angen, nid rhwygo a gwasgar.

Wrth gloi, mae'n amlwg fod y 'Ddogfen Ymgynghorol' yn cyfri'r gost heb ystyried y gwerth. Yn fy nhafol i, gwerthoedd sy'n dwyn pwys. Yn anffodus, mae'n Cyngor Sir dan arweiniad plaid sydd ag obsesiwn â chau yr 'ysgol bentref' gan ddifetha cymunedau cyfain, plaid o genedlgarwyr honedig sydd yn methu â bod yn frogarwyr. Gŵyr y doeth ei bod yn bosib 'cael neuadd fawr rhwng cyfyng furiau'.

Diolch ymlaen llaw am eich sylw.

Gan hyderu am ymateb buan.

Yr eiddoch yn gywir,

Elis Dafydd

Gwyddno

BEIRNIADAETH ROCET ARWEL JONES

Does dim canllaw i nodi a ddylai'r llythyrau hyn fod yn ddychmygol neu'n ymateb i sefyllfaoedd go-iawn. O ystyried eu bod yn cael eu cyflwyno i gystadleuaeth lenyddol bernir hwy ar sail pa mor afaelgar ydynt, boed hynny'n cyfleu sefyllfa go-iawn neu'n creu sefyllfa ddychmygol. Nid cwyno yw'r gamp. Y gamp yw diddanu.

Heb Air o Gelwydd: Llythyr yn ymateb i sefyllfa go-iawn. Mae'r manylion am y nifer o weithiau y bu'r awdur ar y ffôn, yn e-bostio a llythyru yn ddigon eithafol i fod yn ffrwyth dychymyg, a'r pin ysgrifennu yn go finiog. Ambell wall gramadegol. Ac er yr eithafion, efallai nad yw'r realiti cweit cyn ddifyrred â'r dychymyg.

Crafwr Brenhinol Eithriadol: Llythyr at yr awdurdodau brenhinol i gwyno nad yw wedi derbyn un o anrhydeddau'r Frenhines ac i holi sut i fynd o'i chwmpas hi i gael un. Mae sawl enghraifft o ddychan effeithiol, rhestrau o'i gwaith ei hun yn hybu achos y frenhiniaeth yng Nghymru a rhestr o rai llawer llai teilwng sydd wedi derbyn anrhydedd. Mae'n mwynhau casglu yn y capel hyd yn oed er mwyn gweld wyneb ei mawrhydi yn syllu arni o'r plât. Gallai fanteisio ar fod yn fwy cryno.

Tryloyw: Cwyn am safonau beirniadu Syr Mostyn yng nghystadleuaeth y llefaru dan dair yn Eisteddfod yr Asyn a'r Mul. Llythyr llawn dychymyg, ond nid wyf yn gwbl glir at bwy mae'n ysgrifennu er bod copi wedi mynd at Brif Weinidog Eisteddfodau Gwalia a'r Bydysawd.

Mererid Richards: Ymddengys bod hwn yn llythyr go-iawn yn cwyno am y ddarpariaeth addysg feithrin yng Nghaerdydd. Mae'n gŵyn ddifrifol ac yn amlygu gwendidau mawr. Mae rhai gwallau gramadegol ac ar gyfer cystadleuaeth byddai'n elwa o'i grynhoi.

Y Bugail Blin: Cwyn at feirniad llên yr eisteddfod leol gan fardd nad oes gwell am ei deud hi o Uwchaled i Uwchmynydd, sy am sicrhau na fydd y beirniad yn gweithio yn yr un eisteddfod eto rhwng Nefyn a Nanhoron. Nid yw'n llythyr cryno, er mai dyna un o gwynion yr awdur, ac rwy'n fodlon mentro mai rhan o'r dychan yw hynny. Mae'n llythyr glân a chrafog, er bod yr ymadrodd 'dymuno gobaith' yn y frawddeg agoriadol yn fy nharo'n od.

T-D (Tipsdi-Deisi, mam Sherri Dafinia, gwraig Gwil Dan Don gynt), 'Ei d'eud hi'n hallt': Yn ôl y llythyrwr hwn fe fûm yn beirniadu babis, ac mae'n debyg bod y perygl o ddioddef cam yn waeth yn y byd hwnnw nag yn y byd llenyddol hyd yn oed. Awdur lliwgar ei ddychymyg a'i eirfa yw *T-D* ac mae Sherri Dafinia, y babi, wedi dioddef cam mawr iawn. Er bod y pentyrru geiriau yn rhan fawr o arddull ac ergyd y llythyr, byddai arfer ychydig mwy o gynildeb wedi arbed iddyn nhw gael cam arall eto fyth!

Drwgi: Llythyr crafog gan Gymro alltud, nad oedd wedi ymweld â'r Eisteddfod Genedlaethol ers hanner canrif, at awdurdodau'r Brifwyl i gwyno am y newid sydd wedi digwydd yn y cyfnod hwnnw. Mae'r Eisteddfod yn cael y naill gelpan ar ôl y llall, a phob un yn agos iawn at yr asgwrn. Hoffwn feddwl, fodd bynnag, mai ffordd o chwith o ganmol yr Eisteddfod am ddatblygu yw hyn.

Robin: Llythyr mwyaf annisgwyl y gystadleuaeth. Llythyr gan un o blwyfolion yr Esgob Ioan Roberts yn cwyno ei fod bron â gwallgofi oherwydd crac yng nghloch (y gloch D leiaf i fod yn fanwl gywir) yn eglwys y plwyf, Llanfair y Wennol. Mae'r nam ar y gloch yn gyrru'r ceiliog o'i gof, a'r ceiliog yn ei dro yn gyrru gwraig y llythyrwr o'i chof a hithau yn dweud arno yntau ac yntau ar ei gyd-athrawon a'i ddisgyblion. Rhyfedd a darllenadwy iawn yw'r llythyr hwn.

Gwyddno: Mae'n ymddangos i mi bod hwn yn llythyr go-iawn; yn sicr mae'r cyd-destun o gau ysgolion gwledig yn un cwbl gredadwy. Mae hwn hefyd yn enghraifft o lythyr wedi ei gyfansoddi yn ofalus, ei ddadleuon yn cael eu cyflwyno'n drefnus a'r cyfan yn lân a darllenadwy. Er ei fod yn llythyr ffeithiol nid yw'n llai diddorol o'r herwydd.

Ewrop nid yr UE!: Llythyr ffeithiol arall a oedd yn addysg i'r darllenwr hwn. Cwyn gan berson ifanc at Donald Tusk, Llywydd yr Undeb Ewropeaidd, yn erbyn treth newydd ar ddolenni gwe sy'n fygythiad i fywoliaeth pobl sy'n creu cynnwys ar YouTube. Eto, llythyr ffeithiol, glân a diddorol am ei fod yn newydd o ran ei gynnwys. Er efallai, o safbwynt cystadleuaeth, does dim llawer o wreiddioldeb yn y dweud.

Tylluan fach: Cwyno am arhosiad mewn gwesty sy'n gwneud i Fawlty Towers ymddangos fel petai'n rhedeg fel cloc. Catalog difyr a ffarsaidd o helyntion un person yn yr Eliffant Gwyn. Cynnwys digon difyr, a allai fod ychydig yn lanach o ran iaith. Er cyn ddifyrred y cynnwys gallai'r ergydion fod ychydig yn fwy gwreiddiol efallai.

Er fy mod, am wn i, wrth agor y pecyn, wedi disgwyl gwobrwyo llythyr doniol neu ddeifiol, *Gwyddno* sy'n mynd â hi y tro hwn a *Robin* a'r *Bugail Blin* wrth ei sodlau.

CYFOETH CUDD BRO'R EISTEDDFOD

'*Nid harddwch y dyffryn yn unig sy'n cyfrif am ei enwogrwydd. Nid oes ardal yn y wlad gyfoethocach mewn hanes.*' (E.H. Rowlands, *Dyffryn Conwy a'r Creuddyn*)

O gyfnod Gruffudd ap Cynan a Llywelyn Fawr a'r Tywysogion hyd at heddiw, hon yw'r fro a fagodd feddylwyr creadigol mentrus fel Jac Glan-y-gors, Huw Evans (Gwasg y Brython), Henry Jones, yr athronydd a Hugh Hughes, yr arlunydd, ac enwi dim ond rhai. Dyma fro o adeiladau rhyfeddol megis Castell Dolwyddelan, plastai urddasol Gwydir a'r Foelas ac eglwysi hynafol Llanrhychwyn a Llangelynnin, heb anghofio mannau allweddol fel Tŷ Mawr, Wybrnant, pont grog Telford ger Castell Conwy a Phlas Mawr, Conwy. Gŵyr y rhan fwyaf am y bobl a'r mannau hyn sy'n rhan o wead y fro unigryw hon. Ond beth am ddechrau chwilio am y 'cyfoeth cudd', gan gychwyn yn y 'wlad ucha', chwedl disgrifiad Huw Evans yn ei gyfrol, *Cwm Eithin* – sef yr ardal honno sy'n cwmpasu bro Uwchaled, ac ymlwybro'n raddol i'r gwastatir a'r Creuddyn?

Tir a roddwyd yn 1198 gan Llywelyn Fawr i Abad Aberconwy oedd Pentrefoelas yn wreiddiol, ac mae sawl maes brwydr o'r cyfnod ar gyrion y pentref – Bron Cadnant a Nant y Creuau. Yn y ddeunawfed ganrif y cychwynnodd cyswllt teulu Wynne Finch gyda'r pentref, a maes o law adeiladwyd plasty'r Foelas ar gyrion y pentref. Mae cyswllt a dylanwad y teulu yn parhau hyd heddiw.

Uwchlaw'r pentref fe saif yr eglwys (1769) ac mae rhai o'r englynion sydd ar y cerrig beddau yn y fynwent ymysg rhai o ryfeddodau'r ardal. Mae i'r ardal draddodiad barddol hir a dyma egin traddodiad y bardd gwlad. Yn 1930 cyhoeddodd Thomas Jones, Cerrigellgwm, ei gyfrol ar hanes beirdd Uwchaled, ac mae nifer fawr o'r beirdd y cyfeirir atynt yn y gyfrol yn perthyn i ardal Pentrefoelas ac ardal Hafod Elwy. Mae dwsinau o englynion i'w gweld yma, ac yn amlycach nag unrhyw un arall, mae enw Ieuan o Foelas (1852-1899). Roedd Ieuan yn felinydd, siopwr a masnachwr a bu farw'n ifanc pan drodd ei drol yn llawn glo ar ei ben a'i ladd ger Pont Padog. Ymysg y dwsinau o englynion coffa sydd ganddo yn y fynwent mae un yn aros yn y cof:

Ar aelwyd ni fu'i siriolach, nid aeth
at ein Duw ei dlysach,
Ac ni bu un hogyn bach
Yn ei wanwyn yn wynnach.

Yn y fynwent hon hefyd y claddwyd John Thomas, Eos Gwynedd (1742-1818). Roedd yn fentergarwr amryddawn, yn siopwr a chlerc cyntaf plwyf Pentrefoelas, yn waliwr a chlochydd ac yn cadw busnes casglu cen a mwsog yn Warrington ar gyfer gwneud sebon. Roedd hefyd yn fardd cynhyrchiol iawn ac yn gyfaill i Twm o'r Nant a Jac Glan-y-gors.

Dair milltir i'r de-orllewin o Bentrefoelas saif eglwys a mynwent ryfeddol Ysbyty Ifan. Mynachlog a sefydlwyd gan Urdd Marchogion Sant Ioan oedd ar y safle gwreiddiol. Pwrpas yr 'ysbyty' oedd cynnig ymgeledd i bererinion a oedd yn teithio rhwng Enlli, Caer a Llundain. Am gyfnod, yn ôl pob sôn, bu'n lloches i Wylliaid Cochion Mawddwy a gwrthryfelwyr Owain Glyndŵr. Gyda diddymu'r mynachlogydd yn 1536 aeth y fynachlog i ddifancoll ac adeiladwyd eglwys ar y safle o dan nawdd y Prysiaid o Blas Iolyn. Dyma leoliad beddfaen Rhys Fawr ap Maredudd, llumanydd Harri'r VII ym Mrwydr Bosworth, 1485 a'r cyntaf i gario'r Ddraig Goch fel baner yn ei ffurf fodern. Y mae wŷr a gor-wŷr Rhys Fawr, sef Elis Prys, Y Doctor Coch a Tomos Prys, y bardd a'r anturiaethwr, oll wedi'u claddu yma.

Yr wythïen brysur sy'n cynnal bywyd economaidd a chymdeithasol Uwch Conwy a'r cyffiniau ydy ffordd yr A5 – ffordd Thomas Evans, Trefnant, sef yr adeiladwr hwnnw a fu'n gyfrifol am drefnu rhannau helaeth o lunio'r A5 rhwng 1815 a 1826. Camargraff yw rhoi'r clod i gyd i Thomas Telford. Ond beth am gyfoeth cudd y ffordd arloesol hon?

Mae cors Pantdedwydd – neu '*stretch* Cerrig' i drigolion lleol – yn rhan o'r A5 rhwng Cerrigydrudion a Glasfryn. Mae'n cuddio stori unigryw. Dywed cofnodion Telford mai dyma'r filltir anoddaf a mwyaf heriol o adeiladu'r briffordd. Suddodd y sylfeini i'r gors sawl gwaith er holl arbenigedd peirianwyr medrus yr oes. Bu raid troi at dyddynwyr Pentrellyncymer i ateb y broblem. Arferent hwy groesi corsydd Uwchaled drwy glymu poethwiail (eithin wedi'i losgi a'i blethu) mewn haenau rhwng cerrig gwenithfaen o wahanol drwch. Mae John Davies, Ty'n Gilfach (Asiedydd o Walia), yn manylu ar y stori mewn erthygl yng nghylchgrawn *Cymru* (Awst 1914). Mae'n disgrifio'r broblem a wynebai'r contractwyr ac fel y cafwyd yr ateb gan yr amaethwyr lleol:

cariwyd poethwel o'r mynydd a'u rhwymo a'u gosod ar draws gwely'r gors gan godi chwe modfedd at y canol, yna eu gorchuddio â cherrig fflat tenau, ac ar hynny palmant o gerrig cryfion chwe modfedd o drwch a'u gosod yn rhwym a chlo y wal a phlyg o raean dwbl i gynnal sylfaen y ffordd hyd heddiw.

Y tro nesaf y byddwch yn dreifio ar hyd y darn hwn o'r A5, cofiwch am weledigaeth a champwaith y tyddynwyr.

Bob chwarter milltir ar ymyl y ffordd gosodwyd hanner cylchoedd (tua maint car modern cyffredin) yn y cloddiau ble byddai'r caregwyr yn gweithio gyda'u hoffer a mesuryddion i wneud twmpathau o gerrig o wahanol drwch. Dyma'r tyllau metlin neu'r *depots* fel y'u gelwid gan swyddogion Telford. Mae dwsinau ohonynt yn parhau i sefyll rhwng Capel Curig a Cherrigydrudion yn eu ffurf wreiddiol. Mae sefyll ynddyn nhw a dychmygu'r ymddiddan, y tynnu coes a'r trafod a ddigwyddai yn rhoi gwefr arbennig.

Ar lawer o'r cerrig milltir (a wnaethpwyd o galchfaen Malltraeth) nodir y milltiroedd hyd at Gernioge. Fferm ar ochr yr A5 rhwng Glasfryn a Phentrefoelas yw Cernioge, a dyma'r brif orsaf ar gyfer newid ceffylau'r Goets Fawr. Mae cannoedd o geffylau'r Goets wedi'u claddu yma ar dir y fferm. Ond yn fwy diddorol byth, yma yr arhosodd y dywysoges Fictoria ar ei ffordd i Eisteddfod Biwmares yn 1832.

Wrth aros yng ngwesty'r Hand yn Llangollen derbyniodd Fictoria ddoli mewn gwisg Gymreig fel anrheg. Erbyn cyrraedd Bangor, ddeuddydd yn ddiweddarach, roedd yn gwisgo het Gymreig o'r un steil ar ei phen (*Carnarvon Herald and North Wales Advertiser*, 11/8/1832). Roedd rhywun wedi gwneud het ar ei chyfer rywle ar hyd yr A5 rhwng Llangollen a Bangor. Does neb yn gwybod pwy yn union a wnaeth yr het, ond tybed a ddaeth hi ar draws gwneuthurwr hetiau wrth aros noson yn ffermdy Cernioge? Mae'r ddoli a ysbrydolodd yr het, bellach yng nghasgliad brenhinol y London Museum, eitem D104. Dyma gychwyn dyrchafu traddodiad y 'wisg Gymreig' – ac mae i'r A5 beth o'r clod am y traddodiad hwn.

Mae nifer fawr o bontydd ar gyrion yr A5 yn Sir Conwy ond dim ond un sy'n datgelu celwydd! Mae pont Waterloo, Betws-y-coed yn dilyn patrwm pensaernïol a ddefnyddiwyd gan Telford yn Bonar yn yr Alban yn 1812, sef rhannu'r gwaith yn un cwman o bedair rhan o haearn gyr. Dyma enghraifft brin o droi pont yn addurn i goffáu brwydr – brwydr Waterloo – gyda phedwar arwyddlun cenedlaethol Ynysoedd Prydain: y rhosyn, y genhinen, yr ysgallen a'r feillionen yn addurno'r gwaith haearn. Ond ni chodwyd pont Waterloo yn 1815 ond yn hytrach ddiwedd y flwyddyn ddilynol! Y rheswm am hyn oedd methiant i gludo'r pedair rhan ar hyd y tir mawr. Oherwydd pwysau'r darnau haearn bu'n rhaid anfon y darnau ar fadau i Gaer ac ar hyd yr arfordir i Gonwy ac yna i fyny'r dyffryn.

I'r de-orllewin o'r A5 saif pentrefi Penmachno a Dolwyddelan, cynefin Owen Gethin. Mae hanes Gwilym Cowlyd yn herio parchusion sefydliadol yr Eisteddfod Genedlaethol yn 1865 a chreu gosgordd amgen, Arwest Glan Geirionydd, yn un eithaf cyfarwydd i'r rheiny sy'n ymddiddori yn hanes llenyddiaeth Cymru. Ond cymeriad yr un mor ddifyr a phwysig ar sawl ystyr oedd ei gyfaill, Owen Gethin Jones (1816-82). Roedd Owen Gethin yn fardd a hanesydd. Cyhoeddwyd cyfrol drwchus o'i waith barddol a llenyddol yn Llanrwst, sef *Gweithiau Gethin* (1884) o dan gyfarwyddyd Gwilym Cowlyd. Ond nid am ei lenyddiaeth y cofir am Owen Gethin yn bennaf, ond yn hytrach yr etifeddiaeth bensaernïol a adawodd ar ei ôl. Cododd ffatri wlân wrth Bont y Pandy, Penmachno a buan y sefydlodd fusnes adeiladu a fu am dros chwarter canrif yn cyflogi tri chant o adeiladwyr. Ymhlith y contractau yr ymgymerodd â hwy yr oedd y dramffordd o Benmachno i Ddolgarrog, a Phlas Bryn Derwen, Llanrwst. Ond y perlau mwyaf sgleiniog yn ei holl gampweithiau yw adeilad gorsaf drenau Betws-y-coed, Eglwys y Santes Fair, Betws-y-coed a'r draphont dros Ddyffryn Lledr rhwng Dolwyddelan a Betws-y-coed.

Codwyd yr eglwys newydd gan gwmni Owen Gethin rhwng 1870 ac 1873 i ateb y galw cynyddol am groesawu'r holl ymwelwyr a oedd wedi dechrau tyrru i'r ardal ar ôl agor yr orsaf drenau, a chwblhau'r A5. Daeth ei waith i'w anterth gyda'r dasg o adeiladu'r rheilffordd rhwng Betws a Dolwyddelan, ac yn ddi-os uchafbwynt y cyfan oedd codi'r bont dros y dyffryn rhwng 1877 a 1879. Mae'r bont yn 326 metr o hyd ac wedi'i chynllunio yn arddull 'Scots baronial' gyda 24 prif fwa a 6 bwa llai. Daw'r cerrig addurno a'r briciau coch o chwarel Penmaenmawr ac ar un o'r tyrau mae carreg lle ceir y geiriau 'O Gethin D Jones Penmachno 1879'. Hyd heddiw, adnabyddir y bont fel 'pont Gethin'. Mae stori a gweledigaeth Owen Gethin, Tyddyn Gethin, Penmachno, gŵr busnes a mentergarwr, yn stori i ysbrydoli pawb sydd ag awydd mentro yn ei waed. Cyfrannodd at greu y Dyffryn Conwy modern a chredai yn gryf mewn cefnogi'r gymdeithas leol: 'Cyfrannodd yn ei oes ... miloedd o bunnau at wahanol achosion, yn enwedig eisteddfodau a chyfarfodydd llenyddol' (tudalen flaen *Y Genedl*,1882).

Wrth deithio tua'r gogledd-ddwyrain ar yr A548 o sgwâr Llanrwst am chwe milltir saif pentref Llangernyw. Yma, ym mynwent Eglwys Sant Digain mae beddfaen dinod gŵr na chafodd fawr o sylw er gwaethaf ei allu rhyfeddol. Nid yn unig fel 'y Sgolor Mawr' y dylid cofio am Robert Roberts (Hafod Bach, 1834) ond fel awdur hunangofiant pum can tudalen sy'n gronicl gwych o fywyd gwledig a chymdeithasol gogledd Cymru rhwng 1790 ac 1860.

Ymhlith yr holl hanesion a geir yn *The Life and Opinions of Robert Roberts*, a olygwyd gan J. H. Davies yn 1923, 38 mlynedd ar ôl ei farwolaeth, mae un cofnod am ardal Llangernyw y gellir ei gyfrif yn berl. Yn rhan gyntaf y llyfr, mae'n holi ei nain ac mae hithau yn adrodd hanesion am ymddangosiad ac ymsefydliad y sipsiwn Romani yn y fro. Dywed ei nain ei bod hi'n cofio dyfodiad teulu Abram Wood i'r ardal pan oedd hi'n hogan ifanc o gwmpas 1760. Mae'r dystiolaeth a gynigir ganddi yn brawf fod y teulu wedi ymsefydlu 'the otherside of the great peat bog out of reach of the road and there they lived for many years'. Cyfeiria at ardal Rhos y Mawn ar gwr gorllewinol y pentref, ac yma y gwelwyd ymsefydliad cyntaf y Romani yng Nghymru. Cododd Abram Wood a'i deulu 'dŷ tywyrch' ger eu carafannau teithiol. Mae Robert Roberts yn sôn am gyfeillgarwch arbennig rhwng Jacob, ei frawd, a meibion Abram. Sonia amdanynt yn hela sgwarnogod gyda Buckley y milgi du enwog ar lethrau Mynydd Seisiog gan syllu ar Foel Famau a Lloegr. Dywed Robin a Tom Wood wrtho mai ar hyd y llwybr hwnnw y daethant hwythau, yn eu tro, gyntaf i Gymru ac ymsefydlu ym Mro Cernyw. Dyma ddechrau'r cyfeillgarwch arbennig a fu rhwng y Cymry a'r sipsiwn Cymreig am genedlaethau. Daeth Sara Wood, wyres Abram, yn wraig i John Roberts Lewis o Bentrefoelas gan ymgartrefu yng Nghaer Bach ar gyrion Pentrefoelas. Ganwyd iddynt fab, 'John Roberts yr ieuengaf' neu John Roberts y Drenewydd, y telynor enwog. Ef a'i naw o blant oedd yr enwog Cambrian Minstrels. Fe erys eu harwyddocâd o fewn diwylliant cerddorol Cymru hyd heddiw.

O ddychwelyd i Lanrwst a chroesi afon Conwy dros bont Inigo Jones, ymhen llai na thair milltir saif pentref Trefriw. Mae yma ddau gartref na chawsant sylw haeddiannol yn hanes diweddar gogledd Cymru. Y naill yw Tan-yr-Yw, cartref Dafydd Jones (1708-1785) a'r llall yw Bryn-y-pyll, cartref ei ŵyr, John Jones, neu Pyll (1786-1865). Dyma'r cartrefi a roddodd gychwyn i argraffwyr Trefriw.

Dafydd Jones, ar sawl ystyr, yw 'tad' argraffu masnachol y cyfnod modern yng ngogledd Cymru. Wedi marwolaeth Lewis Morris (Morrisiaid Môn) yn 1765 ymddengys i Dafydd Jones gludo peiriant argraffu Lewis Morris i Drefriw. Dyma'r cyfnod pryd yr oedd harbwr Trefriw yn datblygu i fod yn gyrchfan a phorthladd pwysig i'r dyffryn a dyma gychwyn y wasg argraffu yn Nhrefriw.

Ar ôl ei gyhoeddiad cynnar, *Histori yr Iesu*, canolbwyntiodd y wasg ar gyhoeddi pamffledi yn bennaf (ar wahân i un anterliwt 72 tudalen gan Elis y Cowper yn 1780).

Mewn gwirionedd, ni ddaeth gwaith argraffu Dafydd Jones i'w anterth hyd nes iddo gyrraedd ei ddeg a thrigain oed a hynny pan gychwynnodd brintio almanaciau Caergybi ar ran John Roberts. Wedi priodas ei fab, Ishmael, symudodd y wasg o Dan-yr-Yw i'w chartref newydd ym Mryn-y-pyll, dros y ffordd i Eglwys Trefriw. Gellir dweud mai prif gyhoeddiad Dafydd Jones oedd *Blodeugerdd Cymru* (1759) sef casgliad o ganiadau gan 'amryw awgwyr'– er nad yn Nhrefriw yr argraffwyd hwnnw ond yn Amwythig dan ofal Stafford Prys.

Blynyddoedd digon di-fflach oedd blynyddoedd Ishmael wrth y llyw. Bu farw yn 1817 a dyna'r adeg y bu i John Jones, ei fab, benderfynu gadael ei waith fel gof a chymryd y wasg dan ei awenau. Llwyddodd i lywio'r wasg i gyfeiriad llawer mwy mentrus ac arloesol. Er mai fel John Jones, Pyll, yr adnabyddid ef am weddill ei oes, adeiladodd argraffdy a gwasg newydd yn Rhif 29, Ffordd yr Orsaf, Llanrwst cyn diwedd 1825, ac yna symud i 30 Heol Dinbych yn 1836. Yma, yn Llanrwst y treuliodd ddeugain mlynedd cynhyrchiol cyn ei farw yn 1865. Mae'r argraffwasg a fu mor bwysig yn hanes ei gyhoeddiadau bellach yn grair hanesyddol pwysig yn Amgueddfa Wyddoniaeth De Kensington, Llundain.

Dyma argraffwr a osododd safonau uchel i eraill trwy Gymru eu dilyn a'u hefelychu. Llwyddodd i adeiladu tair gwasg argraffu rhwng 1817 a 1825 a hynny ar sail patrwm gwasg enwog Alexander Ruthven. Dysgodd sut i lunio a chreu ei deip argraff unigryw ei hun ac aeth cyn belled â chreu peiriant torri papur. Mae hwnnw i'w weld yn yr Amgueddfa Werin yn Sain Ffagan.

Ef a gyhoeddodd rai o brif weithiau llenyddol Cymraeg y cyfnod gan gynnwys gweithiau Caledfryn, Robert Jones, Rhoslan, John Elias, Gwilym Hiraethog ac Ieuan Glan Geirionydd, yn ogystal â nifer o weithiau pwysicaf Twm o'r Nant. Yr hyn sydd fwyaf trawiadol am grefft ei waith argraffu oedd bychander y teip a maint y cyhoeddiadau. Parhaodd y wasg am bum cenhedlaeth, gyda'r olaf o'r llinach, J.J. Lloyd, yn dirwyn y busnes i ben yn 1935.

O ddilyn yr afon ar hyd y gwastatir daw'r Creuddyn i'r golwg. Hanner milltir uwchben tramffordd y Gogarth yn Llandudno saif hen deras bychan o dai mwynwyr, Tan y Graig. Un tŷ ydy'r teras heddiw ond roedd yn bedwar tŷ ganrif yn ôl. Yma y trigai Peter ac Elizabeth Hughes a'u dwy ferch, Mary a Martha. Yn 1860 penderfynodd Peter a'r teulu godi pac, gadael ei waith fel saer lleol a dilyn trywydd y pum mil o Formoniaid Cymreig a ymfudodd i'r Unol Daleithiau gan deithio miloedd o filltiroedd drwy'r gorllewin gwyllt gan ymsefydlu yn y Ddinas Halen yn nhalaith Utah. Mae stori Martha Hughes yn un o dlodi a dewrder.

Yn fuan ar ôl ymsefydlu fe gollodd Martha ei thad, a fu'n ergyd drom i'r teulu cyfan. Ond er gwaethaf yr anawsterau lu a ddaeth i'w rhan fe lwyddodd i gymhwyso fel meddyg o Brifysgol Michigan yn 1880. Oherwydd yr arfer Mormonaidd o amlwreiciaeth bu raid iddi hi a'i merch, Elizabeth, wynebu cyfnod o alltudiaeth ym Mhrydain ac Ewrop. Ond o fewn dwy flynedd dychwelodd i Utah gan gychwyn brwydro dros hawliau merched. Yn 1893 cyflwynodd araith enwog dros y swffragetiaid yn Chicago ac yn 1896 fe'i hetholwyd yn Seneddwraig Cyfreithiol gyntaf America. Meddai, 'Un o'r prif resymau pam y dylai merched gael pleidleisio yw fod dynion a merched wedi cael eu creu yn rhydd a chyfartal ... Dylai pob unigolyn gael yr hawl gyfreithiol i fod yn gyfartal â'i gilydd'.

Daeth ei henw i sylw'r Arlywydd McKinley ac yn 1898 areithiodd am hawliau merched o flaen y Gynghres yn Washington cyn cael ei gwahodd i'r Tŷ Gwyn. Yn 1920 newidiwyd cyfansoddiad yr Unol Daleithiau i roi'r bleidlais i ferched a hynny flynyddoedd cyn i frwydr y swffragetiaid ym Mhrydain ddod i'r amlwg. Treuliodd flynyddoedd yn gweithio ac arloesi mewn meddygaeth merched ym Mhrifysgol Los Angeles ac yn 1996 codwyd cerflun ohoni o flaen adeiladau senedd Utah yn Salt Lake City. Roedd adeilad enfawr y gwasanaeth iechyd yn Utah eisoes wedi'i enwi ar ei hôl yn 1984.

Bu farw yn Los Angeles, wedi llwyr encilio oddi wrth y byd. Mae llyfr Mari Graña, *The Life of Dr Martha Hughes Cannon*, yn gofnod cynhwysfawr o'i bywyd a'i chyfraniad. Cyn cyhoeddi hanes y Mormoniaid, *Poeri i Lygad yr Eliffant* gan Wil Aaron, go brin y gwyddai unrhyw un yng Nghymru am y ferch hon a gychwynnodd ei thaith bywyd mewn teras di-nod ar lethrau'r Gogarth.

Yn 2020 bydd cerflun ohoni yn cael ei ddadorchuddio yn neuadd enwog y Statuary Hall yn y Capitol yn Washington D.C. Yno, mae 102 o gerfluniau o'r ffigurau pwysicaf yn hanes yr Unol Daleithiau. Martha Hughes Cannon (ei chyfenw Mormonaidd) fydd y ddegfed ferch yn unig o holl daleithiau America i ennill y clod a'r anrhydedd hwn. Byddai codi cerflun i'w choffáu yma yng Nghymru, ar odre'r Creuddyn, yn wir berl a fyddai'n dyst i wraig anhygoel ac arloesol.

Mae cyfoeth cudd bro'r 'llinyn arian' (G. J. Roberts, 1963) yn parhau i atgyfnerthu, adfywio ac ysbrydoli trigolion bro Eisteddfod 2019 i fentro a chamu 'mlaen yn hyderus i'r dyfodol.

Tir Abad

Er bod llawer o brif nodweddion cyfoeth hanesyddol, llenyddol a diwylliannol bro'r Eisteddfod eleni yn ddigon hysbys, byddai angen sawl cyfrol i drafod y cyfoeth hwnnw'n fanwl er mwyn gwneud gwir gyfiawnder ag ef. Am erthygl fer yn trafod cyfoeth cudd y fro y gofynnwyd yn y gystadleuaeth hon. Cafwyd cyfle, felly, i'n tywys ar hyd llwybrau mwy diarffordd at gilfachau anhysbys a phobl fwy anadnabyddus, at ffeithiau anarferol ac annisgwyl, ond llefydd a phethau a phobl, serch hynny, y mae'n werth cael gwybod amdanynt. Dyna pam yr oedd yn dda derbyn tair erthygl a drafodai wahanol agweddau ar gyfoeth cudd y fro.

Nid aur popeth melyn: Erthygl yw hon yn trafod hanes diwydiannol Dyffryn Conwy yn bennaf. Cyfeirir ynddi at y mwyngloddiau plwm a sinc a chopr a geid hwnt ac yma ar hyd a lled y dyffryn, a rhestrir enwau rhai o weithfeydd plwm Coed Gwydir. Braidd yn denau a gwasgarog yw'r deunydd, a gellid bod wedi rhoi ychydig mwy o gnawd am yr esgyrn.

Glanconwy: Olrhain taith afon Conwy o'i tharddiad ar y Migneint i'r môr yng Nghonwy a wneir yn yr erthygl gryno hon, gan oedi ar y ffordd i drafod ambell bwll pysgod ac ambell enw sy'n galw am esboniad. Cyfeirir hefyd at rai adegau pan orlifodd yr afon dros ei glannau, gan gynnwys y ddau lif mawr diweddar yn 2015 ac ym Mawrth 2019. Dŵr yr afon yw'r llinyn thematig sy'n cydio'r cyfan wrth ei gilydd, ond byddai'n well erthygl pe bai ychydig mwy o swmp ynddi.

Tir Abad: Mae'n amlwg fod awdur yr erthygl hon yn ymchwilydd wrth reddf. Llwyddodd i ganfod ffeithiau diddorol a gwahanol sy'n dal sylw, a thrafoda rai pobl a phethau digon anadnabyddus. Mae sawl blewyn blasus yma: er enghraifft, hanes tyllau metlin yr A5; yr englynwr beddargraff Ieuan o Foelas; etifeddiaeth bensaernïol Owen Gethin; teulu Abram Wood yn ymsefydlu ar Ros y Mawn; a theulu o argraffwyr hynod Bryn-y-pyll yn Nhrefriw. Mae'r erthygl yn llawn ffeithiau difyr, a'r hyn sy'n ei gwneud yn erthygl lwyddiannus yw fod yr awdur hefyd yn gallu traethu'n ddifyr mewn arddull rwydd a rhugl.

Llongyfarchiadau i *Tir Abad*. Mae'n llawn deilyngu'r wobr.

Cystadleuaeth i rai sydd wedi byw yn y Wladfa ar hyd eu hoes ac yn dal i fyw yn yr Ariannin:

Dewis un o'r ddau destun a ganlyn:
– Y Gymraeg ym Mhatagonia dros y degawd nesaf
– Fy argraffiadau o Gymru

....

FY ARGRAFFIADAU O GYMRU

Mae bron pawb o Gymry'r Wladfa yn hoffi'r syniad o ymweld â Chymru o leiaf unwaith yn ystod eu bywyd. Mae'n beth rhesymol, wrth feddwl am hyn, gan ein bod wedi ein magu yn clywed hanesion am yr 'Hen Wlad'. Roedd pob nain yn sôn ac yn ein dysgu am y ffordd o fyw a oedd mor wahanol i'r bywyd newydd yr ochr yma i'r byd.

Fel mae Irma yn sôn yn ei cherdd 'Gweu':

> ... Siaradai'n hir
> Am ddyddiau fu
> Ac am ei Chymru draw
> A'r dyddiau pan
> Âi'n hogan fach
> I'r ysgol drwy y glaw.

Roedd caneuon a straeon ac arferion yn rhan o fywyd pob dydd. Roedd yr iaith yn amlygu ei hun ym mhob peth, fel y gwahanol fwydydd a oedd yn rhan o'i hetifeddiaeth, cacennau bach neu 'Welsh cakes' a chawl cennin. Roeddent yn sôn am lefydd fel Llangollen a Dolgellau, a oedd mor wahanol i Ryd yr Indiad a Dôl y Plu. Wrth ganu 'Ar hyd y nos' roedd y ddau le yma yn lawn 'll' mor swynol a hudol ...

Cefais i'r fraint o fynd yn ifanc iawn. Cychwyn o Drevelin ym mis Gorffennaf 1977. Ar ôl diwrnod yn Nhrelew, yn dathlu pen-blwydd fy nghefnder ar y pedwerydd ar bymtheg, a chofio bod hi'n ben-blwydd Dad hefyd yn 64.

Ar ôl noson yn Buenos Aires, cychwyn bore wedyn o Ezeiza am Lundain, ac oddi yno i Gymru! Cyrraedd i Heathrow a'm chwaer yna'n disgwyl. Wythnos gyda fy chwaer yn Abertawe ac wedyn i Eisteddfod Wrecsam '77. Aros mewn Gwely a Brecwast yn Llangollen. Roedd y tŷ a'i ddrws ar stryd brysur ac roedd rhaid bod yn ofalus gyda'r cam cyntaf allan, roedd hyn yn hollol anghyfarwydd i ni! Yn Wrecsam, ymweld â phabell Cymdeithas Cymru-Ariannin ar fore y Cymry ar Wasgar a chwrdd â Dei a Mair Edwards (hi, gynt o'r Wladfa) ond yn byw yn Llanuwchllyn, a braf oedd cael sgwrs fer yn Sbaeneg wrth fwrdd cinio gan fod Dei am ddysgu'r iaith.

Ynghanol bwrlwm yr Eisteddfod cawsom fore rhydd i ddringo i fyny i Gastell Dinas Brân, dyna beth oedd gwireddu breuddwyd am ei fod y castell cynta i mi fod ynddo. Cerdded o gwmpas yr adfeilion, gweld ble oedd y dŵr yn cael ei gadw ac edrych i lawr dros y bryn ar y golygfeydd godidog gyda'r caeau a rhyw wyrddni nad oeddem wedi ei weld o'r blaen.

Wrth ddod i adnabod yr 'Hen Wlad' daeth llawer o atgofion am yr hen bobol i'm meddwl. Ond hefyd cael syndod a mwynhad wrth ddod yn gyfarwydd â Chymru. Mae gwyrddni anhygoel y wlad yn taro'r llygad wrth gofio am sychdwr ein paith. Mae gweld y blodau niferus ym mhob cornel gyda'u lliwiau niferus yn fwrlwm o harddwch – hyd yn oed mewn basgedi yn hofran ar y polion yn y strydoedd a llefydd cyhoeddus.

Cefais wythnos gyfan wedyn yn Abergwaun yn aros efo Miss Mali Evans, athrawes cerddoriaeth, a oedd wedi ymweld â ni amser Canmlwyddiant y Wladfa. Mynd o gwmpas Sir Benfro, nabod lle o'r enw Hwlffordd! Ail gwrdd â Mr David Peregrine, cyn-weinidog Capel Bethel, Trevelin yn y 60au, ac yn ei nabod ers pan yn blentyn. Mynd am dro i ben y bryniau yn ei gwmni, a gweld llongau sy'n croesi i Iwerddon o'r enw Sealink a chael yntau i egluro i mi ystyr y gair *link*, a rhoi'r enghraifft mai 'cyswllt' ydoedd y gair Saesneg hwn fel mewn cadwyn.

Ar ddechrau Medi, a'r plant yn ôl yn yr ysgol, cefais gyrraedd pen y daith, yng Nghae Melyn yn Aberystwyth. Byw gyda'r teulu am ddwy flynedd fel *au pair*. Bythgofiadwy! Mwynheais y profiad yn fawr iawn a chefais brofiad o fyw gyda theulu Cymreig.

Daw hyn â mi i feddwl beth yw fy mherthynas â gwlad fy nghyndeidiau. Braf iawn yw teimlo'r agosatrwydd sydd yn bodoli rhwng y gymuned Gymraeg yma a thraw, gwlad yr haul a gwlad y glaw. Mae pob unigolyn a chriw sy'n hedfan dros Fôr Iwerydd yn teimlo hynny. Mae fel bod gartre oddi cartre! Wrth gwrs fod yr iaith yn gwlwm tyn rhwng y ddwy wlad. Ond dw i'n deall fod mwy na hynny. Tybed fod hanes Cymru yn rhan o hyn? Falle fod cariad tuag at 'y pethe' roedd ein rhieni mor hoff ohonynt. Roedd darllen llyfrau

Cymraeg pan yn blant wedi ein trwytho a'n gwneud yn hoff o hyn. Nid oedd cysylltiadau teithio yn hawdd yn yr oes a fu ond fe barhaodd y berthynas.

Roedd popeth mor wahanol yng Nghymru!

Roedd y croeso cynnes gan bawb sy'n ymwneud â Phatagonia, heblaw am bawb oedd yn siarad yr iaith. Roedd byw mewn tref fel Aberystwyth mor wahanol i fyw ar ffarm wrth droed yr Andes! Yn un peth roedd oriau bwyd yn wahanol, un pryd mawr a hynny ganol pnawn, gyda chig a llysiau, a phanad o de tua deg o'r gloch y nos, i weld y newyddion ar y teledu. Roedd y plant yn mynd i'r gwely am saith. Nid yw hyn yn arferol yn y Wladfa, bydd hyn yn digwydd pan fydd pawb arall yn mynd i'r gwely. Neb yn golchi a rhoi cwyr ar y lloriau, ond 'hwfro' gan fod y tai i gyd â charpedi ar y llawr. Y ffyrdd yn gul a throellog a phawb yn gyrru mor gyflym ag oedd posib, a gweld un pentre ar ôl y llall tra bod ni'n arfer trafeilio am chwe awr o Esquel i'r Dyffryn a dim ond dau bentref bach sydd i'w gweld, a dyna'r unig le sydd yn gwerthu petrol.

Mae'r tymhorau yn wahanol iawn yn y Wladfa. Tra yng Nghymru cefais law diderfyn, ond ddim llawer o rew ac eira fel sydd gennym yn yr Andes, fel dyddiau byr, tywyll, yr haul yn bell ac yn wan, nosweithiau hirion.

Mae teithio erbyn hyn mor hawdd a phoblogaidd yn yr oes yma fel bod pobol yn gallu hedfan i Frasil neu i'r Caribî yng nghanol ein gaeaf ni, ac yna mwynhau traeth a'r môr cynnes, dillad ysgafn a bwyd lliwgar.

Ond ar ffarm yn y wlad roedden ni wedi byw, rhaid oedd paratoi ar gyfer y gaeaf: gofalu am ddigon o goed tân; gwair a grawn i'r anifeiliaid; popeth i'r tŷ ar gyfer bwyd maethlon, dillad i'r teulu, sanau gwlân rhag y llosg eira, *poncho*, a chap cynnes i arbed y clustiau rhag cael poen clust. Byddai'n rhaid cofio am foddion at y peswch, *aspirin*, oel i'r lampau, canhwyllau, a llawer o bethau eraill gan fod y dre ymhell a'r llwybrau'n ddrwg, a'r gaeaf yn hir. Ond roedd ein teulu bach ni reit ddiogel a llawen drwy'r cyfan. Pe bai'n bwrw eira, roedd rhaid agor llwybrau efo'r bâl i nôl coed tân, rhoi bwyd i'r ieir, a'r dynion yn cychwyn ar gefn ceffyl i weld y defaid. Nid fel hyn oedd bywyd yn Aberystwyth!

Ond erbyn hyn, mae'r tywydd wedi newid trwy'r byd i gyd. Dydy'r gaeaf ddim fel yr oedd. Does dim cymaint o eira'n disgyn ac felly eithriad ydy hi i anifeiliaid gael eu mygu o dano. Gwelais fod hynny'n medru digwydd yng

Nghymru hefyd! Ac o ganlyniad i'r ffaith fod llai o eira, nid oes cymaint o ddŵr yn yr afonydd, y nentydd a'r ffynhonnau erbyn hyn.

Yn y dref, mae'r gaeaf yn wahanol i'r hyn ydyw yn y wlad.

Mae'r Cymry yn teithio ymhell am wyliau i sgio ond yma ceir trwch o eira ar y mynydd yn atyniad i'r rhai sydd yn hoff o sgio ac maent yn dod yn lluoedd mewn dillad lliwgar ffasiynol. Mae hynny'n dda i ddiwydiant twristiaeth y dre. Yn y dre hefyd, mae nwy ymhob tŷ ac felly mae'r tymheredd yn cadw'n gynnes a gwastad ddydd a nos ac mae hynny wedi gwella bywyd pobol yn llwyr. Mae golwg hyfryd ar yr ardd os bydd eira ysgafn wedi disgyn ar y coed. Mae'r adar bach yn edrych yn oer a digalon.

Rhyfeddol drefn Rhagluniaeth! I'r gwanwyn, yn fwy nag i'r tymhorau eraill, y mae beirdd a chantorion wedi canu ar hyd yr oesoedd. Dywedwyd mai dyma'r tymor sydd yn dechrau troi'r rhod, mai dyma'r amser pan mae pawb yn llawen wrth ddod allan i'r haul o'r gaeaf oer, tywyll. Y gwir yw nad yw'r gwanwyn yn braf bob amser. Yn ein gwlad ni, mae dihareb yn dweud 'rhaid pasio Awst' fel sicrwydd y byddwn yn ddiogel wedyn rhag afiechydon y gaeaf.

Yng Nghymru, daeth y cestyll yn gyfarwydd, yn fuan iawn, a gwahanol elfennau hanesyddol sy'n mynd yn ôl am ganrifoedd.

Ar ôl sôn am yr argraffiadau hyn rwy'n teimlo'n ddiolchgar am fod mor ffodus i fod yn rhan o'r gwladfawyr a gadwodd yr iaith trwy bedwaredd a phumed genhedlaeth. Trwy hynny gallwn weld y byd a'i gymhlethdodau trwy ddwy ffenest fel mae'r bardd Mererid Hopwood yn deud yn ei cherdd, 'Dwy iaith, dwy ffenest':

> Yn fy mhen mae dwy ffenest
> i weld y byd yn well,
> drwy'r naill rwy'n gweld 'montañas',
> drwy'r llall y moroedd pell.
>
> A rhwng y ddwy dw i'n gwybod
> 'mod i'n gyfoethog iawn –
> mae gen i ddau o bopeth,
> mae 'myd i gyd yn llawn!

Dyffryn Oer

Roeddwn yn edrych ymlaen at y gystadleuaeth hon er mwyn dysgu rhywbeth am y datblygiadau diweddaraf yn hanes y Gymraeg yn y Wladfa. Nid felly y bu, yn anffodus. Argraffiadau hanesyddol a gafwyd gan bawb. Cafwyd llawer am ddoe ond prin fu'r sôn am yfory. Er hynny, roedd yn bleser darllen gwaith y tri ymgeisydd. Roedd tinc tafodiaith hyfryd Patagonia i'w glywed yn y tair ymgais ac roedd hynny'n amheuthun.

Disgynnydd: Traethawd byr dan y teitl 'Y Gymraeg ym Mhatagonia dros y degawd nesaf' a gafwyd gan *Disgynnydd*. Mae'n cymharu statws isel y Gymraeg yn nyddiadau ei blentyndod – '... iaith y crud, iaith y chwarae, iaith yr aelwyd a'r Ysgol Sul ...' – â'r twf diweddar a fu ym Mhatagonia o ran addysg Gymraeg a'r ymchwydd yn niddordeb ieuenctid yno yn y Gymraeg. Beth a achosodd y newid? Mae'n nodi nifer o ffactorau: datganoli o fewn yr Ariannin yng nghanol yr ugeinfed ganrif a sylweddoliad awdurdodau Chubut bod i'r Gymraeg arwyddocâd canolog i'w hanes fel rhanbarth. Mae'n olrhain y twf mewn ymweliadau o Gymru o'r 1960au ymlaen – ymweliadau a adfywiodd draddodiadau'r Wladfa er budd twristiaid, er enghraifft 'y dorth ddu, y te Cymreig, yr eisteddfodau, y capeli a hyd yn oed y cymanfaoedd canu'.

Noda bod dosbarthiadau Cymraeg yn cael eu cynnal bellach yn Rawson, Trelew, Gaiman, Porth Madryn, Dolavon, Comodoro Rivadavia, Trevelin ac Esquel; ac mai gwerthfawrogiad diwylliannol yw'r cymhelliant pennaf i'r twf diweddar. Dyna fydd yn gyrru unrhyw dwf pellach dros y degawd nesaf hefyd, meddai. Ond ni wêl y bydd y Gymraeg yn cael ei hailorseddu yn iaith gymunedol fyw ym Mhatagonia, fel y bu yn nyddiau ei faboed: 'Addurn diwylliannol fydd hen iaith fy nhadau: i groesawu'r twristiaid, i ymchwilio yn yr hen lythyron teuluol, i gyfieithu dogfennau a cherddi ein beirdd ...'. Cafwyd traethawd digon difyr gan *Disgynnydd* a hynny mewn arddull hynafol bert. Ond soniwyd llawer am ddoe a phrin iawn oedd unrhyw ragfynegi ynghylch y degawd nesaf.

Pentre Sydyn: Argraffiadau amrywiol o Gymru a gafwyd gan *Pentre Sydyn* a hynny yn dilyn ymweliad ag Ysgol Haf y Gymraeg yn Llanbed yn 1993. Mae'r arddull yn hamddenol a rhwydd wrth i'r awdur chwalu meddyliau am y profiad o ddod 'draw'. Mae'n rhyfeddu at flodau Cymru, y bensaernïaeth amrywiol, yr arfer o ailgylchu a rheolau caeth y ffordd fawr. Profwyd awyrgylch byddarol gêm rygbi ryngwladol. Os nad oedd y bwyd yn plesio bob tro, roedd y cwrw Cymreig yn sicr at ei ddant. Braf oedd cael blas ar idiom gysefin wrth iddo ddisgrifio'r profiad anarferol o orfod goddef amser cau, '… pan glywch talan talan y clychau a hynny cyn hanner nos!' Ond, fel erioed, y bobl aeth â'i fryd ac mae'n trysori'r profiad a'r cysylltiadau a wnaed yn fawr.

Dyffryn Oer: Mae gan *Dyffryn Oer* afael gadarnach ar Gymraeg ysgrifenedig. Mae'n agor yn afaelgar fel hyn: 'Mae bron pawb o Gymry'r Wladfa yn hoffi'r syniad o ymweld â Chymru o leiaf unwaith yn ystod eu bywyd' cyn rhannu ei hargraffiadau o'i hamser yng Nghymru pan fu'n ymweld ag Eisteddfod Wrecsam 1977, ynghyd ag aros gyda chyfeillion yn Sir Benfro. Wedi hynny, fe dreuliodd ddwy flynedd fel *au pair* gyda theulu yn Aberystwyth. Mae'n nodi'r gwahaniaeth mawr rhwng y dref ger y lli a'i chartref: 'Roedd byw mewn tref fel Aberystwyth mor wahanol i fyw ar ffarm wrth droed yr Andes!' Mae'n rhyfeddu at lesni'r wlad a'i blodau o'u cymharu â sychder paith Patagonia ac yn nodi gwahaniaethau mewn trefniadau domestig, pellteroedd rhwng pentrefi, natur y tymhorau a'r tywydd. Daw i'r casgliad, serch y gwahaniaethau, mai'r iaith, hanes cyffredin a'r 'pethe' sy'n creu'r cwlwm tyn rhwng y ddwy wlad. Mae'n gadael y dasg am ychydig wrth sôn am heriau ffermio yn eira'r Andes. Ond daw yn ôl i'w thestun eto a chasglu fel hyn: 'Rwy'n teimlo'n ddiolchgar am fod mor ffodus i fod yn rhan o'r gwladfawyr a gadwodd yr iaith trwy bedwaredd a phumed genhedlaeth'. Mae'n cloi'n addas iawn drwy ddyfynnu o gerdd Mererid Hopwood, 'Dwy iaith, dwy ffenest'.

Cawsom gan *Dyffryn Oer* ysgrif hyfryd a chymen ei gwneuthuriad sy'n amlygu ei chariad at Batagonia'r Andes a'r 'Hen Wlad' fel ei gilydd, a hynny drwy gyfrwng llais swynol sy'n cyfleu i ni dinc hudolus tafodiaith Patagonia.

Gwobrwyed *Dyffryn Oer*, gan ddiolch i *Pentre Sydyn* a *Disgynnydd* am ymgeisio.

Erthygl yn cynnwys darluniau ar unrhyw agwedd o fyd natur, yn addas ar gyfer ei chyhoeddi yn *Y Naturiaethwr*

Croesewir y defnydd o dablau, diagramau a lluniau amrywiol. Sylwer y dylid cydnabod gwaith awduron eraill lle bo'n briodol. Ystyrir cyhoeddi'r gwaith sy'n cael ei gymeradwyo gan y beirniad yn *Y Naturiaethwr*

....

Y FRÂN:
ATHRYLITH NEU HEN DDERYN CASTIOG, CABLEDDUS, CROCH?

Mae Esop, y storïwr a'r chwedleuwr enwog, yn cyfeirio sawl gwaith at y frân. Y stori enwocaf, mae'n debyg, yw honno sydd yn adrodd hanes 'Y Frân a'r Piser'. Un diwrnod, dan haul crasboeth Môr y Canoldir, meddai Esop, a'r tir wedi'i losgi a'r ddaear yn grimp, roedd yna frân yn hedfan o gwmpas y wlad yn ceisio chwilio am ddŵr. Roedd y greadures druan bron â drysu; roedd yr afonydd, y llynnoedd a'r nentydd yn hollol sych, a doedd dim diferyn ar gael yn unlle. Yna, o'r diwedd daeth achubiaeth – gwelodd yr aderyn biser o ddŵr – ond yn ôl Esop, siom enbyd a gafodd y frân druan:

> Ond erbyn dyfod atto,
> Yr oedd y dwfr oedd ynddo,
> Mor isel, fel nas gallai'i safn,
> Gyrhaeddyd dafn o hono.

Ond fel mae'r awdur yn egluro i ni: Mam dyfais yw Angen. Casglodd y frân gerrig bychain a'u gollwng fesul un i mewn i'r piser, ac o ganlyniad ...

> Fe godai'r dwfr yn uwch trwy'r ddyfais yma,
> Ac yfai hithau'n awr o hono'i gwala.[1]

Ysgrifennwyd y chwedl enwog oddeutu dwy fil a hanner o flynyddoedd yn ôl, ond yn ddiweddar, mae sawl tîm o wyddonwyr ledled y byd wedi bod yn gwneud gwaith ymchwil anhygoel i'r maes rhyfeddol hwn yn ymwneud â deallusrwydd brain. Mae'r canlyniadau, heb os, wedi bod yn wirioneddol drawiadol.

Er bod ymennydd brân tua'r un maint â bawd dynol, mae lefelau deallusol y creadur hwn yn ei osod yn agos iawn at brimatiaid gan gynnwys dynolryw.

Yn ôl John Marzluff a Tony Angel, 'Mae gan frain nodweddion oedd unwaith wedi eu priodoli i ddynolryw yn unig, gan gynnwys hunanadnabyddiaeth, mewnwelediad, dial, defnyddio celfi, *chronosthesia*, twyll, llofruddiaeth, iaith, chwarae, cymryd risg, dysgu cymdeithasol, a thraddodiadau. Rydym yn wahanol, ond i raddau'n unig.'[2]

Yna, yn fwy diweddar, mae'r Dr Sarah Jelbert a'i chyd-weithwyr wedi darganfod fod brain Caledonia Newydd (*Corvus moneduloides*) yn gallu defnyddio templedi meddyliol er mwyn creu offer a chelfi syml. Maent hefyd, meddai, yn gallu datrys problemau.[3] O gofio chwedl Esop am 'Y Frân a'r Piser', fe osododd y tîm ddarnau o gig ar gyrcs yn arnofio ar ddŵr, a hynny ar waelod tiwbiau gwydr a oedd yn rhy fain a chul i'r brain eu cyrraedd. Serch hynny, ni fu'r brain yn hir cyn dysgu sut i ddatrys y broblem. Fel yn chwedl Esop, fe ddysgodd yr adar fod gollwng cerrig mân i mewn i'r tiwb yn codi lefel y dŵr, ac yn bwysicach na hynny wrth gwrs, yn dod â'r bwyd o fewn cyrraedd i big yr aderyn. Roedd eu dealltwriaeth o un o egwyddorion mawr Ffiseg – sef sut mae gwrthrychau'n dadleoli'r dŵr – yn dangos yn glir felly fod brain yn gallu rhesymu ar yr un lefel â phlant 7 oed. Adar rhyfeddol heb os; ym marn Irene Pepperberg o Brifysgol Harvard, 'Maent ben ac ysgwydd uwchlaw adar eraill. Maent yn anhygoel'.[4]

Ond, yn anffodus i'r frân druan, nid pawb sydd wedi eu swyno gan ddoniau deallusol yr aderyn dawnus hwn. Yn wir, yn draddodiadol, gelyn mawr y ffermwr fu'r frân erioed. Ar hyd y canrifoedd bu'n bwyta hadau, yn difetha cnydau gwerthfawr, ac yn ymosod ar ŵyn bach, a hynny reit ar draws y byd. Roedd pethau mor ddrwg erbyn oes y Tuduriaid fel y penderfynodd 'Senedd y Diwygiad' Harri VIII fynd ati i basio deddf yn erbyn y cnaf niweidiol hwn. Roedd brain, nid yn unig yn dwyn bwyd a dyfwyd ar gyfer pobl, roeddynt hefyd yn euog o ddinistrio toeau adeiladau. Roedd yn rhaid, meddai seneddwyr Harri VIII, eu rhwydo a'u llwyr ddinistrio.

A dyma'r mesur yn llawn. Yn wir, mesur digon amwys ar un ystyr oedd hwn; mae yna gyfeiriad at frain (*Corvidae*) yn gyffredinol yma, ond mae dau aelod o'r teulu yn cael eu henwi'n benodol, sef Jac-y-do (*Corvus monedula*) a'r Ydfran (*Corvus frugilegus*). Ai'r ddau gnaf, felly, oedd yn achosi'r cur pen mwyaf i aelodau seneddol y cyfnod hwn?

1532: Deddf Dinistrio Brain

Deddf a wnaed ac a ordeiniwyd er mwyn dinistrio Jac-y-dos, Brain ac Ydfrain ... gan fod niferoedd lliaws o Jac-y-dos, Brain ac Ydfrain yn ddyddiol yn bwyta cyflenwad rhyfeddol o ŷd a grawn o bob math ... ar adeg hau ... a hefyd pan fydd yr ŷd yn aeddfedu ac yn cnewyllu ... ac ar ben hynny yn dinistrio ac yn difetha toeau gwellt, ysguboriau, tasau gwair ac ati ... disgwylir i bawb wneud eu gorau glas i ddinistrio brain neu ddioddef dirwy. Rhaid i bob trefgordd, amlwd gyda deg neu fwy o dai, am ddeng mlynedd, ddarparu a chynnal a chadw rhwydi dal brain. Am y deng mlynedd hyn bydd disgwyl i'r trigolion ymgynnull a chymryd camrau i ddinistrio brain, ydfrain ... ac i wneud cymaint ag y gallent i ladd ac i lwyr ddinistrio pob math o Jac-y-dos, Brain ac Ydfrain sy'n ymweld, trigo, nythu neu'n mynychu (eu heiddo) neu bydd rhaid iddynt orfod talu dirwy a bennir drwy gipio.

Ond, os llwyddodd Harri VIII i herio awdurdod y Pab ac i roi cryn ergyd i rym a dylanwad yr Eglwys Gatholig ryngwladol, methiant llwyr fu ei ymgyrch i orchfygu'r frân. Dal i boeni trigolion gwlad a thref fu hynt a helynt y giwed hon. O ganlyniad, fe fu'n rhaid i'w ferch, Elisabeth, gyflwyno mesur llawer ehangach genhedlaeth yn ddiweddarach. Yn 1566, pasiwyd 'An Acte for the preservation of Grayne'. Y tro hwn, yn hytrach na dirwyo pobl am fethu dal brain, roedd gwobr ariannol hael yn cael ei chynnig. Roedd ceiniog ar gael am dorri pennau tri aderyn llawn dwf; ceiniog am bennau chwech o gywion, a cheiniog hefyd am chwe wy. Roedd y cynllun yn cael ei weinyddu, nid gan swyddogion y senedd, ond gan wardeniaid yr eglwys ym mhob plwyf drwy'r deyrnas gyfan. Yn rhyfedd iawn, mae yna nifer o greaduriaid eraill yn cael eu henwi yn y mesur hynod hwn: adar megis y boncath, y barcut, coch y berllan, glas y dorlan a'r bilidowcar, ac anifeiliaid fel y llwynog, y mochyn daear, y dyfrgi, y ffwlbart, y draenog a'r twrch daear.[5] Ond, pam rhestr mor faith tybed? Yn enwedig o sylweddoli nad oedd yr un o'r creaduriaid hyn yn bwyta grawn. Ond fe gafodd yr holl greaduriaid a oedd ar y rhestr ryfeddol hon eu herlid yn ddidrugaredd hyd at y bedwaredd ganrif ar bymtheg.[6]

Ond, roedd ein hynafiaid, heb os nac onibai, yn ofni ac yn casáu'r frân. Ym marn Robert Owen, 'Hen adar castiog, cableddus, anghynnes, powld yw brain. Nid ydynt yn debyg i adar cyffredin. Y mae rhyw ddiefligrwydd yn perthyn iddynt sy'n peri i mi eu hofni a'u casáu. Dônt fel ysbrydion duon i bigo pryfed y cae dan tŷ, neu i grawcio'n aflafar ym mrigau'r gwŷdd, a bydd eu gweld a'u clywed yn ddigon i godi'r felan arnaf.'[7] T. H. Parry-Williams wedyn yn cwyno eu bod yn adar cynhennus a checrus a oedd byth a beunydd yn '... ffraeo â'i gilydd gan ddweud y drefn,/ Fel cari-dyms yr ystrydoedd cefn'.[8]

Ond, ffermwyr oedd fwyaf ar flaen y gad yn y frwydr yn erbyn yr adar hyn, yn enwedig ffermwyr a dyfai ŷd, rwdins a thatws. Roedd un llythyrwr i'r *Chronicle*, a alwodd ei hun 'An Anglesey Farmer', o'r farn fod brain yn 'ymweld â ni adeg hau fel haid o locustiaid'.[9] Yna, gerbron cyfarfod o Siambr Amaeth Dyffryn Clwyd yn 1878, creu darlun Beiblaidd ychydig yn wahanol wnaeth John Roberts, Geinas, Bodfari: '... maent bron iawn yn waeth,' meddai, 'na'r pla o lyffantod a gafwyd yn yr Aifft ers talwm.' Yn ôl ei dystiolaeth, roedd Roberts wedi gweld, ar un achlysur, oddeutu 30,000 o frain mewn un cae rhwng Dinbych a Llanelwy.[10]

Yn ôl y sôn, roedd deallusrwydd y frân yn achosi trafferthion dybryd i amaethwyr ar un diwrnod arbennig o'r wythnos, sef Dydd Sul. Dros y canrifoedd, roedd y creadur, fe ymddengys, wedi deall fod y Saboth yn ddiwrnod gwahanol i ddyddiau eraill yr wythnos. Ai tawelwch llethol y Sul neu sŵn clychau'r eglwys yn canu oedd y tu ôl i hyn, neu'r ffaith efallai fod pobl yn aros ychydig hwyrach yn eu gwelâu – pwy a ŵyr? Ond ar y Sul doedd pobl ddim yn gweithio, a doedd gan y ffarmwr ddim hawl i ddefnyddio'r *twelve bore* ar y seithfed dydd. O ganlyniad, fe fyddai brain yn cael diwrnod i'r brenin. Yn 1892, cafwyd adroddiad fod cigfrain yn lluosog iawn ym Mro Morgannwg a Chwm Rhondda. 'Maent yn gwneud difrod mynych ar y llafur,' meddai gohebydd *Tarian y Gweithiwr* gan ychwanegu, 'Cymerant fantais ar hyn ar ddydd Sul'.[11] Roedd ffermwyr Môn, a oedd hefyd yn aelodau o Gyngor Dosbarth Twrcelyn, wedi sylwi ar hyn. Yn 1899, fe basiwyd '... yn unfrydol i ysgrifenu at berchenogion *'rookeries'* yn gofyn iddynt ddinystrio cynifer ag a fyddai yn bosibl o gywion brain adeg nythu. Dywedodd Mr Griffith Roberts na fyddai brain byth yn codi rwdins eithr ar ddau ddydd Sul yn y flwyddyn, sef y ddau Sul cyntaf yn Ngorphenaf (chwerthin). Gorphwysai y brain ar y coed yn ystod pob mis oddigerth Gorphenaf; felly, dydd Sul ydoedd yr unig adeg ar ba un y caent hamdden i fyned at y rwdins (chwerthin ychwanegol).'[12]

Ond sut oedd cael gwared o'r brain? Aneffeithiol oedd y bwgan brain; roedd yr adar yn llawer rhy glyfar i gael eu twyllo gan y creadur hwnnw. Roedd saethu'n ddull mwy llwyddiannus, ond roedd cetris yn ddrud, ac felly am flynyddoedd yn yr ardaloedd gwledig, plant ysgol fyddai'n cael eu cyflogi i ddychryn brain yn y caeau. Un plentyn bychan fu'n gwneud y gwaith yma oedd George Edwards, bachgen tlawd o Norfolk, gŵr a ddaeth cyn diwedd ei oes yn aelod seneddol.

'Ar ôl dod allan o'r Wyrcws,' meddai, 'ym mis Mawrth 1856 cefais fy swydd gyntaf. Gwaith dychryn brain o gaeau ffermwr ger y tŷ. Roeddwn yn chwe mlwydd oed, ac mi gefais swllt am weithio wythnos gyfan.'

Ond nid swydd braf mo hon.

'Fe ddechreuodd fy nhrafferthion yn ystod ail wythnos yn y gwaith. Roedd yr oriau'n hir, ac roedd yn rhaid codi'n gynnar iawn yn y bore, yn fuan wedi iddi wawrio, ac roedd yn rhaid aros yn y caeau tan ar ôl iddi fachlud. Yn anffodus, un diwrnod, a minnau wedi blino'n lân, fe syrthiais i gysgu. Yn waeth na hyn, roedd y brain ar lwgu, a daethant i'r cae a dechrau bwyta'r ŷd. Yn fuan wedyn daeth y ffermwr i'r cae ac mi ddaru o ngweld i'n cysgu, ac yn chwe mlwydd oed y gosb am y drosedd hon oedd cael coblyn o gweir, a thynnu dwy geiniog o'r cyflog ar ddiwedd yr wythnos.'[13]

Yn dilyn Deddf Addysg fawr 1870, fe wnaed addysg yn orfodol mewn sawl ardal, gan achosi cryn gur pen i amaethwyr. Yng nghyfarfod Clwb Ffermwyr y Bont-faen yn Hydref 1877 fe drafodwyd y pwnc llosg hwn. Gan fod bechgyn bellach yn gorfod mynychu'r ysgol yn rheolaidd, a chan fod niferoedd y brain ar gynnydd, 'the farmers,' meddai aelodau'r clwb, 'were replaced in a serious dilemma.'[14]

Yna, yn yr 1880au a'r 1890au daeth miri'r brain yn destun trafod cyson yng nghyfarfodydd cynghorau Cymru. Roedd yr enwog Michael D. Jones wedi codi'r mater yn ei faniffesto etholiadol at etholwyr Llanuwchllyn a Llangower. Pan ailwampiwyd llywodraeth leol, daeth yr heddlu, a fu unwaith mor daeog a chefnogol i uchelwyr a boneddigion y sir, o dan awdurdod y cynghorau sir newydd, ond beth, gofynnodd Michael D. Jones, fyddai eu rôl o hyn allan? 'Os ydyw yr heddweision i ofalu am ffesant y pendefig, ei hely (*game*), a'r afonydd, paham na roddid hwynt hefyd i ddychrynu brain, dal tyrchod, a lladd y llygod ffreinig sydd yn blino'r ffermwr?'[15] Cwestiwn digon teg i'w ofyn, mae'n debyg.

Ac yn wir, ar ôl sefydlu'r cynghorau newydd, bu cwestiwn y brain yn destun cyson ymhlith yr aelodau ar hyd a lled Cymru. Yn 1897 cododd y pwnc ei ben yn nhrafodaethau Cyngor Plwyf Aberffraw, a flwyddyn yn ddiweddarach bu Cyngor Dosbarth y Fali yn trafod y mater. Yn ôl ymchwil a wnaed gan y clerc, roedd y difrod a wnaed i gnydau yn y rhanbarth gorllewinol hwn o Fôn yn costio ffermwyr oddeutu £2,000 y flwyddyn.[16]

Ond, roedd gan y frân elynion digyfaddawd yn y trefi a'r dinasoedd hefyd. Yn 1883, yn ôl un gohebydd yn y *South Wales Daily News*, roedd yna gwyno mawr fod ydfrain yn creu llanast dychrynllyd tra'n nythu yn y coed uwchlaw Heol Sain Helen yn Abertawe.[17] Yna, yn Llambed, yn 1905, Jac-y-dos ac ydfrain yn creu niwsans ar strydoedd y dref oedd wedi cynhyrfu'r dyfroedd. Penderfynodd yr aelodau yno ddilyn argymhelliad Pwyllgor y Strydoedd, a gwario deg swllt er mwyn prynu ffrwydron i geisio dychryn yr adar.[18] Yn Llanfair-ym-Muallt yn 1917, brain yn nythu yng nghoed yr eglwys fu'r pwnc llosg yno. Roedd rhai aelodau'r cyngor am anfon criw o saethwyr yno, ond roedd eraill yn erbyn y fath ddinistr. Doedd saethu creaduriaid Duw ar dir cysegredig ddim yn dderbyniol.[19] Felly, nid problem i'r ardaloedd gwledig yn unig oedd cwestiwn y brain.

Ond, pwy enillodd yn y diwedd tybed? Dal i gynyddu wnaeth niferoedd y brain yn y cyfnod wedi'r Rhyfel Mawr. Gwerthwyd nifer o'r stadau mawrion a diflannodd y ciperiaid mewn sawl ardal. Cafwyd cynnydd pellach wedyn yn ystod cyfnod yr Ail Ryfel Byd, gan fod 'Dig for Victory' ac ymgyrchoedd y 'War Ag' wedi sicrhau fod mwy a mwy o dir yn cael ei ddefnyddio ar gyfer tyfu cnydau. Dirywiad wedyn yn y 1960au a'r 1970au; mae'n bosib oherwydd dyma'r cyfnod pan aeth y cwmnïau mawr rhyngwladol ati i drin hadau gyda chemegolion a'r rheiny yn gwenwyno'r brain. Erbyn heddiw, mae'r niferoedd yn weddol uchel: amcangyfrifir fod yna o leiaf 850,000 o barau o ydfrain yn nythu ym Mhrydain.[20] Heb os, fe fu deallusrwydd rhyfeddol y frân yn un o'r prif resymau sut y dysgodd y creadur i addasu ac i ymgynefino mewn byd sydd wedi newid mor gyflym yn y canrifoedd ers cychwyn y Chwyldro Diwydiannol.

Ond dyna ni, roedd Esop wedi deall hynny ddwy fil a hanner o flynyddoedd yn ôl.

Cyfeiriadaeth

[1] Fersiwn Nicander o'r chwedlau. *Y Traethodydd*, Cyf. 13, rhif 145, Ionawr 1869, 'Damhegion Esop ar Gân' (Bangor, 1901).

[2] John Marzluff a Tony Angel, *Gift of Crows*, (2012).

[3] Er enghraifft, Jelbert, S. A., Taylor, A. H., Cheke, L. G., Clayton, N. S. & Gray, R. D. (2014) 'Using the Aesop's Fable paradigm to investigate causal understanding of water displacement by New Caledonian crows.' PLoS ONE 9(3): e92895. doi:10.1371/journal.pone.0092895.

[4] *New York Times*, 28 Mehefin 2018. Erthygl gan Karen Weintraub.

[5] Roger Lovegrove, *Silent Fields* (2008), Pennod 5.

[6] Ibid.

[7] 'Brain' gan Robert Owen, *Lleufer*, Cyf. 17, rhif 4, 1 Rhagfyr 1961.

[8] 'Y Brain' gan T.H. Parry-Williams, *Synfyfyrion* (1937).

[9] *North Wales Chronicle*, 22 Medi 1855.

[10] *North Wales Express*, 22 Mawrth 1878.

[11] *Tarian y Gweithiwr*, 25 Awst 1892.

[12] Y *Clorianydd*, 19 Ionawr 1899.

[13] George Edwards, *From Crow Scaring to Westminster* (1922), Pennod 2.

[14] *Cardiff Times*, 27 Hydref 1877.

[15] Llythyr at etholwyr Llanuwchllyn a Llangower, Michael D. Jones, *Y Celt*, 21 Rhagfyr 1888.

[16] Y *Genedl Gymreig*, 20 Rhagfyr 1898.

[17] *South Wales Daily News*, 30 Mawrth 1883.

[18] *Cambrian News*, 12 Mai 1905.

[19] *Brecon County Times*, 10 Mai 1917.

[20] Roger Lovegrove, *Silent Fields* (2008), t. 158.

Braint

> **Nodyn gan y Golygydd**
> Yn anffodus – oherwydd materion yn ymwneud â hawlfraint – nid oedd yn bosibl cynnwys y lluniau a ddewiswyd gan yr awdur i gyd-fynd â'r erthygl hon.

Daeth pedair ymgais i law, pob un ohonynt yn ymdriniaethau caboledig, diddorol a chynhwysfawr ar eu gwahanol destunau, ac yn addas iawn i'r cylchgrawn dan sylw. Cefais wybodaeth newydd o bob un. Fodd bynnag, mae angen isbenawdau ar bob un i hwyluso'r naratif.

Braint, 'Y Frân: Athrylith neu hen dderyn castiog, cableddus, croch?': Dyma gyfuniad braf o'r gwyddonol, hanesyddol, cymdeithasegol a'r llenyddol sy'n gweddu i'r cylchgrawn, ond ceir defnydd anaddas weithiau o dermau goddrychol mewn cyd-destun gwyddonol. Hoffwn fod wedi cael triniaeth fwy critigol o arbrofion penodol ar y frân a thystiolaeth ecolegol am ddeallusrwydd mwy cyffredinol yn y gwyllt. Ceir ambell berspectif hanesyddol diddorol (er enghraifft, difetha toeau gwellt). Cyfeiriadaeth gynhwysfawr. Ardderchog, wir, *Braint*!

Rhyd Eilian, 'Lleidr cudd, llofrudd mewn lli: Hanes Erlid y Dyfrgi (*lutra lutra*) yng Nghymru': Mae yma ambell wall iaith y dylid ei gywiro. Cawn lyfryddiaeth gynhwysfawr a chlodwiw a chydbwysedd da rhwng y ffeithiol a'r anecdotal – er y byddwn wedi hoffi gweld ymdriniaeth fwy critigol o sut maen nhw'n gorgyffwrdd. Byddai'n dda gwybod pryd a sut y daeth yr erledigaeth yn rhan o ddiwylliant y werin (arwyddocâd dyfeisio'r gwn llwytho-trwy'r-bôn [*breech loader*] a'i argaeledd cyffredinol). 'Ychydig iawn o bobl oedd yn clodfori'r creadur': pwy oedden nhw (mae'r eithriadau yn fwy dadlennol weithiau na'r 'arferol')? Mae'r enghreifftiau o elyniaeth tuag at y dyfrgi braidd yn gatalogaidd heb gasgliadau ar y diwedd. Byddai rhannau ffeithiol o'r erthygl yn addas i'w cynnwys ar y Wicipedia Cymraeg.

Lili'r Dyffryn, 'Prosiect Adfer Bele'r Coed': Trosiad fymryn yn ail-law yw'r cynnig hwn ond fe gydnabyddir hynny mewn datganiad ar y diwedd ac nid yw hynny ynddo'i hun yn annilysu'r cynnig. Byddai Cyfeiriadaeth yn fantais i olrhain y dystiolaeth. Ceir gwybodaeth ddiddorol am adwaith yr anifeiliaid i'r cynefin y'u cyflwynwyd iddo. Ceir ymdrech deg a dilys gan *Lili'r Dyffryn* ond ni ellir ei gosod yn hafal yn erbyn y tri arall.

Palltalw, 'Chwedl a Ffaith: Hyrwyddo Tirweddau Cymru': Y cwestiynau sy'n codi o'r teitl yw 'hyrwyddo i bwy?' a 'sut?'. Efallai bod y cynnwys wedi cael gormod o flaenoriaeth dros y dulliau a'r cynulleidfaoedd posib. Hoffwn fod wedi clywed mwy am gyflwyniadau noson 'Darganfod Cantre'r Gwaelod'. Ceir naratif sydd fymryn yn rhy sgyrsiol tua'r diwedd o'i gymharu â chywair y rhan gyntaf. Ydy'r diffyg trafodaeth am gyfleon (problemau?) dehongli dwyieithog yn yr Alban a Chymru yn fwriadol? Byddai'r dolenni helaeth yn y testun yn well yn y Gyfeiriadaeth. Nid yw'r erthygl yn symud y maes yn ei flaen ond mae'n cyflwyno dull gweithredu traddodiadol yn feddylgar o safbwynt awdur gwyddonol ei anian.

Rhoddaf y wobr i *Braint*.

Adran

Drama

Y Fedal Ddrama er cof am Urien Wiliam

Cyfansoddi drama lwyfan heb unrhyw gyfyngiad o ran hyd. Gwobrwyir y ddrama sydd yn dangos yr addewid mwyaf ac sydd â photensial i'w datblygu ymhellach o gael cydweithio gyda chwmni proffesiynol

BEIRNIADAETH GETHIN EVANS, BETHAN MARLOW, BRANWEN CENNARD

Daeth 11 o sgriptiau i law ac mae'r ffaith bod cynifer wedi ymgeisio am y Fedal Ddrama eleni yn galonogol. Yn anffodus, cyffredin iawn oedd y safon yn gyffredinol, gyda nifer o'r cystadleuwyr yn dangos diffyg dealltwriaeth sylfaenol o'r cyfrwng, yn enwedig o safbwynt datblygu stori a chreu cymeriadau diddorol a chrwn.

O ran y themâu a drafodwyd, da yw gallu nodi bod nifer o'r dramodwyr yn uchelgeisiol, gyda phynciau amserol megis rhyfel, digartrefedd, iechyd meddwl ac alcoholiaeth yn amlwg yn y sgriptiau. Yn anffodus, fodd bynnag, roedd yr ymdriniaeth o'r pynciau diddorol a chyfredol hyn yn dueddol o fod yn arwynebol ac yn hynod o hen ffasiwn.

Dosbarth 3
Gwylan, 'A Feddo Gof': Drama fer iawn am deulu sy'n wynebu effaith *dementia* ar y fam. Mae cynsail cychwynnol y ddrama – sef bod y teulu'n ymgynnull i dynnu llun i'w yrru at Wncwl Alwyn yn UDA – yn gynsail eithriadol o hen ffasiwn yn y byd digidol sydd ohoni a'r sefyllfa a bortreadir yn ymylu ar yr anghredadwy. Mae pum cymeriad yn y ddrama, o genedlaethau gwahanol, ond yn anffodus, mae pawb yn siarad yn union yr un fath a phawb yn ymateb yn ystrydebol drwyddi draw. Mae pwnc y ddrama'n amserol, ond mae'r ymdriniaeth ohono'n arwynebol tu hwnt a'r dirywiad yng nghyflwr y fam yn llawer rhy sydyn.

Iolo, 'Y Fodrwy': Ymgais at gomedi dywyll sydd yma ac er ei bod hi'n braf derbyn sgript gomedi mae hon eto'n ddrama eithriadol o gonfensiynol a'r sefyllfa – sef tair chwaer yn dadlau dros fodrwy eu mam, sy'n gorwedd mewn arch agored, yn y tŷ, a hynny ar fore ei hangladd – yn anodd iawn i'w lyncu. Mae'r stori'n troelli yn ei hunfan a'r cymeriadau'n deips, yn hytrach na'u bod yn gymeriadau credadwy o gig a gwaed. Canlyniad hyn yw ei bod

213

hi'n anodd iawn uniaethu â'r un ohonynt, heb sôn am falio amdanyn nhw nac am dynged y fodrwy!

Ynys y Cedairn, 'Llongddrylliad': Drama hir, ailadroddus a hynod gymhleth. Os mai drysu'r darllenydd/gynulleidfa oedd y nod, yna mae *Ynys y Cedairn* yn llwyddo, ond i ba bwrpas? Ydy Elin wedi lladd plentyn Grace? Oes gan Elin a Dafydd blentyn? Ydy Grace yn ddoctor? Ydy Elin yn wallgo? Mae'r rhain i gyd yn gwestiynau diddorol tu hwnt sy'n codi o ddarllen y ddrama, ond yn anffodus, prin iawn yw'r atebion. Mae deg tudalen olaf y ddrama'n bachu sylw ac yn dangos potensial ar ran yr awdur ond ar y cyfan, roedd y profiad o ddarllen yn un o rwystredigaeth fawr.

Y Blaidd, 'Tri Mochyn Bach': Yn sicr mae yma egin syniad ac mae'r awdur yn dangos peth ymwybyddiaeth o'r cyfrwng. Mae potensial i'r defnydd a wneir o'r ffilmiau cefndirol o ryfeloedd, y caneuon gwerin a'r hwiangerddi – ond yn anffodus dyw'r stori na'r cymeriadau ddim yn cael eu datblygu'n ddigonol. Byddem yn argymell i *Y Blaidd* barhau i feddwl am ei syniad ac ystyried o ddifri am beth yn union mae'r ddrama, a beth yw'r cymhelliad dros ei hysgrifennu hi?

Yr Angel, 'Trindod Faen': Mae'r stori hon yn un hynod gyfarwydd am berthynas dwy ferch ac un dyn, ond yn anffodus dyw *Yr Angel* ddim yn mynd i'r afael â'r sefyllfa na chwaith yn mynd o dan groen yr un o'r cymeriadau. Mae'r ddrama'n gorffen yn swta iawn – i'r graddau ein bod ni wedi amau fod yna dudalennau ar goll!

Dosbarth 2

Bu cryn drafod ar gynnyrch y Dosbarth hwn, gyda'r tri ohonom yn anghydweld o safbwynt o leia ddwy o'r dramâu. Byddai Branwen Cennard yn gosod gwaith *Dros Dro* a *Ken y Sheriff* yn y Trydydd Dosbarth, ond teimla'r ddau arall ohonom fod addewid pendant yng ngweithiau'r ddau awdur a'u bod yn lleisiau diddorol ac unigryw.

Dros Dro, 'Pros Kairon': Mae lleisiau cymeriadau 'Pros Kairon' yn hynod ffurfiol a hen ffasiwn. Am fod y cymeriadau digartref wedi eu lleoli yng nghanol Caerdydd mae hyn yn wrthdaro diddorol ac o bosib yn tynnu sylw at y ffaith bod digartrefedd yn bosibilrwydd a all wynebu unrhyw un ohonom, waeth beth ein statws neu'n cefndir. Os dyma fwriad yr awdur, yna mi fyddai'n llawer mwy effeithiol pe bai yna wahaniaethu rhwng arddull siarad Wil a'r cymeriadau eraill mwy dinesig sy'n ymddangos yn y ddrama. Yn gyffredinol, mae angen i *Dros Dro* feddwl yn ddyfnach o lawer a yw am wneud cyfiawnder â'i waith a gwireddu ei botensial.

Ken y Sheriff, 'Tri-Ongl': Mae'r modd y cyflwynodd *Ken y Sheriff* y ddrama ar bapur yn ei gwneud hi'n anodd iawn i'w darllen a hyn, yn anffodus, yn amharu ar bleser a dealltwriaeth y darllenydd o'r gwaith. Er hynny, roedd dau o'r tri ohonom yn gweld peth addewid yng ngwaith *Ken y Sheriff*, ac o'r farn fod yma lais hyderus a dewr. Mae yma afael dda ar ddeialog ond mae angen rhoi mwy o sylw i'r cymeriadu a datblygiad y naratif.

Cysgod, 'Dim ond cysgodion': Mae sefyllfa ddiddorol iawn yn y ddrama hon a'r tri ohonom yn gytûn fod yma lawer o addewid. Yn ddi-os, mae lle i gloddio ymhellach gan fod y sefyllfa gyfarwydd a bortreadir (sef merch sy'n llwyr o dan reolaeth ei phartner gwrywaidd) yn cynnig tipyn mwy o gymhlethdod nag a geir yn y sgript ar hyn o bryd. Mae gan *Cysgod* ddawn ysgrifennu, ac mae'n llais cyfoes a chryf. Tybed a oedd y penderfyniad i ddibynnu mor helaeth ar fonologau yn hytrach na datblygu'r stori mewn golygfeydd rhwng y cymeriadau yn amddifadu'r awdur o'r cyfle i ddatblygu gwir wrthdaro?

Awyren, 'Ar Goll': Mae *Awyren* yn sicr yn llwyddo i greu naws ac yn gallu deialogi'n gyfoes ac yn gredadwy (dawn sydd wedi bod yn brin iawn yn y gystadleuaeth ar y cyfan). Astudiaeth o alar sydd yma yn y bôn ac mae mwy na llygedyn o botensial, er ei fod yn amrwd iawn yn ei ffurf bresennol. Drama fer iawn yw 'Ar Goll' ar hyn o bryd, yn 17 o dudalennau yn unig. Mae lle i fynd â'r stori ymhellach ac yn ddyfnach ac mae dau ohonom yn credu fod gan *Awyren* ddigon o allu i wneud hyn a chreu rhywbeth go arbennig.

Non, 'Tawelwch': Mae *Non* yn amlwg yn ysgrifennu naill ai o brofiad personol neu yn sicr mae ganddi brofiad helaeth o'r sefyllfa a bortreadir yn y ddrama ac felly mae 'Tawelwch' yn teimlo'n hollol gredadwy a real. Mae yma ddawn dweud a dawn deialogi ac mae'r awdur yn llwyddo i greu prif gymeriad crwn a diddorol. Hoffem fod wedi gweld mwy o ddatblygu ar y cymeriadau eraill, yn enwedig y fam. Mae tuedd ar adegau i'r ddrama fynd yn bregethwrol yn hytrach na bod *Non* yn gadael i'r stori wneud y gwaith ar ei rhan, ond yn gyffredinol, mae yma dipyn i'w ganmol.

Dosbarth 1
Gwylan, 'adar papur': Un ddrama sy'n weddill ac un ddrama, felly, sydd wedi cyrraedd y Dosbarth Cyntaf eleni. Bu'r tri ohonom yn trin ac yn

trafod am amser, gyda dau o'r beirniaid yn teimlo'n reddfol fod yma ddarn o waith safonol a diddorol, a fydd, wedi cyfnod o gydweithio pellach gyda chyfarwyddwr, yn haeddu llwyfan a chynulleidfa ehangach.

Tra'n cydnabod bod potensial diamheuol i'r gwaith, teimlad y llall oedd bod angen tipyn mwy o waith datblygu er mwyn i *Gwylan* gyflawni ei addewid yn llwyr.

Heb amheuaeth mae gan *Gwylan* ymwybyddiaeth o ofynion drama ac o anghenion y cyfrwng. Mae'r ddrama'n agor yn hynod effeithiol gan hawlio sylw o'r cychwyn un a hynny drwy ddibynnu ar y gweledol yn hytrach na'r gair. Mae 'adar papur', ym marn un o'r beirniaid, yn llawer rhy eiriol ar hyn o bryd, ond does dim dwywaith nad oes gan *Gwylan* glust at ddeialog, rhythm a iaith. Mae yma hiwmor a chlyfrwch dweud ac mae adeiladwaith y stori'n grefftus ac yn mynnu sylw o'r dechrau hyd y diwedd. Mae'r ddrama'n llifo, a chymeriad Sara mor gredadwy ac agos atoch nes ei bod hi'n amhosib peidio â chydymdeimlo gyda hi na'i sefyllfa.

Mae ôl gofal a meddwl amlwg yn y broses o greu ac ysgrifennu cymeriad Iwan ac er ei fod yn byw i raddau helaeth yn ei fyd bach ei hun, eto, mae'n amhosib peidio ag uniaethu ag ef a malio amdano.

Mae llawer i'w drafod ynglŷn â'r modd y mae'r awdur yn datgelu cefndir cymeriad Iwan ynghyd â phwrpas a swyddogaeth cymeriad Ruth ond yn ddi-os mae yma sylfaen gadarn i ddatblygu arni ac felly mae'r tri ohonom yn gytûn bod *Gwylan* yn haeddu'r Fedal. Edrychwn ymlaen yn fawr at weld perfformiad o'r ddrama yn y dyfodol.

Trosi un o'r canlynol i'r Gymraeg: *Two Princes,* Meredydd Barker; *Pink Mist,* Owen Sheers. Bydd y sgriptiau a gymeradwyir gan y beirniad yn cael eu hanfon at CBAC a WAPA

BEIRNIADAETH TUDUR DYLAN JONES

Wyth a fentrodd i'r maes dyrys hwn i drosi drama i'r Gymraeg. Roedd dewis yn y gystadleuaeth hon, gyda phob un yn dewis y ddrama *Pink Mist* gan Owen Sheers, a oedd yn gwneud gwaith y beirniad fymryn yn haws. Mae'r pwyllgor wedi bod yn ddoeth gyda'u geiriad, sef 'trosi' drama. Mae'r gwahaniaeth rhwng 'cyfieithiad' ac 'addasiad' yn ormod o ddadl i'w thrafod yma, ond diolch nad oes angen hynny gan mai am 'drosiad' y gofynnwyd.

Mae hon yn ddrama ddirdynnol am dri bachgen a aeth i Gatraeth i ymuno â'r fyddin, a'r effaith a gafodd hynny ar eu bywydau. O ardal Bryste y maen nhw'n mynd ac roedd hyn wedi cynnig her yn syth i'r troswyr. A oedden nhw'n mynd i osod y ddrama yn yr union fan, neu a oedden nhw'n mynd i'w gosod yng Nghymru? Dilema arall oedd: a oedden nhw'n mynd i drosi mewn tafodiaith? Pa benderfyniad bynnag a wnaed, y peth pwysig oedd eu bod nhw'n gyson trwy'r ddrama. Y prif beth yr oeddwn i'n chwilio amdano oedd fod yr ymgeiswyr yn cadw at naws y gwreiddiol, yn yr hiwmor a'r tristwch, yn y darluniau cignoeth a'r cynildeb tawel. Un o fynych rinweddau'r ddrama hon yw ei mydryddiaeth; mae rhythm a churiadau i'r llinellau yn aml, a defnydd y dramodydd o odl yn gyson.

Mae'r ymgeiswyr i gyd i'w canmol am fentro ar y gwaith anferth o drosi drama fel hon. Nid ar chwarae bach y mae cyfleu'r holl dermau sydd yn y ddrama, a phenderfynu pa rai i'w trosi a pha rai i'w gadael yn y gwreiddiol. Roedd rhai geiriau yn ddieithr iawn i mi, er enghraifft 'trip-hop' a 'dub' yng nghyd-destun cerddoriaeth, ac roedd hi'n ddiddorol iawn gweld sut roedd y troswyr wedi mynd i'r afael â geiriau fel y rhain.

Roedd yna rai elfennau roeddwn i'n chwilio amdanyn nhw'n benodol, sef a oedd y Gymraeg yn llifo'n rhwydd a naturiol, heb swnio fel trosiad. Un o'r meini prawf cyntaf i mi oedd ar y dudalen gyntaf, lle ceir y llinell 'snow pitchen on the Severn'. Mae rhoi'r fannod o flaen enw afon yn anghywir yn Gymraeg, ac roedd nifer o'r ymgeiswyr wedi ysgrifennu 'ar yr Hafren' yn lle 'ar Hafren' neu 'ar afon Hafren'.

Medd Melyn, 'Niwlen Binc': Ceir yn y gwaith hwn enghreifftiau lu o ysgrifennu cyhyrog, er enghraifft 'gobaith mul' – 'some hope' a 'siarad rownd y rîl' – 'always bloody talking'. Efallai y gallai fod wedi meddwl am well teitl i'r adran gyntaf, 'Wedi Cynt', wrth drosi 'After Before', ac mae 'o'dd e drosodd' yn gyfieithiad llythrennol o 'it was over'. Mae'r ymgeisydd hwn i'w ganmol am roi rhifau'r tudalennau yn y trosiad; roedd hyn yn hwyluso gwaith y beirniad. Hoffais 'llain lladd' yn drosiad am 'kill zone'.

Un o'r Nant, 'Y Niwl Pinc': Mae'r gwaith hwn drwyddo draw yn rhedeg yn rhwydd, a cheir nifer o enghreifftiau o drosi deallus ganddo. Hoffais y defnydd o idiomau Cymraeg, er enghraifft 'wysg fy nghefn'. Roedd rhai llithriadau, er enghraifft dod yn rhan o'r criw oedd ystyr 'fit in' yn y gwreiddiol, ac nid 'ffit tu mewn'. Roedd yma ymdrech dda i gyfleu naws fydryddol y ddrama wreiddiol.

Hebog, 'Niwlen Binc': Roedd ymdrech gan yr ymgeisydd hwn i apelio at y glust yn ogystal â'r synnwyr; er enghraifft, wrth drosi 'from ration pack to lunch box', hoffais ailadrodd y gair yn yr ymgais 'o becyn dogn i becyn cinio'. Wedi dweud hyn, roedd un disgrifiad gan Owen Sheers, 'a one of a kind kinda kid' heb gael ei drosi â'r un naws, 'math o fachgen unigryw'. Gwylied rhag newid person y rhagenw, er enghraifft 'to reap what I'd sown' – 'i fedi be o'n *ni* 'di hau'. Mae'r iaith yn lân a graenus, a'r gwaith yn argyhoeddi.

Trichant trwy beiriant, 'Cwmwl Pinc': Mae'r ffugenw'n dangos fod hwn yn deall ei gyfeiriadaeth lenyddol. Mae hefyd wedi parchu'r gwreiddiol trwy ddefnydd o odl o dro i dro, er enghraifft 'Ar drên Catraeth a ninnau'n tri/ am fedi'r c'naea heuish i'. Tra'n parchu nad yw pob un gair yn drosadwy, nid oeddwn yn deall pam y dewiswyd peidio â chyfieithu ymadroddion fel 'low metal content'. Wedi dweud hyn, un o'r enghreifftiau gorau o drosi yn y gystadleuaeth oedd 'Pentre Afghan cogio-bach' am 'Mocked-up Afghan village'.

Caebold, 'Niwl Pinc y Bore Bach': Mae nodyn gan yr ymgeisydd hwn yn dweud ei fod 'wedi penderfynu cadw at yr eirfa Saesneg sy'n cyfeirio at ryfel gan nad oes geirfa debyg yn Gymraeg'. Nid yw hyn yn egluro pam nad oedd wedi trosi rhai geiriau fel 'chant' i'r Gymraeg, a rhai cymeriadau fel Ken a'r Nyrs yn gyfan gwbl Saesneg. Roedd rhai llithriadau yma, er enghraifft 'mwg a anadl' a 'wedi losgi'. Wedi dweud hyn, mae'r ymgeisydd yn llwyddo i drosglwyddo erchyllterau rhyfel gyda rhai darnau gafaelgar.

Aneirin, 'Niwl Pinc': Dangosodd hwn o'r dechrau fod dawn trin geiriau ganddo. Mae'n trosi'r teitl 'After Before' fel 'Wedi'r hyn a fu'. Ardderchog. Mae ganddo lu o enghreifftiau o drosi gloyw, er enghraifft 'a floating steel club' – 'clwb dur ar y dŵr'. Yn anffodus, mae rhai enghreifftiau lle mae wedi camddeall geiriau, er enghraifft 'muzzle', a byddai'n rhaid tynhau yma ac acw. Serch hynny, dyma droswr sy'n ei tharo hi'n gyson, er enghraifft 'tase na rech yn dod o din chwannen/ mi faset ti yno fel matsien'. Nid yn unig y mae'n cadw at fydr ac odl y gwreiddiol yma, mae'n parhau â'r ddelwedd trwy gyfeirio at y 'sbarc' yn y llinell nesaf.

Emiliano, 'Niwl Pinc': Mae rhai darnau da gan hwn. Mae wedi gosod y llefydd yng Nghymru, er enghraifft newid St Paul's i Lanbadarn, ond nid yw'n gyson ag ef ei hun bob tro. Mae Clwb y Thekla yn newid i'r Castle ac yna i'r Marine yn ddirybudd. Mae'r Mud Dock yn cael ei droi i Castle yn ogystal. Am ryw reswm anesboniadwy, mae'n gadael darnau cyfain heb eu cyfieithu. Rhaid sicrhau bod person y manion yn gywir, er enghraifft 'But we both knew'; nid yw 'Ond roeddem yn gwybod' yn pwysleisio'r 'both'.

ap Taloquan, 'Nudden Binc': Hoffais ddefnydd yr ymgeisydd hwn o dafodiaith. Mae'n llifo'n naturiol, ar wahân i ambell ddarn lle mae'n defnyddio iaith fwy ffurfiol yn annisgwyl, er enghraifft 'ac ysto'd o ryfelo'dd i ddewis *ohonynt*'. Mae'r gallu gan hwn i lunio deialog gyhyrog, a byddwn yn aml yn anghofio mai trosiad oedd y ddrama hon.

Diolch i'r ymgeiswyr i gyd am fwrw ati i'r dasg. Mae gwaith dyddiau o chwysu yma ac mae rhinweddau gwahanol yng ngwaith pob un. Mae un yn codi'n uwch na'r gweddill oherwydd cysondeb yr ymadroddi trawiadol a'r trosi dychmygus. Rhodder y wobr i *Aneirin*.

Cyfansoddi dwy fonolog gyferbyniol,
heb fod yn hwy na 4 munud yr un

MONOLOG 1: PYSGOD

(Mae Tracy'n eistedd ar fainc gyda golwg ddigalon, ond penderfynol, arni)

TRACY: Wna i byth anghofio geirie'r mwlsyn. A'th e'n syth i'r pwynt.

(Llais dyn) 'Ti'n fenyw hyfryd, Tracy, ond sa i moyn dy briodi di.'

Syth i'r pwynt a syth i'n galon i. Perthynas berffeth yn dod i ben mewn un frawddeg. Tair wythnos, *tair wythnos*, o 'mywyd i'n mynd yn wast. Meddwl o'dd Terry y bydde fe'n ffeindo rhywun gwell, menyw 'da bach mwy yn 'i phen, 'da jobyn dda, arian yn y banc – menyw *lwyddiannus*, nage rhywun sy'n gwerthu pysgod yn Asda ac yn byw 'da'i mam oedrannus a chath o'r enw Derek.

'Gei di jobyn y jawl ffeindo gwell gwraig na fi,' wedes i. Ond neido'n ôl mewn i gab ei lori ludw na'th e ... 'da'n sangwejis samwn yn 'i boced ... fel 'se dim ots 'da fe.

(Curiad)

Dim bo fi'n despret i briodi – fe na neb arall - ond wy *yn* becso withe y gallen i ddihuno un bore a ffeindo'n hunan ar un o'r shilffo'dd yn gwaith ... yr un dop!

(Llais ei mam) 'Ti'n ddeucen o'd, ferch – bryd iti ffeindo gŵr a ca'l plant. Wy moyn bod yn fam-gu.'

A moyn esgus i byrnu shws a hat newy'! Ffeindo gŵr?! Meddwl withe bydde hi'n haws ffeindo aur mewn ceg broga, yn enwedig gŵr wy'n joio bod yn 'i gwmni a fe yn 'yn gwmni i. Bwysig cymryd pwyll, dewis yn ofalus. Beth yw'r pwynt dodi caseg 'da miwl pan ma' ceffyle raso ar gael? A sa i'n folon ca'l 'partner' ne 'rhywun sbeshial' ne 'ffrind da'. Na, wy moyn *gŵr*, a wy moyn bod yn *wraig*.

(Curiad)

Ond so priodi'n siwto pawb. Ma' un o'n ffrindie wedi ca'l 'sgariad ishws, ar ôl tri mish o lân briodas. A'th e bant 'da'r fenyw o'r bwcis. Ofynnes iddi a fydde hi'n ailbriodi.

(*Llais merch*) 'O's golwg twp 'no i?! Pam iyffach nelen i 'ny?'

Wel ... achos bo ti mewn cariad 'da bachan ac ishe bod 'da fe am weddill d'oes.

'Sdim rhaid i fi ailbriodi i wneud hynny,' medde hi. 'A ta beth, beth yw "cariad"?'

Sneb wy'n nabod mewn *cariad*, dim hyd yn oed y rhai priod. Yn *enwedig* y rhai priod. Ma' rheiny'n caru, yn *parchu* eu partneried – odyn – ond dim mewn ffor' ramantus, blode-bocs-o-jocleds.

(*Curiad*)

Ffrind arall i fi'n ca'l affêr ers dwy flynedd, 'da plymar – dim byd i'w neud 'da rhyw, medde hi, ond ma'r berthynas yn neud iddi *deimlo'n fyw*. A so'n ffrindie ifanca fi fowr gwahanol – ma' rheiny'n 'dwli' ar ddynon ond so nhw'n mynd i ben mynydd ac yn gweiddi 'Haleliwia, wy mewn cariad!' achos maen nhw lot rhy fishi'n ca'l sbort. Cwmpo, a dwmpo. A 'falle taw 'na'r rheswm wy moyn priodi – moyn bach o gariad, rhoi rhywfaint o dân a sbarc yn 'y mywyd diflas – ca'l 'yn 'achub a'n arwain o'r tywyllwch i'r goleuni' ... fel gwedodd y therapydd.

(*Curiad*)

Ond wy'n cofio brawddeg 'yn fam.

(*Llais ei mam*) ''Set ti'n fyw i fod yn gant, alli di ddim dala gwa'th pysgodyn na wnes i pan ddales dy dad!'

A wy *wedi* bod mas 'da rhai gwael. Tinder, Zoosk, Elite Singles, Dating Direct, match.com ... gyd 'run peth – llawn pobl od. (*Yn atgofio*) Eifion, lico dangos 'i greithie i mi o achos whare rygbi, wmladd ... a chylleth fara ei gyn-wraig. Ioan, wedyn – ffaelu cwpla brawddeg heb ddyfynnu o'r Beibl a mynnu gwishgo sandals 'da sane gwyn, gwmws fel yr Iesu medde fe. A mish diwetha' ... wnes i rhywbeth o'n i'n meddwl fydden i byth yn 'i neud

– mynd mas 'da dyn o'dd yn gwishgo tei. Dala ar 'yn *prawn cocktail* pan ddechreuodd e drafod hawlie menwod yn Yemen a ffeministieth, a pan dorres i ar ei draws a gweud bo well 'da fi drafod y Jamaican Red Tilapia, y Vietnamese River Cobbler a'r Alaskan Sockeye, fe waeddodd:

(*Llais dyn*) 'Pollocks.'

Edryches i'n syn 'no fe.

(*Llais dyn*) ''Na beth o'n i'n arfer dala slawer dydd 'da'n dad yn y Mwmbwls. Pollocks.'

O ... diddorol.

Dechreues feddwl 'falle taw Gerald o'dd am fod yn dad i 'mhlant i, un fyddai'n gwybod rhywbeth am brish mecryll a cocs Penclawdd ... ond do'dd e ddim. Yn syden reit, dechreuodd sôn am bowdr golchi, a pwy un fydde ore i 'mheiriant i.

(*Llais dyn*) 'Anghofiwn ni am Brecsit ... Hotpoint ne' Bosch?'

O'dd e'n gweitho ar y trydedd llawr yn John Lewis.

(*Llais dyn*) 'Y Miele WDBO20 yw'r gore – dala saith cilogram a 1400rpm Spin. A'r hwfer gore yw'r Miele WT2736. Ma 'da fi un. Licet ti weld llun?'

Na. Licen i fynd. Joia dy stecen.

Wnes i restr nosweth 'ny o beth wy'n whilo amdano mewn dyn, fel bo fi ddim yn cwrdda 'Gerald' arall. Hoffi llyged mowr, fel cod; 'sgwydde llydan, fel 'se fe 'di magu mewn acwariwm; un sy'n wmolch dan 'i geseilie ac yn gwynto o wymon ffres; ac un sy'n anodd i'w ddala.

Ffansi mynd mas nos Lun?

(*Llais dyn*) 'Mynd mas 'da'n fam.'

Nos Fawrth?

(*Llais dyn*) 'Mynd â mam-gu am dro.'

Nos Fercher?

(*Llais dyn*) 'Whare sboncen.'

Weddill yr wthnos?

Unrhyw beth *ond* mynd mas 'da fi.

(*Curiad*)

Wedodd rhywun 'tho i pwy ddiwrnod bo hi'n bosib dyddie hyn priodi'n *hunan*. Seremoni o fla'n ffrindie a popeth. Sa i'n credu bydde'n fam yn rhy falch yn 'i hat a'i shws newy' ... ei hunig ferch yn sefyll o fla'n pawb yn gofyn i'w hunan briodi. A pwy a ŵyr, 'falle'n genol y gwasaneth bydden i'n oedi a gweud:

Ti'n fenyw hyfryd, Tracy, ond ...

(*Yn gwenu'n drist*) Deucen o'd. Sdim hast. Ma' dicon o bysgod yn y môr. (*Yn rhethregol, ansicr*) On'd o's e?

MONOLOG 2: RHAFF

(*Mae Les yn sefyll ar ben cadair, yn syllu syth ymlaen, ei lygaid yn wag a'i galon yn drom. Mae rhaff gyda chwlwm rhedeg o gwmpas ei wddw*)

LES: Lwmpyn pinc. Pum pwys, saith owns. Damwain berffaith.

(*Lleisiau*) 'Deunaw oed?! Ti'm digon hen i fod yn dad, Les bach! Ti prin allan o dy glytia' dy hun,'chan! Mewn ugain mlynedd, mi fydd pobol yn meddwl ma' d'ail wraig di ydy hi! Croeso i'r Clwb Caca Melyn, Les! (*Chwerthin o'r bol*)

(*Yn sarhaus*) Ia, reit dda – doniol iawn, hogia'! Dw i'm 'di chwerthin cymaint ers i Nain ddisgyn lawr grisia'!

(*Clywir sŵn injan car yn methu cychwyn*)

Car cau cychwyn. Dyna pryd na'th y weiars ddechra' croesi.

Anghofia be' ddeudodd dy daid 'that ti am be' wnaethon nhw'n y rhyfel, os ti isio i dy gar gychwyn yn bora pryna un Japanî – gychwynnith hwnnw mewn dilyw!

Pawb yn cael dyddia' gwael. Rhai da weithia','fyd. Mond ddoe ddiwetha' mi agorish baced o jeli bebis a ffeindio bod pedwar ar ddeg ynddo, nid y deg arferol. 'Rhywun 'di cyfri'n flêr,' medda fi wrth Stela, ond chymrodd hi fawr o sylw ohona' i, mond gwenu'n sarhaus, yn ôl ei harfer.

(*Curiad*)

Nos sy waetha'. A'r hira'. Fel neithiwr. Gorwedd ar 'y ngwely, teimlo fel tasa 'mhen i ar dân. Godish tua tri ac edrych trwy'r ffenest. Goeden 'fala 'ma 'di g'leuo, fel tasa hi'n 'y ngalw i.

Lleuad llawn heno, Stela!

(*Yn flin, hanner cysgu*) 'Ti'n siŵr mai nid hanner *gwag* ydy o?!' cyn ailgladdu'i hun dan y continental cwilt.

(*Yn edrych i lawr*) Hi'n cysgu fel twrch yn 'i chot. Hi ddel. Hi berffaith. (*Yn ansicr*) Does bosib mai *fi* sy'n gyfrifol, nid *fi* greodd hon, nid *fi*, Les bach?

'Wrth gwrs mai chdi ydy'r tad! Pwy arall fasa fo?! Chdi ydy'r tad a *chdi* sy'n gyfrifol!'

(*Yn nerfus*) Cyfrifol?

(*Curiad*)

Yr un hen deimlad – 'nghorff i fel 'bai'n pwyso dwywaith cymaint ag arfer, 'nghalon i'n pwmpio fel injan ddyrnu, 'nghroen i'n binna' mân, teimlo'n benysgafn, yna'n flin, llawn dicter, eisio taro rhywbeth, ne' rhywun ...

(*Curiad*)

O'n i'n ddiwerth. Yn fethiant. 'Drychish yn nrych y wardrob. Gwefusa' piws, llygaid marw a gwyneb clown ar ôl iddo ffeindio'i wraig yn y gwely efo'r boi *trapeze*. Pwy ydw i bellach?

(*Curiad*)

Casáu pobl. A'u siarad gwag.

(*Lleisiau*)
'Paid â bod mor negyddol, Les!'
'Un dydd ar y tro,'de, agwedd *bositif* sy' eisio.'
'Credu yn Nuw 'chydig mwy – dyna sy' eisio i chi neud, Lesley bach – felly, dowch aton ni i'r eglwys Sul nesa' ...'

... tra roedd un llais yn 'y mhen i'n gweiddi ...

(*Llais*) 'Mi fydd dy deulu'n well allan o beth diawl hebdda' chdi, mêt!'

(*Mae'n gafael yn y rhaff*)

Mae o'r peth mwya' hunanol fedar rhywun 'i neud. Arfer casáu'n hun am *feddwl* gwneud fashiwn beth. Ond nid bellach.

(*Llais ei wraig*) 'Paid â phoeni cymaint! Mi ... mi ffeindiwn ni bres o rywle, Les! Gei di job, newn ni'm llwgu.'

(*Curiad*)

Yn ddelfrydol, 'sa hi'n well cael mynd yn naturiol – trawiad, cansar, damwain car – achos wedyn mi fyddai Stela a Llinos fach yn cael cydymdeimlad – dim dicter, cywilydd na stigma'n gwmwl dros 'u bywyda' am weddill 'u hoes. Wedi'r cwbl, nid 'u bai nhw ydy o mod i'n bwriadu ...

(*Mae'n oedi. Ni all orffen y frawddeg*)

Wedi bod yn crafu pen ers sbelan sut fasa ora'. Cyllell? Gormod o strach ffeindio gwythïen, gormod o waed a llanast. (*Eiliad, yna ...*) Tabledi. 'Mynd braf,' chwedl Mam. Llyncu llond llaw o *aspirins* a gwneud yn siŵr mod i'n cyrraedd y Giatiau Aur, a hynny heb gur pen! Ond be' taswn i'n cyfogi'r dam lot – be' wedyn?! (*Eiliad, yna ...*) Boddi. Dewis traeth, rhoi siwmper wlân, drom amdana i a jest cerdded, a cherdded, a cherdded. Syml. Ac effeithiol. Ond ganol Tachwedd, 'sa'r dŵr yn oer a gas gen i oerni. 'Sa beryg i mi gyrraedd 'dat 'y ngwddw' a throi'n ôl a ... a sut gythraul 'swn i'n egluro'r ogla' gwymon?! (*Eiliad, yna ...*) Heb anghofio gwenwyn. Un digon cry' i ladd ceffyl. Diferyn go dda mewn mygiad o de tramp ne' joch mawr o wisgi, 'sa hynny'n lladd *rhywfaint* ar y blas ond – a mae o'n 'ond' mawr – mi fasa' fo'n dal yn debygol o f'atgoffa i o'r hen ffisig coch hwnnw gesh i pan o'n i'n blentyn, a pwy sy eisio hwnnw fel co' ola'? A beth bynnag, mae'r boen a'r euogrwydd a'r edifar a'r cynddaredd yn ddigon o goctel afiach. (*Eiliad, yna ...*) Sy'n gadael gwn. (*Atgof hunllefus*) Neu raff. (*Gwaedd ingol o waelod ei fod*) Daaaad!!!

(*Curiad*)
'Runig wahaniaeth amlwg rhwng crogi a saethu – hyd y gwela *i* – ydy'r amser mae hi'n gymryd i glymu'r cwlwm rhedeg. Dewis dewis dau ddwrn. (*Fel rhythm trên*) Gwddw' 'ta gwn, gwddw' 'ta gwn, gwddw' 'ta gwn, gwddw' 'ta gwn, gwddw' 'ta ... ?

(*Mae'n syllu ar y rhaff*)

Y broblem ydy, mi allwn fethu'n hun efo gwn a gorfod byw gweddill 'y mywyd efo'r cywilydd.

(*Llais*) 'Mi fethodd Les bach ladd 'i hun, 'chan! Saethu'i glust i ffwr'! (*Chwerthin o'r bol*)

Crogi'n lân. Dyna dw i'n gofio. Rhywun yn edrych yn well mewn arch ar ôl crogi,'fyd, a dw i eisio edrych 'y ngora'. Pen cyfa', gwyneb glân a gwên ... fel sosej 'di hollti. Mae'r ddwy'n haeddu hynny.

(*Mae'n tynnu llythyr o'i boced*)

Dw i wedi gofyn am gael 'y nghladdu yng nghit Man Iw, efo sgarff rownd 'y ngwddw' i guddio'r cleisia'. A cael 'yn hebrwng o'r capel i gerddoriaeth *Match Of The Day,* i godi calonna' pawb.

(*Yn darllen*) Er lles y ddwy ohonach chi. Maddeua i mi, Stela.

Yn wahanol i llynedd, dw i'n teimlo'n gry'. Mond gobeithio ca i fynd yn sydyn, cyn i'r llygaid ddechra' llenwi efo gwaed. A'r peth ola' dw i eisio ydy hongian am hydoedd yn fan'ma yn disgwyl 'yn chwyth ola' ... gwrando ar yr adar bach yn canu, gweld saeth o ola' haul yn hollti'r cymyla' duon, bwa enfys berffaith ar y gorwel ... a difaru. (*Curiad*) Taid yn iawn. 'Sa well 'swn i 'di prynu car Japanî.

(*Mae'n gafael yn y rhaff, yn neidio oddi ar y gadair, ac yn crogi. Clywir sŵn injan car yn cychwyn*)

Estela

Mae llunio monolog yn gamp aruthrol ar y gorau ond pan ychwanegir y cyfyngiad 'heb fod yn hwy na 4 munud' mae'n dasg anferthol. Eleni daeth 12 ymgais i law, sef dwbl y nifer a ymgeisiodd ar yr un testun y llynedd ac er bod hynny'n galondid rhaid ychwanegu, ysywaeth, fel yng Nghaerdydd mai digon amrywiol oedd y deunydd gyda sawl un yn mynd am themâu goramlwg. Tuedd ambell un yw meddwl bod llunio monolog yn gyfystyr â chyfle i draethu ar bwnc neu destun; fodd bynnag, nid pregeth mo monolog lwyddiannus ond darn o theatr a all fod yn wirioneddol wefreiddiol o'i saernïo'n grefftus. Nid yn unig y mae'n rhaid creu sefyllfa sy'n cydio yn y dychymyg ond mae'n rhaid hefyd lunio cymeriad a chlywed ei lais yn pefrio'n ddeheuig drwy'r cynnwys. Roedd sawl ymgeisydd wedi llwyddo i gyflawni un o'r elfennau hyn ond efallai'n cloffi wrth geisio cynnal y safon yn gyson gyda'u monologau. Dyma sylwadau ar bob ymgais yn y drefn y'u derbyniwyd.

Jac, 'Dianc'/'Y Trip': Mae'r gyntaf yn ymwneud â Brenda sy'n ei chanfod ei hun mewn lloches i ferched, tra bod yr ail yn olrhain gyrrwr bws sy'n cludo aelodau cangen Merched y Wawr ar wibdaith. Yn anffodus, tuedda'r cynnwys i fod yn eithaf amlwg a'r jôcs yn yr ail ychydig yn hen ffasiwn. Yn sicr, byddai'r deunydd yn elwa o gynildeb ac o gael eu tynhau gan eu bod yn darllen yn hwy na'r 4 munud a ganiateir.

Houdini: Mae'r ddwy fonolog yn canolbwyntio ar gyfarfyddiad yn Aberystwyth yn niwedd 2001 ond mae dehongliad Martha a Dic yn dra gwahanol i'w gilydd. Prif wendidau y gweithiau yw bod y cyntaf yn egluro gormod ar y digwyddiad yn hytrach na chlywed llais Martha, ac yn yr ail mae Dic yn hollol wrthun – dylid ceisio canfod elfen o achubiaeth ym mhob cymeriad. Wedi dweud hynny, mae hon yn ymgais dda ac o'u caboli ymhellach gall y monologau hyn fod yn rhai pwerus a byddwn yn sicr yn cymell *Houdini* i wneud hynny.

Bronco: Os yw fy nghof yn iawn rwyf wedi darllen gwaith yr ymgeisydd hwn mewn cystadleuaeth gyffelyb yn 2015 ac mae'r thema o dad a mab yn un sy'n taro deuddeg. Mae unigedd a'r chwerwder sydd rhwng y ddwy genhedlaeth yn cydio'n y dychymyg ond hoffwn pe bai *Bronco* wedi cynnig ychydig mwy o amrywiaeth yn y deunydd gan ddangos rhywfaint o brofiadau chwerw-felys rhwng y tad a'r mab er mwyn cael mwy o wrthgyferbyniad.

Ward 6: Hynt a helynt bardd o glaf mewn ysbyty yw thema'r fonolog gyntaf, tra bod yr ail yn canolbwyntio ar ei frawd yng nghyfraith sy'n dra gwahanol o ran anian a natur. Mae'r cynnwys yn ddigon twt er bod tueddiad iddo droi yn ei unfan ac weithiau roedd y dewis o ambell air fel 'ymysgaroedd' yn gwneud i'r cynnwys swnio fel pregeth yn hytrach na llais cymeriad. Byddwn yn awgrymu mai da o beth fyddai ailedrych ar y diweddglo sy'n gorffen ychydig yn fflat.

Rwdlyn, 'Danny: Harry Trotter'/'Seren: Rwdlyn': Dyma ymgais a ddechreuodd yn dda iawn – roedd y fonolog gyntaf am lanc ifanc o Gaernarfon yn hoelio sylw o'r dechrau ac yn atgoffa rhywun o Go' Bach yr unfed ganrif ar hugain. Does dim cystal sglein ar yr ail fonolog sy'n canolbwyntio ar hynt a helynt merch ifanc o'r enw Seren, sy'n drueni. Cryfder *Rwdlyn,* yn ddi-os, yw llunio deialog slic a chredadwy.

Estela, 'Pysgod'/'Rhaff': Mae 'Pysgod' yn fonolog am ferch sy'n chwilio am gariad a'r gŵr 'delfrydol' tra bod yr ail fonolog yn canolbwyntio ar hunlle Les i gymryd ei fywyd ei hun ac yn un a gyflwynwyd mewn cystadleuaeth gyffelyb yn y gorffennol. Er nad oes dim yn newydd yn thema'r gyntaf, mae'r ail fonolog yn gryfach ac yn llawer mwy gafaelgar ac yn dangos bod gan *Estela* y ddawn i lunio monolog gref.

Cors Caron, 'Noethlymundod'/'Trawswisgo': Wrth ddarllen teitlau'r monologau hyn roeddwn yn gobeithio y byddai'r awdur yn cynnig dehongliad gwreiddiol ac yn sicr cynigia testun yr ail fonolog botensial am ddarn gwirioneddol theatrig. Yn anffodus, ni lwyddodd *Cors Caron* i fynd dan groen y thema gan fodloni ar geisio bod yn ddoniol. Gwendid pennaf y monologau hyn yw eu bod yn ymylu ar fod yn hen ffasiwn ac ystrydebol.

Sabrina, 'Monolog menyw yn ei hugeiniau canol'/'Monolog dyn yn ei dridegau canol': Yn arwyddocaol, nid oes enwau'n perthyn i gymeriadau'r monologau hyn ac er efallai y gellid dadlau bod hynny'n fwriadol o ystyried thema'r gyntaf, dw i'n credu bod y diffyg enwau'n adlewyrchu'r diffyg enaid. Mae ieithwedd y gyntaf yn dueddol o fod yn rhy gywir a llenyddol sy'n ein hatal rhag llwyr uniaethu â'r cymeriad sy'n drueni oherwydd mae iaith yr ail fonolog yn llawer mwy realistig. Pe bai *Sabrina*'n rhoi ychydig mwy o gig ar yr esgyrn ac enaid i'r gweithiau byddai'r rhain yn sicr ar eu hennill.

Deiniol, 'Y Fo'/'Y Foneddiges mewn glas': Mae thema tor priodas ac ysgariad y fonolog gyntaf yn un sydd wedi'i wneud droeon ac nid wyf yn gwbl sicr beth sy'n ysgogi'r newid meddwl yn Mari tua'r diwedd. Fodd bynnag, llwydda *Deiniol* i gyfleu lleisiau'i gymeriadau'n dda ac mae'r cynnwys yn llifo'n rhwydd. Mae'r ail fonolog yn fwy gwreiddiol ac yn gryfach o'r herwydd – mae'n canolbwyntio ar Deiniol sydd wedi diflasu'n llwyr yn ei swydd fel porthor mewn oriel. Mae rhywbeth theatrig yn y modd y gwahodda Deiniol Henriette i ddawnsio gydag ef a phe bai'r un gwreiddioldeb yn y gyntaf yna byddai wedi cipio'r wobr.

Ffalabalam, 'Hogan Clyfar [*sic*]'/'Hogan Ddrwg': 'Hogan Ddrwg' ydy monolog unigol orau'r gystadleuaeth – mae rhywbeth real a thrasig yn stori Beca ac yn well na hynny mae'r deunydd yn theatrig. Dyma awdur sy'n gwybod sut i lunio monolog ond dagrau pethau yw nad yw'r fonolog gyntaf o'r un safon. Mae potensial yn 'Hogan Clyfar' [*sic*] ond nid yw yn yr un cae â 'Hogan Ddrwg'. Byddwn yn ymbil ar *Ffalabalam* i edrych eto ar y fonolog gyntaf ac ailweithio ychydig arni.

Brohedd, 'Buzz'/'Bore Bach': Mae 'Buzz' yn canolbwyntio ar Gwen, actores yn ei chwedegau sy'n paratoi ar gyfer cynhyrchiad theatr, tra bod 'Bore Bach' yn fonolog sy'n olrhain syndod Elen o ganfod bod ei gŵr yn derfysgwr. Dwy fonolog dra gwahanol ond maent yn syml ac yn effeithiol; ceir dychan iach yn y gyntaf ac mae'r ail yn eironig o amserol o'n hoes, er efallai nad yw'n mynd dan groen teimladau'r cymeriad yn ddigonol.

Alys, '#eeniemeenieminimo'/'#dal i gredu': Mae rhannau gwirioneddol ddramatig yn y monologau hyn a phe bai Alys wedi llwyddo i'w disgyblu'i hun ychydig byddai wedi dod i'r brig. Yn anffodus, mae'r gweithiau'n hwy na 4 munud ac weithiau maent yn ymylu ar fod yn fyfyrdodau yn hytrach na llais cymeriad. Byddwn yn sicr yn cymell *Alys* i ailedrych ar y deunydd ac i geisio dramateiddio mwy arno; o wneud hyn, bydd ganddi ddwy fonolog hynod afaelgar.

Mae gweithiau *Houdini*, *Bronco*, *Rwdlyn*, *Deiniol*, *Ffalabalam* a *Brohedd* yn dod yn agos i'r brig ond wedi dwys ystyried yr holl ddeunydd a gofyniad y gystadleuaeth, mae'r wobr yn mynd i *Estela*.

Cyfansoddi drama radio mewn unrhyw *genre,*
na chymer fwy na 30 munud i'w ddarlledu

....

GWARCHOD

Cymeriadau:
Meri: gwraig yn ei 60au
John: ei gŵr, yn ei 60au
Ifan: ffrind John, yn ei 60au
Jac: plentyn 4 oed

GOLYGFA 1: INT: YSTAFELL WELY, BORE

Meri: John ... John ... deffra ...

John: Yh ...

Meri: Plis rŵan ...

John: (*Yn tuchan eto*)

Meri: Rhaid i Elin gychwyn am Gaerdydd ymhen rhyw awr, ma'i angan bod yno cyn hannar dydd, ma'i'n bedair awr dda o siwrna o'r gogledd 'ma tydi, chwara' teg.

John: Pam awn ni i gyd i lawr 'no a diwadd arni?

Meri: Awn ni ddim i lawr y lôn yna rŵan, rhaid i mi 'neud brecwast i Jac. Wnei di fynd â fo i'r ysgol?

John: Oh be? ... i ganol y rhieni di-serch 'na?

Meri: Ara' deg rŵan, mae 'na lawar i nain a thaid yna 'fyd, cofia.

John: Llathan o'r un brethyn 'di rheiny 'fyd.

Meri: Be sy' 'di digwydd i'r ffarmwr deheuig 'ma, dudwch?

John: Mae o wedi riteirio.

Meri: Wyddost ti fod pobol yn marw'n 'u gwlâu?

John: Gwn, y mwyafrif ma' siŵr.

Meri: Bobol annw'l, oes rhaid i mi ffonio Jac i ddeud fod 'i daid o cau codi?

John: Ydi'r larwm ddim ...

Meri: Larwm? ... Ma'r larwm wedi hen fynd, o'n i'n effro, rois i o i ffwr', ma'i sŵn o'n 'y myddaru fi ...

John: Bendith Dduw Meri, gad i'r larwm 'neud 'i waith.

GOLYGFA 2: INT: CEGIN, BORE
FX: SŴN TACLUSO, GOLCHI LLESTRI

John: Mae'n amser i ti hel dy draed am 'r ysgol 'na, ty'd i roi dy sgidia'.

Jac: Dw i isho gwajiad Tomos.

John: Sgidia', Jac, hogyn da.

Jac: Dw i isho gwajiad Tomos.

John: Jac, ma'i'n bwysig i ti wrando ar Nain a Taid ... pan ma' Mam i ffwr' yn gweithio 'te, Nain a Taid sydd yma i watsiad ar d'ôl di, achos ... wel ... 'mond pump oed wyt ti.

Jac: Pedair ydw i. Plis ga i wajiad Tomos?

John: Pwy ydy'r Tomos 'ma?

Meri: Tomos y Tanc. Ers pryd w't ti'n ...

John: Ddudodd o ddim yr enw'n llawn naddo.

Meri: Dos i wajiad Tomos am 'chydig bach 'ta 'ngwas i.

FX: SŴN TRAED BACH, DRWS YN AGOR A CHAU

John: Ma'r gwarchod 'ma'n mynd i fod yn anodd, fedra i weld.

Meri: Duwch, ddowch chi i ddallt 'ch gilydd yn fuan.

John: Dim Jac 'di'r drwg, y chdi. Pam wnest ti fynd yn groes i mi rŵan?

Meri: Sori ... wnes i'm meddwl, oedd o ddim yn fwriadol, ma' 'nghalon i'n torri wrth weld y peth bach. Dim math o fai arno fo nac oes, fod ei rieni wedi gwahanu, ond y fo sy'n diodda'... gofyn ti fod yn Daid ac yn Dad i Jac rŵan, John.

John: Wna i ngora', Meri.

Meri: Dw i'n gwbod, cheith o neb gwell ... ond ...

John: Ia, ia, ddyliwn i wbod mai Tomos y Tanc ydi Tomos, ond ma'i oedran o'n amrywio tydi ...

Meri: Ydi ... ella 'sa well 'ddo roi ei sgidia' arno rŵan, mynd ma'r amsar, ma'i fag o'n barod.

John: Gwaedda di arno fo ...

Meri: (*Yn gweiddi*) Jac ...

FX: SŴN DRWS YN AGOR, SŴN TRAED BACH YN RHEDEG

John: Dyma hogyn da yn gwrando ... 'stedda'n fa'ma Jac ... traed i fyny ... (*John yn tuchan*) Gwthia'n f'erbyn i ... bobol annwl, ma'r sgidia' 'ma'n rhy fach.

Meri: Newydd ca'l nhw mae o, ynte Jac?

Jac: Ia ...

John: Bosib iawn, ond ma' rhein yn rhy fach ...

Meri: Ddo i yna rŵan.

John: (*Yn tuchan*) Fedra i yn fy myw ...

Meri: Gad o i mi, John.

John: Pa *size* esgid wyt ti, Jac?

Jac: 'R un *size* â 'nhraed i ...

GOLYGFA 3: EXT: STRYD EITHAF PRYSUR
FX: SŴN TRAED A SŴN CEIR

Jac: Taid, 'ti isho chwara' 'fe welais i efo fy llygaid bach i'?

John: Jac, ma'i'n bwysicach defnyddio dy lygaid bach di i wajiad allan am y traffic bora 'ma.

Jac: Fi gynta' – rwbath yn dechra' efo ... D.

John: Rwbath yn dechra' efo D? ... D ... dwn i'm.

Jac: Naci ...

John: Naci siŵr, ond da iawn, mae'n amlwg dy fod ti'n 'nabod y llythyran D.

Jac: *Give up?*

John: Ydw, be sy'n dechra' efo D?

Jac: *Giraffe* ...

John: Be? ... ty'd rŵan, be' am i ni fynd dros y tabla'.

Jac: Dw i'n gwbod nhw, Taid.

John: Ti'n siŵr? ... Be 'di dau lluosi efo dau? Dau dau i chdi.

Jac: Dau dau ...

John: Dau dau, be wedyn?

Jac: Dau dau ... dau dau?

John: Dau dau? ... pedwar?

Jac:　Ti'n iawn, Taid.

GOLYGFA 4: INT: CEGIN, BORE
FX: SŴN DRWS YN AGOR A CHAU, SŴN TRAED

Meri:　Pwy welist ti tua'r ysgol 'na?

John:　Yr un hen wyneba'.

Meri:　Rhywun yn holi amdana i?

John:　Ofynnodd 'na neb sut oeddwn i – a finna' yno!

Meri:　Oh, felly ... pam ti'n gwenu dan dy gap yn fan'na 'ta?

John:　Roedd 'na un yno, diarth iawn i mi 'fyd, cryduras i weld, efo hogyn bach o'r enw Darren ... tua'r un oed â Jac ddudwn i, Jac a fo i weld yn ffrindia' 'fyd.

Meri:　Darren? Chlywais i 'rioed Jac yn sôn am neb o'r enw Darren ... be amdan y gryduras 'ma, felly?

John:　Chydig iawn, debycach i rywun yn mynd allan i glwb nos, bywiogi tipyn ar iard yr ysgol beth bynnag, 'sa werth ti'i gweld hi.

Meri:　Fydda i'n saff o fynd yno i nôl Jac pnawn 'ma. Sobor o beth fod ffasiwn bobol yn symud i mewn i'r ardal 'ma.

John:　Duwch ...

Meri:　Ddudodd hi rwbath?

John:　Wel, o'n i'n mynd yn fy hyll at y giât, bron i mi fynd i'w herbyn hi, wnes i gamu'n ôl iddi ga'l pasio, ges i ryw wên bach, a dyma hi'n deud: 'Thank you, pumpkin ...'

Meri:　Felly, wir.

John: Roedd hi ddigon annwyl, Meri.

Meri: Tria anghofio amdani hi rŵan, John ... dyn o d'oed ti.

John: Ia wel ... wyt ti angen rhyw help yma heddiw?

Meri: Na, jesd llnau rhyw fymryn ydw i. Help i Elin 'n bydd?

John: Ma' gen i ryw bum, chwe awr i sbario nes daw Jac adra o'r ysgol. Duw a ŵyr be wna i pan eith o i'r Brifysgol.

Meri: Rhaid meddwl yn ddwys, felly, bydd John, am arallgyfeirio o ryw fath.

John: Dw i wedi riteirio.

Meri: I 'ista i gongol?

John: Dim os ti'n mynd i ddechra' hwfrio yn fa'ma.

Meri: Poeni am dy siwgwr di ydw i, chditha'n *diabetic* rwan.

John: Diolch am atgoffa fi.

Meri: Ydi *diabetes* ddim yn ddiwedd y byd, ma' modd ei reoli, wrth symud digon, a byta'n iach, ac ella'i wella'n llwyr ... wel, roedd Huw gŵr Jen yn *diabetic*.

John: Mae o wedi marw, Meri.

Meri: Fuo fyw i fod yn wyth deg tri oed, John, ac yn iach i'r diwadd.

John: Sut fuo fo farw 'fyd? Malu awyr ma' Jen braidd 'de?

Meri: Ia, be wnei di, Jen ydi hi 'te, chreda i ddim fod o'm byd *serious*. Fydd raid i ti fynd allan i gerddad mwy nag wyt ti, ma' hynny'n ffaith.

John: Cerddad heb 'rhen Fflei?

Meri: John, fedran ni ddim ca'l *pets* yn y bynglo bach 'ma.

John: Ci defaid ydi Fflei, Meri, dim *pet*. Pwdl y bwbach drws nesa' 'cw 'di *pet*. Cydweithiwr i mi ydi Fflei, mor ffyddlon heb fawr o werthfawrogiad na mwytha'.

Meri: Swnio'n debyg i amball wraig ...

GOLYGFA 5: INT: CEGIN, YCHYDIG YN DDIWEDDARACH
FX: SŴN DRWS YN AGOR

Meri: (*Gweiddi*) John ... John ...

John: (*O bell*) Be? ...

Meri: Lle wyt ti?

John: (*Yn nesáu*) Be sy'?

Meri: (*Yn gynhyrfus*). Ma' prifathro ysgol Jac wedi ffonio, mae o wedi taflu i fyny ar ben cyfrifiadur yn yr ysgol 'na.

John: Y prifathro wedi taflu i fyny?

Meri: (*Yn flin*) Jac ...

John: Jac? ... Oh, y c'radur ...

Meri: Rhaid ti'i nôl o adra efo'r car, dos â'r bwcad 'ma efo chdi.

John: Grefais i arno fo bora 'ma i beidio byta'r sothach 'na. Pam wnes i adael o fyta'r sothach?

Meri: Oes 'na'm bai ar neb, fel hyn ma' plant. Ma'r ysgol yn disgwl amdanat ti ...

John: Ydw i ddim ffit i ofalu am blant.

Meri: Paid â siarad yn wirion.

John: Mae o'n dŵad yn naturiol i rai.

Meri: Wyt ti'n ardderchog, wyt ti'm yn cofio Elin yr oed yma?

John: Fyddwn i byth yn tŷ i ga'l brecwast efo hi, bob munud yn ffarmio ...

Meri: Gofalu oedd hynny.

John: Ma' anifeiliaid yn haws.

GOLYGFA 6: EXT: AR Y STRYD
FX: SŴN CERDDED

Jac: Dw i'n hoffi chdi, Taid.

John: Diolch, Jac, wyt ti 'di gneud fy nwrnod i.

Jac: Dw i'n hoffi pawb.

John: Da iawn ... dwad i mi ... pwy ydi Darren, Jac?

Jac: Ffrind fi ...

John: Oh, lle mae o'n byw?

Jac: Ma' Darren yn rhegi, Taid.

John: Paid ti â ...

Jac: Mae o'n deud 'bloody hell ...'

John: 'S dim rhaid ...

Jac: Ac mae o'n deud 'you bugger ...'

John: Paid ti â siarad fel 'na ...

Jac: Ac mae o'n deud ...

John: Dw i'm angan clwad mwy, Jac.

Jac: Mae o'n deud 'Goodness me ...'

John: Oh ... felly wir.

Jac: Pwcad chdi 'di hwnna, Taid?

John: Ia ...

Jac: Ga i gario fo?

John: Ty'd yn dy flaen 'ŵan ...

Jac: Ga i fo, Taid?

John: Iawn 'ta ... Jac ... paid â rhoi'r bwcad ar dy ben, fydd pobol y lle 'ma'n ...

Jac: Yli, Taid ... helmet Sam Tân ...

John: Ia, ia ... da iawn ... ty'd reit sydyn wir.

FX: SŴN MODUR YN AGOSÁU AC YN AROS

Ifan: John ... sut ma'r hwyl?

John: Duwch, Ifan, dw i reit dda, a chditha'?

Ifan: Fel y gweli di. Dwad i mi, w't ti 'm 'di digwydd gweld maharan i mi 'yd lle 'ma debyg?

John: Naddo wir, oes 'na farc arno fo?

Ifan: Nac oes, ma'r weiran bigog wedi mynd â fo, ond wyt ti reit gyfarwydd â fy nefaid i.

John: Ydw siŵr, ma' nhw 'di bod drosodd acw ddigon.

Ifan: Gwranda, w't ti ffansi dod am beint efo fi ac Arthur ryw noson? Hwyl 'sdi ...

John: Faswn i wrth fy modd, ond be 'sa hanas fy siwgwr i wedyn?

Ifan: Oh ... tyd â hi 'fo chdi i gythral.

238

John: *Diabetic* ydw i erbyn hyn, Ifan.

Ifan: Oh diawch, tydi o 'di mynd yn beth cyffredin dwad ... ma' nhw'n deud, wyddost ti, fod 'na filoedd mwy o bobol yn *diabetic*, ond ddim yn gwbod 'u bod nhw'n diodda' ohono fo. Wrth ryw lwc dduda i, achos oes 'na'm digon o goridors yn y 'sbytai 'ma ar eu cyfar ... ond paid â poeni John bach, rwbath arall eith â chdi ...

Jac: Ty'd, Taid ...

John: Aros, Jac.

Ifan: A pwy 'di'r dyn bach yma, John?

John: Jac ydi hwn, hogyn bach Elin.

Ifan: Mynd am dro efo Taid w't ti 'ngwash i?

John: (*Jac ddim yn ateb*) Atab Yncl Ifan, Jac ...

Jac: Ia ...

Ifan: A faint 'di dy oed di?

John: Jac ... faint ... deud ...

Ifan: Sawl bys sy'n sticio i fyny dwad ... pump.

John: Pedair oed wyt ti Jac, ydi hyn ddim yn neis, rhaid i ti ateb pobol yn iawn.

Ifan: Gad iddo fo. Wyt ti rêl boi yn 'd wyt? ... allan fel hyn a phawb arall yn 'r ysgol 'na ... a be sy' gen ti ar dy ben dwad? ... helmet?

Jac: Naci ... pwcad ...

Ifan: Ma' hwn yma i gyd 'fyd, John.

John: Ydi ...

Ifan: Wyt ti'n un o fil cofia, yn medru dandwn rhai bach fel hyn.

John: Plesar, Ifan.

Ifan: Rhai o 'nghas betha' fi 'chan, os 'di o'n weddus deud, ydi plant, dynion
        ministry, a tyrchod daear ... Dwad i mi, wyt ti 'di setlo yn y tŷ bach 'na
        yn y *cul-de-sac*, bellach?

John: Do 'sdi ...

Ifan: Call iawn rhoi'r gora' i'r ffarmio 'ma dduda i, ma'r gwaith papur yn
        fwrn, prisia' wedi gostwng, y tywydd yn groes. Fydda i'n dy edmygu
        di, cofia, a llawar un arall dw i 'di siarad 'fo yn dy edmygu di 'fyd, am
        gym'yd y cam, rhoi'r ffidil yn y to ... ac ymlacio.

John: Be sy'n rhwystro chdi 'neud 'run peth, Ifan?

Ifan: Fedra i byth symud o'cw i dŷ bach a finna' fel rydw i, yn gorfod codi
        sawl gwaith yn ystod nos ... mewn lle o'r fath faswn i ofn am fy
        mywyd faglu draws y terfyn ...

GOLYGFA 7: INT: CEGIN, GANOL DYDD
FX: SŴN DARPARU BWYD A SYMUD O GWMPAS

Jac: Helpa fi, Taid ...

John: Dim hwn, Jac.

Jac: Dw i isho Taid, ty'd ...

John: Fedra i'm plygu lawr i fan'na ... dwad i mi, be ddudodd Miss Roberts
        wrtha' ti'n 'r ysgol bora 'ma?

Jac: Dim byd ...

John: Dim byd? ... dim byd?

Jac: Dim y fi 'di'r unig hogyn yn ysgol 'sdi.

John: Oh ...

Jac: Ty'd, Taid ...

John: Fedra i'm taclo hwn, Jac, chwara' teg.

Meri: Taclo be, John?

John: Y jig-so 'ma, Meri.

Meri: Ma' Jac wrth 'i fodd efo jig-so.

John: Un efo cant o ddarna' ac yn goedwig i gyd.

Jac: Dw i isho ti helpu fi, Taid ...

Meri: Nefoedd ma' gynnoch chi stŵr. Un ar gyfar plant ydi o siawns, be mae o'n ddeud ar y bocs? Fedra i'm gada'l y stôf 'ma.

John: 'Made in China.'

Meri: Dowch at y cinio 'ma, wir.

Jac: Dw i'm isho cinio.

John: Dw i 'di dod â torth neis i ti gael tost, Jac.

Jac: Torth ydi tost, Taid.

Meri: Ma'i'n bwysig i ti fyta, Jac.

Jac: Dw i'm yn llwglyd.

John: Waeth ti heb ...

Meri: Oh wel ... dos drwadd i wylio teledu 'ta.

FX: SŴN TRAED, SŴN AGOR A CHAU DRWS

Petha' 'ma i gyd yn digwydd pan ma' Elin i ffw'.

John: Bob tro.

Meri: Ma'r peth bach 'ma angan 'i fam, a 'di o 'mond yn gweld ei dad bob pythefnos yn McDonald's.

John: Yli, wnes i'm cofio, roedd hwn yn ei law o'n dod o'r ysgol bora 'ma.

Meri: Be?

John: Hwn, y cardyn 'ma, gwahoddiad i de parti pen-blwydd.

Meri: Te parti? ... pa bryd?

John: Pump o'r gloch heddiw.

Meri: Heddiw? ... parti pwy?

John: Darren.

Meri: Darren? ... dim?

John: Ma' raid.

Meri: Hwnna, efo'r fam mewn ffasiwn gyflwr, lle ma' nhw'n byw?

John: Mae o i lawr ar y cardyn.

Meri: Helpa fi, John.

John: Deg Stryd yr Wyddfa, mynydd arall i ddringo ...

Meri: Ma' Jen yn byw'n y stryd yna, rhif chwech, fe ŵyr hi rwbath o'i hanas hi dw i'n siŵr.

John: Dim rhif dau ma' Jen?

Meri: Rhif chwech, yrrais i gardyn brysia wella iddi wsnos yn ôl.

John: Wrandodd hi ddim, ma' i'n dal i gwyno ...

GOLYGFA 8: EXT: TU ALLAN I'R TŶ
FX: SŴN CNOC EITHAF TRWM AR Y DRWS

Ifan: Pnawn da Meri, ydi John yma?

Meri: Ydi, ond mae o'n brysur efo Jac ar hyn o bryd.

Ifan: Dudwch wrtho fo, Meri, fy mod i wedi ca'l gafa'l ar y maharan oedd ar goll, newydd fod yn holi John amdano fo oeddwn i, tu allan i'r ysgol ... synnu at John braidd na fasa"di weld o 'fyd, 'chydig lathenni yn ôl o fa'ma daliais i o rŵan hyn. 'Di o'm yr unig un dw i 'di weld yn synhwyro rownd y stad newydd 'ma'n ddiweddar chwaith. Gofalwch fod y giât bach 'na bob tro ar gau, Meri.

Meri: Mi wnaf.

Ifan: Wyddoch chi fod o wedi ca'l 'i hun ar y Facebook?

Meri: Pwy, Ifan?

Ifan: Fy maharan i. Gret, hogan 'y mrawd, ffoniodd acw i ddeud, ond erbyn i mi ga'l fy hun yno i weld 'i chyfrifiadur hi, roedd o 'di cym'yd y goes o fa'nno 'fyd.

Meri: (*Wedi diflasu*) Oh wel ...

Ifan: Peidiwch â gada'l 'ddo fynd i ista' i gongol rŵan Meri, beth bynnag 'newch chi. Synnwn i ddim 'sa fo'n dod aton ni i'r Tabernacl heno am saith, roedd un goes iddo am fynd. Ella' fedrwch chi roi perswâd ar y llall? ... Ydi o'm yn lles i ddyn fath â John fod yn gaeth rhwng pedair wal, yn sicr fasa' hynny'n fy ngyrru fi'n lloerig, a dw i yn ddyn sengl ...

FX: SŴN CLEP AR Y DRWS

GOLYGFA 9: INT: CEGIN, YN GYNNAR YN Y PRYNHAWN
FX: SŴN DRWS YN AGOR, SŴN TRAED

Meri: Welaist ti Ifan Ty'n Twll bora 'ma?

John: Do, am eiliad.

Meri: Mae o newydd fod yma.

John: Pam na ddoth o ddim i'r tŷ?

Meri: A Jac bach 'ma'n sâl, i fwydro ... ma'r dyn yna'n ... (*yn sgyrnygol*) Ges i ordors i dy berswadio di i fynd i'r Tabernacl heno am saith – ar nos Lun?

John: Oh ... y Tabernacl? ...

Meri: Ia, y Tabernacl, y capel Annibynwyr 'na yn y dre', tu ôl i'r post, oes 'na'r un arall nac oes?

John: Dim i mi wbod.

Meri: Lle priododd Megan, merch Myfanwy?

John: Ia ...

Meri: A'r Parch Eifion Jones yn gwasanaethu?

John: Wyt ti'n cofio'n dda.

Meri: Ma' Megan yn nith i mi, roeddwn i yno ... be sy' 'mlaen yno heno felly? ... a pham ydi ddim yn weddus i mi fynd?

John: Wetherspoons sydd yno rŵan.

Meri: Wetherspoons?

John: Y cwmni tai tafarna' 'na.

Meri: Mi wn i pwy 'di Wetherspoons, John, ond wyddwn i ddim fod nhw'n cym'yd drosodd ein capeli ni rŵan.

John: Dyna'r oes sy' ohoni, 'na i ofn.

Meri: A ble ma'r oes sy' ohoni yn mynd?

John: Am beint da, rhad, yn ôl pob sôn.

Meri: A ti'n bwriadu mynd?

John: Wn i ddim wir, ydw i rioed wedi arfar mynd i le 'r un fath, wastad wedi bod yn gaeth i ffarmio. Ma'r dyrnodia' 'ma yn od iawn, jesd byw o un prescribsion i'r llall.

Meri: Fedra i ddallt hynna, John ...

John: Tybad? Wyt ti i weld yn setlo'n iawn, ymdrechu i gadw i fyny efo dy ddyddiadur prysur.

Meri: Wyt ti'n haeddu gwell na Ifan Ty'n Twll.

John: Trwy ddirgel ffyrdd, ma'r hen Ifan Ty'n Twll yn llwyddo i 'ngneud i chwerthin, Meri.

Meri: Ond mae 'na rywun amgenach nag o, John.

John: Fel pwy?

Meri: Wel … fel Eifion Maes Glas, is-lywydd Cymdeithas Gwartheg Duon y cylch 'ma, wedi byw ar y terfyn i ni 'rioed.

John: Y fo? … fo fydda'n benthyca fy chwalwr tail i yn ddi-ffael bob blwyddyn, wnes i gynnig iddo un tymor fynd yr hannar am un newydd.

Meri: Digon teg.

John: Wyt ti'n cofio?

Meri: Na, ond fyswn i'n cytuno.

John: Ddaru o ddim.

Meri: Ma' rhywun wastad yn ffonio 'ma, 'di'r galwada' ddim i gyd i mi.

John: Na … fydda i'n ca'l amal i sgwrs efo pobol y PPI.

GOLYGFA 10: INT: LOLFA, YCHYDIG YN DDIWEDDARACH
FX: SŴN DRWS YN AGOR, SŴN TRAED

Meri: (*Yn gweiddi*) John, ma' Harold yma.

John: (*O ystafell arall*) Harold? … Harold y Post?

Meri: Harold y gwningen. Ty'd yma wir.

FX: SŴN TRAED YN NESU

John: Jac ... paid â dŵad â'r gwningen i'r tŷ.

Jac: Ma' Harold yn oer allan ...

John: Allan ma'i le fo, dos â fo'n ôl.

Meri: Gwranda ar Taid, Jac ... paid â'i ollwng o ... dal o wir, John, yn lle sefyll yn fan'na.

FX: SŴN SYMUD DODREFN A STRYFFÂG

John: Lawar haws gen i roi modrwy yn nhrwyn tarw (*yn chwyrn*). Ty'd yma ... blew a chlustia' ydi o i gyd ... (*yn gweiddi*) ... Aw ...

Meri: O'r nefoedd, paid â'i ollwng o ... John, w't ti'n gwaedu ...

John: Damia fo ...

Jac: Wyt ti'n iawn, Taid, wyt ti isho *dentist*?

John: Nac oes, Jac.

Meri: Oh, mor annwyl ...

Jac: Wna i ddal o, Taid.

Meri: Cym ofal wir ... da iawn chdi. Yli, John ... ma' 'na ffor' o ddal cwningen.

John: Oes ... efo milgi.

GOLYGFA 11: INT: CEGIN, YCHYDIG YN DDIWEDDARACH
FX: SŴN TACLUSO

John: Rhaid i ni benderfynu rwbath efo'r parti 'ma, 'di Jac yn sôn am ddim arall.

Meri: Twt lol, i mewn drw' un glust. Wyt ti 'di gweld fy nhablet i?

John: Be? ... w't ti i fod i lyncu rheiny efo brecwast.

Meri: Y cyfrifiadur bach 'na.

John: Oh, pam 'ti angen hwnnw rŵan?

Meri: Dw i'n cyflwyno'r siaradwr gwadd yng nghyfarfod Merchaid y Wawr heno am saith. Ar hyn o bryd wn i ddim am y dyn.

John: Heno?

Meri: Ia heno.

John: Pam wnei di jesd gweiddi enw'r dyn, a gadal 'ddo ganu'i gloch 'i hun.

Meri: John, plis?

John: Gest ti air efo Jen?

Meri: Do.

John: Oedd hi'n gwbod rwbath?

Meri: Paid â gweiddi. Lle mae o?

John: Ddigon pell, chwara 'fo'i Lego. Be ddeudodd hi?

Meri: Oh paid â sôn, ma' hi 'di bod drwyddi medda hi, newydd ddod yn ôl o 'sbyty Gwynedd oedd y gryduras bach, ar ôl triniaeth mor ofnadwy ... Ma'i wedi bod mewn yn ca'l y camra 'ma, drw'r ddau ben, fedri di ddychmygu'r peth? ... O'n i'n dyfaru f'enaid ei phoeni hi.

John: Oh ...

Meri: Wn i ddim sut ma' neb yn gallu diodda' hynna, ac yn effro tra ma'r peth yn mynd ymlaen ... eu brolio nhw oedd hi, diolch i'r drefn, rhaid iddi fynd yn ôl eto am y *result*.

John: Gest ti gyfla i holi am ... Darren?

Meri: Do ...

John: Be?

Meri: Liciwn i ddim ailadrodd ambell beth ddudodd hi.

John: Oh, duwch ...

Meri: Ydi o ddim yn mynd, John.

John: Fydd 'na'm diwadd ar 'i grio fo.

Meri: Cyfrifoldab ni ydi o heddiw, fedra i'n fy myw ga'l gafa'l ar Elin, does gen i ddim bwriad o gysylltu efo'i dad o, ond mi wn i be 'sa Elin yn neud tasa' hi yma.

John: Ydi o ddim am ga'l mynd, felly?

Meri: Rhyw reddfol ofn sy' gen i.

John: Ar ôl be ddudodd Jen?

Meri: Be am dy stori di?

John: Rhyw gellwair oeddwn i, wyt ti 'rioed yn llyncu be ddudodd Jen, chwara' teg, ma' pawb yn gwbod be 'di Jen ...

Meri: Oh ... ydyn nhw wir?

John: Wel ydyn siŵr, ma' hyd yn oed meddygon 'sbyty Gwynedd erbyn hyn wedi gweld drwyddi ...

GOLYGFA 12: INT: CEGIN, DIWEDD Y PRYNHAWN
FX: SŴN DRWS YN AGOR A CHAU, SŴN TRAED

John: Pwy ffoniodd gynna'?

Meri: Mam y Darren 'ma ... sut yn y byd gafodd hi'r rhif?

John: Be ddeudodd hi?

Meri: Fawr ddim, rois i'r ffôn lawr arni.

FX: SŴN DRWS YN AGOR, SŴN TRAED

John: Meri yli ... mae o wedi gwisgo 'mdano, ar ben ei hun bach.

Meri: A lle w't ti'n meddwl mynd efo'r bwcad 'na?

Jac: Parti Darren. Ti sy'n mynd â fi, Taid?

John: Hannar munud rŵan, Jac.

Meri: Gwranda Jac ... ers tua mis rŵan wyt ti 'di bod mewn sawl parti, parti Aneurin, Megan ... Guto, parti Osian Sul dwytha', chei di ddim mynd i barti pawb 'sdi (*Jac yn crio*). Dim angen crio nac oes,'ti'n hogyn mawr rŵan.

Jac: Hogyn bach ydw i.

Meri: Ma' hyn yn drech na fi ...

John: O'n i'n sylwi rŵan wrth wrando 'nat ti, penblwyddi'r plant 'ma i gyd o fewn rhyw gwta fis, ydi'u tada' nhw'n cal 'u cadw ar wahân yn rhywle fath â meheryn tybad?

Meri: John, plis, rydan ni mewn argyfwng.

John: O ddewis 'n hunan, Meri.

Meri: Diolch am y gefnogaeth ... dos yn ôl i chwara' rŵan Jac, ne' i wylio teledu, ne' rwbath, fydd te ddim yn hir.

Jac: Dim y chdi 'di *boss* fi, Mam a Dad ydi *boss* fi ...

Meri: Fedra i'm coelio hyn (*mewn llais uwch*) wyt ti ddim yn symud gam o'ma heddiw ... iawn ...

Jac: (*Yn rhoi sgrech yn gymysg â rhegi, rhedeg allan a chlep ar y drws*)

Meri: Glywais i hynna'n iawn, John?

John: Do beryg ...

Meri: Jac, yn rhegi fel yna? ... Effaith o fod efo'i dad a'i ffrindia' ar benwythnos yn McDonald's ydi hyn ...

John: Ne'r ysgol ella' Meri, chwara' teg.

Meri: Yr ysgol?

John: Rhan o'r addysg tydi.

GOLYGFA 13: INT: LOLFA, NOS
FX: SŴN TRAED, DRWS YN AGOR A CHAU. BBC NEWS AT TEN I'W GLYWED
YN DECHRAU YN Y CEFNDIR CYN CAEL EI DDIFFODD

Meri: Ydi o wedi cysgu?

John: Do o'r diwadd, sut aeth hi efo chdi?

Meri: Eitha', glywaist ti gan Elin?

John: Do.

Meri: Be?

John: Ydi hi ddim yn hapus o gwbwl.

Meri: Pam? ... be?

John: Rho gyfla i mi, ma' mam y Darren bach 'na yn ffrind da i Elin.

Meri: Ffrind?

John: Yn waeth byth ella, ma'i'n *foss* arni, y ddwy wedi gweithio efo'i gilydd
yn y banc yn Llundan. Newydd symud yma mae hi, yn rhinwedd 'i
swydd, i edrach i mewn i weithgaredda'r banca'n yr ardal 'ma.

Meri: Ers pryd?

John: Wn i ddim, doedd gan Elin fawr o fynadd i egluro, hawdd iawn 'di
deall pam.

Meri: Oh ... be wna i?

John: Be wna i? Tua'r ysgol 'na fory.

DIWEDD

Morgan

Tair ymgais a ddaeth i law – ychydig yn siomedig, yn fy marn i, gan fod radio yn gyfrwng sy'n cynnig profiad theatrig cwbl wahanol i fod mewn theatr neu wylio'r teledu.

Y *Barf Gwyn*, 'Stopo Credu yn Sion Corn': Dyma ddrama sy'n llawn tensiwn a gwrthdaro geiriol, a'r dramodydd yn dal sylw yn syth gyda'i allu i greu deialog fachog, naturiol mewn acen ddeheuol. Mae'n ddrama fentrus, sy'n chwarae gyda chonfensiynau, yn enwedig o ystyried mai drama radio yw hon. Mae'r defnydd o ôl-fflachiadau yn effeithiol iawn, a'r ddau brif gymeriad yn ymateb i'w gilydd mewn ffordd sy'n creu awyrgylch o'r dechrau un. Rhaid i mi gyfaddef nad ydw i'n hollol sicr beth yw rôl cymeriad Edwards yn y ddrama – pwy ydy o? – ond efallai nad oes ots, a bod yr elfen haniaethol hon yn ychwanegu at y teimlad iasoer sydd yn asgwrn cefn i'r ddrama. Er hyn, mae'n rhaid i mi gyfaddef fy mod i'n meddwl mai drama lwyfan ydy 'Stopo Credu yn Sion Corn'.

Morgan, 'Gwarchod': Drama gymharol gonfensiynol ydy hon, sy'n adrodd hanes nain a thaid yn gwarchod eu hŵyr bach. Ond mae'r is-themâu yn fwy dyrys, a'r llinyn torcalonnus drwy'r ddrama i gyd ydy ymgais John i ymdopi ar ôl iddo ymddeol o'i waith yn ffermio. Byddai mor hawdd i ddrama fel hon deimlo'n hen ffasiwn, ond mae'r dramodydd yn giamstar ar ysgrifennu deialog, ac mae'r cyffyrddiadau o hiwmor yn gweithio'n wych. Efallai fod y diwedd yn digwydd braidd yn ffwr-bwt, ond cefais fwynhad mawr o ddarllen y ddrama hon, ac mae'n siŵr gen i y byddai cynulleidfaoedd Radio Cymru wrth eu boddau yn cael ei mwynhau.

Agnes, 'Helynt y Festri': Y mae nodyn ar ddechrau'r ddrama hon yn crybwyll ei bod yn seiliedig ar y gyfrol Y *Diwyd Fugail a Helynt y Faciwîs* gan Marion Arthur Jones (Gwasg y Bwthyn). Mae'n dechrau mewn ffordd effeithiol iawn, a'r dramodydd yn amlwg yn gwybod sut i fanteisio ar nodweddion radio wrth greu drama. Mae cymeriad Agnes, yn enwedig, yn disgleirio – mentraf ddweud ei bod hi'n ffeminydd cyn ei hamser! Efallai fod mymryn o dueddiad i adrodd cefndir y cymeriadau mewn modd sydd ddim yn teimlo'n gwbl naturiol bob tro, ond mae'r ddeialog yn taro deuddeg a'r cymeriadau'n rhai cryfion.

Rhoddaf y wobr i *Morgan*.

Ffilm fer ar unrhyw ffurf ddigidol, hyd at 10 munud o hyd. Agored i unigolion neu grwpiau. Ystyrir dangos y goreuon yn ystod wythnos yr Eisteddfod

··

BEIRNIADAETH RHYS GWYNFOR

Daeth pedair ymgais i law a difyr iawn oedd cael eu gwylio; pedair ffilm wahanol iawn, sy'n amrywio yn eu storïau, cymeriadau ac ansawdd.

Lleucu Mair, 'Glas': Ffilm sydd weithiau'n drawiadol. Arddull sy'n atgoffa rhywun o gyfresi *Scandi noir* o ran edrychiad a chyflymder, ac sydd hefyd yn llwyddo i godi ychydig o arswyd. Cast talentog a lleoliadau a cherddoriaeth effeithiol. Teimlaf fod y stori'n arafu ychydig yng nghanol y ffilm ond mae'r diweddglo yn ei hachub. Hen dro bod yn rhaid ei diystyru am ei bod dros 17 munud o hyd – a'r gystadleuaeth yn gofyn am ffilm hyd at 10 munud.

Cymro, 'O Dan y Garreg': Ffilm uchelgeisiol sy'n defnyddio technegau fel camerâu *drone* a sgrin werdd ar gyfer effeithiau arbennig. Stori ddifyr â thipyn o syrpréis ar y diwedd, rhaid cyfaddef. Rhaid gwylio am gamgymeriadau bychain, fel dal cysgod y camera yn y ffrâm, ond mae digon o hwyl ac adloniant yma.

Dial, 'Dial': Stori sy'n dal sylw o'r dechrau. Defnydd o gerddoriaeth a lleoliadau da ynghyd â chast ifanc talentog i greu stori sydyn a thro annisgwyl yn y gynffon. Mae yma lygad da am fframio siot ac mae'r ffilm wedi ei golygu'n dda. Rhaid gwylio weithiau wrth ffilmio yn yr elfennau nad yw'r gwynt yn amharu ar y microffon, ond problem fach yw hon nad yw'n effeithio ar gyfanwaith y ffilm.

Gwyrdd y Mynydd, 'Yr Hoelen': Ffilm gomedi fer sydd â chast mawr yn actio sgets estynedig. Golygfeydd braf o gefn gwlad gogledd Cymru a hiwmor a stori ffars sydd yn atgoffa rhywun o ddramâu lleol yn y neuadd bentref, sy'n braf i'w weld ar gyfrwng ffilm. Y golygu yn arafu pethau o dro i dro sy'n gallu torri ar lif y stori a'r hiwmor. Rhaid dweud i mi fwynhau ymddangosiad y *punk* ar y fainc; doniol iawn.

Gwobrwyaf *Dial.*

Cyfansoddi sgets gomedi i rhwng dau a chwe chymeriad
na chymer fwy na 12 munud i'w pherfformio. Ystyrir perfformio'r sgets fuddugol yn Theatr y Maes

---

BEIRNIADAETH EILIR JONES

Daeth pedair ymgais i law. Roedd un yn well na'r gweddill ond mae angen tipyn o waith arni cyn ei pherfformio a'i chyhoeddi.

Morgan, 'Y Gwesty': Sgets dda ac ôl gwaith arni, wedi ei hysgrifennu ar ffurf anterliwt, ond anodd iawn oedd ei darllen ar adegau, gan nad oedd ambell frawddeg yn 'sganio'. Mae'r odli hefyd yn cyfyngu'r cyfleoedd am linellau doniol.

Bob, Dim Teitl: Sgets sy'n gwneud hwyl am ben hen ddynes sy'n drwm ei chlyw. Yn anffodus, does dim awgrym ei bod hi'n drwm ei chlyw ar ddechrau'r sgets, ond fe welwn fod ei chlyw hi'n gwaethygu wedi iddi ddechrau siarad ar y ffôn. Ychydig yn wan ydy'r diwedd, am nad oes yna ddim tro annisgwyl yn digwydd, gan ein bod wedi gweld yr hen ddyn yn ysgrifennu'r rhifau ffôn yn ystod y sgets.

Lili Lon, 'Cyn i'r hwch fynd trwy'r siop': Sgets sy'n cynnwys darnau eithaf doniol ond bod darnau anghredadwy ac, yn anffodus, ormod o wneud hwyl am ben hen ferched dall a byddar, mewnfudwyr a dysgwr benywaidd 'siapus, rhywiol mewn dillad awgrymog' sy'n chwilio am fwyd i'w chath.

G.W.R., 'Y Cyfweliad': Ymgais dda, ond fe geir ambell ddarn lle nad ydy pethau mor dynn â phosib o ran llinellau doniol, yn enwedig ar ddechrau'r sgets. Efallai y byddai gwrthdaro rhwng y cymeriadau yn helpu hyn. Er hynny, ceir rhai pethau doniol a thro yn y gynffon ar y diwedd. Awgrymaf fod yr awdur yn gweithio arni cyn ei pherfformio [a'i chyhoeddi].

Rhoddaf y wobr i *G.W.R.*

Adran
Dysgwyr

CYFANSODDI I DDYSGWYR

Cystadleuaeth y Gadair
Cerdd: Y Bont. Lefel: Agored

Y BONT

Atgofion du, anobaith, bywyd hyll.
Uwchben y dŵr, fe grynodd merch gan ofn,
A glynodd wrth y bont, a gweld y gwyll.
Y dŵr yn rhuo'n wyllt: yr afon ddofn:
Cymylau du o'i chwmpas: dolur erch
Yn gwasgu drwyddi, gyda chryndod oer,
Ac awydd grymus. Rhaid darganfod serch.
Uwchlaw, fe welodd olau main y lloer,
A chlywodd lais dieithryn mwyn wrth law.
O oerfel llyn y nos i olau'r dydd,
Yr oedd yr haul yn llethu llen y glaw.
O'r diwedd, gallai groesi'r bont yn rhydd.
Mewn byr o dro, esgynnai'n gryf fel cawr,
O'r bedd, drwy'r dolau, cyrraedd hedd a'r wawr.

Y Brân goesgoch

BEIRNIADAETH RHYS IORWERTH

Fy nyletswydd cyntaf yw mynegi edmygedd o'r cystadleuwyr – 22 ohonynt
i gyd. Mae llwyddo i gyfansoddi cerdd yn eich ail iaith yn gryn gamp ac ni
allaf ond rhyfeddu at yr hyn y maen nhw wedi'i gyflawni, fel dysgwyr ac fel
beirdd ill dau.

Testun da oedd 'Y Bont'. Ymddangosodd pontydd go-iawn o frics a mortar
yn yr ymgeision, ond felly hefyd gerddi a wnâi ddefnydd mwy delweddol
o'r pwnc. Cododd Brecsit, ynghyd â hunanladdiad, yn weddol gyson. Nid
yn annisgwyl, roedd y bont y mae'n rhaid i ddysgwyr ei chroesi i feistroli'r
Gymraeg hefyd yn syniad cyffredin.

Dosbarth 4
Yn y Pedwerydd Dosbarth eleni rwy'n gosod *Cer i'r ardd* a *Lleden Chwithig*.
Er difyrred, credaf fod cerddi'r ddau hyn yn rhy fyr i gael eu hystyried
mewn cystadleuaeth fel hon.

Dosbarth 3

Ychydig yn uwch na'r rhain, yn y Trydydd Dosbarth, rwy'n gosod *Calon Caredig* (hynt hen bont dros y canrifoedd); *Rhosyn Gwyllt* (syniad o bont fel enfys – da); *M.P.Griffiths* (hanes teulu'n mudo i Awstralia cyn i'r bardd ailgreu'r cysylltiad â Chymru drwy ddysgu'r iaith); a *Nur-y-Golau* (dyheu am bont i ailgysylltu ag anwylyd). Roedd y mynegiant yn y cerddi hyn damaid yn drwsgl ar brydiau, ond hoffwn annog yr ymgeiswyr oll i ddal ati; roedd darnau i'w canmol yng ngwaith pob un.

Dosbarth 2

Rwy'n rhannu'r Ail Ddosbarth yn ddwy gangen.

Yn y gangen gyntaf, mae *Eli Jenkins* (cerdd ogleisiol am anawsterau dysgu'r Gymraeg); *Gwiwer* (atgof plentyndod am fachgen hŷn yn helpu merch ifanc dros bont beryglus); *Gwylan* (teyrnged i Bont y Borth yn ei holl weddau); *Hen Fenyw* (hel atgofion hiraethus am Bontarddulais); a *Rhosyn y Mynydd* (hel atgofion eto am ddyddiau a fu). A chofio bod y rhain i gyd wedi dysgu'r iaith, mae safon eu Cymraeg yn wych, a'u mynegiant i gyd yn glir a glân. Y gwendid yw bod y cerddi hyn naill ai'n rhy ryddieithol, neu bod angen mwy o gynildeb neu ryw weledigaeth fymryn dyfnach i roi gwefr i'r darllenydd. Ar y cyfan, mae'r rhain hefyd wedi ymdrin â'r testun mewn ffordd eithaf uniongyrchol.

Mae'r ail gangen yn yr Ail Ddosbarth wedi dechrau gweld posibiliadau delweddol y testun. Efallai fod ychydig bach mwy o gamgymeriadau iaith yn ambell un o'r cerddi hyn, o'u cymharu â'r rheiny a enwais uchod, a bod straen ar y dweud ambell dro. Ond fel gweithiau creadigol, mae yma ychydig mwy o sbarc. Yn y grŵp hwn gosodaf *Simsam* (darlun trist o 'hwdi' ar gyrion cymdeithas); *Llygad y dydd* (ymgais drawiadol am wacter bywyd feiolinydd sydd wedi colli'i dad); *Aderyn Bach* (pendilio meddyliol rhywun sydd ar fin cyflawni hunanladdiad, gyda'r llinell wych 'Ac mae'r gwynt yn dal ei wynt'); *Catrin Afonydd* (cerdd arall yn llawn tensiwn ar thema hunanladdiad, a'r cynildeb i'w ganmol); *Rhosyn Gwyn Efrog* (ple dros rym cariad yng nghanol cythrwfl Brecsit); *Caerdroea* (galar am anwylyd mewn cerdd gynnil, deimladwy); *Prynhawn Dydd Mercher* (cerdd drawiadol – os fymryn yn hir – am droi hen fanc yn amgueddfa); a *Mab y Fflint* (cerdd delynegol ar fydr ac odl, drachefn yn galw am fwy o gytgord rhwng pobl yn sgil Brecsit). Mwynheais y daith dros y pontydd hyn i gyd.

Dosbarth 1

Mae tri ar ôl ac yn haeddu lle yn y Dosbarth Cyntaf.

Cymraes Cefn-y-Bedd: Cerdd fer mewn mydr ac odl, a honno'n dechrau drwy ddarlunio'r bont dros afon Menai, a'r golygfeydd hardd o'r 'mynyddoedd tu ôl, a'r haul dros y dŵr,/ A chychod yn cysgu ar y tonnau'. Ond gall pethau fod yn dymhestlog ar y bont hefyd, ac mewn tywydd drwg, bydd angen gosod rhybuddion i'r sawl sy'n ei chroesi. Yn y trydydd pennill, mae'r bardd yn troi hynny'n symbol o'n profiadau fel pobl, a'r drwg a'r da a ddaw i'n rhan wrth groesi ein pontydd ni ar siwrnai bywyd. Cerdd syml, ond un daclus a glân ei neges.

Elbereth: Cerdd arall mewn mydr ac odl, a'r mydrau a'r odlau hynny'n hollol naturiol a rhwydd. A diolch i *Elbereth* hefyd am gerdd eithaf ysgafn ei naws mewn cystadleuaeth go drom ei thestunau. Ond os ysgafn, mae ganddi bryd o dafod i ni, y Cymry Cymraeg, am y modd y byddwn yn ymwneud â dysgwyr hefyd. Dyma'i neges grafog: 'Mae llais da fi hefyd, t'mod;/ Dw i'n hoff o roi clust i ti –/ Ond paid â siarad gormod,/ Dw i eisiau siarad â thi!' Dyma'r dôn gellweirus, led-feirniadol, drwy'r holl gerdd: 'Paid ag ateb yn Saesneg,/ Dw i'n trio 'ngorau glas;/ Mae rhaid i fi gofio'r Ramadeg –/ Rho amser im weithio fe ma's!' Cerdd sy'n taro ergydion pwysig, ond mewn ffordd ysgafn a chwareus. Cefais flas mawr arni.

Y Brân goesgoch: Nid yn unig y mae *Y Brân goesgoch* yn gallu barddoni yn Gymraeg, ond mae hefyd wedi llwyddo i gyfansoddi soned lwyddiannus yn yr iaith. Nid ar chwarae bach y mae gwneud hynny. Stori fer o gerdd am ferch yn ystyried gwneud amdani'i hun sydd yma, ac mae'r bardd yn darlunio'r olygfa'n ddiriaethol i gyfleu meddyliau duon y cymeriad. Ond daw 'dieithryn mwyn' heibio a'i thywys o'r perygl i'r 'hedd a'r wawr'. Golygfa gwbl syml, felly, wedi'i hadrodd yn ddi-ffws. Er bod yr ymadroddi'n bytiog, yn enwedig yn y rhan gyntaf, credaf fod hynny'n gweddu i gyfleu meddyliau tymhestlog y ferch. Ac mae'r cyfan yn gwbl ddealladwy, a'r gwrthgyferbynnu rhwng y delweddau o'r tywyllwch ar y dechrau a'r goleuni ar y diwedd yn dangos ôl meddwl a saernïo.

Roedd hi rhwng direidi *Elbereth* a chrefft *Y Brân goesgoch*, yn y pen draw. Byddwn wedi bod yn fwy na hapus yn rhoi'r wobr i'r naill neu'r llall, ond am ei gamp a'i feistrolaeth o'i fesur, *Y Brân goesgoch* sy'n mynd â hi.

Cystadleuaeth y Tlws Rhyddiaith

Darn o ryddiaith, tua 500 o eiriau: Cyrraedd. Lefel: Agored

CYRRAEDD

(I fy myfyrwyr)

Dim ond 'thank you' oedd gyda'r ddau ohonoch chi pan gwrddon ni gyntaf. Mae dau aeaf wedi mynd heibio erbyn hyn. Mae'r planhigion ar eich sil ffenestr yn blaguro. S, heddiw dysgais i i ti 'green fingers' ac 'I haven't seen my family for seven years'. Ddoe oedd ail ben-blwydd y 'babi' – nid babi bellach, mae hi'n tyfu lan gyda synau'r gwersi Saesneg. Yn y cyfamser, N, mae dy frawd yng nghyfraith a dy fam wedi marw – achosion naturiol neu ddiffyg moddion a thrydan – mae'n dibynnu ar dy safbwynt.

Bob dydd Mawrth dw i'n dysgu Cymraeg; bob dydd Iau dw i'n dysgu Saesneg i chi. 'One year,' dwedoch chi ar y dechrau. Wedyn, 'two or three' pan weloch chi faint y dasg. Mae'n flin 'da fi, ond bydd hi wastad yn waith ar y gweill. Weithiau, N, rwyt ti'n anobeithio am fedru dysgu. Dw i'n gwybod – mae hyn yn dalcen caled – a serth yw'r llwybr. Nid Carn Ingli neu hyd yn oed yr Wyddfa – mwy fel yr Himalayas.

Chi gyda'ch Saesneg, fi gyda fy Nghymraeg. Cyd-deithwyr – gyda'r ddwy iaith bryfoclyd a gogoneddus 'ma yn dawnsio o'n blaenau ni yr holl ffordd. Ond, yn uchel yn y mynyddoedd (ble ti ddim yn disgwyl) mae dolydd blodau gwyllt yn blodeuo yn y gwanwyn. Dw i wedi'u gweld nhw ac maen nhw wir yn hardd.

Yn aml yn y dre (yn enwedig wrth giât yr ysgol) dw i'n clywed yr esgus, 'Welsh is too difficult for me to learn'. Wel, dylen nhw drial dysgu Saesneg, gyda'i llythrennau drwg sy byth yn bihafio! Edrychwch faint o bobol yn y byd sy'n gwneud hynny a llwyddo.

Ein plant ni'n dod adre o'r ysgol, mae geiriau'n llifo o'u gwefusau – ond dyn ni'n rhy hen, y tri ohonon ni – dyn ni i gyd yn ailsiapio ein cegau a thafodau i mewn i synau newydd. 'Ch; dd; ll,' ti'n dweud weithiau, S. Ti wedi bod yn gwrando yn ofalus yn y parc, ar y stryd ... mae synau Cymraeg yn agosach i'ch iaith chi na Saesneg. Ar ôl Saesneg, dych chi'n dweud wrtha i, Cymraeg. Dychmygwch tasai hi wedi bod y ffordd arall?

Yn eich gwlad enedigol do'ch chi ddim yn ddinasyddion llawn. A nawr, mae'r tir yn adfeilion, anhrefn. A dyma ni. Fan hyn. Mor bell i'r gorllewin â phosib heb ddechrau nofio. Y plant yn ffynnu. (Dw i'n meddwl am y goeden wedi'i himpio sef yr un sy'n gryf ac yn dwyn ffrwyth yn gynnar.)

Yr eirlysiau a chennin Pedr yn blaendarddu ac yn fy ngardd mae'r garlleg newydd egino. 'Dydd Iau nesa,' ti'n dweud, N, 'paid â bwyta cyn i ti ddod. Coginia i a bwytwn ni frecwast gyda'n gilydd.' 'Ga i de Syriaidd hefyd, mewn gwydr tiwlip?' dw i'n gofyn. Dyn ni'n eistedd wrth eich bwrdd cinio a'r haul yn arllwys trwy'r ffenestri. Dyn ni'n chwerthin (eto).

Catrin Afonydd

BEIRNIADAETH MANON STEFFAN ROS

Daeth ugain ymgais i law, ac rwy'n falch iawn o ddweud eu bod nhw i gyd wedi bod yn ddifyr ac yn deimladwy. Cafodd y cystadleuwyr lawer o hwyl wrth ymateb i'r testun, a oedd yn ddigon agored i allu cynnig ysbrydoliaeth amrywiol iawn. Mae yma hanesion am briodasau, galar, genedigaeth a rygbi! Llongyfarchiadau mawr i'r holl gystadleuwyr.

Y tri a ddaeth i'r brig ydy'r tri sydd wedi ysgrifennu gyda hyder, ac wedi mentro chwarae ychydig gyda'r iaith, gan osgoi ystrydebau a rhoi cynnig ar drosiadau a chymariaethau difyr, gwahanol.

Y *Wiwer Goch*: Dyma hanes cignoeth ac emosiynol salwch gwraig o gancr, a chryfder yr ysgrifennu yn y cynildeb. Tuedda'r awdur ddefnyddio ffeithiau moel, sy'n drawiadol iawn. Er nad oes llawer o fanylion am fywyd y claf, teimla'r darllenydd eu bod nhw'n ei hadnabod yn iawn yn y ffordd y mae'n ymateb i'w chyflwr.

Llygad y dydd: Cawn yma stori am gynefin a hiraeth, a'r rhwyg anorfod sy'n digwydd pan fo amgylchiadau bywyd yn arwain rhywun yn bell o'r lle maen nhw'n ei alw'n 'gartref'. Mae'r rhwyg rhwng bod gyda'i deulu a bod yn ei gynefin yn un sy'n emosiynol iawn, a'r digalondid yn amlwg.

Bardd yr Afan: Mae'r ysgrif hon yn un sy'n codi gwên wladgarol, gan mai hanes goroesiad y Gymraeg sydd yma: o'r Deddfau Uno i'r Llyfrau Gleision hyd at heddiw a'r gobaith am filiwn o siaradwyr Cymraeg. Peth hyfryd yw cael darllen ysgrif mor bositif! Byddai'n gwneud anerchiad effeithiol iawn.

Rhosyn Gwyllt: Dyma hanes cynnes ac annwyl sy'n sôn am ddynes yn dod o hyd i dŷ hyfryd mewn cwm ger Machynlleth yn 1955. Mae'r disgrifiadau o'r lle yn fendigedig, ac yn f'atgoffa i o'r math o awyrgylch clyd, saff y mae Enid Blyton yn ei greu yn ei llyfrau.

Ora Euraid: Mae yma stori am ddianc, mewn wythnos pan fo popeth yn mynd o'i le, i encil ar draeth cyfrinachol. Mae gennyf edmygedd mawr o allu'r awdur i grisialu perffeithrwydd ennyd dawel mewn bywyd anhrefnus, ac mae ei gallu i drin geiriau yn arbennig.

A Oes Heddwch?, '1919: Anheddau diogel a chartrefi tawel?': Roeddwn wrth fy modd gyda strwythur difyr y stori hon – neu, efallai ei bod hi'n gywirach dweud mai cyfres o lên micro ydyn nhw, i gyd yn plethu i'w gilydd yn gywrain. Mae'r ddeialog, yn enwedig, yn llifo'n rhwydd.

Y Wennol: Dyma stori am daith hir, yr holl ffordd o Lundain i Lyn Baikal yn Siberia. Mae'n hawdd i straeon teithio fod braidd yn undonog a di-sbarc, ond mae'r awdur hwn yn llwyddo i ddal sylw'r darllenydd, gan ddefnyddio manylion bychain difyr wrth sôn am gymeriadau sy'n cyd-deithio, am fwyd ac am awyrgylch. Difyr iawn!

Môr a Mynydd: Dyma ysgrif wironeddol fendigedig am ddychwelyd ar ôl bod i ffwrdd, sy'n llwyddo i blethu cynildeb gyda syniadau mawr am iaith a hunaniaeth. Mae'r teimlad fod yr awdur yn chwilio am ei Gymreictod yn ingol, ac mae dawn dweud amlwg yma: 'Er 'mod i wedi bod ar siwrne am saith mlynedd, dydw i ddim wedi cyrraedd unrhywle'.

Y Pobydd Bach: Mae'r stori hon yn dweud hanes merch fach sy'n dod i Gymru fel faciwî yng nghyfnod rhyfel. Cefais fy swyno gan y ffordd syml yr ysgrifennwyd y stori – mae'r darllenydd yn teimlo ei bod ym meddwl y ferch, ac mae rhai llinellau yn wych: 'Roedd hi'n ffigur brau heb ei rhieni'.

Telor yr helyg: Cefais fy synnu a'm plesio gan y tro yng nghynffon y stori hon. Mae'n dweud hanes teulu yn gadael Cymru am Batagonia ar y *Mimosa*, ac er bod yr ysgrifennu yn syml iawn a heb lawer o ddisgrifiadau, mae hynny'n gweithio yma am mai merch fach yw'r prif gymeriad. Mae'r holl obaith ac edrych ymlaen yn darfod ar ôl iddi weld Patagonia am y tro cyntaf, ac mae'r hiraeth am adref yn dechrau yn y fan a'r lle.

Elbereth: Edmygaf strwythur a siâp y stori hon. Mae'n dilyn taith trên o Gaergrawnt i Aberystwyth, ac mae'r cymeriad yn nodi ei hatgofion am lefydd wrth fynd heibio. Efallai mai negeseuon testun ydy'r nodiadau hyn. Mae'n teimlo fel hanes bywyd cyfan mewn ychydig eiriau, ac mae'n goblyn o gamp gwneud hynny!

Rhosyn y Mynydd : Stori iasol ydy hon, ac mae'r awdur yn llwyddo i greu awyrgylch anghysurus o'r cychwyn cyntaf. Mae'r darllenydd yn gwybod yn iawn fod 'na rywbeth ofnadwy ar droed! Ond mae clyfrwch yr awdur yn ei amlygu'i hun wrth i'r stori arwain at le tywyll iawn – cyn tynnu'n ôl yn llwyr, a dydy'r hyn sy'n ddisgwyliedig byth yn digwydd. Clyfar iawn!

Jac: Mae'r ysgrif hon yn gynnes ac yn addfwyn iawn – hanes rhiant yn sôn am fabandod, plentyndod a ieuenctid plentyn, a hynny ar ddiwrnod ei phriodas. Y manylion sy'n hyfryd yma, fel yr atgof am y ferch fach yn chwilio am wyneb ei mam wrth ddod o'r ysgol.

Lees: Mae *Lees* yn llwyddiannus iawn am greu awyrgylch, a'r disgrifiad o fod mewn trên prysur, llawn yn effeithiol. Mae'n craffu ar y cyd-deithwyr, ac felly mae'n teimlo fel bod sawl stori yma, a'n bod ni'n cael cipolwg ar fywydau dieithriaid. Mae'n ffordd hynod glyfar o ddweud stori.

Eli Jenkins: Mae dechrau'r stori hon yn darllen bron fel stori i blant, yn adrodd hanes gwyliau teuluol i lan y môr. Mae awyrgylch hen ffasiwn hyfryd i'r arddull, ac mae hynny'n tynnu darllenydd i mewn i feddwl mai stori gynnes, saff ydy hon. Ond mae'r awdur yn troi'r ddelwedd ar ei phen wrth wneud cymhariaeth â cheiswyr lloches sy'n cyrraedd traethau pell mewn cychod peryglus, ac mae'r sioc o'r newid trywydd yn effeithiol tu hwnt.

Pysgodyn Aur: Rhaid i mi gyfaddef nad ydw i'n ffan o rygbi, ond fe lwyddodd yr awdur hwn i fy nghyfareddu gyda'i ddisgrifiad craff o chwaraewr rygbi mewn gêm. Mae rhywbeth yn chwim ac yn lliwgar am yr arddull ac mae'r darllenydd yn teimlo cyffro gêm ryngwladol wrth ddarllen.

Awen Llannor: Taith ar drên sydd yn y stori fach deimladwy hon, a'r themâu o hunaniaeth a chartref yn rhai oesol. Mae cynildeb yn yr arddull, a sawl stori ddifyr yn cael ei hawgrymu ond heb ymhelaethu. Mae 'na nofel yn y stori hon!

Caerdroea: O'r dechrau un, mae'r stori hon yn dal sylw'r darllenydd gyda disgrifiad o'r gwahanol fathau o'r lliw du. Mae gallu'r awdur hwn yn teimlo fel peth moethus, rywsut, ac mae'r perthnasau rhwng cymeriadau yn hyfryd o gynnil ac annwyl, yn dweud popeth o fewn ychydig eiriau.

Agorwch yn syth: Mae'r hyder sy'n cael ei ddangos gan yr awdur hwn yn ganmoladwy iawn. Mae'n llawer haws dweud stori fawr gymhleth, ond ychydig funudau o fewn bywyd person ydy hon, ac mae 'na deimlad o dawelwch a heddwch ynddi. Mae hi'n debyg i ffotograff ar ffurf geiriau – ac o! mae'n ffotograff hyfryd!

Catrin Afonydd: Dyma i chi ysgrif sy'n bleser mawr i'w ddarllen, ac fe gydiodd yn fy nghalon yn syth. Mae'n dweud hanes rhywun sy'n addysgu Saesneg fel ail iaith i oedolion, ond sydd hefyd yn y broses o ddysgu Cymraeg ei hun, ac mae'r gymhariaeth yn un anarferol. Y cynildeb sydd yn rhwydo'r darllenydd, yr awgrym o gefndiroedd anodd y myfyrwyr yn ei dosbarth Saesneg, a'r agosatrwydd hyfryd sy'n datblygu wrth i rywun roi iaith i berson arall. Gwirionais yn llwyr ar waith *Catrin Afonydd*.

Rhoddaf y wobr i *Catrin Afonydd*, a diolch o galon i'r cystadleuwyr oll.

TRIP I'R GOFOD

10 Stryd i Lawr
San Steffan
SW1A 2AA
21 Mawrth 2019

Annwyl Donald

Cynllun 'Terecsit'

Ysgrifennaf atoch chi heddiw ynglŷn â'r posibilrwydd o deithio i'r gofod. Gwnaethon ni sôn am y syniad yn ein cyfarfod Stop Cefn wythnos diwetha, ond yn sgil datblygiadau diweddar, meddyliaf bod hi'n hen bryd i mi fynd. Dydy o ddim yn fy nghroen rhoi'r gorau fel arfer ond rydwyf mor wan â brechdan erbyn hyn.

Clywaf bod y Rhaglen Gofod Ewropeaidd yn chwilio am rywun i arwain y genhadaeth i'r blaned Mawrth. Dyma fi, barod i fynd cyn gynted â phosib, ac yn awyddus am her newydd. Mae gen i awydd sefydlu cymuned newydd ar y blaned goch – bydd hi'n haws na cheisio datrys y problemau ar ein planed ni.

Credaf bod gen i'r profiad perffaith ar gyfer y swydd, ar ôl i mi reoli'r prosiect mwyaf dadleuol yn Ewrop dros y ddwy flynedd diwetha. Mae o wedi bod tipyn o gamp. Rydwyf yn arfer byw ar fy ystrywiau, a does dim byd na neb yn codi ofn arna i. Felly dydw i ddim angen hyfforddi, neu gwsg chwaith, neu fwyd, ar wahân i losin gwddw bob hyn a hyn.

Hefyd, gallwn gadarnhau mod i byth eisiau dod yn ôl. Cyn gynted ag rydych chi'n cytuno, bydda i yn barod i fynd yn y fan a'r lle.

Baswn i'n ddiolchgar iawn tasech chi'n fy ngwaredu rhag uffern ar y ddaear hon.

Yn eiddoch yn obeithiol

Theresa

ON Efallai y basai'n well taswn i'n mynd ar fy mhen fy hun.
OON Peidiwch â chyhoeddi mod i'n gadael.
OOON Oes gynnoch chi fanylion cysylltiad Elon Musk?

Hymphrey

Daeth 12 ymgais i law, ac mi wnes i fwynhau'r profiad o'u darllen. Mae yma syniadau gwreiddiol ac amrywiol, ac elfennau o hiwmor chwareus yn dod i'r wyneb. Yn aml roedd rhai yn wallus eu hiaith ond fe benderfynais eu beirniadu am eu cynnwys a'u gwreiddioldeb, yn hytrach nag am gywirdeb eu hiaith.

Pysgodyn Aur: Llythyr wedi ei leoli yn y dyfodol yw hwn. Mae'n ddoniol, direidus ac yn llawn dychymyg. Hoffais ei awgrym fod Arglwydd Terfel yn noddi'r daith.

Estronwr: Llythyr â digon o ddychymyg, ond mae llu o gamgymeriadau ynddo. Efallai y dylai *Estronwr* fod wedi gofyn i rywun gael golwg arno cyn ei anfon. Addawol.

Cissie Sibrwd: Mae'n amlwg yn frwd dros Gymru, a deunydd Cymreig. Mae'n ysgrifennu'n dda: yn fwrlwm o syniadau, ac yn gorffen gan ddweud nad yw eisiau mynd i'r gofod wedi'r cwbwl!

Tewdrig: Eithaf blêr yw'r llythyr, a digon o wallau (a llawer o bethau wedi eu dileu). Mae angen bod yn fwy taclus wrth ysgrifennu yn y dyfodol. Daliwch ati!

Steffan Magwyr: Mae'n frwdfrydig iawn yn ei lythyr, ac o safbwynt rhywun sy'n 66 mlwydd oed yn meddwl mai dyma fydd ei gyfle olaf. Mae'n ysgrifennu'n dda ac yn freuddwydiwr iach.

Teithiwr Iaith: Hoffais ei gyfeiriad at ddreigiau gwahanol, gan eu cymharu â'r roced sydd yn mynd i'r gofod. Difyr, ac mae'n amlwg mai perthyn i'r Cymry mae 'Space X Dragon'. Syniadau diddorol, ac wedi'i ysgrifennu'n rhwydd.

Y Barwn Coch: Mae'n ysgrifennu'n dda, a syniadau amgen a doniol ar adegau, ac yn gorffen gyda'i lofnod, sef 'Captain Kirk' ei hun! Hoffais y llythyr yn fawr.

Hymphrey: Llythyr hyfryd iawn oddi wrth Theresa May! Mae'r ysgrifennu yn esmwyth ac agos atoch. Mae Theresa eisiau mynd ar daith 'Terecsit'. Doniol, gwreiddiol a chyfrwys.

Mags Brigog: Syniad gwreiddiol arall, a rheswm arbennig iawn am fynd i'r gofod ... i roi cymorth i blant sy'n dost. Llythyr hyfryd iawn.

Dyn Roced: Mae'n ysgrifennu'n dda ac awdurdodol. Mae'n gwerthu ei hun yn dda, ac yn llawn o hunanhyder. Mae hefyd yn berson â digon o hiwmor â'i dafod yn ei foch. Llythyr da, sy'n dangos digon o dynnu coes, ond sy'n cynnwys tipyn o wybodaeth am y pwnc.

Mrs Clooney: Llythyr sydd â digon o syniadau doniol, amgen. Mae'n hyderus mai hi yw y person gorau i ddod ar y daith ac yn cynnig rhesymau digon ysmala am fynd. ('Ddim ishe golchi llestri na smwddio dim mwy.')

Cnau-Stêm: Mae ei lythyr yn rhestru ei gymwysterau, ond dyw'r ysgrifennu ddim yn llifo bob tro. Er hynny, mae yna ddigon o hiwmor yma i wneud i mi wenu! Mae'n amlwg ei fod yn cefnogi cynnyrch Cymreig yn ei ddewis o fwyd a chwrw. Difyr a hwyliog.

Rhoddaf y wobr i *Hymphrey*.

Fy hoff olygfa, tua 200 o eiriau. Lefel: Canolradd

FY HOFF OLYGFA

Mae'n noson ddigwmwl ar ddiwedd diwrnod haf gogoneddus. Yn unol â thraddodiad teuluol, ar y patio dyn ni wedi gosod yn barod sawl matres a dillad gwely fel y gallwn ni i gyd gysgu gyda'n gilydd y tu allan dros nos. Mae gweddill y teulu wedi syrthio i gysgu ond dw i'n effro, yn gorwedd ar fy nghefn ac yn edrych lan. Uwch fy mhen, ac yn hollol o gwmpas ohonon ni yw fy hoff olygfa – awyr y nos, serennog, enfawr a mawreddog.

Gyda theimlad o ddisgwyliad, chwiliaf am y Llwybr Llaethog; ceisiaf adnabod ychydig o gytserau; edrychaf i binbwyntio unrhyw blanedau; ac wedyn arhosaf am ymddangosiad lloeren neu seren saethu achlysurol. O bryd i'w gilydd, bydd fy myfyrdodau o'r cosmos yn cael eu dwyn yn ôl i'r ddaear trwy sŵn anifail nosol neu silwét ystlum sy'n hedfan yn isel dros ein grŵp teuluol.

Yma yng Nghymru – ymhell o'r llygredd golau a'r llygryddion atmosfferig gwaethaf – dw i wastad yn gwerthfawrogi ein bod ni'n mwynhau rhai o'r awyrau nosol mwyaf tywyll, mwyaf serennog yn y Deyrnas Unedig. Dw i wrth fy modd bod ein plant – tri deg mlynedd yn ddiweddarach – yn dal i garu'r cyfle i gysgu allan, fan hyn, o dan ein hardal o harddwch naturiol eithriadol a safle o ddiddordeb gwyddonol arbennig ein hunain.

Gwaith ar y gweill

BEIRNIADAETH ALED LEWIS EVANS

Daeth pymtheg ymgais i law, ac yn gyffredinol roedd safon yr iaith yn uchel, ac yn dangos ymroddiad ac ymrwymiad i gyflawni'r dasg. Da iawn chi am ddewis amrywiaeth o olygfeydd amrywiol, llawer ohonynt y tu allan i Gymru ac yn codi o brofiad uniongyrchol y dysgwyr; mannau pell ac agos. Dyma air am bob un yn y drefn y derbyniais hwy.

Deborah: Hoffais y paragraffau hyn yn sôn am ddatblygiad yr olygfa mewn arddull farddonol iawn. Yn ychwanegol ceir elfen bersonol gref wrth sôn am fab yr awdur. Mae yntau yn cyferbynnu harddwch Cymru efo diffeithdir Irac lle bu'n filwr. Dalier ati i ysgrifennu a chreu delweddau cofiadwy.

Mindy: Mae *Mindy* yn clodfori byd natur o amgylch ei garafán yn Llwyngwril. Yr olygfa a wêl ohoni ydy gogoniannau bae a moryd Mawddach, Cader Idris a phont y Bermo. Mae diddordeb angerddol gan yr awdur yn yr olygfa, ac mae gallu ganddo i'w cyfleu. Mae angen cymryd ychydig bach mwy o ofal efo sillafu wrth gyflwyno i gystadleuaeth. Ond diolch am ein tywys yno.

Gwaith ar y gweill: Mae gallu arbennig i greu awyrgylch, a defnydd o iaith arbenigol yn rhwydd a naturiol, wrth syllu i fyny ar y sêr. Dyma hoff olygfa'r awdur. Mae'r angerdd bellach wedi ei drosglwyddo i'r genhedlaeth nesaf, sy'n hoffi cysgu o dan y sêr. Darn cryno sy'n siarad cyfrolau. Mae'r olygfa yn un y gallwn i gyd ei mwynhau, a llwyddir i greu awyrgylch cofiadwy iawn, a'r syniad o olyniaeth.

Llwynog Trefol: Hoffais y disgrifiad a'r awyrgylch arbennig yn y darn hwn am ardal y Brickhills ger Milton Keynes. Mae hoffter amlwg gan yr awdur o'r ardal yn y gaeaf. Ar y cyfan, mae'r iaith yn addas, ac yn cyfleu'r man arbennig i'r dim.

Melangell: Dw i wrth fy modd efo gallu *Melangell* i weld cynefin ei blentyndod yn hardd yn ei holl wrthgyferbyniadau: Aberafan y traeth a'r twyni, ond eto bygythiad yr olew du, a'r diwydiant dur 'a'r mwg a'r fflamau'. Hoffais y cysylltiad rhwng y llongau yn cyrraedd Abertawe yn ysgogi'r ymgeisydd ifanc a'i ffrindiau i fynd i deithio byd. Ymgeisydd cryf iawn â dawn greadigol. Dalier ati i ysgrifennu.

Dwylo Brwnt: Iaith o safon uchel. Methu dewis mae'r ymgeisydd hwn. Rhydd i ni gip ar forloi Bae Ceibir, Llyn Padarn a Glaslyn ar ôl iddi wawrio, machlud Aber, cyn canolbwyntio ar yr olygfa o ffenest ei gartref. Dyfais dda yw hon, er yr hoffwn fod wedi cael mwy o fanylion am yr hoff leoliad.

Walter: Rhaeadr Pontarfynach sy'n atgoffa'r ymgeisydd hwn o Speke's Mill Mouth yng ngogledd Dyfnaint. Cawn ddisgrifiad synhwyrus ac addas. Mae'r llinell glo yn dyrchafu'r darn, gan fod yr awdur yn synhwyro presenoldeb annwyl a chynnes ei rieni hefyd yn ffrâm y llun. Celfydd a chynnil iawn.

Sally May: Taith awyr o amgylch Mynydd Cook yn Seland Newydd sydd yma. Daw'r atgof i'r awdur wrth baratoi a llosgi'r te. Ceir dyfais ddifyr ar y diwedd. Cofiwch y tro nesaf wrth anfon i gystadleuaeth, y dylech wirio ambell sillafiad. Syniad gwreiddiol, serch hynny.

Gwylliad Coch: Golygfa o ardal Croesoswallt draw at Swydd Amwythig yw hoff olygfa'r ymgeisydd hwn. Darn llawn gwybodaeth ac awyrgylch, a defnydd difyr a manwl o iaith. Mwynheais hwn yn fawr, a'i adeiladwaith naturiol.

Beachcomber: Ymweliad ag Ynys Mull ac Iona a gawn ni wedi ei adrodd yn ddifyr gan yr ymgeisydd hwn. Mae angen tipyn bach mwy o ofal efo cywirdeb sillafu ac iaith. Eto i gyd, ceir disgrifiadau arbennig o'r hafan hwn. Diddorol yw'r llinyn stori am ailgyfarfod yr arlunydd.

Isabel: Hoffaf yr adeiladwaith yn y darn hwn am bwysigrwydd 'Consti' yn Aberystwyth i'r awdur. Cyn ei phriodas yn Aber, cyfleir y nerfusrwydd a'r pryder o symud i ardal newydd. Ond bellach mae'r pryder wedi cilio ac mae modd gweld harddwch arbennig o ben y bryn. Darn gwybodus a difyr am ddod i berthyn i ardal arall drwy gyfrwng un lleoliad, a dwy wedd wahanol ar yr olygfa. Cofiwch wirio ambell wall y tro nesaf cyn cyflwyno'r darn.

Veronica. Symlrwydd yr olygfa yn yr ardd gefn sydd yn y darn arbennig hwn. Mae'r iaith yn raenus. Eir â ni ar daith drwy dymhorau'r ardd mewn modd apelgar iawn. Ymhob tymor gwêl yr awdur obaith a rhywbeth i'n dyrchafu.

Genuvefa: Ardal Llandudno a'r Gogarth a geir yma, a nodir hanes y safle o ddyddiau cyntefig ymlaen. Wrth i'r darn ddatblygu, gwelwn fwy o ofal efo cywirdeb iaith i roi i ni gip cryno ar hanes y Gogarth ymhob cyfnod. Un nodwedd gyffredin drwy'r cyfnodau yw tyfiant blodau ers Oes yr Iâ. Ymgais arbennig.

Jinny Wyn: Gwylio'r adar drwy ffenest aeaf Aberffraw a wna'r ymgeisydd hwn. Hoffais y cyfeiriad at y drudwy, adar Branwen. Yna disgrifir yr adar yn ymbalfalu am fwyd yn yr ardd gefn. Trafodir eu byd yn wybodus a difyr.

Tylluan fach. Er bod yr awdur hwn yn heneiddio, a'r blynyddoedd yn rhwystro rhai agweddau, fe ddywed fod yr olygfa o'i lyfrgell yn dal i godi ei galon. Sonnir am y llyfrau a'r dodrefn a etifeddwyd. Hoffais y frawddeg 'Mae'r ystafell yn orlawn o drugareddau sy' wedi siapio fy mywyd a bywydau fy hynafiaid.' Gwerddon ddidechnoleg. Golygfa wreiddiol, a darn o ysgrifennu cofiadwy a theimladol.

Mewn cystadleuaeth o safon uchel, rhoddaf y wobr i *Gwaith ar y gweill*.

Blog, tua 150 o eiriau. Ar daith. Lefel: Sylfaen

AR DAITH

Well gen i beidio gofyn am help. Well gen i bod yn annibynnol, ond mae'n anodd, ar hyn o bryd. A dw i'n medru gweld bod y bobl yn brysur iawn. Weithiau, dw i'n gweld nhw'n ochneidio ac ymagor pan maen nhw'n cerdded heibio fy ngwely, yn arbennig dros nos. A dw i'n teimlo'n annifyr, achos mae'n breifat, a dweud y gwir.

Ond heno, o'n i'n meddwl baswn i'n trio gwneud o ar fy mhen fy hun, felly mi godais i, a mi gerddais i (yn araf iawn!) efo dolur, allan o'r ystafell.

Roedd yn anodd anadlu, ond o'n i'n cofio anadlu i mewn, ac anadlu allan, yn araf, fel arfer, pan dw i'n trio cerdded. Cerddais i ar hyd y coridor, trwy'r drws, i lawr y grisiau, trwy'r drws arall, ar hyd coridor arall, ac – yn y diwedd! – mi wnes i gyrraedd.

O'n i'n teimlo mor falch, o'n i isio chwerthin yn uchel! Agorais i'r drws tŷ bach efo gwên fawr. O'n i wedi gwneud y daith, ar fy mhen fy hun, a heb help!

Ond rŵan, sut fydda i'n dychwelyd yn ôl i'r gwely? Dw i braidd yn flinedig ...

Pamela Dawe

BEIRNIADAETH MARI LØVGREEN

Daeth wyth ymgais i law. Mi roedd hi'n galonogol gweld dysgwyr yn cystadlu yn yr Eisteddfod, a'u gallu i ddefnyddio'r iaith mewn modd naturiol a darllenadwy i'w ganmol. Pwrpas blog yw rhannu teimladau a syniadau ar y We mewn modd naturiol gan ddefnyddio iaith anffurfiol. Roedd nifer o'r ceisiadau yn darllen fwy fel dyddiadur neu ymson, ond mae'r ffin yn un denau. I lwyddo, mae'n rhaid i flog hoelio sylw'r darllenydd, a'i ddiddanu drwy gydol y darn, gan ei fod yn faes mor gystadleuol.

Mab Dda [sic] *Idris*: Cawn hanes hen ddyn yn aros am drên, sy'n llwyddo i greu naws ac awyrgylch yn effeithiol dros ben. Gwendid y darn yw ei fod yn darllen fwy fel stori fer na blog. Er hyn, rhaid canmol cywirdeb a safon yr iaith.

Mair: Mae *Mair* hefyd ar drên ac yn rhannu ei meddyliau efo ni'r darllenwyr fel maent yn saethu drwy ei phen. Ymson sydd gennym ni yma, felly, mewn gwirionedd, gan nad oes dim byd digon diddorol yn digwydd i gyfiawnhau ysgrifennu blog amdano. Mi wnes i fwynhau arddull naturiol y darn, a oedd yn gwneud i mi deimlo'n agos at y cymeriad dan sylw.

Dim Heddiw, Llaethwr: Mi ges i flas ar y blog hwn sy'n sôn am antur dwy ffrind yn Ffrainc. Braf oedd gweld peth hiwmor yma a digwyddiadau a oedd yn gwneud i chi fod eisiau darllen mwy. Mae hyn yn hanfodol mewn blog gan fod cymaint ohonyn nhw ar y We; rhaid hoelio sylw'r darllenwyr a chynnal eu diddordeb nhw. Serch hyn, mae ambell wall blêr yma sydd yn awgrymu fod y gwaith wedi ei frysio.

Melangell: Taith gerdded sy'n cael sylw'r blog hwn, ac arweiniodd yr agoriad cynnes, agos atoch i mi gynhesu at yr ysgrifennydd yn syth. Mae ganddi ddisgrifiadau byw ac ambell gymhariaeth hefyd. Mi fuasai rhannu mwy o'i theimladau yn cryfhau'r darn, ac yn ei wneud yn fwy diddorol.

Y Barwn Coch: Rhaid canmol safon yr iaith yma wrth i'r blogiwr rannu ei brofiadau yn teithio'r byd. Eto, mi fuasai'r blog yn elwa o rannu mwy o'i deimladau. Mae'n sôn fod y bwyd yn dipyn o her yn Khiva, Bukhara a Samarkand ond heb fynd i fanylder. Mi fuaswn i'n hoffi gwybod pam fod y bwyd yn her!

Dwylo Brwnt: Mae'r blog hwn yn trafod y profiad o deithio yn Seland Newydd am dair wythnos. Mae safon yr iaith i'w ganmol, yn ogystal â'r gallu i ddisgrifio. Er hyn, teimlaf fod y darn fymryn yn ffurfiol ar brydiau.

Dippy y Dinosor: Roedd y blog hwn yn ddiddorol, yn hawdd i'w ddarllen ac yn naturiol ei naws. Roedd yma ysgafnder a hiwmor sydd yn gweddu i'r fformat yn fawr. Mae arddull gryno, hwyliog y blog yn gwneud i mi fod eisiau darllen mwy. Mi fuasai'r blog yn elwa o ymhelaethu rhywfaint ar y digwyddiadau.

Pamela Dawe: Mi wnes i fwynhau darllen yr ymgais hon yn fawr iawn. Roedd yna amwyster i'r darn, a dirgelwch a oedd yn gwneud i chi ofyn cwestiynau fel darllenwr. Ro'n i'n mwynhau'r ffordd roedd hi'n hoelio fy sylw drwy sôn am ei theimladau mewn modd effeithiol. Yn anffodus, roedd gwallau iaith brysiog yn tarfu ar y mwynhad. Er hyn, dw i'n credu'n gryf fod yn rhaid i flog fod yn ddiddorol a phersonol er mwyn llwyddo.

Rhoddaf y wobr i *Pamela Dawe*.

Sgwrs grŵp WhatsApp neu Messenger ar ôl noson allan,
tua 100 o eiriau. Lefel: Mynediad

....

CYFATHREBU??

Abi: parti grêt neithiwr

Beti: y gorau!

Ceri: roedd y band yn wych

Abi: ... roedd y canwr arweiniol mor olygus

Beti: ... dw i wedi syrthio mewn cariad

Abi: ond yfais i ormod ... mae pen tost gyda fi

Ceri: oh, druan arnat ti!

Abi: wyt ti'n dawel, Dilys ... wnest ti fwynhau'r parti?

Dilys: dim llawer, i fod yn onest

Beti: wyt ti'n cellwair?

Ceri: beth!?

Abi: pam?

Dilys: siaradodd neb â fi

Abi: beth wyt ti'n feddwl wrth hynny? siaradon ni gyda'n gilydd drwy'r nos!

Dilys: ... dw i ddim yn siŵr am hynny ...

Abi: pawb, edrychwch! ... rhowch eich ffonau i lawr nawr ... mae'r gweinydd yma gyda'n pitsas!

Kate

Daeth naw ymgais i law. O'r rhain, un ymgais yn unig sy'n meddu ar deitl, ond mae pob un, serch hynny, yn mynegi rhywfaint o naws y bore wedi'r noson gynt, a hynny gan wneud defnydd da iawn ar y cyfan o'r Gymraeg. Nid hawdd oedd dewis rhyngddyn nhw.

Kate, 'Cyfathrebu??': Criw yn trafod hwyl y noson flaenorol, gydag un aelod yn teimlo na siaradodd â neb. Er i eraill ei ddarbwyllo na chafodd ei gadael ar ei phen ei hun, cawn wybod yn sydyn bod y criw efo'i gilydd unwaith eto, mewn bwyty y tro hwn, pob un â'i ffôn yn ei law ... yn trafod y noson flaenorol ar WhatsApp. Cyfiawnheir felly y marciau cwestiwn yn y teitl. Iaith gryno testun electronig, a thro yng nghynffon y sgwrs.

Antrobus: Ffrindiau'n methu mynychu Llyn yr Alarch na'r Theatr Chopin, nes cyrraedd y Monti Llawn a chael 'cyri doji', a dawnsio ar lwyfan wedi yfed gormod. Hyn oll gyda gwers Gymraeg i ddilyn y bore wedyn. Darlun da o ddryswch y diwrnod wedyn.

Nelly: Sgwrs rhwng tri o ffrindiau, ond yn anffodus dydy hi ddim yn glir a dreuliodd unrhyw rai ohonyn nhw y noson flaenorol gyda'i gilydd. Mae'r iaith yn gywir a thaclus, ond trafod gêm rygbi a welwyd ar wahân y maen nhw, yn ogystal â chynlluniau ar gyfer gweld y gêm nesaf. Darn da, ond heb fod yn ymateb yn hollol i'r testun.

Harcara: Mae'r darn hwn yn cynnig agwedd dywyllach ar ddigwyddiad cymdeithasol. Yn amlwg, mae un aelod o'r grŵp yn ei chael yn anodd ymwneud â dieithriaid, ac o ganlyniad wedi yfed gormod er mwyn brwydro ei swildod. Mae'r cynnig i ailadrodd y noson yn troi arni, a thybir y bydd yn well ganddi aros adref. Sgwrs ddiddorol, sy'n awgrymu nad ydy nosweithiau allan ddim yn dygymod â phawb.

Mr Boosh: Sgwrs yn dechrau gan ddymuno'n dda i Doris ar ei phen-blwydd. Wrth gwrs, dydy Doris ddim yn cofio manylion y noson, ac mae angen eraill i'w hatgoffa iddyn nhw ddawnsio ar y byrddau, canu ABBA a chystadlu mewn *karaoke*. Dim ond ar y diwedd y cawn wybod bod Doris nid yn unig wedi'i mwynhau ei hun, ond hefyd yn 86 oed.

Karadog: Yn y sgwrs hon daw'n amlwg bod anturiaethau'r noson gynt yn peri cryn drafferth y diwrnod canlynol i dair merch. I ddwy, gan fod ganddyn nhw 'ben tost' neu 'wddwg tost'. I'r drydedd, gan ei bod yn ceisio'u hatgoffa eu bod yn canu ar lwyfan Steddfod y diwrnod hwnnw, ac yn anobeithio o glywed nad oes gan ei chyfeillion fwriad mynychu. Sgwrs gryno, sy'n creu darlun effeithiol.

Barty Fumè: Ceir sgwrs yma rhwng dau berson yn unig, a phrin felly ei bod yn ymateb i ofynion y testun. Mae'r arddull braidd yn annaturiol, gan wneud defnydd helaeth o gromfachau er mwyn amlygu talfyriadau llafar. Gwell, tybiwn i, fyddai naill ai gadw at y sillafu llafar, neu ddefnyddio ffurfiau llawn. Mae'r ddeialog, serch hynny, yn cyfateb i arddull WhatsApp.

lolly: Dyma ymgais deg sy'n mynegi sut y mae pawb yn dilyn ei lwybr ei hun y diwrnod canlynol. Cawn un cyfaill, y bore wedyn, ar ei ffordd i'w wely, un arall yn gofyn lle'r aeth pawb, ac un arall eto newydd gofio ei fod i chwarae pêl-droed ymhen yr awr. Ond mae hyn oll yn swnio'n hwyl, a dw i'n siŵr na fydd hi ddim yn hir nes bod Bob yn cysgu drwy'r nos 'ar y gadair' unwaith eto, chwarae teg iddo.

Môrfarch: Antur go iawn sydd gynnon ni yma. Gydag un o'r criw wedi diflannu y noson gynt, o dipyn i beth daw stori Gill i'r amlwg, a chawn ei hanes yn deffro mewn sw yng nghwmni llewod, yn cael bag bin i'w wisgo, ac yn cyrraedd adref yn noeth heb ei goriad. Wrth i Gill gofio o'r diwedd yr hyn a ddigwyddodd iddi, mae'n penderfynu y dylai'r gwir aros yn Llandudno yn rhywle, a phwy a wêl fai arni? Datblygiad da, a fydd yn arwain at negeseuon WhatsApp pellach, yn ogystal, gobeithiwn, ac at ddigon o holi wyneb yn wyneb.

Rhoddaf y wobr i *Kate*.

Gwaith grŵp neu unigol

Blog fideo, 5-10 munud o hyd. Fy ardal. Lefel: Agored (Agored hefyd i ddisgyblion ail iaith ysgolion uwchradd dan 16 oed)

....

BEIRNIADAETH CAI MORGAN

Daeth tair ymgais i law. Yn dechnegol, dydy'r safon ddim yn rhagorol yn y gystadleuaeth hon eleni. Rhaid cofio taw cyflwyno neges unigryw ar ffurf fideo gydag arddeliad yw un o egwyddorion pwysicaf creu blog fideo; felly, mae'n sicr bod modd esgusodi unrhyw geisiadau nad ydynt yn cyrraedd y safon dechnegol a ddisgwylir yn oes YouTube a'r cyfryngau cymdeithasol sydd ohoni.

Criw Ceri: Mae'r blog fideo hwn yn un gweledol iawn sydd yn mynd â'r gynulleidfa ar daith o Wrecsam. Er bod hon yn ymgais dda – gyda dewis da o gerddoriaeth a digon o amrywiaeth o onglau camera – dydy'r gwaith golygu ar y cyfan ddim yn wych ac mae'n arafu'r naratif.

Criw Faith: Yn debyg i'r blog uchod, mae *Criw Faith* wedi creu fideo ffeithiol clir sydd yn sicr yn haeddu clod am y sgiliau sgwennu a throsleisio, ond ar y cyfan mae safon y cyfarwyddo yn wan ac mae angen gwella'r gwaith camera. Yn dechnegol, mae'r fideo yn safonol, ond yn anffodus y cyfarwyddo sy'n gadael y cais hwn i lawr.

Nur: Mae gwaith *Nur* yn cwmpasu holl egwyddorion sylfaenol blog fideo: cyflwyno clir, cyfarwyddo amlwg a golygu diddorol ac egnïol. Byddai'r fideo hwn yn gallu eistedd ar sianel unrhyw flogiwr poblogaidd yn 2019. Heb os, dyma gais gan gynhyrchydd fideo sydd wedi gwneud sawl blog fideo o'r blaen, ac yn haeddiannol o'r wobr.

Rhoddaf y wobr i *Nur*.

Gwaith grŵp neu unigol
Tudalen flaen papur newydd yn y flwyddyn 2050.
Lefel: Agored

....

BEIRNIADAETH GARETH WYN PRITCHARD

Daeth chwe ymgais i law gydag amrywiaeth o bynciau yn cael sylw ganddynt.

Grŵp Jeni, 'Y Byd': Ar bapur A3. Ymgais deg ac er mai 'Y Byd' yw'r teitl, mae'r gwaith wedi ei leoli yn Wrecsam. Dyma rai o'r pynciau sy'n cael sylw: 'Organau tiwb ar gael', 'Gwyliau Gofod', 'Y Tywydd' (a hwnnw'n rhyfeddol) a 'Cwmni tacsis i gau' – hynny am fod pobl yn seiclo i bobman, neu gyda cheir 'hunanyrru'. Hefyd, mae un hysbyseb ddiddorol am 'Robot Wraig ar werth!' Hoffais yr amrywiaeth yn fawr.

Kath, 'Y Waun Rhyngwladol newyddion': Ar bapur A4. Siomedig! O gofio teitl y gystadleuaeth, dyddiad y papur yw '8 Mawrth 2019'. Yr hyn a gawn yw chwe ffrâm yn rhoi chwe phwnc yn amrywio o brisiau tai ar y lleuad i'r frenhines yn dathlu ei phen-blwydd yn 124 oed! Yn anffodus, mae'r newyddion i gyd tu mewn i'r papur a dim stori o gwbl ar y clawr!

Kevin Cynefin, 'Cymru Heddiw': Ar bapur A4. Mae'r cyfan mewn du a gwyn ac yn cynnwys dwy stori a dau lun. Gresyn na ddefnyddiwyd lliw o gwbl. 'Mae locustiaid yn creu swyddi' yw un stori gyda llun merch ar fin rhoi locust yn ei cheg. 'Mae'r boblogaeth yn colli pwysau' yw'r stori arall gyda llun dyn ar gefn beic, a'r beic hwnnw'n hen ffasiwn iawn.

Llinos Llewelyn, 'Y Lleuad': Ar bapur A4. Prif stori'r ymgeisydd hwn yw 'Parc Dinosor ar agor heddiw'. Bydd Parc Jwrasig yn agor ar Ben y Gogarth, Llandudno, y flwyddyn honno. Ceir llun hyfryd o'r deinosoriaid. Hefyd mae stori fer am Madonna ar ben y siartau pop a hithau'n 92 oed! Diddorol!

Isabel, 'Newyddion Cymru': Ar bapur A4. 'O bydded i'r hen iaith barhau!' yw'r newyddion hwn, ac mae'n 'marcio diwedd prosiect Llywodraeth Cymru – Cymraeg 2050'. Byddwch yn falch o ddeall bod yr iaith Gymraeg yn fyw ac yn ffynnu bryd hynny. Ymgais dda wedi ei hysgrifennu mewn Cymraeg graenus ar y cyfan. Buaswn wedi hoffi cael mwy nag un stori ar gyfer tudalen flaen.

Barni, 'Newyddion Heddiw': Ar bapur A4. Dwy brif stori ryfeddol! 'Blaenau Ffestiniog yw'r lle sycha' – yng Nghymru, Yr Alban a Lloegr (does yna ddim Prydain bellach). Mae Stiniog ar lan y môr ers y Llif Mawr yn 2039. Hoffais fod y stori wedi ei hysgrifennu ar lun cefndir o'r haul ac awyr las. 'Llanast Llexit' yw'r ail stori. Ydy, mae Lloegr yn dal heb benderfynu a ydynt am adael yr Undeb Ewropeaidd! Eto, hoffais y map yn dangos y gwledydd yn gefndir.

Rhoddaf y wobr i *Grŵp Jeni.*

Adran
Dysgwyr

PARATOI
DEUNYDD AR
GYFER DYSGWYR

Agored i ddysgwyr a siaradwyr Cymraeg rhugl
Ysgrifennu dwy sgets, un ar gyfer grŵp maint 7-8 a'r llall ar gyfer grŵp llai 4-5

BEIRNIADAETH EILIR JONES

Daeth dwy ymgais i law.

HJB, 'Yr Ocsiwn ym Mart Llanrwst': Ymgais deg ond wedi dechrau'n ddigon addawol, nid pob jôc oedd yn cyrraedd y nod. Siomedig oedd y ffaith bod yno wneud hwyl am ben y deillion, a bod y tro yn y gynffon yn ddibynnol ar hynny.

'Radio'r Car': Ymdrech dda sy'n dangos ôl gwaith, ond yn anffodus, efallai ei bod yn fwy addas fel sgets radio, gan nad yw'n cynnig fawr ddim gweledol.

Y Morfach, 'Y Dosbarth': Syniad da ond doedd pob jôc ddim yn taro deuddeg ac roedd diwedd y sgets ychydig yn wan.

'Y Wobr': Mae'n anodd dilyn y plot a gwybod be yn union sy'n digwydd cyn y diwedd. Byddai hi'n syniad i'r cyflwynydd egluro rheolau'r rhaglen ar ddechrau'r sgets a chynnwys rheol mai dim ond un wobr y mae pawb yn cael ei hennill. Rywsut, dydy hi ddim yn dal dŵr.

Dim gwobrwyo.

Adran Cerddoriaeth

Tlws y Cerddor

Cyfanwaith i gôr SATB, *6-8 munud o hyd, gyda chyfeiliant neu yn ddigyfeiliant, gan ddefnyddio unrhyw ddetholiad o'r gerdd 'Llwch y Sêr' gan Grahame Davies. Y gwaith i gynnwys dau neu dri darn. Gellir defnyddio unawdydd/unawdwyr os dymunir.*

BEIRNIADAETH RICHARD ELFYN JONES, GARETH GLYN, EILIR OWEN GRIFFITHS

Derbyniwyd deg ymgais, a chan fod ysgoloriaeth hael yn gysylltiedig â'r gystadleuaeth mae yna ragdybiaeth mai cyfansoddwyr ifanc uchelgeisiol a ddisgwylir i gystadlu, er nad oes sylw penodol i hynny yn y *Rhestr Testunau*. Wrth dderbyn y posibilrwydd mai'r to ifanc fyddai'n cystadlu teimlem y rheidrwydd i fod yn oddefol neu o leiaf yn eangfrydig yn ein sylwadau: maddau rhai camgymeriadau technegol (o fewn rheswm), maddau diffygion yn y cyflwyno (o fewn rheswm), ac yn y blaen. Ond ni ellir maddau tu hwnt i bob rheswm. Mae statws cydnabyddedig y gystadleuaeth yn hawlio bod bar i'w osod ynglŷn â'r safon a ddisgwylir. A'n cyfrifoldeb ni fel beirniaid yw gosod y bar. Siom i ni oedd bod cyn lleied o'r cyfansoddiadau wedi llwyddo i gyrraedd y safon a ddisgwyliem ac a fyddai, felly, yn haeddu ystyriaeth ar gyfer y wobr a'r ysgoloriaeth bwysig hon.

Mae cerdd Grahame Davies mewn dwy ran ac yn fynegiant llachar ac emosiynol o bwysigrwydd llwch y sêr i ni ac i ddynoliaeth ers cyn cof. Mae'r deunaw llinell gyntaf yn ymateb i ddirgelion arallfydol, ac yn ddathliad ohonynt. Rhoddant gyfle gwych i gyfansoddwr geisio ymateb i ryfeddodau na allwn eu dirnad, ac fe ymdrechodd un neu ddau o'r cystadleuwyr i greu naws ddefodol addas. Ond er mwyn llwyddo i adlewyrchu dirgelion y bydysawd mae'n ofynnol, onid ydyw, i fod yn ddychmygus wrth gynganeddu? Prin iawn, ysywaeth, oedd gweld unrhyw feiddgarwch gwir greadigol yn hyn o ofyniad yn y cyfansoddiadau a dderbyniwyd.

Mae ail hanner cerdd Grahame Davies yn drawiadol yn y ffordd y mae'r bardd yn gwneud yr elfen ddynol yn ganolog. Mae synhwyriad yma bod y 'grym sy'n gyrru'r galaeth'(yn yr hanner cyntaf) mewn gwirionedd (yn yr ail hanner) yn 'mudlosgi yn ein mêr' ni. Mae tasg gan y cystadleuwyr, felly, i geisio dwyn at ei gilydd y ddwy agwedd wahanol sy'n y gerdd. Yn naturiol, mae'r ddwy agwedd yn hawlio creu dau wahanol fath o fynegiant cerddorol. Ychydig o'r cystadleuwyr oedd wedi amgyffred hyn. Byddem wedi ein plesio pe caem rywfaint o undod rhwng dau bwnc cyferbyniol y bardd – ond ni welwyd hynny yn gyffredinol yn y darnau a dderbyniwyd.

Tom: Mae *Tom* yn troedio llwybr traddodiadol iawn yn ei dri gosodiad. Mae tinc gwerinol yn ei ddarn cyntaf. Ac yn y trydydd gosodiad, lle ceir naws anthemig sioe gerdd, mae yna ymgais i ddatblygu yn donyddol trwy symud i wahanol gyweiriau. Ni theimlem, fodd bynnag, bod digon o ddiddordeb melodig a harmonig yma, ac mae'r cordio a'r dilyniant yn gyffredinol yn rhy sylfaenol a braidd yn ystrydebol gyda phwyslais mawr, yn anffodus, ar gordiau'r tonydd a'r llywydd. Mae'n siŵr y caiff y gwaith dderbyniad gwresog mewn cyngerdd lleol ond nid yw'n anelu'n ddigon uchel i'n bodloni ni.

Berfeddwlad: Mae *Berfeddwlad* wedi cynnig dau ddarn ar gyfer côr a thelyn. Mae'r gwaith hwn yn sefyll ar wahân braidd i'r lleill oherwydd yr amcanion arbennig sy'n cysylltu'r cyfansoddwr (o leiaf yn y darn cyntaf) ag esiampl arbennig o'n treftadaeth gerddorol. Yn y gosodiad cyntaf, mae'n amlwg bod gwreiddiau'r cystadleuydd hwn yn ddwfn ym myd cerdd dant ac mae'n hen law ar osod geiriau yn ystyrlon a sensitif. Gwaith syml, di-lol yw gyda chyffyrddiadau a fyddai'n rhoi mwynhad i gôr cymedrol ei safon ac i gynulleidfa draddodiadol. Ond oherwydd y cynfas traddodiadol chwarae'n saff, yn naturiol, y mae'r ymgeisydd hwn. Mae'r ffaith bod y cyfeiliant yn cyd-fynd yn hwylus gyda'r gyfalaw, sef y rhan gorawl (fel sy'n digwydd mewn cerdd dant) yn naturiol yn cynnig rhywfaint o ddiddordeb technegol a llwyddir i greu tensiynau harmonig addas yma ar brydiau. Mae'r ail adran yn tynnu ar draddodiad emyn-donau, ac er bod rhyw swyn yn y brif alaw nid yw'r cynnwys melodig a harmonig yn ddigon dychmygus. Wedi darllen rhagarweiniad y cystadleuydd roeddem efallai wedi disgwyl gwaith pwysicach a mwy dyfeisgar na hwn.

Glanllyn: Cyfansoddodd *Glanllyn* dri darn ar gyfer côr digyfeiliant. Yn y darn cyntaf, mae'n cychwyn yn addawol gan ymdrin yn gelfydd gyda chordiau wyth llais ond mae gorddefnydd o gord y tonydd yn wendid amlwg. Mae llawer o adrannau byr gwrthgyferbyniol eu naws a cheir rhywfaint o ddiddordeb rhythmig oherwydd hoffter y cyfansoddwr o bum curiad yn y bar, sy'n plethu gyda 4/4 yn ddi-fai. Ond mae'r gosodiadau yn bennaf mewn rhythmau emynyddol a does fawr ddim trawsgyweirio. Yn anffodus, mae'r alaw gyda'i chynghanedd yn yr ail a'r trydydd gosodiad braidd yn rhagweladwy a heb rin defodol harmonïau'r gwead wyth llais. Ychwaith, nid oeddem yn meddwl bod yn yr ymgais hon ymateb digon meddylgar i ystyr y geiriau.

Wali Tomos: Mae dau osodiad *Wali Tomos* yn dangos crebwyll cerddorol amlwg, gyda thechneg sicr ac arddull cyson. Mae'r darn cyntaf ar gyfer côr cymysg gyda phiano, *glockenspiel* a chlychdiwbiau. Er ei fod yn waith effeithiol o fewn cyfyngiadau artistig cul mae'n adleisio llawer o ddarnau cyffelyb o'r gorffennol. Unwaith eto cawn ymateb anhyblyg, emynyddol i rhythm y geiriau. Ni wyddom pam na cheir cyfeiliant o unrhyw fath yn yr ail ddarn. Efallai mai dwyster y farddoniaeth a ysgogodd y cyfansoddwr i lunio darn digyfeiliant. Gellid dweud bod yr ail ddarn hefyd yn adleisio darnau tebyg a glywyd sawl tro, ond mae'r ysgrifennu yma yn ddisgybledig a'r rheolaeth dros y gynghanedd yn grefftus a thelynegol. Hawdd yw cyhuddo *Wali Tomos* o ddiffyg gwreiddioldeb ac efallai byddai hynny'n anneg mewn oes fel hon lle mae llwyddo i gyflwyno llais cerddorol newydd ffres yn eithriadol o anodd. Yn anffodus, nid oes digon o ddychymyg creadigol yng ngwaith *Wali Tomos* i'n hargyhoeddi ei fod wedi creu gwaith digon difyr a diddorol. Nid yw wedi ein perswadio ei fod yn cyrraedd y bar a osodwyd.

Lleu: Cynigiodd *Lleu* esboniad manwl o'r farddoniaeth fel rhagymadrodd i'w ddau ddarn i gôr a thelyn ac yn ei ragair ysgrifennodd ddadansoddiad personol o'i ymdrechion. Mae'r gosodiad cyntaf yn hwylus a thraddodiadol, ac er ei fod yn delio gyda gofynion harmoni diatonig estynedig (pentyrru trydeddau) yn rhwydd nid yw'n ddigon trawiadol. Mae rhan ganol y darn cyntaf yn ffiwg, a ffiwg braidd yn oracademaidd ei wneuthuriad yw. Ond o leiaf mae cael gwrthbwynt yn rhoi rhuddin apelgar i wead y darn. Mae'r *fugato* hwn yn cychwyn yn y baróc ond yn gorffen gyda chord o'r 13ydd – effaith ecsentrig i'n clustiau ni! Mewn mannau eraill mae yna eiliadau diddorol yn y siantio emynyddol ond mae bob tro yn tueddu i syrthio'n ôl yn ormodol ar hen arferion traddodiadol ac nid yw'r ddau uchafbwynt eofn tua'r diwedd yn taro deuddeg. Yn gyffredinol, mae diffyg ysbrydoliaeth yma ac, ar waethaf y *fugato*, mae tueddu i fod yn annyfeisgar wrth drin y deunydd melodig a harmonig. Fel yn achos *Wali Tomos* mae'r gofynion offerynnol/ lleisiol yn newid rhwng y ddau ddarn; felly, mae'r delyn yn gorfod disgwyl tan yr ail ddarn cyn cael ei chlywed ond, pan y'i defnyddir, mae'n effeithiol.

Garth: Gyda *Garth* teimlem y byddai ychydig o gaboli wedi sicrhau llif eithaf diddorol i'w dri darn ar gyfer côr digyfeiliant. Mae elfennau cromatig tôn-cyfan gydag ychydig o ddigyweiredd yn rhoi naws lled soffistigedig, er bod peth o'r gynghanedd yn ymddangos yn fympwyol braidd. (Anodd oedd dirnad pam fod rhai seiniau anghytseiniol yn bod.) Fel gyda bron pob un o'r cystadleuwyr eraill mae gwendidau technegol yn eu hamlygu'u hunain. Er enghraifft, er bod rhywfaint o ddychymyg egnïol yn y gosodiad o 'a deall nad oes terfyn/ yw'r ffordd i fod yn rhydd', mae'r geiriau wedi'u camosod yn ddifeddwl. Hefyd, roedd clywed yr un math o gord drosodd a throsodd yn gwanhau effaith gyffredinol y darn ac roedd gorffen y gwaith gyda chord seithfed y llywydd yn swnio'n od i'n clustiau ni.

Diferyn: Yn ei waith ar gyfer unawdydd, côr a phiano gwelwn fod clust dda gan *Diferyn*, ond er bod yr ymgeisydd hwn yn ymddangos yn hyderus wrth gynganeddu mae diffygion yma: mae dosbarthiad y lleisiau yn wallus ar brydiau (fel yn y cord olaf un), ac mae rhai barrau od lle clywir y tenor o dan y bas. Teimlem y gallai fod wedi bod yn fwy beiddgar a chynnwys mwy o ysgrifennu cromatig. Mae ei gynllun tonawl yn anniddorol, gan iddo aros yn yr un cyweirnod trwodd ac nid yw'r rhannau cysylltiol i'r piano bob amser yn ddigon dyfeisgar. Efallai na thrwythodd *Diferyn* ei hun yn y geiriau cyn dechrau cyfansoddi gan iddo, fel sawl un arall, ddewis adran sionc, ddawnsaidd ar gyfer geiriau sydd ddim mewn gwirionedd yn galw am hynny.

Canrhawdfardd: Dau ddarn byr ac i bwrpas yw cyfansoddiad *Canrhawdfardd*, sy'n dangos deallusrwydd cerddorol gyda harmonïau tonyddol ond nid sathredig. Mae'r ymdriniaeth o'r geiriau ar y cyfan yn dderbyniol. Llwyddodd *Canrhawdfardd* i gynnwys canon mewn pedwar llais, er nad yw thema'r canon yn ysbrydoledig iawn. Teimlem bod cyfleoedd wedi eu colli i ddwysáu'r gynghanedd, ar waethaf un ddiweddeb ddramatig tua hanner munud i mewn i'r darn cyntaf ac yn hwyrach ymlaen lle mae ymateb teimladwy wrth osod y geiriau 'a'r truan sy'n tristáu'. Fodd bynnag, mae yna rywbeth deniadol yn y dilyniant cordiau ar brydiau ac yn y cyfuniad o lais a thelyn. Ond braidd yn fyr yw'r gwaith ac, yn anffodus, am y rhan fwyaf o'r amser mae'r un gosod emynyddol yn y cyfansoddiad ag sydd i'w weld mewn nifer o gyfansoddiadau eraill yn y gystadleuaeth.

Sagan: Tonyddol iawn yw ymgais *Sagan*, ac yn seiliedig ar arddull pop cyfoes, gyda drymiau a gitâr. Dydy *Sagan* ddim o hyd yn ymateb i ystyr y geiriau gan ei fod yn ddibynnol ar yriant rhythmig yr arddull, sy'n cyfyngu ar y gallu i fod yn hyblyg. Ond mae'r cystadleuydd hwn yn deall ei gyfrwng, ac mae'r rhagarweiniad yn gweithio'n effeithiol o fewn hwnnw. Hefyd mae yna asbri yn y dilyniant cordiau sy'n ei godi uwchlaw 'cân bop' gyffredin, ac mae adrannau mwy myfyriol fel yr un sydd ar y diwedd yn gweithio'n dda. Yn sicr mae gan y cyfansoddwr hwn dalent a cherddorolrwydd.

Delw: Dyma'r ymgeisydd y treuliasom fwyaf o amser yn pendroni drosto, er mai gwaith byr iawn a ysgrifennodd. Ar bapur mae rhywbeth moel iawn yn y cyfansoddiad, efo camosod geiriau a thorri brawddegau yn rhemp, a gwead tenau dros ben am lawer o'r amser. Sylwn hefyd ei fod mewn dau le yn gollwng lleisiau pan nad oes unrhyw reswm i wneud hynny. Does dim llawer i'w ganmol yn y cordio, ond mae'r darn yn wahanol i bob cyfansoddiad arall yn y gystadleuaeth – yn dangos rhywfaint o wreiddioldeb. Fel gyda'r rhan fwyaf o'r cystadleuwyr eraill, derbyniasom fersiwn recordiedig – ond gyda *Delw* mae hwn yn wahanol i'r fersiwn ysgrifenedig. Tybed pa fersiwn y mae'r cystadleuydd am i ni ei farnu? (Gwell peidio â cheisio ateb y cwestiwn gan mai astudio'r fersiwn ysgrifenedig fu raid i ni.) Nid yw'r gwaith yn un swmpus, er ei fod yn ateb gofynion y gystadleuaeth i fod o leiaf chwe munud o hyd, a dydy'r weithred o roi label 'Adran 2' hanner ffordd drwy'r gwaith ddim ynddo'i hun yn creu cyfanwaith mewn dwy ran!

Wyddom ni ddim faint o gerddoriaeth gorawl gyfoes (os o gwbwl) y mae llawer o'r ymgeiswyr wedi gwrando arni cyn mentro i'r gystadleuaeth hon. Gan fod cerddoriaeth yn iaith ryngwladol nid oes terfyn ar fodelau eithriadol grefftus ac ysbrydoledig y gall cyfansoddwr uchelgeisiol eu hastudio a chael ei ysbrydoli ganddynt, ac wedyn efallai eu defnyddio fel modelau. Mae'n rhyfedd bod cynifer o'r cystadleuwyr heb ddangos ymwybyddiaeth o'r cyfoeth o fodelau yn y brif ffrwd Ewropeaidd sydd ar eu cyfer i'w hastudio. Ychwaith, ni ddisgwyliem weld cymaint o'r hyn yr ydym yn eu hystyried yn wendidau sylfaenol. Yn ein barn ni, yr unig rai sy'n haeddu cael eu hystyried mewn dosbarth uwch na'r rhelyw eleni ydy *Canrhawdfardd, Sagan* a *Delw*. A phetai *Delw* wedi bod yn fwy gofalus rydym yn siŵr y gallai ef neu hi fod wedi cyfansoddi darn arobryn. Ond ni ddigwyddodd hynny yn ei fersiwn o 'Llwch y Sêr'. Felly, rydym ein tri braidd yn siomedig ond yn gytûn na ddylid, yn anffodus, wobrwyo eleni.

'Y Duw ddaw atom mewn dieithrwch'

Althea

Y Duw ddaw atom mewn dieithrwch

Mi welaf wraig a'i gwedd yn llwm a llwyd
Yn dod yn llwfr drwy ddrysau y banc bwyd,
Ei phartner gyda'i phlentyn ar y stryd,
Mae'n ysu am gael ffoi rhag barn y byd.
    A hon yw'r Duw ddaw atom mewn dieithrwch,
    Y Duw na welsom ni mohoni 'rioed,
    Y Duw a ddaw i darfu ar ein heddwch
    Wrth ddeisyf am ein cariad yn ddi-oed.

Ac mewn sach gysgu laith yng nghyntedd drws
Y gorwedd merch – mor ysgafn yw ei chwsg,
Mae'n deffro o glywed sgrech a rheg gerllaw,
Ond gyda'i llygaid oer mae'n cuddio'i braw.
    A hon yw'r Duw ddaw atom mewn dieithrwch,
    Y Duw na welsom ni mohoni 'rioed,
    Y Duw a ddaw i darfu ar ein heddwch
    Wrth ddeisyf am ein cariad yn ddi-oed.

Rhoed inni'r ddawn i 'nabod yn ein hoes
Y rhai sy'n cario pwysau trwm eu croes,
Gan estyn iddynt gariad rhad mewn ffydd
Y profant obaith byw eu 'trydydd dydd'.
    A hon yw'r Duw ddaw atom mewn dieithrwch,
    Y Duw na welsom ni mohoni 'rioed,
    Y Duw a ddaw i darfu ar ein heddwch
    Wrth ddeisyf am ein cariad yn ddi-oed.

Tecwyn Ifan

Y dasg a osodwyd i'r 23 ymgeisydd eleni oedd cyfansoddi emyn-dôn i eiriau Tecwyn Ifan. Roedd geiriau'r emyn yn fodern ac yn wahanol i'r arfer ond roedd y mesur yn weddol gyfarwydd. Roeddwn yn chwilio am emyn-dôn pedwar llais yn y dull traddodiadol i gynulleidfa ond roedd y mwyafrif yn cynnwys alaw mewn unsain i'r penillion a'r cytgan mewn pedwar llais. Er mor hyfryd oedd rhai o'r rhain, teimlwn mai caneuon cysegredig yn y dull modern oeddynt gyda rhagarweiniad, cyfeiliant annibynnol ac offerynnau megis drwm, gitâr a hyd yn oed gorn Ffrengig mewn un gân.

Rwyf wedi eu gosod mewn tri dosbarth.

Dosbarth 3
Yr emyn-donau yn y Dosbarth hwn sy'n dangos y mwyaf o wallau.

Wil y Rhyd, 'Emyn y Strydau': Unsain oedd hon i ddechrau ond ychwanegwyd desgant yn y penillion ac fe aeth yn ddeulais yn y cytgan. Braidd yn undonog o ran nodau a rhythm oedd yr alaw a'r cytgan; roedd yn ddigon swynol ond nid oedd newid cywair nac ymdeimlad o uchafbwynt.

Bedwyr Rhys: Roedd hon yn emyn-dôn pedwar llais drwyddi ond roedd nifer fawr o wallau harmoni, ambell gord rhyfedd a dilyniant cordiau gwan (*chord progression*). Nid oedd yn llifo'n hawdd bob amser ac ailadroddwyd ambell gymal hefyd.

Elfed: Emyn-dôn pedwar llais yn F# leiaf a gafwyd ond aethpwyd allan o'r cywair yn yr ail far efo D# a daeth hwn yn amlwg nifer o weithiau. Roedd nifer o gordiau anghytgord (*dissonances*) a gormod o drawsacennu a oedd yn amharu ar lyfnder y darn. Ailadroddwyd cymal 1 yng nghymal 3.

Gwdihw: Roedd hon yn emyn-dôn pedwar llais ond teimlwn fod gormod o saib rhwng un cymal a'r nesaf yn aml. Roedd E gwaelod i'r bas ym mar 1 yn llawer rhy isel a chafwyd nifer fawr o wallau yn yr harmoni.

Lloyd, 'Deo Gloria': Roedd nifer o nodau yn yr alaw yn llawer rhy uchel – top Bb ac A. Alaw oedd hi drwyddi ond nid oedd yn llifo'n hawdd oherwydd trawsacennu a neidiau mawr. Nid oes naws emyn-dôn yn y darn hwn – mae angen gwell cordiau, gwell dilyniant cordiau ac alaw fwy soniarus.

Dosbarth 2

Mae emynau-donau'r Dosbarth hwn yn fwy graenus o ran cywirdeb ac fe ddylai ambell un ohonynt gael ei pherfformio gan gôr, unawdydd ac offerynnau. Ychydig iawn ohonynt sydd yn bedwar llais drwyddynt.

Eurgain: Unawd yw'r alaw a'r cytgan yn bedwar llais. Mae'r alaw yn ganadwy a swynol ond dipyn yn gyfarwydd yw rhai o'r cymalau. Yn y cytgan fe hoffais y cymal cyntaf yn y lleddf. Roedd nifer o wallau ac ambell gord estron yn y cytgan ac nid oedd yr emyn-dôn yn llifo'n hawdd ar brydiau oherwydd y trawsacennu.

Elsa: Unawd oedd hon drwyddi, unawd swynol ond rhai cymalau'n swnio'n orgyfarwydd. Roeddwn yn hoff o'r llinell 'ysu am gael ffoi' a oedd yn adlewyrchu ystyr y geiriau'n dda. Roedd y cordiau'n gadarn yn y cyfeiliant a'r dilyniant cordiau yn dda drwyddo.

Arian: Emyn-dôn i dri llais yw hon drwyddi – SAB yn hytrach na phedwar SATB – felly, nid yw'r cordiau mor gyfoethog. Roedd rhythm yr alaw'n anwastad ac oherwydd hyn collwyd y llyfnder; roedd seibiau hir hefyd rhwng y cymalau. Roedd y cytgan yn llifo'n llawer gwell ond rhaid osgoi dewis yr un nodau i ddechrau pob cymal.

Aeron: Roedd sawl fersiwn offerynnol gan yr ymgeisydd hwn gyda'r cyfeiliant yn amrywio i bob un. Alaw yw'r pennill ac er ei bod yn swynol roedd tuedd i fynd o gwmpas yr un nodau a'r cwmpawd yn gyfyngedig. Roedd y cyfan yn fwy bywiog ond roedd y soprano a'r tenor yn camu weithiau mewn wythfedau. Roedd cyffyrddiad hyfryd ar y gair 'heddwch' ond teimlwn fod gormod o ailadrodd y nodau yn y cytgan.

Trefor: Roedd hon yn emyn-dôn yn y cywair lleddf ond yn bedwar llais drwyddi. Roedd y cordiau ar y cyfan yn weddol gywir gydag ambell wall yn unig. Gwendid mawr yr emyn-dôn hon oedd bod tri chymal olaf y cytgan yr un fath â thri chymal olaf y pennill (heblaw am ambell gord), felly nid oedd digon o amrywiaeth ynddi.

Mr Blake: Alaw yn unig yw'r pennill ac mae'n adeiladu o gymal i gymal; hoffais y G♭ yn y gair 'llwfr'. Yn y cytgan mae sawl gwall mewn cordiau a dilyniant cordiau ac mae cymalau 3 a 4 *bron* yn union yr un fath â chymalau 1 a 2, felly mae'r amrywiaeth ar goll.

Ifan: Mae hwn yn gytgan go-iawn i ddau gorn Ffrengig, unawdydd tenor, côr, cit drymiau, piano a gitâr; fe ddylid ei berfformio ond ni ellid ei alw yn emyn-dôn yn yr ystyr draddodiadol. Mae'r alaw gyda chwmpawd cul o nodau, o E♭ i G yn unig. Mae cytgan y pennill cyntaf mewn pedwar llais ond mae nifer o'r cordiau a dilyniant cordiau yn dangos nifer o wallau sylfaenol. Mae trefniant yr ail bennill yn wahanol, yr alaw yn lleisiau'r dynion a'r merched yn hymian. Mae'r cyrn yn chwarae'r rhagarweiniad i bennill 3 (sydd hanner tôn yn uwch) a'r alaw yn y pennill i'r unawdydd ac wedyn i'r côr. Mae tipyn o waith wedi mynd i greu'r darn hwn a byddai clywed perfformiad ohono mewn cyngerdd yn ddiddorol. Cofiwch bod rhaid ysgrifennu nodau'r corn Ffrengig bumed yn uwch mewn sgôr.

Bendigeidfran, 'Waunadda': Roedd yr emyn-dôn hon yn anghyffredin am ei bod mewn modd *(mode)*. Roedd mewn pedwar llais ac roedd nifer o bethau da yn perthyn iddi. Ei gwendidau oedd bod seibiau rhy hir rhwng pob cymal yn y pennill a nifer o wallau harmoni ar ddechrau'r cytgan. Roeddwn yn hoff o ail gymal y cytgan yn symud tuag at C leiaf a'r uwchbwynt ar y gair 'heddwch'.

Symlog, 'Bwlch y Gwynt': Roedd hon yn emyn-dôn mewn pedwar llais yn C leiaf. Roedd yr alaw yn syml ond roedd y cwmpawd braidd yn isel. Roedd y cordiau a dilyniant y cordiau yn bur dda ar wahân i ambell wall. Roeddwn i'n disgwyl i'r cytgan godi i lefel uwch yng nghwmpawd y lleisiau er mwyn creu awyrgylch llai trist ond ni ddigwyddodd hyn.

Bryn y Briallu: Emyn-dôn mewn pedwar llais a gafwyd yma ac mae'n amlwg fod awdur y dôn yn adnabod cordiau yn dda. Roedd yna rai gwallau ond hoffais y newid o G leiaf i G fwyaf yn y cytgan. Mae'n drueni fod rhai o'r nodau yn aneglur ac anodd weithiau oedd dirnad pa gord oedd gan y cyfansoddwr mewn golwg. Roedd dau gymal o'r cytgan bron yr un fath.

Ap Morwr: Roedd yr alaw yn unsain a'r cytgan mewn pedwar llais. Cafwyd alaw syml a swynol ond bod tuedd i ailadrodd patrymau rhythmig ac i grwydro o gwmpas yr un nodau. Roedd dechrau'r cytgan yn addawol gan fynd tua G leiaf ond roedd y cordiau yn statig heb ddigon o ddilyniant cordiau yng ngweddill y cytgan; roedd nifer o wallau yn y cytgan.

Iwan Arthur: Roedd yr alaw yn unsain a'r cytgan yn ddeusain; yn ddiddorol roedd desgant i bennill 3 a geiriau gwahanol iddo. Roedd cwmpawd yr alaw yn gyfyng a rhai cymalau yn swnio'n gyfarwydd. Er hynny, roedd yn swynol a chanadwy yr un fath â'r cytgan. Hoffais y dilyniant *(sequence)* yn y ddau gymal cyntaf yn y cytgan. Fe fyddai hon yn eitem swynol mewn cyngerdd.

Dosbarth 1

Y chwe ymgais ganlynol oedd goreuon y gystadleuaeth er bod gwallau ymhob un ohonynt. Mae'r rhain yn dangos mwy o wybodaeth am gordiau, newid cywair a theimlad o naws arbennig y geiriau. Roeddwn yn awyddus i warchod seiliau'r emyn-dôn Gymraeg gynulleidfaol i bedwar llais; mae'r traddodiad hwn yn gwanhau'n gyflym a'r duedd yn awr – fel y gwelir eleni – yw creu emyn-donau ar ffurf caneuon 'ysgafn' gyda rhagarweiniad a chyfeiliant annibynnol.

Savoyard o'r Gogledd: Cafwyd emyn-dôn pedwar llais drwyddi yn G leiaf. Roedd hon yn ymgais reit dda ond roedd nifer o wallau ac un neu ddau gord amheus. Hoffais y newid cyweirnod i G fwyaf yn y cytgan ond teimlwn fod rhai o'r cymalau yn debyg i'w gilydd heb ymdeimlad o uchafbwynt.

Gwawr: Roedd y lleisiau'n ymuno'n raddol fesul cymal yn y gosodiad hwn fel bod y pedwar llais yng nghymal olaf y pennill. Roedd y cytgan mewn pedwar llais ac yn dechrau'n rymus a gafaelgar. Cafwyd uchafbwynt teilwng ar y gair 'cariad' ar ddiwedd y cytgan; roedd rhai gwallau ynddo ond roedd yn ganadwy iawn.

Althea, 'Blaen Glasgwm': Emyn-dôn gadarn a thraddodiadol mewn pedwar llais a gafwyd yma. Heblaw am ambell wall bach, mae'r gynghanedd yn sicr a cheir sawl newid cyweirnod; yr un i F fwyaf yn y trydydd cymal yw'r un mwyaf effeithiol. Mae'r cytgan yn ein codi i dir uwch ac er bod atsain o emynau'r gorffennol yn awr ac yn y man, mae hon yn emyn-dôn gynulleidfaol dda.

Tom: Roedd dechrau addawol i'r emyn-dôn pedwar llais hon ond cafwyd nifer o wallau harmoni wrth fynd ymlaen. Yn y cytgan gwelwyd bod tipyn o ailadrodd o'r cymalau cynt, er enghraifft roedd cymal saith yn ailadrodd cymal un yn union. Fe hoffwn fod wedi gweld mwy o amrywiaeth mewn alaw a chynghanedd.

Sant Siams: Alaw unsain oedd y pennill a'r cytgan mewn pedwar llais. Roedd yr alaw yn syml a swynol a'r acenion o ran y geiriau yn gywir. Y cytgan oedd uchafbwynt yr emyn-dôn yn enwedig y cychwyn lle aeth â ni i gywair hollol annisgwyl – Gb mwyaf – cyn dod yn ôl yn llyfn a naturiol i'r cywair gwreiddiol G. Roedd hwn yn sicr iawn ei gordiau ac ychydig iawn o wallau a gafwyd. Daeth *Sant Siams* yn agos i'r brig; gresyn na fyddai ganddo emyn-dôn gyfan mewn pedwar llais.

Vincent: Emyn-dôn i bedwar llais a gafwyd yma; mae alaw'r dôn dipyn bach yn undonog a cheir nifer o wallau mewn cordiau a dilyniant cordiau. Mae'n newid cywair sawl gwaith i D leiaf ac G leiaf. Rwy'n hoff o'r seithfed cymal – 'i darfu ar ein heddwch' – ond fe hoffwn fod wedi cael mwy o amrywiaeth drwyddi draw.

Diolch i'r holl gystadleuwyr; mae'r wobr gyntaf yn mynd i *Althea* am y dôn 'Blaen Glasgwm'.

Trefniant o gân Gymraeg gyfoes a fyddai'n addas ar gyfer y gystadleuaeth gorawl Cyflwyno Rhaglen Adloniant

BEIRNIADAETH GERAINT CYNAN

Derbyniwyd naw cynnig.

Arian, 'Mi Ganaf Gân': Er bod ambell lygedyn o addewid, yn gyffredinol, braidd yn sgwâr a difenter yw'r trefniant, ac mae camgymeriadau rhythmig mewn mannau. Does chwaith ddim digon o ddiddordeb gwrthbwyntiol, gwaetha'r modd.

Sambro, 'Ceidwad y Goleudy': Anodd yw gwerthuso hwn fel trefniant gwreiddiol gan fod y cyfeiliant bron yn gerdd-ladrad o fersiwn cydnabyddedig arall. Yn ogystal, mae camgymeriadau rhythmig yn britho'r gwaith ac eto, does dim ymgais at greu gwrthbwynt.

Carreg Emlyn, 'Saf ar dy Draed': Mae prinder menter a her o fewn y trefniant hwn. Eto does dim ymdrech at ryngweithio ymysg y lleisiau, ac o ganlyniad ceidwadol yw natur yr idiom. Chwiliwch am wreiddioldeb a dychymyg fel sail i'ch gwaith.

Bod yn Sais, 'Mathonwy': Ymgais arall heb ymdrech at ryngweithio lleisiol. Does dim her i unrhyw gôr wrth chwarae'n saff ac rwy'n teimlo bod angen i'r trefnydd edrych y tu hwnt i'r amlwg ac arbrofi.

Y Gweinidog, 'Ie Glyndŵr': Cynnig arwynebol arall sy'n dilyn patrwm lle mae'r côr cyfan yn canu mewn blociau gyda'i gilydd. Does chwaith ddim uchafbwyntiau a newidiadau mewn awyrgylch. Rhaid chwilio am elfennau mwy dyfeisgar i gynnig her a difyrru'r gynulleidfa.

Mr Pwy a Ŵyr, 'Teifi': Nid trefniant yw hwn mewn gwirionedd ond yn hytrach ailbobiad o'r gwreiddiol, heb daflu unrhyw oleuni newydd ar y deunydd. Mae'n or-syml ac yn anaddas at bwrpas y gystadleuaeth.

Bwncath, 'Yn Ôl': Mae trefnu cân fel hon yn ddigyfeiliant yn gofyn am dipyn o aeddfedrwydd a gallu, ond yn anffodus, does dim digon o ryngweithio lleisiol na gwrthbwynt ac o ganlyniad, mae angen mwy o ystod emosiynol.

Yncl Gwilym, 'Cwin': Dyma ddarn sy'n cymryd risg – trefniant *uptempo* o gân bop gyfoes a hynny'n ddigyfeiliant. Mewn ambell fan, gallasai'r trefnu fod yn fwy deheuig ac mae ambell ddarn wedi'i orsgorio. Serch hyn oll, dw i'n gwerthfawrogi'r dyfeisgarwch, y fenter a'r gwreiddioldeb sydd ynghlwm â'r trefnu. Mae digon o ddiddordeb, clyfrwch, her a diddanwch i blesio aelodau corau a chynulleidfaoedd ill dau. Da iawn am fentro fel hyn.

Ole Gunnar Solskjaer, 'Torri'n Rhydd': Mae rhywfaint o botensial yn y darn hwn ond beth sy'n llesteirio'r gwaith yw bod camgymeriadau rhythmig cyson drwy'r alaw. Mae hyn yn drueni gan fod syniad o wead ac ysgrifennu i *ensemble* ynghudd yn y trefniant. Ceisiwch adfer gwallau fel hyn a byddwch yn llwyddiannus yn y dyfodol.

Credaf fod *Yncl Gwilym* yn deilwng o'r wobr.

Trefniant digyfeiliant o alaw ar gyfer *ensemble* lleisiol,
heb fod yn hwy na 4 munud

....

BEIRNIADAETH DELYTH REES

Daeth wyth ymgais i law ac roedd nodweddion diddorol yn perthyn i bob un. Cafwyd amrediad eang o alawon gyda rhai o'r ymgeiswyr yn dewis alawon gwerin ac eraill yn dewis alawon poblogaidd. Yn yr un modd dewiswyd amrediad o gyfuniadau lleisiol gyda'r mwyafrif yn gosod i bedwar llais, boed hynny i leisiau merched, i leisiau dynion neu i leisiau cymysg. Braf dweud bod diwyg y trefniannau'n raenus a phob un yn cynnwys cyfarwyddiadau perfformio manwl.

Dyma ychydig sylwadau ar bob un.

Sam, 'Bugeilio'r Gwenith Gwyn': Trefniant ar gyfer TTBB a gafwyd gan y cystadleuydd hwn. Mae'n drefniant cywrain ac mae yma lyfnder a llif naturiol i'r ysgrifennu lleisiol sy'n ganmoladwy. Roedd y rhagarweiniad a'r adrannau cysylltiol wedi eu seilio'n gynnil ar nodau agoriadol yr alaw. Roedd yna amrywiaeth dda yn y gweadau lleisiol ac roedd yna drawsgyweiriadau diddorol er mwyn i'r brif alaw orwedd o fewn cwmpasran cyfforddus i'r lleisiau. Cafwyd cynghanedd addas a phriodol bob amser ac roeddwn yn hoffi'r ffigurau efelychol rhwng barrau 17 ac 20. Fodd bynnag, roedd ambell gymal braidd yn eang a heriol i'r lleisiau uchaf ac isaf. Roedd trefniant y trydydd pennill yn debyg i'r hyn a gafwyd yn y pennill cyntaf a daeth y darn i ben braidd yn swta. Serch hynny, roedd y trefniant hwn yn un difyr o ran syniadau cerddorol ac yn dal sylw'r gwrandäwr o'r dechrau i'r diwedd.

Gwydyr, 'Colli Iaith': Dyma drefniant cerddorol a theimladwy i leisiau merched SSAA. Cafwyd ymgais ystyrlon i gyfleu ystyr y geiriau ac roedd ambell gymal a diweddeb yn drawiadol. Roedd y trefnydd yn ofalus i sicrhau bod y rhannau lleisiol yn llifo'n naturiol ac yn ganadwy a llwyddodd i drosglwyddo'r brif alaw o un llais i'r llall yn ddigon effeithiol. Gan fod y pedwar llais yn canu'n gyson gydol y darn roeddwn yn teimlo bod y sain yn debyg a braidd yn drwm ar adegau. Byddai gollwng ambell lais, fel y cyffyrddiadau a gafwyd ym mar 39-40 a bar 48-49, yn help i ysgafnhau'r gwead a'r sain a chreu mwy o amrywiaeth a chyferbyniad. Roedd y trawsgyweiriad ym mar 31 yn gam doeth ac yn bywiogi'r trefniant. Roeddwn yn hoffi'r uchafbwynt ym mar 47 a chafwyd diweddglo addas.

Eurgain, 'A Ei Di'r Deryn Du': Lleisiau cymysg, SATB, oedd y cyfuniad a ddewiswyd gan yr ymgeisydd hwn. Yr hyn a'm trawodd fwyaf am y trefniant oedd natur offerynnol yr ysgrifennu lleisiol. Mae'r gwaith yn agor gyda chyfres o gordiau *staccato* ac yna mae dernynnau o'r alaw yn cael eu gwasgaru rhwng y lleisiau. Mae yma enghreifftiau o efelychiant ond mae'r ysgrifennu rhanleisiol yn arwain at densiwn ac anesmwythder yn y gynghanedd. Pan ddaw'r alaw i'r amlwg mae'r harmonïau a ddefnyddir yn briodol ac yn dderbyniol. Wrth i'r darn ddatblygu, fodd bynnag, mae yna enghreifftiau pellach o weadau cerddorol a chynghanedd sy'n foel ac agored. Efallai mai dyma oedd y bwriad ond nid oeddwn wedi fy argyhoeddi bod hyn yn gydnaws â'r geiriau ac yn llwyddo bob tro. Mae ambell linell a chymal yn tueddu i droi yn eu hunfan, fel yn rhan y soprano ym mar 39, ac yn gyffredinol, er bod yma rai syniadau cerddorol diddorol, mae'r trefniant angen mwy o gyfeiriad.

Ymgapela, 'Elen O Elen': Mae gan *Ymgapela* synnwyr digrifwch sy'n apelio! Mae'r trefniant i leisiau cymysg, SATB, yn llawn hwyl a sbort ac mewn arddull yn debyg i ganu siop barbwr. Mae'r awyrgylch direidus yn amlwg o'r barrau cyntaf gyda chyfres o gordiau prudd yn troi ar amrantiad yn ffigurau bach rhythmig bywiog ar y geiriau 'dw dw dw'. Datblygir ar y ffigurau bach chwareus hyn yn ystod y trefniant ac fe'i defnyddir i greu cysylltiad neu gyfeiliant lleisiol rhythmig – weithiau'n 'dwbidw', dro arall yn 'shwbidw' a hyd yn oed un enghraifft o 'sgwbidw'! Defnyddir y lleisiau tenor a bas hefyd i ychwanegu mân sylwadau llafar rhwng y penillion. Cedwir y lleisiau'n brysur gydol y darn: naill ai'n canu'r alaw neu'n 'cyfeilio'. Mae'r rhythmau trawsacennog a ddefnyddir i 'gyfeilio' yn eithaf heriol i'r cantorion ac mae rhan y bas yn un prysur iawn ar adegau. Mae'r gynghanedd yn ddiddorol ac roeddwn yn hoffi'r cyffyrddiadau *jazzy* sy'n frith drwy'r sgôr. Mae'n drefniant difyr a hwyliog.

Bryn Dinas, 'Mardi-Gras ym Mangor Ucha': Dyma drefniant cymwys ar gyfer cyfuniad o leisiau cymysg, SAABarB. Mae'r trefnydd wedi llwyddo i greu amrywiaeth o bennill i bennill drwy symud y ffocws melodig o un llais i'r llall yn rhwydd a diffwdan. Roeddwn yn hoff iawn o'r syniad o geisio efelychu rhythm ergydiol y cit drymiau yn llais y bas fel ym mar 25. Mae'r darn yn un eithaf hir ac rwy'n credu y byddai trawsgyweiriad, wrth i'r bas gymryd yr alaw ym mar 47, yn ysgogi'r trefniant ymhellach. Clywir sain y pum llais yn gyson drwy'r darn ac yn hyn o beth awgrymaf ollwng ambell lais o bryd i'w gilydd er mwyn ysgafnhau'r gwead ac amrywio lliw'r sain.

Giaffar, 'Merch o Port': Rwy'n tybio mai'r un trefnydd sy'n gyfrifol am y darn hwn â'r un blaenorol gan fod y diwyg, y cyfuniad lleisiol, a rhai o'r dyfeisiau cerddorol yn debyg iawn. Roeddwn yn hoffi'r syniadau cerddorol a ddefnyddiwyd yn yr agoriad ond ar y cyfan roedd yr adran hon braidd yn hir. Defnyddir y rhan bas i greu cefndir ergydiol y cit drymiau yn y darn hwn hefyd ond mae'n ddyfais a ddefnyddir am gyfnod mwy sylweddol y tro hwn. Mae'r trefniant yn un hir, yn aros yn yr un cywair ac yn cynnwys llawer o ganu homoffonig. Byddai tocio ambell adran gyswllt a chynnwys mwy o ddyfeisgarwch cerddorol yn dod â gwell amrywiaeth i'r cyfan ac yn apelio mwy at y gwrandäwr. Mae harmoni'r cord olaf yn annodweddiadol o'r darn – mae angen gwirio nodyn alto 2 yma.

Frondeg, 'Migldi, Magldi': Mae'r trefniant o'r alaw gyfarwydd hon yn agor yn drawiadol gyda'r lleisiau yn ymuno yn eu tro gan greu cord yn seiliedig ar bedwarawdau agored. Darn ar gyfer lleisiau meibion (TTBB) ydyw ac mae'n drefniant celfydd sy'n symud yn sionc ac yn rhwydd o un pennill i'r llall. Mae'r trefnydd yn llwyddo i gynnal diddordeb y gwrandäwr drwy newidiadau cywair deheuig a thrwy symud y ffocws melodig yn gyson o un llais i'r llall. O ganlyniad, mae'r gwead lleisiol yn newid yn rheolaidd ac mae hyn yn ychwanegu at yr ysgafnder a'r sioncrwydd. Ceir newidiadau slic o ran mydr hefyd sy'n dod â diddordeb rhythmig newydd i'r darn. Mae angen gwirio a thwtio'r geiriau yma ac acw, yn enwedig y cymal agoriadol. Daeth y darn i ben fel y dechreuodd gyda'r cord gafaelgar o bedwarawdau agored. Rhoddodd hyn ymdeimlad cyflawn i'r trefniant. Er amryfusedd y geiriau mae llawer i'w edmygu yn y trefniant medrus ac aeddfed hwn.

Y Gwcw, 'Ar lan y môr': Lleisiau cymysg oedd y cyfrwng ar gyfer y trefniant hwn – SATB yn y bôn ond y lleisiau'n ymrannu i greu wyth rhan yn gyson – SSAATTBarB. Ceir rhagarweiniad atmosfferig gyda'r lleisiau'n raddol ymuno yn eu tro. Mae rhythm trawsacennog a phumedau isel yn rhan y bas yn nodweddu'r barrau agoriadol ac yn ailymddangos yn aml yn y trefniant. Mae'r naws a osodir a'r tensiwn a grëir gan y gynghanedd yn ystod y rhagarweiniad yn annisgwyl, yn enwedig o ystyried y geiriau tyner sydd i ddilyn. Yn ystod y pennill cyntaf mae'r gwead cerddorol yn drwchus gyda nifer o'r cymalau lleisiol yn isel. Yn ogystal, mae'r pumedau isel yn rhan y bas yn creu sain sy'n dywyll a thrwm. Mae'r awyrgylch yn ysgafnhau yn ystod yr ail bennill ac mae'r gynghanedd a'r dilyniant cordiau yn fwy derbyniol yma. Rhoddir yr alaw i'r rhan alto ym mhennill tri ond mae'r llinellau lleisiol cefndirol yn creu gwrthdrawiadau harmonig anesmwyth ac annisgwyl unwaith eto. Mae'r ymgeisydd yn amlwg wedi ceisio rhoi gwedd wahanol i'r alaw adnabyddus hon ond nid yw'r trefniant yn llwyr argyhoeddi yn fy marn i.

Am y trefniant mwyaf cyflawn rhoddaf y wobr i *Frondeg*.

Cyfansoddiad ar gyfer un offeryn yn unig, heb fod yn hwy na 6 munud

BEIRNIADAETH IWAN LLEWELYN-JONES

Jack, 'Ffanffer a Tocata' (organ): Dyma waith egnïol mewn strwythur teiran, sef A (Ffanffer), B (Tocata), A (y Ffanffer yn dychwelyd). Ceir defnydd o batrymau sy'n idiomatig i'r organ, er enghraifft gwead yr adran 'Tocata' yn dangos dylanwad technegau cyfansoddwyr megis Louis Vierne, Charles-Marie Widor a Marcel Dupré. Er hyn, teimlais fod yma ormod o ailadrodd o'r deunydd craidd heb ddatblygu syniadau. Prin yw'r amrywiaeth mewn sain gyda'r cyfarwyddiadau 'organ llawn' a '*ff*' yn parhau drwy gydol y darn.

Goronwy, 'Toccata' (*concertina*/Wheatsone): Gwaith ar ffurf *moto perpetuo* mewn arddull digywair (ac eithrio y cord C fwyaf ar y diwedd) a geir yma. Cyflwynir elfennau rhythmig diddorol yn y darn, er enghraifft yr alaw drawsacennog o far 73 ymlaen. Teimlais fod gorbwyslais ar dechneg 'gweu nodau' (*note-spinning*) heb roi cyfle i'r brawddegau anadlu (ychydig iawn o sylw a roddir i farciau dynamig a brawddegu ar y copi) ac o ganlyniad, anodd oedd cael synnwyr o siâp a chyfeiriad y darn.

Y Meddyliwr, 'Myfyrdod' (piano): Darn hamddenol a dwys sydd yma, wedi'i osod ar ffurf dwyran. Mae'r adran gyntaf yn canolbwyntio ar weadau gwrthbwyntiol a'r ail ar gyfuno harmonïau cromatig mewn cordiau sy'n gwrthsymud. Rhoddir sylw manwl i gyfarwyddiadau dynamig a phedal. Mae'r arddull yn adlewyrchu dylanwad ysgrifennu pianyddol Grace Williams ac Alun Hoddinott.

Allwedd, 'Wols fach rhyfedd' (piano): Yn ôl disgrifiad y cyfansoddwr, 'Wols' ar gyfer cwpl o ddawnswyr neuadd sydd heb lwyr feistroli eu symudiadau ar y llawr yw hon. Mae dylanwad gweithiau cyffelyb gan Maurice Ravel ('Valses nobles et sentimentales' a 'La Valse') i'w weld yma, er enghraifft bar 17, lle mae rhythm y wols yn cael ei danseilio gyda nodau clymu dros linell y bar, ac o far 41 ymlaen gyda thrydyddau yn disgyn ac esgyn yn drawsacennog. Mae'r ysgrifennu harmonig yn hynod gromatig ei naws, ac yn gwyro tuag at ddigyweiredd mewn mannau gyda rhai o'r cyfuniadau cordiol yn y llaw chwith yn teimlo ychydig yn lletchwith.

Salvador, 'Astudiaeth Mewn Strwythurau *Jazz* Rhif 1' (piano): Dyma astudiaeth fyrlymus yn canolbwyntio ar arbrofi gyda rhythmau croesacennog a chydsymud rhwng y dwylo. Mae'r deunydd harmonig wedi'i drefnu ar ddilyniant cordiol syml ar draws pedwar bar (I – vi meddal – IV – V). Teimlais fod rhai o'r gofynion, ynghyd â'r *tempo* cyflym, yn rhy heriol er mwyn cyflwyno holl elfennau'r darn gyda rheolaeth; efallai bod angen symleiddio rhai gweadau, er enghraifft llaw chwith bar 41 ac yn y blaen. Trueni fod y darn yn para llai na thri munud (sef hanner yr amser a ganiateir ar gyfer y gystadleuaeth hon) ond roedd yma ddigon o gyffro ac egni.

Troy, 'Xylanthikos' (piano): Darn bywiog. Mae'r llaw dde'n cyflwyno'r deunydd thematig (alaw wedi'i chreu o nodau'r raddfa Phrygian) a'r llaw chwith yn cyfrannu cyfeiliant dronaidd mewn pumawdau. Mae'r elfennau hyn – ynghyd â newidiadau curiad, croesacennu a thechneg *hemiola* – yn adlewyrchu dylanwad cerddoriaeth William Mathias. Mae yma ddeunydd diddorol ac amrywiol ond teimlais fod yma orddibyniaeth ar ailadrodd adrannau cyfan, er enghraifft barrau 59-90 yn union yr un fath â barrau 7-39 (un newid bach anesboniadwy: pam newid bar 24 o amseriad 6/8 i 3/4 ym mar 75?) a hyn mewn darn gyda chyfanswm o 123 o farrau.

Tudor, 'Aria' (piano): Dyma ddarn telynegol ar ffurf alaw (llaw dde) a chyfeiliant (llaw chwith) sy'n datblygu fel cyfres o amrywiadau lle mae'r alaw yn cael ei haddurno wrth i'r darn fynd yn ei flaen. Mae'r arddull yn dangos dylanwad darnau o *genre* band pres; hynny yw, mae'r ysgrifennu yn cynnwys elfennau siambr o fewn y gweadau, er enghraifft cyfalawon (bas, bar 43, a soprano/alto, bar 55) a gweadau eang (bar 34). O ganlyniad, roeddwn yn teimlo mai darn i *ensemble* siambr sydd yma – mae angen ailfeddwl am y darn os am ei gyflwyno fel unawd piano gan ddefnyddio technegau sy'n nodweddiadol o'r piano.

Afallon, 'Afallon' (piano): Fel mae'r teitl yn awgrymu, dyma ddarn sy'n gweithio gyda'r dychymyg. Mae'r cyfansoddwr/wraig wedi creu byd sain eang gan ddefnyddio holl gwmpawd y piano mewn ffyrdd dyfeisgar a lliwgar. Mae'r gweadau yn dangos cryn wybodaeth o dechnegau pianyddol ac er bod yr ysgrifennu yn gymhleth o safbwynt rhythm a harmoni, mae'r cwbl yn gweddu i naws arallfydol y testun.

Rhoddaf y wobr i *Afallon.*

Cystadleuaeth i ddisgyblion 16 ac o dan 19 oed.

Dau gyfansoddiad gwrthgyferbyniol mewn unrhyw gyfrwng

BEIRNIADAETH GWENNANT PYRS

Daeth dwy ymgais i law, sef eiddo *Nionyn* a *Mali*. Mae'r ddau ymgeisydd wedi llwyddo i ymgymryd â gofynion y gystadleuaeth a chreu dau ddarn gwrthgyferbyniol eu naws.

Nionyn, 'Élégie' (Galargan): Darn hudolus i dair fiola a thri sielo gydag alaw hiraethus yn gwau'n gelfydd drwy'r 'lleisiau'. Ceir cyfarwyddiadau mynegiant manwl a dengys y cyfansoddwr adnabyddiaeth dda iawn o ysgrifennu ar gyfer llinynnau. Mae wedi ei strwythuro'n daclus, gydag adran ganol wrthgyferbyniol effeithiol. Cyfansoddiad sydd wedi llwyddo ymhob agwedd.

'Triawd Piano': Darn diddorol i biano, feiolin a sielo sy'n ymdebygu i drac ar gyfer ffilm. Mae'r iaith harmonig yn gromatig a chymhleth mewn mannau, a theimlaf fod peth gorddefnydd o ddynwared yr un motiff o fewn yr offerynnau. Yn ogystal, gallai'r rhan olaf fod yn gadarnach o ran deunydd thematig a gellid ymestyn y *coda* byr a gafwyd.

Mali, 'Dewr': Darn ar gyfer cyfuniad diddorol o offerynnau. Mae'r arddull werinol yn fy atgoffa o arddull grwpiau megis Calan a Phendevig. Clywir rhythmau byrlymus sy'n adeiladu mewn gwead offerynnol yn effeithiol iawn, er y byddai'n dda pe medrai rhan y delyn gynnwys mwy o gordiau llawn a thoredig yn hytrach na rhediadau graddfaol cyflym.

'Pedwarawd Llinynnol yn A leiaf': Darn byr sydd wedi ei strwythuro'n daclus, gyda thrawsgyweiriad addas yn yr adran ganol. Cafwyd defnydd boddhaol o dechnegau cyfansoddi megis dynwarediad a dilyniannau, ond teimlaf y gellid datblygu'r deunydd thematig yn fwy eto gan dewhau'r gwead offerynnol a rhoi mwy o rôl i'r 'lleisiau' mewnol.

Rhoddaf y wobr i *Nionyn*.

Cystadleuaeth Tlws Sbardun

Cân werinol ac acwstig ei naws. Rhaid i'r gerddoriaeth a'r geiriau fod yn wreiddiol, a dylid cyflwyno'r gân ar gryno ddisg neu MP3. Caniateir cywaith. Ystyrir perfformio'r gân fuddugol yn yr Eisteddfod y flwyddyn ganlynol

....

BEIRNIADAETH GERAINT DAVIES, EMYR WYN

O blith cystadlaethau gwaith cartref yr Eisteddfod Genedlaethol, nid dyma'r hawsaf i'w beirniadu; gan bod gofyn i ymgeiswyr gyflwyno'u caneuon ar CD neu MP3, gall beirniaid gael eu dylanwadu gan ansawdd y recordiad, y cynhyrchiad (unrhyw beth o gitâr a llais i fand, cerddorfa a chôr – yn yr oes ddigidol hon, mae'r cyfan yn bosibl) a llais y cantorion. Rhaid cofio taw'r gân – alaw a geiriau – beth bynnag fo'r allanolion, sy'n bwysig. Wrth lwc, mae caneuon da yn gallu eu hamlygu'u hunain, beth bynnag yw'r wisg.

Siomedig ar un olwg oedd gweld taw dim ond pedwar ymgeisydd oedd yn y gystadleuaeth eleni, a dau o'r rheiny wedi cyflwyno pedair cân yr un: felly deg cân i gyd. Wedi dweud hynny, roedd y safon yn arbennig o uchel, a gellid bod wedi gwobrwyo nifer o'r caneuon.

Derfel, 'Gorchuddia Fi': Cân afaelgar, gyda naws Ewropeaidd yn y cyfeiliant er mai isalaw draddodiadol Gymreig a ddefnyddir. Hwyrach bod y trefniant yn cuddio'r ffaith mai undonog braidd yw'r alaw, a sawl llinell wan o ran geiriau lle mae'r odl yn amlwg yn bwysicach na'r ystyr.

Fi a Fo (1), (2), (3), (4): Derbyniwyd pedair cân gan hwn/hon/y rhain (cyweithiau tybed?). Mae 'Y Tymhorau' ac 'Amser' yn debyg o ran arddull geiriol, ar batrwm hen benillion, a 'Peidiwch â Wylo' a 'Cynefin (Moliant Bro)' yn fwy telynegol. Yn gerddorol hefyd, mae tebygrwydd rhwng y cyfan – alawon syml, gwerinol ond braidd yn hen ffasiwn a heb fod yn arbennig o gofiadwy.

Steff Emyr (1), (2), (3), (4): Pedair ymgais eto, ond y tro hwn yn amrywiol iawn, o ysgafnder ''Sna neb yn gwybod lle mae Cemaes' i bop hiraethus 'Y Tir a'r Môr' (sy'n cynnwys newid cywair effeithiol, yn hytrach nag ystrydebol), deuawd o gân serch 'Pen draw'r byd' (a fyddai'n gyfraniad gwerthfawr i unrhyw gystadleuaeth 'Cân i Gymru') a chofiant teimladwy

'Brenhines Aberdaron'. Mae'r pedair yn llwyddo yn eu ffyrdd eu hunain. Dyma gyfansoddwr sydd wedi meistroli'r grefft.

Bilbo Baggins: Recordiad gwael, ond y gân 'Symud 'mlaen' tipyn gwell, gyda chytgan gafaelgar. Mae hon yn apelio, ond mae'n teimlo'n anorffenedig: ar wahân i ailadrodd y gytgan, yr un yw geiriau ail hanner y ddau bennill hefyd (prinder syniadau, efallai?) ac mae'r gân yn gorffen yn wan.

Wrth gloriannu, trodd y ddau ohonon ni'n ôl at y dyn sy'n rhoi'i enw i'r gystadleuaeth. Nodweddion caneuon Alun 'Sbardun' Huws oedd 'lle', 'pobol' a 'stori'. Mae'r ddau ohonon ni'n gytûn bod y tair elfen hynny yno'n berffaith yn 'Brenhines Aberdaron', cân a wnaeth gyffwrdd y ddau ohonon ni o'r gwrandawiad cyntaf. Felly, gwobrwyer *Steff Emyr* (1).

Adran Gwyddoniaeth a Thechnoleg

Erthygl Gymraeg yn ymwneud â phwnc gwyddonol ac yn addas i gynulleidfa eang, heb fod yn hwy na 1,000 o eiriau. Croesewir y defnydd o dablau, diagramau a lluniau amrywiol. Sylwer y dylid cydnabod gwaith awduron eraill lle bo'n briodol. Croesewir gwaith unigolyn neu waith grŵp o unrhyw oedran. Ystyrir cyhoeddi'r erthygl fuddugol mewn cydweithrediad â'r cyfnodolyn *Gwerddon*

LLONYDDWCH YNG NGHANOL Y STORM

Astudiaeth o hyfywedd defnyddio bôn-gelloedd i wella ansawdd bywydau unigolion sy'n dioddef o Glefyd Huntington (CH) a Chlefyd Parkinson (CP)

Er eu bod ill dau yn glefydau cynyddol a niwroddirywiol sy'n lladd celloedd ymenyddol ac yn sbarduno amrywiaeth eang o symptomau, dylid nodi mai cael ei etifeddu y mae CH fel arfer, tra bod CP yn gallu deillio o ffactorau genetig ac amgylcheddol.[1] Yn anffodus, nid oes triniaeth i wella cleifion CH a CP yn gyfan gwbl, ond mae gwaith ymchwil yn awgrymu y gall triniaethau bôn-gelloedd leddfu rhywfaint ar y symptomau.

Clefyd Huntington

Mewn perthynas â CH, mae mwtaniad ar y genyn HTT yn arwain at Ailadroddiad Triniwcleotid CAG estynedig, sy'n golygu y bydd fersiwn hwy o brotein Huntingtin yn cael ei gynhyrchu.[2] Mae mecanwaith amddiffyn y gell yn adnabod y fersiynau anarferol hyn fel proteinau dieithr ac yn eu hollti'n ddarnau unigol mewn proses a elwir yn proteolysis.[3] Er y gweir hyn mewn ymdrech i amddiffyn y gell, mae problemau'n codi'n ddiweddarach pan fo'r monomerau hyn yn dod at ei gilydd i ffurfio oilgomerau, ac yna'n deumereiddio ymhellach i ffurfio agregau gwenwynig a elwir yn gyrff cynhwysiant.[4] Mae'r cyrff cynhwysiant hyn yn tarfu ar weithrediad y gell ac yn arwain at atroffi ymenyddol a cholled niwronau MSN yn y pwtamen a'r *nucleus caudatus* o fewn y striatwm cefnol.[5] Mae'r symptomau'n ymddangos rhwng 30 a 50 mlwydd oed fel arfer, ond gall rhai unigolion arddangos symptomau cyn ieued ag 20 mlwydd oed.[6]

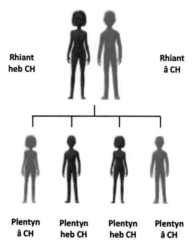

Rhiant heb CH

Rhiant â CH

Plentyn â CH

Plentyn heb CH

Plentyn heb CH

Plentyn â CH

Ffigwr 1

Mae'r ddelwedd uchod yn egluro patrwm etifeddiaeth awtosomaidd Clefyd Huntington. Fel y gwelir, mae'r tebygolrwydd y bydd plentyn i ddioddefwr yn datblygu CH oddeutu 50%.

Clefyd Parkinson

Mae CP yn derm ymbarél sy'n cyfeirio at sawl ffurf wahanol, gan gynnwys CP Idiopathig a CP Fasgwlaidd.[7] Mae awtopsïau o ymenyddiau dioddefwyr CP wedi datgelu agregau ffibrilaidd, a elwir yn gyrff Lewy, sy'n cynnwys alffa-synuclein yn bennaf, ynghyd â phroteinau eraill.[8] Mewn modd tebyg i'r cyrff cynhwysiant a welir mewn dioddefwyr CH, credir bod yr agregau hyn, yn y pen draw, yn lladd niwronau sy'n cynhyrchu dopamin.[9] Mae hyn yn arwain at ddirywiad mewn lefelau dopamin (niwrodrosglwyddydd sy'n chwarae rôl hanfodol wrth reoli a chydlynu symudiadau) o fewn y ganglia gwaelodol, yn bennaf yn y pwtamen a'r *substantia nigra*.[10] Yn y rhan fwyaf o achosion, mae'r symptomau'n ymddangos gyntaf mewn unigolion hŷn (~60s) ond gallant ymddangos mewn unigolion cyn ieued â dwyflwydd oed.[11]

Prif Symptomau	Clefyd Huntington	Clefyd Parkinson
	• Corea	• Cryndod
	• Arafwch wrth symud	• Arafwch wrth symud
	• Anystwythder	• Anystwythder
	• Newidiadau personoliaeth/hwyliau	• Ansadrwydd osgo
	• Ysmiciadau ociwlar	• Cerddediad llusgol
	• Dystonia	• Hypomimesis

| Symptomau Eraill | • Lletchwithdod
• Ymatebion echddygol anwirfoddol
• Anghofrwydd

• Problemau anadlu
• Problemau anadlu
• Anhwylderau cysgu
• Problemau lleferydd/Dysarthria
• Dysffagia
• Cymhlethdodau seiciatrig
• Problemau gwybyddol | • Micrograffia
• Anhwylderau cysgu

• Problemau lleferydd/Dysarthria
• Dysffagia
• Cymhlethdodau seiciatrig
• Problemau gwybyddol |

Tabl 1
Mae'r tabl hwn yn cynnwys detholiad o symptomau Clefyd Huntington a Chlefyd Parkinson.[12]

Trawsblaniadau Celloedd

Nod trawsblannu celloedd ymenyddol yw ailgyflenwi'r niwronau a gollwyd drwy fewnblannu'r bôn-gelloedd priodol yn ymennydd y claf.[13] Buasai hyn yn golygu mewnblannu niwronau MSN yn striatwm claf CH a mewnblannu niwronau sy'n cynhyrchu dopamin yng nganglia gwaelodol claf CP. Gellir caffael y celloedd hyn o fôn-gelloedd embryonig neu fôn-gelloedd oedolion.[14] Yn amlwg, mae manteision ac anfanteision i'r ddwy ffynhonnell sy'n cael effaith ar eu hyfywedd a'u hymarferoldeb wrth drin y clefydau dan sylw.

Un fantais o ddefnyddio bôn-gelloedd embryonig o feinweoedd ffetysol yw'r ffaith eu bod yn gallu gwahaniaethu i fod yn amryw o gelloedd gwahanol (amlbotensial) tra bo bôn-gelloedd oedolion wedi'u cyfyngu i gelloedd penodol yn hynny o beth.[15] Mae mantais weithredol i fôn-gelloedd oedolion oherwydd eu bod yn llai tebygol o arwain at fethiant impiad gan eu bod yn deillio o'r cleifion eu hunain.[16] O ran ymarferoldeb, mae hefyd yn haws caffael y celloedd angenrheidiol o gyrff oedolion, yn hytrach nag o feinweoedd ffetysol, gan fod y weithdrefn ar gyfer caffael yr olaf yn dra chymhleth.[17] Fodd bynnag, mae nifer o bobl yn cwestiynu'r arfer o ddefnyddio embryonau, a fwriadwyd ar gyfer ffrwythloniad *in-vitro* ond nas defnyddiwyd, ar sail foesol a moesegol, sy'n golygu na fuasai'n bosibl i'r dull hwn gael ei dderbyn yn eang fel triniaeth hyfyw ar gyfer cleifion.[18]

Yn 2006, cynhaliwyd gwaith ymchwil arloesol ar fôn-gelloedd amlbotensial cymelledig (iPSC) a ddangosodd y gallasai fod yn bosibl trawsnewid ffibroblastau cleifion yn gelloedd amlbotensial y gellid eu mewnblannu yn ymenyddiau'r cleifion hynny yn ôl yr angen.[19] Mae tîm ymchwil ym

Mhrifysgol Kyoto yn Japan wedi cyhoeddi'n ddiweddar eu bod wedi cynnal y treial clinigol cyntaf i ddefnyddio technoleg iPSC ar glaf CP.[20] Mae'n gynnar o hyd, ond gallasai technoleg iPSC, o bosibl, ddileu'r angen am fôn-gelloedd embryonig mewn gwaith ymchwil ar fôn-gelloedd, a thrwy wneud hynny, ddileu'r gwrthwynebiad ffyrnig a'r benbleth foesegol sydd ynghlwm wrth ddefnyddio meinweoedd ffetysol.[21]

Therapi Amnewid Celloedd

Mae gwaith ymchwil mewn perthynas â therapi amnewid celloedd mewn cleifion CP wedi bod ar y gweill ers y 1990au cynnar, ac wedi defnyddio celloedd ffetysau a erthylwyd, celloedd embryonau yn ogystal â chelloedd oedolion dros y blynyddoedd.[22] Er bod prosiectau ymchwil gwahanol wedi cynhyrchu canlyniadau cymysg dros y blynyddoedd, mae digon o dystiolaeth i brofi bod therapi amnewid celloedd yn gallu cael effaith gadarnhaol amlwg ar ansawdd bywydau cleifion CP.[23] Ar y llaw arall, mae gwaith ymchwil ar therapi amnewid celloedd mewn cleifion CH yn y camau cynnar, ac felly mae llai o dystiolaeth o'i effeithiolrwydd ar hyn o bryd.[24] Fodd bynnag, mae gwaith ymchwil wedi dangos bod mewnblannu bôn-gelloedd embryonig yn striatwm cefnol cleifion CH yn ddiogel, ac yn eithaf effeithiol mewn rhai achosion, ac mae rhai yn ei ystyried yn deilwng o waith ymchwil pellach.[25]

Ni waeth pa fath o fôn-gelloedd a ddefnyddir, ni ellir dianc rhag y ffaith y buasai defnyddio therapi amnewid celloedd fel triniaeth ar gyfer CH a CP yn gostus i'r cleifion, neu'r GIG, gan y buasai angen mewnblannu celloedd yn rheolaidd i ddisodli'r niwronau a gollir yn gyson yn sgil y clefydau dirywiol hyn. O ganlyniad, ni fuasai therapi amnewid celloedd ond yn cynnig ateb tymor byr, gan y buasai presenoldeb cyrff Lewy (CP) a chyrff cynhwysiant (CH) yn parhau i arwain at farwolaeth anochel y celloedd ymenyddol. Ar ben hynny, ni ddylid anghofio am y peryglon sy'n gysylltiedig â llawdriniaeth ar yr ymennydd, a buasai'n anghyfrifol ymrwymo i weithdrefn o'r fath yn rheolaidd.

Fodd bynnag, wedi dweud hynny, mae rhai cleifion yn amlwg yn teimlo ei bod yn werth mentro yn hyn o beth mewn ymdrech i leddfu eu symptomau a byw bywyd normal cyhyd â bod hynny'n bosibl.[26] Wedi'r cyfan, os oes llygedyn o obaith y gallwn wella ansawdd bywydau'r cleifion hyn drwy barhau i ymchwilio i fôn-gelloedd, os oes gobaith y gallwn gynnig eiliad o lonyddwch i ddioddefwr yng nghanol ei storm, onid yw'n ddyletswydd arnom i wneud hynny?

Cyfeiriadaeth

[1] National Institute of Environmental Health Science (2018). *Parkinson's Disease*. Ar gael ar: https://www.niehs.nih.gov/health/topics/conditions/parkinson/index.cfm [Cyrchwyd: 21.02.2019].

[2] Genetics Home Reference (2019). *HTT Gene*. Ar gael ar: https://ghr.nlm.nih.gov/gene/HTT#location [Cyrchwyd: 20.03.2019].

[3] Genetics Home Reference (2019). *HTT Gene*. Ar gael ar: https://ghr.nlm.nih.gov/gene/HTT#location [Cyrchwyd: 20.03.2019].

[4] Hoffner, G, and Djian, P. (2014). Monomeric, Oligomeric and Polymeric Proteins in Huntington Disease and Other Diseases of Polyglutamine Expansion. *Brain Sciences* 4(1): 91-122.

[5] Kumar, P. and Clark, M. (2009). *Clinical Medicine*. 7^{fed} argraffiad. London: Elsevier (t.1113).

[6] Huntington's Disease Association (diddyddiad). *What is Huntington's Disease?* Ar gael ar: https://www.hda.org.uk/huntingtons-disease/what-is-huntingtons-disease [Cyrchwyd: 21.02.2019].

[7] Parkinson's UK (2019). *Types of Parkinsonism*. Ar gael ar: https://www.parkinsons.org.uk/informationand-support/types-parkinsonism [Cyrchwyd: 21.02.2019].

[8] Davie, C.A. (2008). A Review of Parkinson's Disease. *British Medical Bulletin* 86(1): 109-127.

[9] Ibid.

[10] Kumar, P. and Clark, M.(2009).*Clinical Medicine*. 7^{fed} argraffiad. London: Elsevier (t.1113).

[11] Ohene, A. (2016). *Two-year-old could be world's youngest person diagnosed with Parkinson's*. Ar gael ar: https://parkinsonslife.eu/two-year-old-could-be-worlds-youngest-person-diagnosed-with-parkinsons/ [Cyrchwyd: 21.02.2019].

[12] Cafodd yr wybodaeth hon ei choladu o'r ffynonellau canlynol: Longmore, M., Wilkinson, I.B., Baldwin, A. and Wallin, E. (2014). *Oxford Handbook of Clinical Medicine*. 9^{fed} argraffiad. New York: Oxford University Press; Raine, T., Dawson, J., Sanders, S. and Eccles, S. (2014). *Oxford Handbook for the Foundation Programme*. 4^{ydd} argraffiad. New York: Oxford University Press; Collier, J., Longmore, M. and Amarakone, K.

(2013). *Oxford Handbook of Clinical Specialties.* 9^{fed} argraffiad. New York: Oxford University Press; NHS (2018). *Symptoms: Huntington's Disease.* Ar gael ar: https://www.nhs.uk/conditions/huntingtonsdisease/symptoms/ [Cyrchwyd: 21.02.2019].

[13] The Michael J. Fox Foundation for Parkinson's Research (diddyddiad). *Stem Cells and Parkinson's Disease.* Ar gael ar: https://www.michaeljfox.org/understanding-parkinsons/living-withpd/topic.php?stem-cells&navid=stem-cells [Cyrchwyd: 21.02.2019].

[14] Ibid.

[15] Ibid.

[16] Mendis, L. (2014). *Turning skin cells into brain cells: a Huntington's disease research breakthrough?* Ar gael ar: https://en.hdbuzz.net/183 [Cyrchwyd: 21.02.2019].

[17] Lewandowski, J. and Kurpisz, M. (2016). Techniques of Human Embryonic Stem Cell and Induced Pluripotent Stem Cell Derivation. *Archivum Immunologiae et Therapiae Experimentalis* 64(5): 349-370.

[18] Siegel, A. (2018). Ethics of Stem Cell Research. *The Stanford Encyclopedia of Philosophy.* Ar gael ar: https://plato.stanford.edu/entries/stem-cells/#CasDooEmb [Cyrchwyd: 15.03.2019].

[19] Takahashi, K. and Yamanaka, S. (2006). Induction of Pluripotent Stem Cells from Mouse Embryonic and Adult Fibroblast Cultures by Defined Factors. *Cell* 126(4): 663-676.

[20] Kyoto University (2018). *iPS cell-based Parkinson's disease therapy administered to first patient.* Ar gael ar: https://www.kyotou.ac.jp/en/research/events_news/department/hospital/news/2018/ 181109_1.html [Cyrchwyd: 15.03.2019].

[21] The Michael J. Fox Foundation for Parkinson's Research (diddyddiad). *Stem Cells and Parkinson's Disease.* Ar gael ar: https://www.michaeljfox.org/understanding-parkinsons/living-withpd/topic.php?stem-cells&navid=stem-cells [Cyrchwyd: 21.02.2019].

[22] Barrow, T.R. (2015]. Cell Replacement Therapy in Parkinson's Disease. *Bioscience Horizons: The International Journal of Student Research* 8. Ar gael ar: https://academic.oup.com/biohorizons/article/doi/10.1093/biohorizons/hzv002/1742278 [Cyrchwyd: 15.03.2019].

[23] Ibid.

[24] Clelland, C.D., Barker, R.A. and Watts, C. (2008). Cell Therapy in Huntington's Disease. *Neurosurgical Focus* 24(3-4). Ar gael ar: https://thejns.org/focus/view/journals/neurosurg-focus/24/34/foc_2008_24_3-4_e8,xml [Cyrchwyd: 15.03.2019].

[25] Ibid.

[26] Master, Z., McLeod, M. and Mendez, I. (2007). Benefits, risks and ethical considerations in translation of stem cell research to clinical applications in Parkinson's disease. *Journal of Medical Ethics* 33(3): 169-173.

Ffynonellau

National Institute of Environmental Health Science (2018). *Parkinson's Disease*. Ar gael ar: https://www.niehs.nih,gov/health/topics/conditions/parkinson/index.cfm [Cyrchwyd: 21.02.2019].

Genetics Home Reference (2019). *HTT Gene*. Ar gael ar: https://ghr.nlm.nih.gov/gene/HTT#location [Cyrchwyd: 20.03.2019].

Hoffner, G. and Djian, P. (2014). Monomeric, Oligomeric and Polymeric Proteins in Huntington Disease and Other Diseases of Polyglutamine Expansion. *Brain Sciences* 4(1): 91-122.

Kumar, P. and Clark, M. (2009). *Clinical Medicine*. 7fed argraffiad. London: Elsevier.

Huntington's Disease Association (diddyddiad). *What is Huntington's Disease?* Ar gael ar: https://www.hda.org.uk/huntingtons-disease/what-is-huntingtons-disease [Cyrchwyd: 21.02.2019].

Parkinson's UK (2019). *Types of Parkinsonism*. Ar gael ar: https://www.parkinsons.org.uk/information-and-support/types-parkinsonism [Cyrchwyd: 21.02.2019].

Davie, C.A. (2008). A Review of Parkinson's Disease. *British Medical Bulletin* 86(1):109-127.

Ohene, A. (2016). *Two-year-old could be world's youngest person diagnosed with Parkinson's*. Ar gael ar: https://parkinsonslife.eu/two-year-old-could-be-worlds-youngest-person-diagnosed-with-parkinsons/ [Cyrchwyd: 21.02.2019].

The Michael J. Fox Foundation for Parkinson's Research (diddyddiad). *Stem Cells and Parkinson's Disease.* Ar gael ar: https://www.michaeljfox. org/understanding-parkinsons/living-withpd/topic.php?stemcells&navid=stem-cells [Cyrchwyd: 21.02.2019].

Mendis, L. (2014). *Turning skin cells into brain cells: a Huntington's disease research breakthrough?* Ar gael ar: https://en.hdbuzz.net/183 [Cyrchwyd: 21.02.2019].

Lewandowski, J. and Kurpisz, M. (2016). Techniques of Human Embryonic Stem Cell and Induced Pluripotent Stem Cell Derivation. *Archivum Immunologiae et Therapiae Experimentalis* 64(5): 349-370.

Siegel, A. (2018). Ethics of Stem Cell Research. *The Stanford Encyclopedia of Philosophy.* Ar gael ar: https://plato.stanford.edu/entries/stemcells/#CasDooEmb [Cyrchwyd: 15.03.2019].

Takahashi, K. and Yamanaka, S. (2006). Induction of Pluripotent Stem Cells from Mouse Embryonic and Adult Fibroblast Cultures by Defined Factors. *Cell* 126(4): 663-676.

Kyoto University (2018). *iPS cell-based Parkinson's disease therapy administered to first patient.* Ar gael ar: https://www.kyoto u.ac.jp/en/research/events_news/department/hospital/ news/2018/181109_1.html [Cyrchwyd: 15.03.2019].

Barrow, T.R. (2015). Cell Replacement Therapy in Parkinson's Disease. *Bioscience Horizons: The International Journal of Student Research* 8. Ar gael ar: https://academic.oup.com/biohorizons/article/doi/10.1093/biohorizons/ hzvoo2/1742278 [Cyrchwyd: 15.03.2019].

Clelland, C.D., Barker, R.A. and Watts, C. (2008). Cell Therapy in Huntington's Disease. *Neurosurgical Focus* 24(3-4). Ar gael ar: https://thejns. org/focus/view/journals/neurosurgfocus/24/3-4/foc_2008_24_3-4_e8.xml [Cyrchwyd: 15.03.2019].

Master, Z., McLeod, M. and Mendez, I. (2007). Benefits, risks and ethical considerations in translation of stem cell research to clinical applications in Parkinson's disease. *Journal of Medical Ethics* 33(3): 169473.

Ffynonellau'r Tabl
Longmore, M., Wilkinson, I. B., Baldwin, A. and Wallin, E. (2014). *Oxford Handbook of Clinical Medicine*. 9^{fed} argraffiad. New York: Oxford University Press.

Raine, T., Dawson, J., Sanders, S. and Eccles, S. (2014). *Oxford Handbook for the Foundation Programme*. 4^{ydd} argraffiad. New York: Oxford University Press.

Collier, J., Longmore, M. and Amarakone, K. (2013). *Oxford Handbook of Clinical Specialties*. 9^{fed} argraffiad. New York: Oxford University Press.

NHS (2018). *Symptoms: Huntington's Disease*. Ar gael ar: https://www.nhs.uk/conditions/huntingtons-disease/symptoms/ [Cyrchwyd: 21.02.2019].

Newidyn

BEIRNIADAETH GERAINT JONES

Pedair ymgais a ddaeth i law ac roedd yr erthyglau oll yn rhai diddorol, ac yn ymwneud â meysydd gwyddonol gwahanol. Teimlaf fod pob un a ymgeisiodd â dehongliad ychydig yn wahanol o 'gynulleidfa eang', ond teimlais fod pob erthygl o fewn terfynau'r gystadleuaeth.

Glas y Dorlan, 'Glycoproteinau': Tybiaf y buasai teitl mwy gafaelgar i'r erthygl hon, efallai, yn fwy deniadol i ddarllenwyr cyffredinol, a buasai darlun symlach na'r un a ddefnyddiwyd o fudd i rai llai cyfarwydd gyda'r maes. Er hynny, cyflwynwyd gwaith ysgogol yma.

Baile Átha Cliath, 'Sir John Purser Griffith: Peiriannydd o Ddulyn (1848 - 1938)': Ymgais ddarllenadwy iawn yn trafod hanes peiriannydd yn wreiddiol o Fôn. Gan mai'r unigolyn ei hun oedd pwnc yr erthygl, yn hytrach na'r wyddoniaeth, teimlaf fod y gwaith hwn ar gyrion maes y gystadleuaeth, ond er hynny, yn ddilys. Roeddwn yn disgwyl rhyw gydnabyddiaeth o ffynhonnell yr wybodaeth ddiddorol iawn a gynhwysir yn yr erthygl hon, gan fod y *Rhestr Testunau* wedi nodi'r disgwyl y dylid cydnabod gwaith awduron eraill.

Newidyn, 'Llonyddwch yng nghanol y storm': Gwelwyd ychydig o wallau bychain yn yr erthygl hon, ond mae'n drwyadl, yn uno darllenadwyedd â thriniaeth gynhwysfawr o'r ffynonellau priodol.

A fo ben bid ddaint, 'Erydu Deintyddol: Ffyrdd o Leihau Nifer yr Achosion': Roedd ychydig o esgeulustod yn dod i'r amlwg yma, er enghraifft drwy sôn am derm cyn ei gyflwyno, a chan ddefnyddio'r sillafiad Saesneg un waith. Er hynny, ymgais ddeniadol oedd hon.

I *Newidyn* y rhoddaf y wobr.